यशपाल का

विप्लव

यशपाल का
विप्लव

सम्पादन एवं समन्वय

आनन्द

भूमिका

वीरेन्द्र यादव

विप्लव कार्यालय, लखनऊ की ओर से

लोकभारती प्रकाशन

पहली मंजिल, दरबारी बिल्डिंग, महात्मा गाँधी मार्ग, इलाहाबाद-1

विप्लव कार्यालय, लखनऊ
की ओर से

लोकभारती प्रकाशन
पहली मंजिल, दरबारी बिल्डिंग, महात्मा गाँधी मार्ग
इलाहाबाद-211 001

वेबसाइट : www.lokbhartiprakashan.com
ईमेल : info@lokbhartiprakashan.com

शाखाएँ : 1-बी, नेताजी सुभाष मार्ग, दरियागंज
नयी दिल्ली-110 002
अशोक राजपथ, साइंस कॉलेज के सामने
पटना-800 006 (बिहार)
36-ए, शेक्सपियर सरणी
कोलकाता-700 017

मूल्य : ₹ 600

प्रथम संस्करण : 2014

आवरण : 'विप्लव' के मुख पृष्ठ से

बी.के. ऑफसेट
नवीन शाहदरा, दिल्ली-110032
द्वारा मुद्रित

YASHPAL KA VIPLAV
by Yashpal

ISBN : 978-81-8031-852-8

प्राक्कथन

यशपाल की मूल पहचान भले ही एक कथाकार की हो, लेकिन कथा-साहित्य के बाहर भी उन्होंने बहुत-कुछ लिखा था। उनका यह लेखन उनके पर्याप्त लम्बे और व्यवस्थित रचनाकाल में समय की अपनी ज़रूरतों एवं दबावों के हिसाब से हुआ। 'विप्लव' के सम्पादकीय क्रान्तिकारी जीवन के अपने संस्मरणों, यात्रावृत्त, प्रगतिशील लेखक संघ की गतिविधियों के सम्बन्ध में अभिभूत एवं टिप्पणियों के अतिरिक्त बड़ी संख्या में उन्होंने राजनीतिक निबन्ध भी लिखे।

यशपाल के बारे में एक आम धारणा यह है कि अपने वैचारिक आग्रहों के प्रति वे बहुत अनन्य और दृढ़ थे। इसी कारण उस समय के साहित्यिक-राजनीतिक विवादों और बहसों में भी उनकी सक्रिय हिस्सेदारी रही। मार्क्सवादी और गैर-मार्क्सवादी दोनों तरह के आलोचनाओं के विरोध के बीच उनका लेखन हुआ। जब-तब उन्हें अपने इन आलोचकों से भी उलझना होता था, भरसक सैद्धान्तिक रूप में वे अपना पक्ष रखते थे। अनुशासन, व्यवस्था और निरन्तरता सम्भवतः यशपाल के लेखन के केन्द्रीय सूत्र हैं। उन्होंने सामाजिक और राजनीतिक मुद्दों पर तो लिखा ही, व्यक्तिगत सन्दर्भों पर उनका आत्मगत लेखन भी काफी मात्रा में है।

यशपाल के असंकलित लेखन की इस शृंखला के तीन खण्डों में बहुत-सी ऐसी सामग्री है जो आत्मगत प्रकृति की है। इस सामग्री को एक जगह देख और पढ़कर किसी को भी आश्चर्य हो सकता है। यहाँ अपने लेखकीय जीवन के वैविध्यपूर्ण अनुभवों का खुलासा उन्होंने किया है—कभी अपनी इच्छा से और कभी दूसरों के अनुरोध पर। इस शृंखला में उनके अनेक विवादास्पद लेख भी हैं जो इधर वर्षों से अप्राप्य थे। इस ढेर सारी सामग्री के एक जगह उपलब्ध हो जाने से यशपाल जैसे बड़े क़द-बुत के लेखक की रचना-प्रक्रिया और रचनात्मक सरोकारों की दृष्टि से भी इस सामग्री का अपना महत्त्व है।

भूमिका

स्वाधीनता आन्दोलन के अन्तिम दशक में 'विप्लव' का प्रकाशन हिन्दी पत्रकारिता की दुनिया में एक विस्फोट सरीखा था। यशपाल ने अपने क्रान्तिकारी दौर की वैचारिक सम्पदा को इस पत्रिका के मंच से व्यापक राजनीतिक, सामाजिक और सांस्कृतिक सन्दर्भ प्रदान किये। अपनी सम्पूर्णता में 'विप्लव' स्वाधीनता आन्दोलन की अनुपस्थितियों को चिह्नित करने का एक बौद्धिक मंच था। अपने समय की देश-विदेश की राजनीतिक हलचलों, साहित्य, समाज और संस्कृति और धर्म के ज्वलन्त मुद्‌दों से जिरह करते हुए यशपाल ने 'विप्लव' को जो स्वरूप प्रदान किया वह सर्वथा नवीन और मौलिक था। 'विप्लव' की विशिष्टता यह भी थी कि पूरी तरह व्यक्तिगत प्रयास होने के बावजूद अपने अवदान में यह पत्रिका एक आन्दोलन सरीखी थी। ब्रिटिश साम्राज्यवाद को नेस्तनाबूद किये जाने के सारे प्रयत्नों के साथ सहभागिता दर्ज करते हुए भी यशपाल ने 'विप्लव' को स्वाधीनता आन्दोलन के वर्चस्वशाली नेतृत्व के प्रतिपक्षी की भूमिका में ढाल रखा था। यशपाल की स्वयं स्वीकारोक्ति थी कि 'विप्लव' किसी दल-विशेष या पार्टी का समर्थन करने के लिए उसके मुख पत्र के रूप में स्थापित नहीं हुआ और न वह इस प्रकार के किसी बन्धन में बँधने के लिए तैयार है। 'विप्लव' इस देश में व्यापक सामाजिक, आर्थिक और राजनीतिक क्रान्ति के दूत की तरह है, जो बिना किसी पक्षपात के राष्ट्रहित के उद्‌देश्य से पेश किये गये सिद्धान्तों और कार्यक्रमों की समीक्षा और विवेचना के लिए खुला है, वह किसी वाद का शत्रु नहीं परन्तु समाज की प्रगति और क्रान्ति की सफलता की दृष्टि से जनहित के विचार से पक्षपातरहित समालोचना और समीक्षा करना अपना अधिकार समझता है।'

'विप्लव' का प्रकाशन-काल नवम्बर, १९३८ से अप्रैल, १९४९ के मध्य का था। इस बीच पत्रिका प्रकाशन में सरकारी कोप के चलते व्यवधान भी आये और इसकी आवृत्ति भी प्रभावित हुई। इस समय अन्तराल में 'विप्लव' ने अपनी उपस्थिति 'विप्लव ट्रैक्ट' के रूप में भी बनाये रखी। 'विप्लव' के सम्पादकियों का स्वरूप प्राय: राजनीतिक व सामाजिक हुआ करता था। यह अकारण नहीं था कि जहाँ 'विप्लव' को समय-समय पर ब्रिटिश शासन के कोप का शिकार होना पड़ा, वहीं कई देसी रियासतों में भी इसके प्रचार-प्रसार पर रोक लगायी जाती थी। लेकिन यशपाल भी

इतने दृढ़ प्रतिज्ञ थे कि जब 'विप्लव' पर रोक लगी तब उन्होंने इसे 'विप्लवी ट्रैक्ट' के नाम से प्रकाशित किया। कई बार तो बिना आधिकारिक रोक के ही पुलिस और नौकरशाही इस पर स्थानीय स्तर पर बन्दिशें लगा देती थी। दिसम्बर, १९४० के सम्पादकीय में यशपाल ने लिखा कि, 'अनेक रियासतों में 'विप्लवी ट्रैक्ट' को हौवा समझा जाता है। कुछ रियासतों में रियासती सरकार के हुकुम के बिना भी पुलिस विप्लवी ट्रैक्ट पर रोक लगा देती है। ...ब्रिटिश इण्डिया में विप्लवी ट्रैक्ट के प्रति नौकरशाही की नाराज़गी का दूसरा ही रुख है। पुलिस ट्रैक्ट को जब्त नहीं कर सकती परन्तु भोली जनता को धमकाया जाता है और विप्लवी ट्रेक्ट पढ़नेवालों का नाम राजनैतिक दृष्टि से सन्दिग्ध लोगों की लिस्ट में लिख देने की धमकी दी जाती है।'

यशपाल के इस कथन के बावजूद कि 'विप्लव' किसी वाद का शत्रु नहीं है, सच यह है कि यशपाल ने अपने मार्क्सवादी राजनीतिक विश्वासों के अनुकूल इसे परिवर्तनकामी राजनीतिक मूल्यों के एक सशक्त बौद्धिक मंच के रूप में निर्मित किया। स्वाधीनता आन्दोलन के अन्तिम दशक की राजनीतिक हलचलों और सामाजिक गतिविधियों को समझने और विश्लेषित करने के लिए 'विप्लव' के सम्पादकीय अग्रलेख एक मुकम्मल वैचारिक आधार प्रदान करते हैं।

महत्त्वपूर्ण यह तथ्य भी है कि मार्क्सवादी प्रतिबद्धता के साथ-साथ उन्होंने भारतीय समाज में शोषण की देशज आन्तरिक वर्णाश्रमी और जातीय संरचना को कभी दृश्य से ओझल नहीं होने दिया।

'विप्लव' की सम्पादकीय टिप्पणियों में जहाँ ब्रिटिश साम्राज्यवाद से मुक्ति का संकल्प है, वहीं शोषण के सामाजिक आधार को ध्वस्त करने की चाहत भी है। 'विप्लव' के प्रवेशांक में ही उन्होंने यह सुस्पष्ट कर दिया था कि, 'हमारी इस स्वतन्त्रता का अर्थ है, हमारे देश में देश की प्रजा का राज्य ! हमारे देश की प्रजा हैं—देश को अपने पसीने से सींचनेवाले किसान !...यह विप्लव समाज से बर्बरता के न्याय को, व्यक्ति के कुल की शक्ति, धन की शक्ति और श्रेणी की शक्ति से दूसरे मनुष्यों के शोषण के न्याय का अन्त करने के लिए है।' यही कारण है कि जब प्रान्तीय असेम्बलियों में १९३५ के एक्ट के अन्तर्गत कांग्रेस ने प्रान्तीय सरकारों में भागीदारी की तो यशपाल ने अपनी निराशा इन शब्दों में अभिव्यक्त की, 'हमारे मन्त्री जिस प्रान्तीय शासन को चकनाचूर करने गये थे उसी में उलझे जा रहे हैं। चुनाव के ज़माने के हमारे विप्लवी नारे आज कहाँ गये। राष्ट्रीय, सामाजिक और आर्थिक विप्लव के झण्डे को ऊँचा करनेवाले अग्रसर दलों में क्या इनमें से किसी भी प्रश्न पर मतभेद हो सकता है? तो फिर यह शिथिलता क्यों?'

'विप्लव' के सम्पादकीय महज़ एक पत्रिका की विचार अभिव्यक्त न होकर एक ऐसे सशक्त प्रतिपक्ष की भूमिका का निर्वाह करते थे जो एक अभियान सरीखा था।

गाँधी और नेहरू सरीखे स्वाधीनता आन्दोलन के कर्णधारों के साथ अक्सर वे व्यापक जनता के हितों को लेकर जिरह ही नहीं करते थे, बल्कि मुठभेड़ की मुद्रा भी अपनाते थे। गाँधी के 'सत्य' और 'अहिंसा' के प्रति आग्रह और उसके कारण स्वाधीनता आन्दोलन में आयी शिथिलता भी जब-तब उनकी आलोचना का विषय बनती रही थी। वैज्ञानिक चेतना से युक्त और अनीश्वरवादी होने के कारण यशपाल को गाँधी की राजनीतिक शैली अक्सर रास नहीं आती थी। गाँधी का 'चर्ख़ा' अभियान भी उनकी आलोचना का एक मुद्दा था। जनवरी, १९४० के 'विप्लव' के सम्पादकीय में गाँधी के चर्ख़ा दर्शन को प्रश्नांकित करते हुए यशपाल ने लिखा कि, 'महात्मा जी चर्ख़े को एक आध्यात्मिक तपस्या का रूप देकर उसका महत्त्व बखान करते आये हैं, उसे वे अपने धर्म-विश्वास का एक अंग समझते हैं। ऐसी अवस्था में चर्ख़े को कांग्रेस की स्वतन्त्रता की लड़ाई की शर्त मुक़र्रर करना उन सब लोगों पर अन्याय है, जिन्होंने तन-मन से कांग्रेस को शक्तिशाली और बलवान् बनाने की कोशिश की है, परन्तु जो लोग चर्ख़े या किसी भी वस्तु को धार्मिक विश्वास के तौर पर स्वीकार करने को तैयार नहीं। उनके लिए यह विचार स्वतन्त्रता के दमन से किसी प्रकार कम नहीं। यह कांग्रेस को गाँधी सेवा-संघ या चर्ख़े का अखाड़ा बनाने का ज़बरदस्त प्रयत्न है और हमारी उस मानसिक नपुंसकता का परिणाम है, जिसकी वजह से हम केवल एक ही व्यक्ति के चरणों में सारे देश के भाग्य को अर्पण किये बैठे हैं। क्या अच्छा होता, यदि आज लड़ाई की तैयारी के समय जनता के आत्मविश्वास की कमी का कारण उठाने की कोशिश न कर एक सीधी प्रतिज्ञा आनेवाली लड़ाई के रूप में रखी जाती और वह होती—'मर मिटेंगे हक़-आज़ादी के लेने के लिए।'

गाँधी अक्सर अपने निर्णयों को ईश्वर की प्रेरणा के रूप में जनता के समक्ष प्रस्तुत करते थे। यशपाल ने किस तरह इसकी तार्किक काट की, इसका सटीक उदाहरण उनके 'आस्तिकता का मार्ग' शीर्षक सम्पादकीय (सितम्बर, १९४०) में देखा जा सकता है। यशपाल ने लिखा कि। 'महात्मा जी की आत्मा को भगवान् की ओर से जो प्रेरणा होती है उसके बारे में हमें बिलकुल सन्देह न होता, परन्तु मि. जिन्ना अपने-आपको ख़ुदा का किसी से कम भक्त स्वीकार करने के लिए तैयार नहीं और भगवान् उन्हें इस देश के सम्बन्ध में और ही क़िस्म की प्रेरणा दिया करते हैं। फिर हिटलर तक भगवान् की इच्छा समझने का दावा करता है? भगवान् की इच्छा शायद जल की तरह कोई वस्तु है जिस रंग या शक्ल के बर्तन में भरकर देखा जाता है, वह उसी रंग और शक्ल की दिखायी देने लगती है।' उनका दो टूक निष्कर्ष था कि, 'यदि नवीन समाज की रचना हम पूर्ण स्वतन्त्र होकर करना चाहते हैं तो हमें विश्वास और आदर्श की उस ग़ुलामी से भी छुटकारा पाना होगा जो पुराने विश्वास और ईश्वर के नाम से हमारे लिये पेश किये जाते हैं। इसलिए नये और स्वतन्त्र समाज की रचना के लिए किसी भी विश्वास को केवल महापुरुषों की आज्ञा होने के कारण

स्वीकार नहीं किया जा सकता और न किसी महात्मा के कहने से तर्क और दलील को अस्वीकार किया जा सकता है।' अपने निर्णयों को समय-समय पर कांग्रेस पर लादने के गाँधी के तौर-तरीक़ों को प्रश्नांकित करते हुए यशपाल ने यह तक लिखा कि, 'आप कांग्रेस के फैसले को कांग्रेस द्वारा निश्चित किये गये सिद्धान्त के विरुद्ध बताकर अपने अनुयायियों को कांग्रेस छोड़कर चुपचाप बाहर आ जाने की सलाह देकर कांग्रेस के विरुद्ध बग़ावत का प्रचार कर रहे हैं।...हम तो आपके इस व्यवहार की अपेक्षा कांग्रेस समाजवादियों और कांग्रेस में मौजूद कम्युनिस्ट कहलानेवाले लोगों का ही व्यवहार अनुशासन के कहीं अधिक अनुकूल दिखायी पड़ा, जिन्होंने कांग्रेस के सामने आपके नेतृत्व में लायी गयी तजवीज़ों का विरोध अनेक बार किया परन्तु कांग्रेस द्वारा उन तजवीज़ों के स्वीकार कर लेने पर अपने अनुयायियों से कांग्रेस को छोड़कर अपना कार्यक्रम अलग चलाने की अपील नहीं की।' (अगस्त, १९४०)

दरअसल स्वाधीनता आन्दोलन में गाँधी के नेतृत्व की वर्गीय दृष्टि से आलोचना का भाव 'विप्लव' के सम्पादकीय अग्रलेखों में केन्द्रीय विचार के रूप में पर्याप्त रूप से मौजूद है। इसकी पृष्ठभूमि में सोवियत क्रान्ति से प्रेरित उनकी वह मार्क्सवादी दृष्टि थी जो साम्राज्यवादी उपनिवेशवाद से मुक्ति के साथ मेहनतकश किसान मज़दूरों के नेतृत्व को स्वाधीन भारत में केन्द्रीयता प्रदान करने की पक्षधर थी। यह अनायास नहीं है कि यशपाल मार्क्स और लेनिन के दर्शन को जब-तब 'विप्लव' के पृष्ठों पर सन्दर्भित करते हुए उसे भारतीय स्वतन्त्रता आन्दोलन के लिए आदर्श के रूप में प्रस्तुत करते थे। मार्च, १९४० की 'कार्ल मार्क्स का सन्देश' शीर्षक सम्पादकीय टिप्पणी में उन्होंने लिखा कि 'उस महापुरुष का नाम था मार्क्स, जिसने मनुष्य और उसके समाज की शक्ति को, जिसे हमारा समाज अपने भ्रम, अज्ञान और विश्वास के कारण न पहचानकर अपने-आपको असमर्थ, पराधीन और दूसरी शक्ति के हाथ का खिलौना समझ बैठा था, उसे समझाया और स्वतन्त्र कर दिया।' गाँधी के बरअक्स लेनिन के व्यक्तित्व के उद्‌दात्तीकरण के मूल में उनकी यही प्रतिबद्धता थी। यशपाल की दृष्टि में, 'लेनिन महान् अपने व्यक्तित्व को ऊँचा उठाकर नहीं, परन्तु उसने उद्‌देश्य को ऊँचा उठाकर उस दलित और शोषित जनता को ऊँचा उठाकर जिसकी वह पुकार थी वह महान् बना'। गाँधी की ईश्वर आस्था और लेनिन की तार्किकता के द्वन्द्व पर टिप्पणी करते हुए उन्होंने लेनिन के बारे में लिखा कि, 'धर्म और परमेश्वर की आज्ञा की काल्पनिक जंजीरों में जकड़े जाकर लुटे और चूसे जाने से इनकार करनेवालों ने—नास्तिकों ने उसका देवता के समान आदर किया क्योंकि उसने भगवान् की इच्छा और उसके सन्देश के पाखण्ड की आड़ लेकर नहीं बल्कि शुद्ध तर्क और जनता की अनुमति को भगवान् की आशा का स्थान दिया। उसने अपनी आज्ञाओं को आध्यात्मिकता के मन्दिर की चोटी पर रख जनता के तर्क से ऊँचा बनाने की कोशिश नहीं की। अब तक देवताओं की कैद से छुड़ाकर देवताओं का स्वामी बना दिया। इसलिए वह

मानसिक, आर्थिक, सामाजिक और राजनैतिक स्वतन्त्रता के पुजारी नास्तिक समाजवादियों की दृष्टि में देवता बन गया। उस देवता में उन्होंने कोई अलौकिक शक्ति सम्पन्न भगवान् का अवतार नहीं देखा बल्कि देखा अपनी ही शक्ति का रूप—अपने जैसे ही मनुष्य। उसने मनुष्य को विश्वास करने के लिए नहीं बल्कि छानबीन और अनुभव कर अपने-आप निश्चय करने को कहा।' (सम्पादकीय, जनवरी, १९४०)

यशपाल भारतीय स्वाधीनता आन्दोलन में भी सोवियत संघ की मज़दूर किसान क्रान्ति की आहट सुनना चाहते थे। इसलिए वे यह संकल्प व्यक्त कर सके कि। 'हमारा युद्ध होगा—मज़दूरों और किसानों का ख़ून चूसनेवाले सरमायादारों और ज़मींदारों के हक़ों के ख़िलाफ़! हमारा युद्ध होगा—मुल्क और दुनिया में किसानों और मज़दूरों का ऐसा राज क़ायम करने के लिए, जिसमें कोई किसी पर जुल्म न कर सकेगा, जिसमें कोई किसी को लूट न सकेगा। जिस राज में हर एक अपनी मेहनत की कमायी पर अपना अधिकार रखेगा, जिस राज में बेकार, भूखे और नंगे नहीं होंगे।' (मई, १९३९) यही कारण था कि वे स्वाधीनता आन्दोलन में अभिजन के बरक्स सामान्य जन की हिस्सेदारी पर अधिक ज़ोर देते थे। इसके लिए वे जनता की उन दैनन्दिन माँगों और मुद्दों को आज़ादी के आन्दोलन के साथ जोड़ना चाहते थे जो उनके जीवन को प्रभावित करता हो। उनका स्पष्ट कहना था कि, 'वास्तविक और स्थायी राजनैतिक जागृति समाज में उस समय तक सम्भव नहीं जब तक कि जनसाधारण सार्वजनिक प्रश्नों को स्वयं न सोचने लगें'। इसीलिए वे साक्षरता सरीखे अभियानः को भी तभी कारगर मानते थे।

जब, 'इस काम को करने वाले भी स्वयं ग़रीब जनता के लोग हों जो अपनी श्रेणी को यह विश्वास दिला सकें कि साक्षरता उनके राजनैतिक और आर्थिक दृष्टि से सबल और उन्नत बनाने का उपाय है तभी जनता का साक्षरता के प्रति अनुराग हो सकेगा। आम जनता में यदि इस चेतना का भाव जाग सके और वे लोग श्रेणी रूप से सबल होने के लिए साक्षरता को साधन समझने लगें तो वह उनमें आश्चर्यजनक तेज़ी से घर कर जायेगी। इसके अतिरिक्त दूसरे प्रयत्न भद्र श्रेणी द्वारा सद्भावना और दया से किये गये जनता को साक्षर बनाने के प्रयत्न केवल उलटे और दिखावटी रहेंगे।' (जनवरी, १९४१)

यशपाल जब भारतीय समाज की दुहरी ग़ुलामी की चर्चा करते थे तो उसके केन्द्र में मज़दूर व किसान तो होते ही थे लेकिन दलित और स्त्रियाँ उनकी विशेष चिन्ता का विषय थे। उनका यह कहना था कि स्त्रियों के सवाल को स्वाधीनता आन्दोलन का हिस्सा बनाना चाहिए क्योंकि, 'भारत की ९९ फीसदी स्त्रियों के सामने वे सभी समस्याएँ तो हैं ही जो पुरुषों के सामने हैं परन्तु इसके अलावा उनकी अपनी विशेष समस्याएँ भी हैं। इसका कारण है भारत के स्त्री समाज का दोहरा शोषण और पीड़न।

भारत का पुरुष समाज विदेशी शासन और अन्यायपूर्ण आर्थिक व्यवस्था से पिस रहा है और यहाँ का स्त्री समाज इन व्यवस्थाओं में पिसने के साथ-साथ इस देश के रीति-रिवाज और पुराने ज़माने के अनुकूल सामाजिक व्यवस्था का भी शिकार हो रहा है। इस देश की स्त्रियों की स्थिति इस देश के पुरुषों के समान नहीं। और न वे विदेशी शासन और अन्यायपूर्ण आर्थिक व्यवस्था से मुक्ति प्राप्त करने के आन्दोलन में पुरुषों के समान आगे बढ़ सकती हैं। हम इस बात से इनकार नहीं कर सकते कि इस देश के पुरुष स्वयं पीड़ित और दलित होते हुए भी इस देश की स्त्रियों का पीड़न और शोषण करने से नहीं चूकते! इस देश की स्त्रियाँ दोहरी ग़ुलाम हैं। एक तो यहाँ के पुरुष समाज की और फिर इस देश के पुरुषों की ग़ुलामी में बाँधे रखनेवालों की। यदि स्त्रियाँ स्वतन्त्र व्यक्ति के अधिकार चाहती हैं तो यह माँग राष्ट्रीय उत्थान के कार्य में किस प्रकार बाधक हो सकती है। स्वतन्त्र स्थिति और व्यक्तित्व की प्राप्ति के लिए समाज में स्त्रियों की आर्थिक और सामाजिक स्थिति होना ज़रूरी है। ऐसा होने से राष्ट्रीय और सामाजिक चेतना के आगे बढ़ने में सहायता ही मिलेगी। स्त्रियों का केवल पुरुषों के उपयोग का साधन बने रहना देश के सबल होने में सहायक नहीं हो सकता। यदि स्त्रियाँ तलाक और पारिवारिक सम्पत्ति पर पुरुषों के समान अधिकार माँगती हैं वे अपने जीवन की ज़िम्मेदारी लेना चाहती हैं, तो इससे पुरुषों को आपत्ति क्यों?' (उपर्युक्त)

दरअसल 'विप्लव' के सम्पादकीय अग्रलेखों के माध्यम से स्वाधीनता संग्राम की उस दौर की उन हलचलों और बहसों का भी पता चलता है जो प्रायः मुख्य धारा के इतिहास में अनुपस्थित हैं। यशपाल आज़ादी और स्वराज्य के स्वरूप को लेकर हमेशा सवाल करते थे। 'विप्लव' के अगस्त, १९४० के 'कांग्रेस और शोषित' शीर्षक सम्पादकीय में उन्होंने दो टूक लहजे में लिखा कि, 'कांग्रेस देश के किसानों और मज़दूरों की प्रतिनिधि है, पर किस नाते? कांग्रेस वह कौन-सी बात कहती है जिसे किसान और मज़दूर अपने नित्य के जीवन की तड़प में अनुभव करते हैं? कांग्रेस स्वराज्य की बात करती है। वह स्वराज्य कैसा होगा? ...अट्ठानबे फ़ीसदी के लिए तो स्वाधीनता का केवल एक अर्थ है—ज़िन्दा रहने का अधिकार। और ज़िन्दा रहने का मतलब है, पेट में रोटी और तन पर कपड़ा। इस पेट में रोटी और तन पर कपड़े की बात भी ज़रा स्वराज्य में स्पष्ट हो जाये तो अच्छा है।...अगर यह कहते डर लगता है कि ज़मीन उसी की होगी जो उसे जोते-बोयेगा या कारख़ाने, मिलें उन्ही की होंगीं जो इन्हें अपने परिश्रम से बनाकर खड़ा करेंगे, तो इतना तो कह दीजिये कि ज़मीन जोत कर अन्न पैदा करनेवाले को लगान और मालगुजारी में सर्वस्व स्वाहा कर देने से पहले कम-से-कम पेट भरने लायक़ रखने का अधिकार होगा।...आज भी क्या समय नहीं आया कि कांग्रेस जीवन के अधिकार का कम-से कम एक दर्जा तो इस देश के शोषितों के लिए मंजूर किये जाने की आवाज़ उठाये।...कांग्रेस को स्पष्ट रूप

से देश के शोषितों की संस्था बनाने के लिए क्या यह सीधा और सरल उपाय नहीं है कि शोषितों के सचेत श्रेणी संगठनों का उसके अन्दर स्थान हो !...कांग्रेस हमारे लिये राष्ट्रीय सरकार से कम नहीं। उसे अपनी सरकार समझकर हम यह जरूरी समझते हैं कि देश की सभी श्रेणियों के हितों का प्रतिनिधित्व उसमें हो। और वह प्रतिनिधित्व केवल सिरों के गिनने से नहीं श्रेणी के सचेत संगठनों के प्रतिनिधित्व के रूप में हो। तभी कांग्रेस इस देश के वासियों के जीवन के प्रश्न को हल करनेवाला संगठन बन सकेगा।'

उल्लेखनीय तथ्य यह भी है कि यशपाल जिन दिनों अपनी सम्पादकीय टिप्पणियों द्वारा स्वाधीनता आन्दोलन के जनतन्त्रीकरण की माँग कर रहे थे उन्हीं दिनों कांग्रेस के आन्तरिक जनतन्त्र पर भी बल दे रहे थे। कारण यह कि साम्राज्यवाद विरोधी व्यापक मंच होने के कारण कांग्रेस में लगातार एक आन्तरिक विचारधारात्मक संघर्ष जारी था। जहाँ कांग्रेस में राजगोपालाचारी, आचार्य कृपलानी व पटेल सरीखे दक्षिणपन्थी विचारों के नेता थे तो सुभाषचन्द्र बोस सरीखे गर्म और नेहरू, आचार्य नरेन्द्र देव व एम. एन. राय सरीखे समाजवादी और वामपन्थी भी। प्रतिबन्धित होने के कारण अधिकतर कम्युनिस्ट नेता भी उन दिनों कांग्रेस में ही शामिल थे। 'विप्लव' के सम्पादकीय लेखों में जब-तब कांग्रेस के अन्दर की वैचारिक टकराहटों की आहट भी मिलती रहती थी। अपनी वामपन्थी, जनपक्षधर सोच के चलते यशपाल बिना किसी एक धड़े या गुट का अनुगामी हुए अपनी राय बेबाकी से 'विप्लव' के पृष्ठों पर अभिव्यक्त करते रहते थे। ऐसा ही एक अवसर तब आया था। जब एम. एन. राय ने जर्मन फासीवाद के विरुद्ध युद्ध में अंग्रेज़ों की मदद की दलील रखी थी और इसे न माने जाने पर कांग्रेस से इस्तीफा दे दिया था। इस पर 'विप्लव' की सम्पादकीय टिप्पणी में यशपाल ने तीखी बहस करते हुए लिखा कि। 'राय साहब का और उनके साथियों का दावा है कि कम्युनिस्ट सिद्धान्तों पर दृढ़ विश्वास होने के कारण ही राय साहब अंग्रेज़ों को बिना शर्त सहायता देकर फासिज़्म का विरोध करना चाहते हैं। हम यह देखना चाहते हैं कि कम्युनिस्ट होने के नाते फासिज़्म का विरोध करने के लिए क्या कांग्रेस की नीति का विरोध करना जरूरी है?...हम न तो बहुत बहादुर होने का दावा करते हैं और न कम्युनिज़्म के प्रचारक और पण्डित होने का। परन्तु इतना देखना तो हमारे लिये निहायत जरूरी है कि कम्युनिज़्म के जिस दावे पर राय साहब शहीद होने का दम्भ भर रहे हैं, वह कहाँ तक सच्चा है। क्या राय साहब और उनके कम्युनिस्ट इस बात से इनकार कर सकते हैं कि यूरोप का वर्तमान युद्ध पूँजीवाद के कारण उत्पन्न होनेवाली स्पर्द्धा और होड़ के कारण ही हो रहा है? क्या वे यह कह सकते हैं कि जर्मनी के हार जाने के कारण समाजवाद का प्रचार हो जायेगा? यह हम मानते हैं कि जर्मनी, इटली के इस युद्ध में विजयी होने पर ब्रिटिश साम्राज्य निर्बल हो जायेगा और भारत के ब्रिटिश साम्राज्य का अंग होने के नाते जर्मनी और इटली

के दमन और अत्याचार का असर यहाँ तक भी पहुँच सकता है।...कम्युनिज़्म के नाम पर अंग्रेज़ों की सहायता की अपील करना उतनी दूरदर्शिता नहीं जितनी कि पूँजीवाद की रक्षा के नाम पर यह अपील करना है। क्योंकि कम्युनिज़्म के नाम पर जिन लोगों की सहानुभूति इस देश में प्राप्त की जा सकती है, उनकी संख्या ही कितनी है और उनके शक्ति का मूल्य ही कितना है इसके विरुद्ध पूँजीवाद और साम्राज्य के नाम पर आपको मिलनेवाली सहायता बहुत अधिक होगी।' उन्होंने यहाँ तक लिख डाला कि, 'मार्क्सवाद और कम्युनिज़्म व्यक्ति के कारण सिद्धान्तों की क़द्र नहीं करता बल्कि सिद्धान्तों और उससे अधिक कार्यक्रम के कारण व्यक्ति का मूल्य निश्चित करता है।...हमें भय है कि राय साहब का अपने व्यक्तित्व के कारण विद्वानों का मूल्य निश्चित करने का तरीक़ा उन्हें उसी मार्ग पर ले जा रहा है जिस मार्ग पर प्लेखनोव, त्रात्सकी और बुखारिन कम्युनिज़्म के लिए न केवल अनुपयोगी बल्कि हानिकारक व्यक्ति बन गये। यदि राय साहब की दृष्टि में कम्युनिज़्म द्वारा मनुष्य समाज के कल्याण का अधिक महत्त्व है तो उन्हें अपने व्यक्तित्व से सिद्धान्तों को अधिक महत्त्व देना चाहिए।' (अक्टूबर, १९४०)

दरअसल मार्क्सवादी होने के बावजूद यशपाल स्वविवेक और तार्किकता की कसौटी कभी नहीं छोड़ते थे। इस सन्दर्भ में यह तथ्य भी उल्लेखनीय है कि जिन यशपाल के वैचारिक और कथात्मक साहित्य को पढ़कर हज़ारों हज़ार लोग कम्युनिस्ट पार्टी के सदस्य बने उन्होंने स्वयं कभी पार्टी की सदस्यता नहीं स्वीकारी। लेकिन मार्क्सवादी सिद्धान्तों के प्रति उनकी प्रतिबद्धता का ही तकाज़ा था कि वे फासीवाद बनाम जनयुद्ध के मसले पर कम्युनिस्ट पार्टी की भूमिका को लेकर 'देशद्रोही' सरीखा उपन्यास लिख सके थे। दिलचस्प यह है कि एम.एन. राय सरीखे कम्युनिस्टों के ब्रिटिश समर्थक रुख़ की आलोचना करते हुए भी इस मुद्दे पर वे गाँधी के प्रति तनिक भी नरमी या समर्थन का रुख़ नहीं अपनाते। गाँधी के प्रति व्यंग्यात्मक लहज़े में उन्होंने कहा कि, 'महात्मा जी की राजनीति के आध्यात्मिक राजनीति होने के कारण उसके लचीली होने की काफी गुंजाइश है। इसलिए महात्मा जी ब्रिटिश सरकार को उलझन से बचाने, कांग्रेस का आन्दोलन चलाने और युद्ध विरोध द्वारा अहिंसा के उद्देश्य को पूरा करने के तीनों उद्देश्यों को एक साथ मिला सके हैं।...जिन लोगों ने गाँधी जी के डिक्टेटर होने का अर्थ यह समझ लिया है कि उन्हें स्वयं कुछ सोचना ही नहीं चाहिए, उनसे तो कुछ कहने की बेअदबी हम करेगें नहीं परन्तु जो लोग सोचने का अधिकार अपने पास रखे हुए हैं, उनसे हम इतना तो ज़रूर कहेंगे कि शहादत का श्रेय लेने के लिए कुछ महीने के लिए जेल में बन्द हो जाने से पहले इतना सोच लें कि इससे उनके देश और जनता का क्या लाभ होगा?'

'विप्लव' के सम्पादकीय इन अर्थों में दस्तावेज़ी महत्त्व रखते हैं कि वे उस दौर के राजनीतिक घटनाक्रमों को ही नहीं बल्कि इतिहास निर्माण की उस प्रक्रिया को भी

उद्घाटित करते हैं जिसे राजनीतिक इतिहास की मुख्यधारा से प्राय: नही समझा जा सकता। गाँधी और सुभाषचन्द्र बोस के बीच कांग्रेस के नेतृत्व को लेकर संघर्ष जग-ज़ाहिर है, लेकिन इसके कुछ अचर्चित पक्षों को उन घटनाओं के माध्यम से समझा जा सकता है जो इतिहास में प्राय: दर्ज नहीं और कम चर्चित रही हैं। सुभाषचन्द्र बोस हरिपुरा कांग्रेस के युद्ध विरोधी प्रस्ताव को अमली जामा पहनाने के संघर्ष में अग्रणी थे इसीलिए अन्य कांग्रेसियों के साथ उनकी भी गिरफ़्तारी हुई थी। लेकिन उन्हें 'स्वास्थ्य' कारणों से शीघ्र ही रिहा कर दिया गया था...इस रिहाई को लेकर तरह-तरह की ग़लतफ़हमियाँ और अफ़वाहें हवा में थीं। इसी बीच कलकत्ता से प्रकाशित अंग्रेज़ी पत्रिका 'फारवर्ड' ने एक लेख इस प्रकरण को लेकर छापा जिसका सार संक्षेप यशपाल ने 'विप्लव ट्रैक्ट' के सम्पादकीय में प्रकाशित किया। इसमें कहा गया था कि, 'युद्ध का विरोध कर सुभाष बाबू जेल गये परन्तु कांग्रेस द्वारा युद्ध का विरोध शुरू करने पर सुभाष बाबू ने जो पत्र जेल से लिखा और जो सरकारी अफसरों की दृष्टि से गुज़रकर बाहर आया उसमें उन्होंने अपने साथियों को कांग्रेस के इस प्रयत्न का विरोध करने की ही सलाह दी थी। इस पत्र में उन्होंने अलग से अपना आन्दोलन चलाने का वायदा किया था और यह वायदा उन्होंने कांग्रेस वर्किंग कमेटी के विरुद्ध आन्दोलन चलाकर पूरा कर दिया। इस आन्दोलन का परिणाम होगा कि बंगाल का ध्यान कांग्रेस के युद्ध विरोधी आन्दोलन से बँट जायेगा।' जनवरी १९४१ के अंक में यह टिप्पणी प्रकाशित करते हुए यशपाल ने लिखा कि, 'हमारा प्रयोजन सुभाष बाबू की निन्दा करना नहीं है। हमारा उद्देश्य है कि राजनीतिक क्षेत्र में जनता को अवसरवादियों की कूटनीति का शिकार नहीं होना चाहिए। सब परिस्थितियाँ उनके सामने आ जानी चाहिए।' स्वीकार करना होगा कि इतिहास के हाशिये में पड़ी इन घटनाओं का महत्त्व आज यह भी है कि हम इतिहास निर्माताओं को उनकी समस्त ख़ूबियों और ख़ामियों के साथ जानने, समझने और विश्लेषित करने की दिशा प्राप्त कर सकते हैं।

यह संयोग ही है कि 'विप्लव' के प्रकाशन-काल के स्वाधीनता-पूर्व के दस वर्ष पाकिस्तान की माँग के रूप में भारत-विभाजन आन्दोलन के भी वर्ष थे। जहाँ 'विप्लव' के शुरुआती अंकों में पाकिस्तान की माँग की पृष्ठभूमि उजागर होती है वहीं बाद के अंकों में देश-विभाजन की त्रासदी का भी भरपूर अहसास होता है। यह सच है कि पाकिस्तान की जिस माँग को जिन्ना ने कांग्रेस पर दबाव की राजनीति के साधन के रूप में अपनाया उसका अंग्रेज़ सरकार ने आज़ादी को विलम्बित किये जाने के अवसर के रूप में इस्तेमाल किया। यह अनायास नहीं था कि जब-जब देश की स्वाधीनता की माँग तेज़ होती तब-तब ब्रिटिश शासन यह तर्क पेश कर देता कि, 'हमें क्या एतराज है! लेकिन सब हिन्दुस्तानी मिलकर ऐसा करें बस यही शर्त है!' यशपाल ने 'विप्लव' के मई, १९४१ के अंक में अंग्रेज़ों की इस 'फूट डालो और राज करो की

नीति' का खुलासा करते हुए बेबाक शब्दों में लिखा कि, 'पाकिस्तान की माँग मुस्लिम लीग का ब्रिटिश सरकार पर वह एहसान है जिसके लिए ब्रिटिश सरकार मुस्लिम लीग की जितनी पूजा करे कम है।...मुस्लिम लीग का दावा है कि हमारी माँग पूरी किये बिना हिन्दुस्तान की हालत में कोई तबदीली नहीं की जा सकती, हिन्दुस्तान को कोई नये हक़ नहीं दिये जा सकते और हमारी माँग है पाकिस्तान! ब्रिटिश सरकार हिन्दुस्तान के आज़ादी माँगनेवालों से कहती है पहले मुस्लिम लीग की तसल्ली कीजिये! इसका मतलब होता है कि ब्रिटिश सरकार की नज़रों में मुस्लिम लीग की पाकिस्तान की माँग वाजिब और मुनासिब है। अगर ब्रिटिश सरकार मुस्लिम लीग की माँग को वाजिब समझती है तो वह इसे पूरा क्यों नहीं करती?।...लेकिन ब्रिटिश सरकार तो अपने भाग सराह रही है कि शुक्र है कि यह कमबख़्त हमें परेशान करना छोड़ हमेशा के लिए आपस में उलझ गये'। 'विप्लव' के इस सम्पादकीय में यह प्रश्न भी उचित ही पूछा गया कि, 'कितने मुसलमान संजीदगी से पाकिस्तान से चाहते हैं? क्यों नहीं वे ग़ैर मुस्लिम प्रान्तों को छोड़कर मुस्लिम प्रान्तों में अब तक गये हैं।?' दरअसल ये प्रश्न पूछते हुए यशपाल इस तथ्य को उजागर करना चाहते थे कि पाकिस्तान की माँग के पीछे व्यापक मुस्लिम समाज का समर्थन न होकर वह मुस्लिम अभिजातवर्गीय हित थे जो अंग्रेज़ सरकार से सौदेबाज़ी करते हुए अपनी स्थिति मज़बूत करना चाहते थे। उन्हें इस बात का मलाल था कि, 'यह नाटक एक बार नहीं कई बार खेला जा चुका है और उस समय तक खेला जायेगा जब तक अपने खेत की खाद देकर स्वयं अपना शोषण करनेवाले के बगीचे को ग़रीब लोग हरा करते रहेंगें।' 'विप्लव' के सम्पादकीय में पाकिस्तान की माँग और हिन्दू-मुस्लिम के दो कौमों के तर्क को यह कहकर ख़ारिज किया गया था कि, 'हिन्दू-मुस्लिम झगड़ा तो शहरों की चीज़ है देहात की नहीं। ज़िलों का कितना भाग शहर का होता है और कितना देहात यह भी सभी लोग जानते हैं। शहर के रहनेवाले कुछ मुसलमानों के शौक़ के लिए देहाती मुस्लिम आबादी के लाभ का ख़याल न करना क्या उचित होगा?' (नवम्बर, १९४०)

'विप्लव' की इन चेतावनियों के बावजूद पाकिस्तान का बन जाना यशपाल को अत्यन्त सन्तप्त करनेवाला था। विभाजन के तत्काल बाद के अंकों में यशपाल ने अपनी इस पीड़ा को शिद्दत के साथ अभिव्यक्त भी किया है। ब्रिटिश साम्राज्यवाद की देश को दो टुकड़ों में बाँटने की दुरभिसन्धि का खुलासा करने के साथ वे दोनों देशों में बढ़ रहे हिन्दू-मुस्लिम द्वेष को लेकर भी अत्यन्त उद्विग्न थे। 'दंगे से युद्ध की ओर' शीर्षक से अक्टूबर, १९४७ के विप्लव के सम्पादकीय में अपने मत को अभिव्यक्त करते हुए यशपाल ने लिखा कि। 'पाकिस्तान की मुस्लिम जनता हिन्दू आक्रमण के भय से और हिन्दुस्तान की हिन्दू जनता पाकिस्तान के मुस्लिम आक्रमण से काँप रही है। मुसलमान की नजरों में हिन्दू और हिन्दू की नज़रों में मुसलमान आततायी और अत्याचारी है।...और इस भय और अत्याचार से सताये हिन्दू मुस्लिम

हृदयों से आवाज़ निकलती है—अभी तक तो साम्प्रदायिक दंगे कराने का उत्तराधिकार अंग्रेज़ सरकार के माथे मढ़ा जाता था—आज जुल्म के लिए कौन उत्तरदायी है? अपनी अपनी रक्षा के लिए सर्वसाधारण हिन्दू और मुसलमान जनता अपने-अपने सम्प्रदाय की असहिष्णु और फ़ौजी सरकार की माँग कर रही है। जनता की आर्थिक, राजनैतिक और नागरिक अधिकारों की माँगें व्यर्थ जान पड़ रही हैं। कल्पना में बढ़े चले आते विधर्मी विदेशी शत्रु से रक्षा का प्रश्न पहला है। उपमा नयी नहीं है परन्तु हिन्दुस्तान और पाकिस्तान दोनों के लिए बहुत ही लागू है—जर्मनी राष्ट्र का नाजी धर्म की दीक्षा लेकर विदेशियों द्वारा निगल लिये जाने के भय से आत्मरक्षा के लिए दूसरी जातियों और राष्ट्रों पर आक्रमण की तैयारी करना। फ़ौजी धर्म और फ़ौजी शासन आज हिन्दू और मुस्लिम प्रजा का आदर्श जान पड़ रहा है और हिन्दुओं के लिए मुसलमान और मुसलमानों के लिए हिन्दू यहूदी बन रहे हैं।' सम्पादकीय में यह भी लिखा गया था कि, 'आज पाकिस्तानी और हिन्दुस्तानी सरकारों को कायर और कमज़ोर कहकर साम्प्रदायिक बदले की माँग करनेवाले लोग कौन हैं—इन लोगों का इतिहास क्या है? इन लोगों ने कभी इस देश की स्वतन्त्रता और जनतन्त्रवादी आन्दोलनों में भाग नहीं लिया। ब्रिटिश की शोषक अमलदारी में पलने वाले जनता के यह शत्रु साम्प्रदायिकता का आवरण ओढ़कर जनता को अपनी निरंकुशता में फँसाये रखने का प्रयत्न कर रहे हैं।' 'विप्लव' के सम्पादकीय में यह दृढ़ मत व्यक्त किया गया था कि, 'इन दंगों में मारे जानेवाले और घरबार खोनेवाले लाखों व्यक्ति वास्तव में न तो हिन्दुओं के शिकार हैं और न मुसलमानों के। वे ब्रिटिश कूटनीति के शिकार हैं।' विभाजन को लेकर यशपाल का यह सन्ताप उनके उपन्यास 'झूठा सच' में अत्यन्त ही प्रमाणिकता और संवेदनशीलता के साथ अभिव्यक्त हुआ है।

'विप्लव' का सम्पादन करते हुए यशपाल वर्ग दृष्टि से सम्पन्न प्रतिबद्ध पत्रकार की ही भूमिका का निर्वाह नहीं कर रहे थे, एक सृजनात्मक लेखक होने के कारण उनके सरोकार भविष्योन्मुखी और विस्तृत थे। समय-समय पर भाषा और साहित्य सम्बन्धी उनके सम्पादकीय उस दौर के ज्वलन्त मुद्दों से रूबरू कराते हैं। अखिल भारतीय हिन्दी साहित्य सम्मेलन में उर्दू के प्रश्न पर राहुल सांकृत्यायन का वक्तव्य और कम्युनिस्ट पार्टी से उनका सम्बन्ध-विच्छेद एक ऐसा ही प्रकरण है। इस मुद्दे पर यशपाल की कम्युनिस्ट पार्टी से असहमति थी। राहुल जी के भाषायी अभिमत से सहमति व्यक्त करते हुए 'विप्लव' के सम्पादकीय में यशपाल ने लिखा, 'हिन्दी के रूप में एक भाषा बनाने का उपाय उर्दू को नष्ट कर देना नहीं बल्कि उसे हिन्दी में सम्मिलित कर लेना है। और फिर उर्दू को अल्पसंख्यक मुसलमान की भाषा नहीं कहा जा सकता। इस अवस्था में उर्दू को हिन्दी में सम्मिलित कर लेना मुसलमानों की शुद्धि नहीं कहा जा सकता।...सांस्कृतिक चुनाव के बारे में राहुल जी का दृष्टिकोण हिन्दू समाज के प्रति मुस्लिम समाज की अपेक्षा अधिक आलोचनात्मक रहा है। उनकी बात

की उपेक्षा साम्प्रदायिक दुराग्रह भाव कहकर नहीं की जा सकती।' (जनवरी-फरवरी, १९४८) राहुल सांकृत्यायन के भाषायी मत के साथ यशपाल की यह सहमति उनकी बौद्धिक निर्भयता और नैतिक विवेक का परिचायक है, भले ही उन्हें इसके लिए कम्युनिस्ट पार्टी की अप्रसन्नता की क़ीमत चुकानी पड़ी हो।

'विप्लव' के सम्पादकीय अग्रलेखों से गुज़रते हुए इस बात का शिद्दत से अहसास होता है कि ब्रिटिश साम्राज्यवाद के विरोध और स्वाधीनता आन्दोलन के प्रति जिस आलोचनात्मक भूमिका का वरण 'विप्लव' ने किया था वह आज़ादी के बाद भी क़ायम रहा। कारण यह कि गाँधी के नेतृत्व में स्वाधीनता आन्दोलन की जिन अनुपस्थितियों को लेकर 'विप्लव' ने रचनात्मक आलोचना का रवैय्या अपनाया था, वह स्वाधीन भारत में और भी ज्वलन्त रूप में मौजूद थीं। इसलिए 'विप्लव' की भूमिका भी अपरिवर्तनीय थी। आज़ादी के बाद जन आन्दोलनों में भागीदारी करते हुए जब यशपाल की गिरफ़्तारी हुई तब 'विप्लव' ने दो टूक लहजे में अपना विरोध इस सम्पादकीय अभिमत द्वारा व्यक्त किया, 'यशपाल और नागरिक स्वतन्त्रता संघ के कार्यकर्ताओं की गिरफ़्तारी इस बात का सबूत है कि प्रजातन्त्र की दुहाई देनेवाली इस कांग्रेसी सरकार को नागरिक अधिकारों के लिए चलनेवाले आन्दोलन भी असह्य हो उठे हैं। इनका प्रजातन्त्र इतना खोखला हो गया है कि अब वह केवल दमन के ही बूते पर ज़िन्दा रह सकता है। 'विप्लव' जन्म से ही 'थोथी राष्ट्रीयता' और कांग्रेस की पूँजीवादी नेताशाही का तीव्र आलोचक और विरोधी रहा है।...उसने हमेशा प्रगतिशील वामपक्षीय आन्दोलनों, किसान, मज़दूर आदि का समर्थन किया है। 'विप्लव' ने साम्राज्यवादियों के आगे घुटना टेक नीति पर चलने से ही प्राप्त '१५ अगस्त माउण्टबेटन मार्का आज़ादी' का कच्चा-चिट्ठा जनता के सामने रखा। इस आजादी के बाद अपनी जनविरोधी नीति के समर्थन में नेताओं द्वारा सत्य, अहिंसा आदि के बारे में उठाये जानेवाले सैद्धान्तिक प्रश्नों और 'राष्ट्रीयता' आदि की दुहाइयों की विश्लेषणात्मक आलोचना की ओर उन नारों के पीछे छिपे अपने वर्ग स्वरूप को छिपाने के प्रयत्नों का 'विप्लव' ने निडर होकर भण्डाफोड़ किया। हमारे देश के पूँजीपतियों के अख़बारों ने अपने राष्ट्रीय नेताओं से प्रेरणा पा चीन, मलाया, वियतनाम, इण्डोनेशिया, बर्मा, अफ्रीका आदि देशों में चलनेवाले आज़ादी के आन्दोलनों को अराजकता, सर्वनाश, अराष्ट्रीय, भुखमरी और कंगाली का कारण आदि कहा। वास्तव में ये सब साम्राज्यवादियों के सुर में सुर मिला इन आज़ादी के आन्दोलनों को बदनाम ही नहीं करते, ये वहाँ मौत से जूझनेवाली आज़ादी के दीवानों का अपमान करते हैं। 'विप्लव' ने हमेशा इन आन्दोलनों के वास्तविक उद्देश्यों को भारतीय जनता तक पहुँचाया और जो लोग अपने इन कारनामों के कारण अन्तरराष्ट्रीय क्षेत्र में इन आन्दोलनों के दुश्मन साम्राज्यवादियों की कतार में खड़े हो गये हैं उनके असली रूप को जनता को बतलाया और उनके इस प्रकार के अपवित्र मेल-मिलाप का पर्दाफ़ाश किया। इतना ही नहीं

'विप्लव' एक विचारधारा का प्रतिपादन करता है। वह किसान मज़दूर राज हामी है। मनुष्य द्वारा मनुष्य का शोषण उसको गँवारा नहीं। वह ऐसे समाज की स्थापना के लिए प्रचार करता है जिसमें वर्ग भेद न हो। शोषण का अन्त हो। लेकिन वर्ग स्वार्थों की रक्षा के लिए बनी यह सरकार उनके इस प्रचार को बर्दाश्त नहीं कर सकती है, लेकिन विचारधाराओं की मार के सामने इसका टिकना मुमकिन नहीं। उसे तो इस विचारधारा के प्रचार में अपना अस्तित्व ही ख़त्म होता दिखायी देता है। इसलिए प्रगतिशील पत्रों का दमन, प्रगतिशील विचारों पर रोक उसको अपना अस्तित्व क़ायम रखने के लिए आवश्यक हो जाता है।'

दरअसल 'विप्लव' की निडरता, दृढ़ता और सचाई के प्रतिपादन की यह परम्परा ही उसे उस दौर की अन्य पत्र-पत्रिकाओं से भिन्न और विशिष्ट स्थान प्रदान करती है। ब्रिटिश शासन के दौरान 'विप्लव' सरीखी पत्रिका का प्रकाशन निःसन्देह एक ऐतिहासिक महत्त्व की घटना है। प्रकाशन में लम्बे-लम्बे अन्तराल और कुछ अंकों की अनुपलब्धता के बावजूद आज 'विप्लव' के सम्पादकीय लेखों के इस संकलन का प्रकाशन स्वाधीनता आन्दोलन के सर्वाधिक हलचल भरे दौर का साक्ष्य है। महत्त्वपूर्ण यह भी है आज इतिहास को 'नीचे से देखने' की जो अध्ययन-पद्धति विकसित हुई है, 'विप्लव' के ये सम्पादकीय उसकी पूर्वपीठिका निर्मित करने के साथ उसकी आधार सामग्री भी उपलब्ध कराने में सहायक हैं। कहना न होगा कि यशपाल एक व्यक्ति नहीं आन्दोलन थे और 'विप्लव' इस आन्दोलन का उद्घोष। कहना न होगा कि जब-जब स्वाधीनता आन्दोलन के दौर की मिशनरी पत्रकारिता की चर्चा होगी तब-तब 'विप्लव' का यह वैचारिक अभियान अपने समूचे परिप्रेक्ष्य के साथ केन्द्रीयता प्राप्त करता रहेगा। सचमुच 'विप्लव' की अमरता के स्रोत उसके इतिहास होने में न होकर अभियान होने में है। और अभियान कभी निःशेष नहीं होते। उन्हें बार-बार स्मरण किये जाने और दुहराये जाने की ज़रूरत दरपेश होती रहती है।

—वीरेन्द्र यादव

अनुक्रम

नवम्बर

१९३८

हे विप्लव!

विप्लव मनुष्य और उसके समाज की जीवन शक्ति का स्रोत है। मनुष्य समाज का विकास के मार्ग पर एक पड़ाव पूरा कर दूसरे पड़ाव में कदम रखना ही विप्लव है। आज हम एक पड़ाव का मार्ग तय कर क्लान्त, श्रान्त और जर्जर हो आगे अपने मार्ग को बन्द पा रहे हैं। परन्तु जीवन की राह पर चले बिना गुज़ारा नहीं। न चलने का अर्थ है, मृत्यु!

हमारे सम्मुख जो मार्ग है, उसकी झलक हमारी नाड़ियों के क्षीण रक्त प्रवाह को तीव्र कर रही है। मनुष्य समाज ने अपने पीढ़ियों के श्रम से उस देश की रचना की है परन्तु अपनी पुरानी रूढ़ियाँ और गुज़रे ज़माने की व्यवस्था उसके सामने रुकावट बनकर खड़ी हो रही हैं। यह है विप्लव का समय। इन रुकावटों को लाँघकर समता, और सुख के सुन्दर देश में हमें जाना है। हमारे सामने खड़ी रुकावटों को दूर करने का एकमात्र साधन है विप्लव!

आज हम क्या देखते हैं? चारों ओर अव्यवस्था, अशान्ति, दैन्य और निराशा! इसका कारण है, हमारी राष्ट्रीय पराधीनता जो हमारे हाथ बाँधकर हमारा रक्त शोषण किये जा रही है। बन्धन में बँधे हुए हम अपने शरीर से बहते हुए रक्त को रोकने में असमर्थ हैं। हमारे घाव पर बैठ उस पर लगातार डंक चलानेवालों, उसमें से रक्त चूसकर अपना पेट भरनेवालों को हटा सकने में भी हम असमर्थ हैं। हम छटपटा रहे हैं, तड़प रहे हैं। हम इस समय उस जगह पहुँचकर विकल हो रहे हैं जहाँ से कूद कर या तो हम राष्ट्रीय, सामाजिक और आर्थिक स्वतन्त्रता के राज्य में पहुँच जायेंगे या एक दफ़े फिर पीढ़ी-दर-पीढ़ी तक सड़ने गलने के लिए गिर पड़ेंगे। आज हम विप्लव के द्वार पर खड़े हैं। यदि हम शक्ति और साहस के अधिकार से इस द्वार को लाँघ जाते हैं, तो हमारे लिये मुक्ति है, नहीं तो यही राष्ट्रीय आर्थिक और सामाजिक पराधीनता, जिसने हमारे शरीर का रक्त चूसकर हमारे नरकंकाल में केवल दो आर्त्त आखें छोड़ दी हैं।

आज देश की जनता अपनी स्थिति को पहचान, अपनी शक्ति का कुछ-कुछ आभास पाकर नवजीवन के उत्साह और आशा से विप्लव की ओर बढ़ रही है। हमारी जनता की इस शक्ति का रूप है हमारा राष्ट्रीय-संगठन कांग्रेस। राष्ट्रीय कांग्रेस के इस पथ पर हमारी आशा और महत्वाकांक्षा हमारे उद्देश्य की ओर बढ़ रही है। वह हमारी राष्ट्रीय कांग्रेस ही हमारी जनता की चेतनता और समूह शक्ति का रूप है। इसी के द्वारा हमें विप्लव के संस्कार में देश को माँजकर पवित्र कर निर्मल और सबल बनाना है। हमारी राष्ट्रीय सजगता हमारी निष्ठा ही इस संग्राम और संघर्ष में हमारा एकमात्र भरोसा है। यदि आज हम मृत्यु से बचना चाहते हैं तो हमें दृढ़ निश्चय से राष्ट्र की पूरी शक्ति को एकत्र कर विप्लव की ओर बढ़ना है। जिस स्वतन्त्रता की कामना से विप्लव के लिए हम प्राणों की बाज़ी लगाकर आगे बढ़ रहे हैं उसका अर्थ हमारी ग़ुलामी का रंग बदल देना नहीं। हमारी इस स्वतन्त्रता का अर्थ है, हमारे देश में देश की प्रजा का राज्य! हमारे देश की प्रजा हैं—देश की ज़मीन को अपने पसीने से सींचनेवाले किसान! हमारे देश की प्रजा हैं—हमारे उत्पत्ति के साधनों से रहित मज़दूर! इसी प्रजा की स्वतन्त्रता और राज्य को क़ायम करने के लिए हमारे देश के प्राण व्याकुल हैं।

हम जानते हैं, हमारे राष्ट्र के गले की रग से, हमारे हाथ बाँधकर रक्त चूसनेवाला साम्राज्यवाद का राक्षस और उसकी सहायक श्रेणियाँ जो, आकाश बेल की तरह स्वयं कुछ भी मेहनत न कर हमारे राष्ट्र के शरीर से चिपटकर ही अपना पेट भर रही हैं, अपनी रूढ़ियों प्रथाओं और कानूनों को लेकर हमारे हाथ-पैर बाँधने की चेष्टा करेंगी परन्तु इस सजग जनता की विपुल शक्ति के सामने इन रुकावटों का कुछ वश न चलेगा। इस जनता और समाज के हित की द्रोही संस्थाओं, प्रथाओं और प्रणालियों का हमारा विप्लव बीज नाशकर, समाज की सम्मिलित शक्ति द्वारा उस विधान की सृष्टि करेगा जिसमें मनुष्य, मनुष्य का शोषण नहीं कर पायेगा। जिसमें धन का आधिपत्य नहीं, मनुष्यत्व का आधिपत्य होगा! जिसमें समाज की सम्मिलित शक्ति द्वारा पैदा किये गये धन पर कुछ व्यक्तियों का नहीं, समाज का अधिकार होगा।

हमारे इस क्रान्तिवाद और विप्लव के नारे को जो हिंसा का नाम देकर जनता को शोषण के बन्धनों में बाँधे रखना चाहते हैं, वे याद रखें यह विप्लव उस निरन्तर चली आयी हिंसा का अन्त करने के लिए है जिसमें मनुष्य-मनुष्य का शिकार खेलता है। यह विप्लव समाज से बर्बरता के न्याय को, व्यक्ति के कुल की शक्ति, धन की शक्ति और श्रेणी की शक्ति से दूसरे मनुष्यों के शोषण के न्याय का अन्त करने के लिए है।

हमारा विप्लव है उस न्याय के विरोध में जिसके अनुसार किसान साल भर जड़ ज़मीन से सिर मारकर भी भूखा रह जाता है। उसकी सन्तान अपने-अपने आँसू पी-पीकर नर कंकाल का रूप धारण कर बढ़ती है और वह ज़मींदार जिसके पुरखों ने लाठी या पैसे के ज़ोर से क़ब्ज़ा कर लिया था, अधिकार की बोतल के नशे में मनुष्य को मनुष्य नहीं समझता! आज हम देखते हैं, जनता के बहुत बड़े भाग को भूख से मरते और एक छोटे से अंश को अजीर्ण से मरते। आज हम देखते हैं विधान और न्याय के सब अधिकार समाज के उस निष्क्रिय (Parasite) भाग के हाथ में जो जनता के अज्ञान के बल पर राष्ट्र की छाती पर अधिकार का खूँटा गाड़कर बैठ गया है।

हमने किसी को माँ के पेट से पैदा होते समय लम्बी ज़मीन और धुआँ उड़ाती मिलें लेकर निकलते नहीं देखा, हमने किसी एक व्यक्ति को अपने दोनों हाथों के श्रम से उत्पत्ति के इन साधनों को बनाकर खड़े करते नहीं देखा। हमने देखा है— शक्तिशालियों के विधान से समाज के श्रम की इस उपज को कुछ चुने हुए व्यक्तियों के हाथ में चले जाते।

आज हम अपनी ग़ुलामी की इन हथकड़ियों को तोड़ डालने के लिए अपनी दासता के बन्धनों को आग में जला देने के लिए विप्लव के कुण्ड में कूद पड़े हैं। आज हिचकिचाने का और शंका करने का समय नहीं है।

परन्तु इस भयंकर संघर्ष में हमारे राष्ट्र की सभी शोषित श्रेणियों का दृढ़ एकता के बन्धन में बँधकर चलना जरूरी है। उसके बिना हम तिनकों की मुट्ठी की भाँति जलकर राख हो जायेंगे।

विप्लव के इस संग्राम में हमारे मोर्चे में ज़रा भी शैथिल्य आना हमारे लिये घातक होगा। परन्तु हमारा विप्लव का यह मोर्चा क्या चुस्त और सतर्क है? एक छोटी-सी परीक्षा ने हमारी आँखों में उँगली डालकर हमारी आँखें खोल दी हैं।

यूरोप में तानाशाही ने धावा बोल दिया। उस धावे से उत्पन्न होनेवाली लहरों से पृथ्वी भी थर्रा गयी। और इस थर्राहट ने हमें भिन्न-भिन्न शक्तियों की सामर्थ्य का अन्दाज़ा दे दिया। ब्रिटेन, प्रजातन्त्र और आत्मनिर्णय का ढोंग करनेवाले ब्रिटेन ने अपने को उस धावे से सँभालने के अयोग्य पाया और घुटने टेक दिये। यह थर्राहट भारत तक भी पहुँची। भाग्य से यूरोप की इस हलचल के समय ही देहली में हमारे राष्ट्रीय आन्दोलन के मोर्चे कांग्रेस की परीक्षा हो गयी। हमने उसे इस परिस्थिति में आगे बढ़ने से कतराते पाया। इसके लिए उत्तरदायी कौन है? क्या वे विप्लव विरोधी शक्तियाँ जो हमारी ग़ुलामी के एक रंग को हटाकर दूसरा रंग चढ़ा

देना चाहती हैं? इसका उत्तरदायित्व है उन सभी अग्रसर कार्यक्रम को लेकर चलनेवाले दलों पर जो राष्ट्रीय, सामाजिक और आर्थिक विप्लव के महान् उद्देश्य को लेकर भी परस्पर चख़-चख़ में फँसे हुए हैं। आज हमारा राष्ट्रीय मोर्चा कांग्रेस अपनी लखनऊ और फ़ैजपुर में क़ायम की गयी खाइयों से पीछे हट रहा है। जिस कार्यक्रम की राष्ट्र का अग्रसर अंग दुहाई दे रहा था उसी के कांग्रेस द्वारा स्वीकार कर लेने पर वह अग्रसर अंग शिथिल होकर पीछे हट गया। सामाजिक क्रान्ति की जिस बिजली से हमारा कांग्रेस का मोर्चा सजीव हो उठा था वह दिन-प्रतिदिन शिथिल पड़ता जाता है। आज हम अपने मोर्चे की शक्ति को दायें और बायें के झगड़े में और बायें और सुदूर बायें के झगड़े में नष्ट होते देख रहे हैं। यह अवहेलना है अपने कर्त्तव्य की, विश्वासघात है अपने उद्देश्य के प्रति और यह नीति है आत्मघात की। यह अवसर देना है उन श्रेणियों को जो हमारे विप्लव की नींव को खोखला कर देना चाहती हैं।

आज साम्राज्यवादी युद्धों के प्रति हमारा विद्रोह निर्बल हो रहा है। आज हम संघशासन के प्रश्न पर समझौते की बात सुन रहे हैं। आज हम अपने राष्ट्र के देशी-भारत और ब्रिटिश-भारत में बाँटे जाने की बात सुन रहे हैं। आज हम नागरिक स्वतन्त्रता के स्थान पर तानाशही की छाया पड़ती देख रहे हैं। हमारे मन्त्री जिस प्रान्तीय शासन को चकनाचूर करने गये थे उसी में उलझे जा रहे हैं। चुनाव के ज़माने के हमारे विप्लवी नारे आज कहाँ गये।

राष्ट्रीय, सामाजिक और आर्थिक विप्लव के झण्डे को ऊँचा करनेवाले अग्रसर दलों में क्या इनमें से किसी भी प्रश्न पर मतभेद हो सकता है? तो फिर यह शिथिलता क्यों?

हे विप्लव की अग्नि! हे दलित और पीड़ित जनता की शक्ति के उद्गार! उठ, भारत के निशक्त और ठण्डे पड़ गये ख़ून को गरम कर दे। भारत तेरी ओर आँखें लगाये प्रतीक्षा कर रहा है। उसे उत्पीड़न के रक्त के कीचड़ से निकालकर समता और शान्ति की समतल भूमि पर खड़ा कर, उसके सामने मनुष्यत्व के विकास का मार्ग खोल दे।

◈

दिसम्बर
१९३८

साम्राज्य विरोधी मोर्चा

जनता पर पुलिस द्वारा लाठी चार्ज करना और गोली चलाना हमारे लिये नयी घटनाएँ नहीं हैं। भारत के पिछले बीस वर्षों का इतिहास इस ख़ून की होली से ख़ूब रँगा हुआ है परन्तु अब तक इस रक्तपात से हमारे रोंगटे खड़े नहीं होते थे। हम इसे ज़ालिम और मज़लूम, उत्पीड़कों औद दलितों का मामूली सम्बन्ध समझते थे। हम उसे सहने के आदी हो गये थे परन्तु अभी बम्बई में जो गोली चली है वह कुछ और ढंग की है। यह पुलिस द्वारा जनता पर लाठी और गोली चलाने का सवाल नहीं, कुछ आदमियों के जख़्मी हो जाने का, निहत्थी जनता का रक्त बहने का, एक दो के मर जाने का सवाल नहीं है। यह सवाल है—जनता के उन प्रतिनिधियों का जिन्हें जनता ने अपनी भाग्य की ज़िम्मेदारी देकर, अपने राजनैतिक आन्दोलन की नैया की पतवार देकर स्वतन्त्रता के लक्ष्य की ओर ले चलने का भार सौंपा है। उस जनता पर गोली चलाने का जिस जनता पर राज करने को नहीं, बल्कि जिसकी सेवा करने के लिए वे मन्त्री पदों पर सुशोभित हुए हैं। यह सवाल है, जनता के उन विश्वासपात्र नेताओं के व्यवहार का, जो जनता की ग़ुलामी के बन्धन काटने के लिए आगे बढ़े हैं। जिन्होंने जनता के शोषण का अन्त करने की प्रतिज्ञा की थी। जनता पर यह गोली चली है, उन्हीं हाथों से जिन्हें बन्दूक़ पर हाथ धरने का अधिकार जनता ने ही दिया है। यह सवाल है, उन नागरिक अधिकारों के छीने जाने का और जनता के उन्हीं मातबरों द्वारा अधिकारों के छीने जाने का जो जनता के अधिकारों की रक्षा का दम भर कर, उनके लिए मर मिटने की प्रतिज्ञा कर आगे बढ़े हैं।

गोली चली हड़ताल करने पर। हड़ताल की गयी बम्बई मन्त्रिमण्डल द्वारा पास किये जा रहे क़ानून पर। यह क़ानून बन रहा है मज़दूरों के हित के लिए। हम पूछते हैं, इस क़ानून के बनाने में मज़दूरों या उनके प्रतिनिधियों से सलाह ली गयी? हम जानते हैं हमें जवाब मिलेगा कि कांग्रेस का मन्त्रिमण्डल स्वयं मज़दूरों या प्रतिनिधि

हैं। यह जवाब हमें याद दिलाता है, ब्रिटिश पार्लियामेण्ट के उस रुख़ की जो उन्होंने भारत में साइमन कमीशन भेजते समय अख़्तियार किया था। यह जवाब हमें याद दिलाता है, भारत सरकार के उस रुख़ की जो उन्होंने भारत के लिए शासन विधान तैयार करनेवाली राउण्डटेबल कान्फ्रेन्स में भारत से अपनी इच्छा से चुनकर प्रतिनिधि भेजने में अख़्तियार किया था। यह जवाब हमें याद दिलाता है, ब्रिटिश साम्राज्य के उस रुख़ का जो उन्होंने १९३५ का नया शासन विधान भारत पर लादते समय दिया था और इसके साथ ही यह जवाब हमें याद दिलाता है हमारी राष्ट्रीय कांग्रेस के उस जवाब का, जो सम्पूर्ण भारत में इस कानून का विरोध करके दिया गया था।

यह जवाब हमें एक और बात की याद दिलाता है। वह है हमारी इस समय की सबसे बड़ी माँग—कान्स्टीट्यूएण्ट असेम्बली—वैधानिक सभा की माँग।

हम मनुष्य होने के नाते अपना यह अधिकार समझते हैं कि अपनी भलाई-बुराई का निश्चय स्वयं करें। अपने भाग्य का निर्णय अपने-आप करें परन्तु देश के मज़दूरों को हम इस अधिकार के योग्य नहीं समझते। ब्रिटिश सरकार सौ बरस से हमें सुना रही है कि अपना भाग्य निर्णय करने की योग्यता हममें नहीं है। आज हमारे कांग्रेसी मन्त्रिमण्डल भी यह बात कहने के अधिकारी हो गये हैं। आज हम प्रजातन्त्र के आदर्श की ओर जा रहे हैं?

१९३५ का शासन सुधार अन्याय है। इसका सबसे बड़ा कारण है कि भारतवासियों के विरोध के बावजूद वह उन पर लादा गया। इस दृष्टि से हम बम्बई के मज़दूर क़ानून को क्या कहेंगे? परन्तु इस तरह की दलील देना शायद कांग्रेस के अनुशासन के विरुद्ध होगा। बम्बई के मज़दूर क़ानून से सन्तोष हुआ बम्बई के पूँजीपतियों को परन्तु कानून बनाया गया है मज़दूरों के हित के लिए। लेकिन हम बम्बई के कांग्रेसी मन्त्रिमण्डल को बधाई ज़रूर देंगे। उन्होंने अपनी शासन चलाने की योग्यता का प्रमाण दे दिया। इस बात का गौरव सिर्फ़ बम्बई के ही कांग्रेसी मन्त्रिमण्डल को प्राप्त हो सका है कि भारत के ऐंग्लो इण्डियन पत्रों ने भी उनकी पीठ ठोंकी है। हमें पूर्ण विश्वास है कि बम्बई की कांग्रेसी सरकार की योग्यता की तारीफ दूर-दूर तक हुई होगी। ब्रिटिश कैबिनेट को उनकी यह योग्यता देख विश्वास हो गया होगा कि ऐसे योग्य मन्त्रियों के हाथों में शासन की बाग़डोर रहते भारत से ब्रिटिश साम्राज्य के छत्र का दण्ड हिल जाने की आशंका निर्मूल है। यों कांग्रेस के नाम को रोशन और प्रतिष्ठित कर देने के लिए हम बम्बई के कांग्रेसी मन्त्रिमण्डल को और उस पार्लमेण्ट्री बोर्ड को जिनके इशारे पर वह चलता है जितनी बधाई दें कम होगी।

आज फिर हमारे राष्ट्र के प्रतिनिधि, हमारे राष्ट्रपिता की सिंह गर्जना सुनायी दे रही है, यदि हम पर संघशासन ज़बरदस्ती लादा गया, यदि हमारी स्वतन्त्रता की माँग छह मास में पूरी न कर दी गयी तो हम फिर ब्रिटिश सरकार से मोर्चा लेंगे।

इस हौसला बढ़ानेवाली ललकार को सुनकर एक दफ़े हम सोचने लगते हैं—हमारे इस नये सत्याग्रह संग्राम के मोर्चे में हमारी शक्ति कौन होंगे? क्या बम्बई के मज़दूर? क्या बिहार और यू.पी. के किसान? क्या हमारा यह नया मोर्चा केवल कांग्रेसी प्रान्तों में ही होगा? क्या इस अखिल भारतीय प्रश्न पर सम्पूर्ण भारत की एक पुकार उठने की ज़रूरत न होगी? क्या इसमें हमारे देशी राज्यों की वह प्रजा भी सहयोग देगी जिसे राष्ट्रीय कांग्रेस ने अपना नाम तक व्यवहार करने से रोक दिया है?

बम्बई की इस गोली ने एक नहीं बल्कि हमारे आन्दोलन के कई पहलुओं पर रोशनी डाल दी है। कांग्रेस के उस अंश को जिसे हम पूँजीवादियों और ज़मींदारों का सहायक कहते आये हैं, जिन्हें हम फ़ैसिस्ट और डिक्टेटर कहते आये हैं शायद हमें उनके सिद्धान्तों की भूलें दिखाकर लम्बी-चौड़ी दलीलें देकर यह समझाना पड़ेगा कि बम्बई की गोली हम स्वयं अपने ही पैरों पर चलाकर अपने-आपको लँगड़ा कर दे रहे हैं परन्तु उन अग्रसर दलों से हम क्या कहें जो मज़दूरों और किसानों का राज्य क़ायम करने के लिए अपना सब-कुछ न्योछावर करने को तैयार बैठे हैं परन्तु जो संकट की एक अवस्था आ जाने पर उसे सँभाल न सके। बम्बई में जनता पर गोली चलाने की वे निन्दा ज़रूर कर रहे हैं परन्तु यह गोली चली किसकी कमज़ोरी से?

हमारे देश में मज़दूरों के हितों के लिए अपने-आपको ज़िम्मेदार कौन समझता है? मज़दूर क़ानून के सवाल पर मज़दूरों के हितों के प्रतिनिधि बनकर मज़दूर क़ानून पर किन लोगों ने आपत्ति की? किन लोगों ने उसमें सुधार किये जाने की माँग पेश की? और जब सुधार की माँगें मंजूर न हुई तो उन्होंने क्या रवैया अख़्तियार किया? मज़दूर क़ानून के सन्तोषजनक रूप से सुधारे न जा सकने के कारण जब हड़ताल का प्रश्न उपस्थित हुआ, उन्होंने क्या किया? हड़ताल उचित थी या नहीं, इसकी जाँच आज करने का समय नहीं। इसमें सन्देह नहीं कि हड़ताल करने से पूर्व या हड़ताल के लिए निश्चय करने से पूर्व इस प्रश्न की गहरी और बारीक़ जाँच की ज़रूरत थी। परन्तु जब एक दफ़े बहुमत से यह फैसला हो गया कि हड़ताल होगी, तो उस समय अपनी समझ को ले अलग होकर ज़बरदस्ती हड़ताल करने की ज़िम्मेदारी को केवल उन्हीं लोगों के कन्धों पर डाल देना क्या उन मज़दूरों की शक्ति

की जड़ पर कुल्हाड़ी चलाना नहीं हुआ जिनको शक्तिशाली बनाकर हम साम्राज्यवाद से मोर्चा लेने की तैयारी करने का निश्चय करते रहते हैं? क्या मज़दूरों को कांग्रेस से बाँध रखने का दम भरनेवालों ने इस समय परिस्थिति की अपेक्षा अपनी निज की समझ को अधिक महत्त्व नहीं दिया? क्या हमारे आन्दोलन का अग्रसर मोर्चा संकट के समय भी, अपनी विरोधी शक्तियों के सामने मोर्चा लेने के लिए भी एक साथ क़दम नहीं बढ़ा सकता?

जो गाँधीवाद की खिल्ली इसलिए उड़ाते हैं कि उसमें उद्देश्यों की अपेक्षा साधनों—सत्य और अहिंसा—को अधिक महत्त्व दिया जाता है जो मार्क्स के शिष्य होने का, परिस्थितियों के अनुकूल चलने का दम भरते हैं वे क्या यह नहीं समझ सके कि जब बहुमत हड़ताल करने पर ही तुला हुआ था उस समय क्या उनके ख़्याल में अपने मोर्चे की भलाई के लिए, अग्रसर विचारों की शक्ति बढ़ाने के लिए उन्हें हड़ताल का विरोध करना ही उचित जँचा? जिस क़ानून को वे दोषपूर्ण स्वीकार कर चुके थे उसके विरोध में साथ देकर क्या उन्होंने प्रतिक्रियावादियों की शक्ति को नहीं बढ़ाया?

और हम क्रोध में अन्धे हो जानेवाले हड़ताल के समर्थकों से क्या कहें? क्या बम्बई की हड़ताल से पहले उन्हें यह मालूम नहीं था कि राष्ट्रीय कांग्रेस भारत की स्वतन्त्रता के लिए लड़नेवाली सभी श्रेणियों का एक सम्मिलित मोर्चा है? क्या कांग्रेस में सम्मिलित होते समय और मज़दूरों को कांग्रेस में सम्मिलित होकर साम्राज्यविरोधी राष्ट्रीय आन्दोलन में अपनी शक्ति लगाने की सलाह देते समय उन्हें प्रतिक्रियावादी श्रेणियों का कांग्रेस के अन्दर मौजूद होना मालूम नहीं था? यह सब जानकर भी जब उन्होंने भारत की ग़ुलामी के बन्धन काटने के लिए केवल कांग्रेस को ही एक शक्ति समझा तो इस समय बम्बई में कांग्रेस की नीति का संचालन करनेवालों की ग़लतियों के लिए क्यों उन्होंने ऐसे लोगों को आगे बढ़ने का अवसर दिया जो हमेशा कांग्रेस और जनता के हितों का विरोध करते आये हैं? क्यों उन्होंने 'कांग्रेस मुर्दाबाद' के नारे लगानेवालों को अपने साथ लिया? क्यों उन्होंने कांग्रेस का जनाज़ा जलानेवालों को उत्साहित किया? कांग्रेस का इतिहास उनके सामने है। वे इस बात से इन्कार नहीं कर सकते कि कांग्रेस एक दिन ब्रिटिश नौकरशाही की ख़ुशामदी मजलिस होकर भी आज भारत के सर्वसाधारण की प्रतिनिधि बन गयी है। स्वयं यह बात समझ और अनुभव करके भी कि उन्हें आहिस्ता-आहिस्ता कांग्रेस को सामाजिक क्रान्ति का मोर्चा बनाना है। उन्होंने एक क्षणिक उत्तेजना में आकर कांग्रेस का फ़ातिहा पढ़ना शुरू कर दिया। क्या वे आशा करते हैं कि बम्बई में 'कांग्रेस मुर्दाबाद' कह उन्होंने साम्राज्य विरोधी मोर्चे को मज़बूत बना दिया?

आज कांग्रेस की ज़रूरत है तो मज़दूरों, किसानों और शोषित जनता की ग़ुलामी के बन्धनों को काटने के लिए। ज़मींदारों और मिल मालिकों को कांग्रेस की ज़रूरत नहीं। क्या बम्बई की घटना में हमारे जोशीले नेताओं ने उत्तेजना और क्रोध में आकर कांग्रेस को मज़दूरों के हाथ से निकालकर पूँजीपतियों की झोली में फेंक देने जैसी ग़लती नहीं की?

हम मानते हैं बम्बई में मज़दूर बिल का विरोध करनेवालों के सामने विकट कठिनाइयाँ थीं, उनके सामने ऐसे हालात थे जिनसे खीझकर कोई भी आदमी अपना सिर पीट लेता परन्तु किसी भी कठिनाई में कैसी भी उत्तेजना दिये जाने पर जिस नाव में चढ़कर हम अपनी स्वतन्त्रता की यात्रा कर रहे हैं उसी में छेद करने लगना उचित नहीं समझा जा सकता। क्या हमारे वे ज़िम्मेदार भाई यह आशा करते हैं कि इस नाव को ज़रा रुकता देखकर हम उसे तोड़कर चूर-चूर कर उसके एक-एक तख़्ते को लेकर ही क्या हम अपनी मुश्किल मंज़िल पूरी कर सकेंगे?

◈

मई

१९३९

मई दिन ज़िन्दाबाद !

देश के मेहनत करनेवाले किसानो! मज़दूरो! और नौकरी पेशा लोगो!

पहली मई तुम्हारे त्योहार का दिन है।

आराम और सुख साधनों से भरी यह दुनिया तुम्हारी? का फल है। आसमान को चूमनेवाले महल। धनधान्य से भरे मीलों लम्बे खेत, बड़ी-बड़ी मिलें, रगिस्तान? देनेवाली नहरें, पल भर में दुनिया को चौंका... का क्या ज़मीन दहला देनेवाली तोपें, आसमान में... जारी रखे। यह सब तुम्हारी मेहनत के फल हैं? भूखे, नंगे और मोहताज!

इसकी वजह है, हमारे मुल्क या समाज में जारी वह तरीक़ा, जिससे मेहनत करनेवाला किराये पर लिये गये हथियार या जानवर की तरह अपनी मेहनत से सब-कुछ पैदा कर, किराया चुकानेवाले मालिक, पूँजीपति, ज़मींदार और कोठीदार के हाथ सौंपकर, ख़ुद बेबस और मोहताज हो जाता है। उसे इस बात का अधिकार नहीं कि वह अपनी मेहनत का फल पा सके, इस बात का...नहीं कि यह फ़ैसला कर सके कि वह किस हालत में, किस तरह और कितनी देर तक अपने बदन और दिमाग़ को मेहनत की चक्की में पीसा जाने देगा।

लेकिन ज़ुल्म की भी एक दिन हद होती है और वह हद उसी दिन होती है, जिस दिन ज़ुल्म सहनेवाला ज़ुल्म सहने से इनकार कर देता है। यह एक मई का दिन ही वह पवित्र दिन है, जिस दिन मेहनत की चक्की में पीसे जानेवालों ने फ़ैसला कर लिया था कि हम यों नहीं निचोंड़े जायेगे। सन् १८८६ मई की पहली तारीख़ को अमेरिका में मज़दूरों ने सभा कर और जुलूस निकालकर यह ऐलान किया कि आठ घण्टे ज़्यादा मेहनत कराना मज़दूर पर ज़ुल्म है। उन पर लाठी चार्ज हुए, गोली चलायी गयी, उन्हें जेल में डाला गया, और फाँसी के फन्दों में झुला दिया गया। दुनिया के मेहनत करनेवालों ने समझा कि यह आन्दोलन केवल अमेरिका के मज़दूरों का ही आन्दोलन नहीं, बल्कि दुनिया भर के मेहनत करनेवालों का आन्दोलन है। दुनिया के मेहनत करनेवाले मज़दूरों और किसानों के हित एक हैं, वे एक हैं।

१ मई, १८८६ को मज़दूरों की लाशों की नींव पर मज़दूरों और किसानों के हक़ का प्रतिनिधि, मई दिन का लाल झण्डा ऊँचा किया गया था। तिरपन बरस से हर साल मज़दूर इस मई दिन के झण्डे की नींव को अपने ख़ून से सींचते आ रहे हैं। लाठी, गोली, जेल और फाँसी तक सामने आयी लेकिन मज़दूरों और किसानों के ज़िन्दा रहने के हक़ की माँग का यह आन्दोलन बढ़ता ही चला गया। आज हम उसी दिन को अभिमान के साथ मना रहे हैं। आज हमें देखना है कि हमारी चाल में शिथिलता तो नहीं आ रही है? आज हमें निश्चय कर लेना है कि हम अपनी ग़ुलामी और शोषण को जारी रखनेवाले पूँजीवाद और ज़मीदारी प्रथा के जाल को तोड़ डालने के लिए संगठित रूप से आगे बढ़ेंगे। आज हम इस बात को अच्छी तरह समझ लें कि हमारी शक्ति संसार-भर के मज़दूरों और संसार-भर के किसानों की सम्मिलित शक्ति है।

आज हमें यह समझ लेना है कि हमें ग़ुलामी की ज़ंजीरों में बाँधकर, पूँजीशाही और साम्राज्यशाही की कौन शक्तियाँ हमारा ख़ून चूस रही हैं? हमें पूँजीशाही और साम्राज्यशाही के उन युद्धों का घोर विरोध करना है, जिनमें पूँजीपतियों के लाभ के लिए हमें सिपाही सजकर अपना और हमारी ही तरह दूसरे मुल्कों में लूट और ज़ुल्म के शिकार अपने भाई किसान और मज़दूरों का ख़ून बहाते हैं और अपने ख़ून से अपने दुश्मनों की नींव को मज़बूत करते हैं।

हमारा युद्ध होगा—मज़दूरों और किसानों का ख़ून चूसनेवाले सरमायादारों और ज़मींदारों के हक़ों के खिलाफ़! हमारा युद्ध होगा—मुल्क और दुनिया में किसानों और मज़दूरों का ऐसा राज क़ायम करने के लिए, जिसमें कोई किसी पर ज़ुल्म न कर सकेगा; जिसमें कोई किसी को लूट न सकेगा। जिस राज में हर एक अपनी मेहनत की कमायी पर अपना अधिकार रखेगा, जिस राज में बेकार, भूखे और नंगे नहीं होंगे। मई की पहली तारीख़ को अपनी पूरी शक्ति से हमें उसी जंग को लड़ने की प्रतिज्ञा करनी है।

हमारी इस आज़ादी की लड़ाई में पहली माँगें हैं—किसान का उसकी ज़मीन पर मौरूसी हक़ हो, उसका लगान मुनासिब हो, मज़दूरों को अपने पेट और अपने बच्चों के पेट भरने लायक़ मज़दूरी मिले, उसे गरमी-सर्दी में सिर छिपाने लायक़ जगह मिले।

हम विदेशी ग़ुलामी के ख़िलाफ़ जी-जान से लड़ेंगे। हम मज़हब के नाम पर हममें फूट डालनेवालों का शिकार नहीं होंगे। हम अपने जिस्म और जिगर के टुकड़ा देशी राज्यों की प्रजा के दुःख-सुख में सहायक होंगे। हम साम्राज्यशाही फ़ौजों में भरती होकर दूसरों को ग़ुलाम बनाकर अपनी ग़ुलामी को मज़बूत नहीं करेंगे।

अपने शहीदों के ख़ून से रँगे लाल झण्डे के नीचे खड़े होकर हम यह प्रतिज्ञा करते हैं कि दुनिया से पूँजीशाही और साम्राज्यशाही की शक्ल में लूट, खसोट, ज़ुल्म और जंग को मिटा देंगे। समान अधिकार और स्वतन्त्रता का राज स्थापित करेंगे। मई दिन ज़िन्दाबाद!

अधिकार

अप्रैल के दूसरे सप्ताह में अधिकारों की आवाज़ उठी। ठीक एक ही समय दो जगह से अधिकारों के लिए, अपने मिटते हुए अस्तित्व को बचाने के लिए, उठो! जागो! की पुकार सुनायी दी। एक आवाज़ आयी लखनऊ की बारादरी से, दूसरी पुकार सुनायी दी गया से।

एक ओर मोटरों में लदकर बिजली के झाड़-फानूस और पंखों के नीचे रेशमी कालीनों से मढ़े संगमरमर? फ़र्श पर, चाँदी के खम्भों पर तने कारचोबी की छबरियों के नीचे, हाथ-हाथ-भर धँसते गद्दों पर ज़मीन...और उन्होंने आती हुई बड़ी भारी? उपाय सोचे। उन्होंने सोचा—अपने अधिकारों की रक्षा कैसे की जाय?

दूसरी ओर दो-दो, तीन-तीन दिन का सफ़र पैदल कर, भूखे पेट को हाथ से दबाकर, नंगी ज़मीन पर और खुले आसमान के नीचे किसान एकत्र हुए। यह सोचने के लिए—क्या ज़िन्दगी किसी तरह सम्भव हो सकती है? क्या उन्हें भी ज़िन्दा रहने का अधिकार मिल सकता है?

अधिकार! अधिकार चाहिए एक को अपने ऐशोआराम के लिए ज़रूरत से ज़्यादा धन खींच लेने का, अधिकार चाहिए दूसरे के पेट को दबोचकर अपनी शान क़ायम रखने का, अधिकार चाहिए ख़ुमारी में बैठकर दूसरे की मेहनत हज़म कर लेने का, दूसरे के बदन से ख़ून चूस लेने का, दूसरे के बदन से खाल खींच लेने का। इस अधिकार की बुनियाद है, उनकी बपौती। उनके बुज़ुर्ग ऐसा करते आये हैं। किसान ने उनकी हुकूमत के शिकंजे में पेरे जाकर अपने शरीर के ख़ून-पसीने से उनके लिए महल खड़े किये हैं—उन महलों में अपनी बहू-बेटियों को उनका आलस्य तोड़ने के लिए मुहैया किया है, ख़ुद भूखे रहकर उनके हाथियों को घी का मलीदा खिलाया है। आज किसान की यह हिम्मत कि वह इस समय सम्मानित-

प्रथा के बोझ से कराहे? वह अपने हाथों पैदा किया अनाज अपने मुँह में डालना चाहे! वह अपने-आपको आदमी समझे? इससे बड़ा संकट पुण्यप्रताप प्रजापालक ज़मींदारों के लिए क्या होगा? इस संकट से बचने के लिए सभी कष्ट उठाकर, सभी प्रकार की क़ुर्बानी कर, एक-एक आदमी की दावत पर एक-एक किसान की बरस-भर की कमायी को फूँककर निश्चय किया गया—अपनी शान पर मर मिटेंगे? ख़ून चूसने का अपना हक़ नहीं छोड़ेंगे।

दूसरी ओर शरीर की थकान से चूर और पेट की ज़्वाला से व्याकुल किसान कह रहे थे—हम मेहनत करते हैं, जड़ ज़मीन से सिर मारकर उससे अन्न के दाने निकालते हैं, क्या इन दोनों को हम अपने पेट और अपने क्षुधार्त्त बच्चों के पेट के लिए नहीं रख सकते? जिस ज़मीन को अपने पसीने से तर कर हम खेत बनाते हैं, क्या वह दूसरे की ही सम्पत्ति रहेगी? हमारे हाड़-गोड़ की कमायी से चलनेवाली सरकार का क्या यही कर्त्तव्य है कि वह ऐसे क़ानून और इन्तज़ाम जारी, जिसमें हम ज़िन्दा रहने तक का अधिकार न पा सकें?

हमारे देश के क्षुब्ध वातावरण में आज कितनी ही समस्याएँ हैं? हमारा साम्राज्यशाही के विरुद्ध युद्ध का ऐलान, हमारी पूर्ण स्वतन्त्रता की प्रतिज्ञा! इन प्रतिज्ञाओं को हम एक समय से करते आ रहे हैं। वक़्त-वक़्त पर हम उन्हें दोहरा लेते हैं, ताल ठोंककर हुंकार भर लेते हैं और फिर रोज़मर्रा के जीवन संघर्ष में इन बातों को भूल जाते हैं! काम चलता जाता है। लेकिन, यह अधिकारों का सवाल यों उपेक्षा कर देने का नहीं! अगर कमबख़्त किसान जाग न पड़ता तो शायद कुछ दिन और काम चल जाता। हाँ, कुछ दिन तक वह और सूखता रहता और शनैः-शनैः वह उसके ख़ून से तृप्त होनेवाले ज़मींदार के ऐशो-इशरत और हुकूमत के आगे बलिदान हो जाता! परन्तु किसान का शोषण उस सीमा पर पहुँच गया है, जिससे आगे मनुष्य को दबाया नहीं जा सकता। शोषण की एक सीमा होती है और वह सीमा आ जाने पर कोई धर्मोपदेश, कोई बड़ी-से-बड़ी ज़ालिम शक्ति भी मनुष्य को दबाकर नहीं रख सकती। जब मौत का दरवाज़ा दिखायी देने लगता है, तो शोषित...के बिना नहीं रह सकता। यह अधिकारों का सवाल एक दिन के लिए भी नहीं टाला जाना चाहिए।

नादान ज़मींदार किस शक्ति से किसान को दबा रखना चाहता है? जब ग़ुलामों के मालिकों के वे अधिकार और शक्ति क़ायम न रह सके, जिसकी कोई सीमा ही न थी, जिसके अनुसार ग़ुलाम के गले में रस्सी बाँधकर खूँटे से बाँध दिया जा सकता था, जिसके अनुसार दूध पीते बच्चों को माँ की छाती से छीन लिया जा सकता था, तो आज के ज़मींदार मालिक किस बिरते पर अपने शोषण के अधिकार की बपौती के लिए खम ठोंक रहे हैं?

अधिकार! अपने स्वार्थों की रक्षा के लिए कल्पना में गड़े हुए ज़ुल्म के रिवाजों को अधिकार कहनेवाले इतिहास के उन काले सफों को उलटकर देखें, जिन पर अधिकार के अभिमान ने ख़ून पोत दिया था और जो सूखकर काले पड़ गये हैं। शक्ति के मद में अपनी इच्छा को अधिकार कहनेवाले यह याद रखें कि अगर शक्ति ही अधिकार है, तो वह सदा एक हाथ में नहीं रहती। एक दिन फ्रांस के जिन अमीर उमरा को ग़रीबों को गाड़ी के पहिये के नीचे कुचल देने का अधिकार था दूसरे दिन उन ग़रीबों को ही इन उमराओं के सिर गँड़ासे से तराश देने का अधिकार हो गया। जिस चार्ल्स को एक दिन प्रजा की माँगों को ठुकरा देने का दैवी अधिकार था, दूसरे दिन उसी प्रजा को चार्ल्स का सिर उतारने देने का अधिकार हो गया।

सत्य और अहिंसा की दावेदार कांग्रेस याद रखे। ज़मींदारों के ज़मींदारी के हक़ को स्वीकार कर वह उन अधिकारों को समर्थन कर रही है, जो अधिकार मज़लूम को ज़ुल्म का बदला लेने के अधिकार को प्राप्त करने के लिए मज़बूर कर देते हैं।

अधिकार! इन्सान को अधिकार है ज़िन्दा रहने का; दूसरे को मार डालने का नहीं। जो अधिकार देश की अधिकांश जनता को अधिकारहीन कर भोगे जायेंगे, वे अधिकार अधिकार के मूल सिद्धान्त के ही विरुद्ध हैं—वे अधिकार टिक नहीं सकते!

आज हमें निश्चय कर लेना है कि अधिकार को बाना पहनाकर जो लूट और ज़ुल्म का दावा क़ायम करना चाहते हैं, उनकी आवाज़ को हम उठने देंगे या नहीं! हमें निश्चय कर लेना है जो ज़िन्दा रहने और ज़िन्दा रहने देने के अधिकार की माँग करते हैं, उन्हें हमें सफल बनाना है या नहीं?

क़ौमी सेना या सन्त समाज

कांग्रेस के स्वयंसेवक दल का नाम रखा गया था, क़ौमी सेना! शायद एक हद तक इसी नाम का असर था कि स्वयंसेवकों को चुस्ती, फुर्ती और अनुशासन की कुछ शिक्षा दी जाने का भी प्रबन्ध किया गया था। परन्तु कांग्रेस के भाग्य विधाताओं को सेना शब्द से वायोलेन्स—हिंसा की गन्ध आने लगी। 'सेना' शब्द हटाकर उसके

स्थान पर सेवादल नाम रख दिया गया! हमारे अहिंसा के पुजारी इतनी भयंकर हिंसक वृत्ति लेकर हिंसा शब्द के पीछे पड़े हैं कि उन्हें सभी स्थान पर हिंसा दिखायी देने लगती है। मसल मशहूर है, अगर आप बन्दर का ध्यान न करने की क़सम खाकर बैठ जाइये और इस ख़याल के आ जाने का भय आपके मन में समा जाय तो सिवा बन्दर के आपको और कुछ दिखायी न देगा। वही हाल कांग्रेस में हिंसा शब्द का हो रहा है। सब जगह आगे-पीछे, ऊपर-नीचे, भीतर-बाहर सब जगह से कांग्रेस के नेताओं को हिंसा की ही गन्ध आ रही है, उसी का भय उन्हें सता रहा है। मन में समाये भय और आशंका ही मनुष्य में हिंसा की प्रवृत्ति पैदा कर देते हैं। मनोविज्ञान के इस बहुत मोटे उसूल को हमारे नेता कैसे भूल गये, यह हमारी समझ में नहीं आता? सेना शब्द के साथ हिंसा का भाव जुड़ा हुआ है, इस बात को किस अधिकार और प्रमाण पर मान लिया गया, यह हम जान नहीं सके! अगर 'सेना' को हिंसक दल समझने पर ज़ोर दिया जा सकता है, तो सेवादल को ग़ुलाम दल समझने पर भी ज़ोर दिया जा सकता है। सेना का अर्थ है—किसी उद्देश्य विशेष से नियन्त्रण को मानकर चलनेवाला मनुष्यों का एक दल! यह दल हिंसा भी कर सकता है और उसे रोक भी सकता है। हमारे सामने संसार-भर में फैला हुआ साल्वेशन आर्मी (मुक्ति फ़ौज) का संगठन है। उसके पक्ष या विपक्ष में चाहे जो कुछ कहा जाय, परन्तु यह नहीं कहा जा सकता कि यह दल हिंसा करने के उद्देश्य से क़ायम है। अहिंसा के अवतार महात्मा गाँधी की कलम और ज़बान से अनेक बार सत्याग्रही सेना का शब्द निकल चुका है। परन्तु न जाने ख़याल की किस उड़ान से क़ौमी सेना में हिंसा की गन्ध आ गयी।

एक नेशनल मिलिशिया-कौमी सेना की आवश्यकता को लगातार अनुभव करने के बाद क़ौमी सेना अस्तित्व में आयी थी, और हमारी ग़ुलाम हिजड़ी ज़हनियत में सैनिक भाव और प्रवृत्ति के आने से पहले ही इस संगठन से सजीवता और शक्ति का चिह्न सेना शब्द छीनकर उसे क़ौमी सेवादल का नाम दे सन्त समाज का रूप देने की चेष्टा शुरू हो गयी। क्या क़ौमी सेवादल का कार्य यही होगा कि 'झण्डा ऊँचा रहे हमारा' की जगह सुबह 'वैष्णव जन तो तेने कहिये....' का क़ौमी गीत गाकर कांग्रेस और कान्फ्रेन्स के मौक़ों पर लीडर-कैम्प में जल पिलाया करें?[१]

यदि हम वास्तविकता के लोक में रहते हैं और आँख बन्द करके यह नहीं समझ लेना चाहते कि 'बिल्ली'[१] भाग गयी। यदि हम देश और समाज की परिस्थिति की आँखें खोलकर देखते हैं, और देखते हैं कि समाज के रोज़मर्रा के जीवन को

———

१. साम्राज्यशाही शक्ति।

ढंग से चलाने के लिए हमें पुलिस और सेना की ज़रूरत पड़ती ही रहती है, तो क़ौमी सेना की ज़रूरत हमारी समझ में ज़रूर आ जायगी! यदि कांग्रेस दरअसल देश का शासन चलाना चाहती है तो उसे बजाय उस पुलिस की शक्ति पर निर्भर करने के, जो वास्तव में साम्राज्यशाही का हथियार है और कांग्रेसी शासन के हाथों उधार दिया गया है, एक अपनी शक्ति, एक अपना हथियार बनाना ही पड़ेगा। वह शक्ति या हथियार अहिंसात्मक रूप से ही संगठित होगा—निरस्त्र ही होगा। मन्त्री पदों को पाकर ही यदि कांग्रेस सन्तुष्ट नहीं हो गयी है, यदि वह देश में राष्ट्रीय जीवन पैदा करना चाहती है, आत्मनिर्भरता का भाव पैदा करना चाहती है, तो उसे देश के इन्तज़ाम को अपने हाथों लेना होगा। हमारा मतलब लाल फ़ीतेवाले काग़ज़ी इन्तज़ाम से नहीं। हमारा मतलब है, जनता के जीवन को एक श्रृंखला और सूत्र में बाँधने से! हमारा मतलब कांग्रेस मन्त्रियों के उस शासन से नहीं, जो कमिश्नर, कलक्टर, तहसीलदार और थानेदार की नाली से होकर बहता है। हमारा मतलब है, कांग्रेस के शासन से कांग्रेस के सूत्र में बँधी जनता स्वयं अपने ऊपर करेगी और जिसे दरअसल स्वराज्य का नाम दिया जा सकेगा। हम इस कांग्रेसी शासन से सन्तुष्ट नहीं हो जाना चाहते, जिसे गवर्नर साहब की भौं टेढ़ी हो जाने पर हाथ से छोड़ देना होगा! हम चाहते हैं, कांग्रेस द्वारा अनुशासन का सबक़ सीखकर जनता का ख़ुद क़ायम किया गया शासन, जिसे साम्राज्यशाही या शानशाही की कोई शक्ति हिला न सकेगी। इस शासन को क़ायम करने का सबसे आवश्यक साधन है, सबल अनुशासन में सधी हुई, प्रबन्ध-कुशल, जनता की विश्वास-प्राप्त क़ौमी सेना। हरि भक्ति के गीत गानेवाला और जलसों में जल पिलानेवाला सेवा-दल इस काम को नहीं कर सकेगा।

हमें ज़रूरत है एक क़ौमी सेना की, जो देश में साम्राज्यशाही द्वारा संगठित की गयी पुलिस से अधिक सुशिक्षित हो, अधिक चतुर हो। जिसका अनुशासन इस पुलिस से अच्छा हो और जिसकी संख्या भी अधिक हो! गड़बड़ और संकट के समय जिस पर भरोसा किया जा सके। इस सेना को शारीरिक सैनिक शिक्षा तो देनी ही होगी, इसके अलावा उसका वेश, उसका रहन-सहन, उसकी मनोवृत्ति भी हमें इस तरह की बनानी होगी कि वह अपनी शक्ति को अनुभव करे और जनता उसके अधिकार को माने! उसे दरअसल सेना का रूप देना होगा—ऐसी सेना का जो निरस्त्र होकर भी—सशस्त्र सेना के गुण रखे। यह सेना अनुरोध और सत्याग्रह के मार्ग पर तो चलेगी ही, परन्तु शस्त्रों की चमक और आवाज़ से इसका दिल न बैठ जाय।

कांग्रेस देश का सबसे सबल और विस्तृत संगठन होते हुए भी कोई ऐसी चीज़ अभी तक तैयार नहीं कर सकी। इसमें हमें कांग्रेस की ज़हनीयत का ही दोष दिखायी देता है सब साधनों और अनुकूल परिस्थिति के होते हुए भी अगर हम कुछ नहीं कर सकते, तो इसे सिवा अपनी नालायक़ी के क्या कहें? हमारे देखते-देखते इस देश में दो लाख मँजे हुए सैनिकों का एक दल खड़ा हो गया है, जो चुस्तवर्दी में कसा हुआ सैनिक ढंग से क़वायद करता है। जो कहने को तो निशस्त्र है, परन्तु बेलचे का शस्त्र हाथ में लिये है। कोई नहीं जानता इस दल का क्या उद्देश्य है, कहाँ से इसके लिए रुपया आ जाता है? यह एक अर्द्ध गुप्त सेना हमारे देखते-देखते खड़ी हो गयी, परन्तु शासनशक्ति सँभाले हुए देश की प्रतिनिधि होने की दम भरती हुई कांग्रेस के लिए एक संगठन, जिसे केवल सेना का काम ही दिया गया है, भय का कारण हो रहा है।

प्रजा के मित्र और शत्रु?

राजकोट में महात्मा जी के अहिंसा और प्रेम के बल पर विजय पाने का ख़याल कर लेने के बाद हमारी विश्वासी जनता आज फिर वहीं है, जहाँ वह पहले थी। रियासत के जिस निरंकुश और शोषक शासन से व्याकुल होकर प्रजा ने थर्रा देनेवाले अत्याचारों को सहकर अपना आन्दोलन खड़ा किया था, आज उसी निरंकुश शासन के हाथों फिर प्रजा का भाग्य सौंप दिया गया! सब फ़ैसला ठाकुर साहब की सहृदयता पर छोड़ दिया गया।

यह हम स्वीकार करते हैं कि राजकोट में डॉ. अम्बेदकर, भइय्यत—ज़मींदारों और कुछ मुसलमानों ने अन्य मत के प्रतिनिधित्व के नाम पर गाँधी जी के मार्ग में ऐसी अड़चनें पेश कर दीं, जिन्हें वे अहिंसा और प्रेम से सुलझा नहीं सकते! लेकिन सवाल यहाँ प्रेम और अहिंसा का नहीं, बल्कि प्रजा के अधिकारों का होना चाहिए! हम हिंसा का समर्थन कभी नहीं कर सकते, वह हमारी नीति और कार्यक्रम का अंग नहीं, बल्कि वह हमारी निर्बलता होगी। राजकोट में अधिकारों के लिए चलनेवाला आन्दोलन सब प्रकार की उत्तेजना और अत्याचार के बावजूद पूर्णरूप से अहिंसात्मक था और उसने किसी प्रकार का निरुत्साह या निर्बलता न दिखायी थी।

ऐसी हालत में जनता की शक्ति को एक ओर रख कूटनीतिज्ञ साम्राज्यशाही के प्रतिनिधि के हस्तक्षेप के भरोसे एक व्यक्ति की 'आत्मिक शक्ति' से उस मोर्चे को फ़तेह करने का विचार किया गया। अहिंसा की नीति पर विश्वास रखते हुए भी जनता के आन्दोलन में जनता की शक्ति की उपेक्षा करने को हमने सिद्धान्त रूप से ग़लत समझा था! आज घटनाएँ हमारे विचार की पुष्टि कर रही हैं।

हमारा यह ख़याल है, अगर राजकोट के आन्दोलन को केवल हरिभजन की संगतों में परिवर्तन न कर उसे जनता को सचेतकर जनता की शक्ति से चलनेवाले व्यापक आन्दोलन का रूप दिया जाता, तो राजकोट की प्रजा के अल्पसंख्यक कहनेवाले अंगों को बहकाने का मौक़ा डॉ. अम्बेदकर और लीगी भाइयों को न मिलता और न मुट्ठीभर स्वार्थान्ध भइय्यत ज़मींदारों की यह हिम्मत होती कि वे जनता के हित की अपेक्षा अपने स्वार्थों को अधिक महत्त्व देने का साहस करते। न आज हम जनता के भाग्य को फिर उसी निरंकुश शासन की सहृदयता और कृपा के आसरे पड़ा पाते, जिसके अत्याचारों से व्याकुल होकर राजकोट की प्रजा को अपने शरीर के ख़ून से राजकोट की भूमि को रंग देना पड़ा था।

◈

रामदुर्ग

राजकोट के मामले में उपवास द्वारा वाइसराय का हस्तक्षेप प्राप्त कर महात्मा जी ने देशी रियासतों में प्रजातन्त्र अधिकार पाने के लिए चलते हुए ज़बरदस्त सत्याग्रह आन्दोलनों को स्थगित कर दिया। महात्मा जी ने ज़रूरत समझी दो बातों की—रियासतों में सत्याग्रह आन्दोलन को अधिक संगठित करने की और देशी राजाओं को अपनी स्थिति भली प्रकार समझ लेने के लिए समय देने की!

व्यावहारिक राजनीति का अनुभव रखनेवाला कोई भी आदमी समझ सकता था कि आन्दोलन को यों स्थगित करने का फल क्या होगा? सर्वस्व को न्योछावर कर जनता का आन्दोलन के लिए तैयार हो जाना आसान बात नहीं। जनता पेशेवर सेना की तरह हर समय तैयार नहीं रह सकती कि नेता या सेनापति का इशारा पाते ही युद्ध के लिए कूच कर सके। जनता को आन्दोलन या युद्ध के लिए तैयार होने के लिए बहुत-कुछ न्योछावर करना पड़ता है और यदि एक दफ़े उठ खड़े हुए, चलते हुए आन्दोलन को हम उसके उद्देश्य को पूर्णत: या अंशत: प्राप्त किये

बिना केवल नये अनुभव प्राप्त करने के लिए छोड़ देते हैं तो इसे जनता की कुर्बानियों, जनता के सहे हुए अत्याचार को पानी में डाल देने के सिवा और क्या कहा जायगा?

रियासती प्रजा के आन्दोलन को स्थगित कर देने का एक उद्देश्य तो यों पूरा हुआ। दूसरा उद्देश्य अर्थात् देसी राजाओं और नवाबों को अपनी परिस्थिति समझ लेने का परिणाम हुआ इसमें भी ख़तरनाक। देसी रियासतों का शासन लोकसेवा के उद्देश्य से क़ायम नहीं। उसका उद्देश्य है प्रजा के शोषण से शासकवर्ग के ऐशोआराम और शक्ति को क़ायम रखना। उसकी नींव प्रेम, सेवा और न्याय पर नहीं, उसकी बुनियाद है अत्याचार और शोषण पर! रियासती हाकिमों ने सत्याग्रह आन्दोलन को स्थगित करने का लाभ यह उठाया कि अपनी अत्याचार और दमन की शक्ति को बढ़ाकर आनेवाले आन्दोलनों को कुचल डालने की तैयारी आरम्भ कर दी। प्रजा को अपनी बात कहने का जितना अधिकार था अब उतना भी न रहा। रियासतों में प्रजा की जागृति और आन्दोलन को देखकर रियासतों के शासकों ने जो वायदे प्रजा को अधिकार देने के किये थे, उन्हें वे भूल गये और दमन दण्डरूप आरम्भ हो गया है। ट्रावनकोर, राजकोट, तलचर, ढेंकानल, लिम्बड़ी, जयपुर, काश्मीर, हैदराबाद सभी जगह सत्याग्रह आन्दोलन को स्थगित करने का परिणाम इसी रूप में हमारे सामने आ रहा है।

और मज़ा यह है कि इस दमन की ज़िम्मेदारी, कांग्रेस के बहुत बड़े सत्य और अहिंसा के पुजारी नेता, अत्याचारी शासन पर न डालकर प्रजा पर डाल रहे हैं। रामदुर्ग में प्रजा की ओर से जो कुछ हुआ, उसका समर्थन हम नहीं करते लेकिन जब न केवल प्रजा को हिंसा का दोषी ठहराया जाता है, बल्कि रामदुर्ग के राजा को कांग्रेस का मित्र बताया जाता है, हम इसे जनता के प्रति विश्वासघात के सिवा और कुछ भी नहीं कह सकते।

रामदुर्ग के बारे में असलियत क्या है? इसे हम कुछ शब्दों में यहाँ रख देना चाहते हैं—

रामदुर्ग, बम्बई प्रान्त कर्नाटक में एक छोटी-सी रियासत है, जिसकी आबादी केवल ३५,००० है। रियासत की आमदनी पहले ७०,००० रुपये थी, लेकिन इस समय २५,०,००० रुपये है। रामदुर्ग में ज़मीन का लगान ब्रिटिश भारत से तिगुना है। रियासत की आमदनी का १५% से कम भाग शिक्षा पर ख़र्च किया जाता है। २ लाख के अलावा बीसियों दूसरे कर शासकों की ज़रूरतों को पूरा करने के लिए जारी हैं। प्रजा ने प्रजातन्त्र अधिकारों की माँग पर आन्दोलन किया। दमन हुआ, परन्तु फ़रवरी मास में राजा साहब सुधार देने के लिए रज़ामन्द हुए। महात्मा जी ने मार्च में रियासतों में सत्याग्रह आन्दोलन बन्द कर देने की सलाह दी। रामदुर्ग में प्रजासंघ

को ग़ैरक़ानूनी करार दे दिया गया। इस मास रामदुर्ग में राष्ट्रीय सप्ताह मनाने की तैयारियाँ शुरू हुईं। रियासत ने प्रजासंघ के राष्ट्रीय झण्डे को, जो गाँधी चौक में तीन मास से खड़ा चला आ रहा था, उखाड़ फेंका। प्रजा ने इस झण्डे को फिर से लगाने के लिए माँग की, परन्तु प्रजासंघ ग़ैरक़ानूनी करार दे दिया गया। प्रजा इस झण्डे को लगाने के लिए चौक में एकत्र हुई। उन पर लाठी चार्ज किया गया, इसमें एक आदमी मर गया। दूसरे दिन शहर में २४ घण्टे का कर्फ़्यू आर्डर हो गया। कुएँ से पानी तक लेने के लिए किसी को घर से निकलने की इजाज़त न थी। प्रजा के नेताओं को जेल में डाल दिया गया।

प्रजा ने जेल के फाटक पर एकत्र हो अपने नेताओं को छोड़ दिये जाने की माँग पेश की। वे पूर्ण रूप से अहिंसात्मक रहे। जेल के अन्दर से उन पर गोली चलायी गयी। इतनी उत्तेजना मिलने के बाद जनता भड़क उठी। उन्होंने जेल के फाटक में आग लगा दी।

प्रजा के नेताओं को जेल से छोड़ दिया गया। नेताओं ने जनता को शान्त हो लौट जाने को कहा। जनता जब लौटकर जा रही थी, उस समय उन पर गोली चलानी शुरू कर दी गयी। यह है मामला और इस मामले में गाँधी जी का फ़ैसला है कि प्रजा हिंसा और प्रतिहिंसा से पागल हो रही थी—रामदुर्ग के राजा साहब कांग्रेस के मित्र हैं। क्या रियासतों में प्रजा के आन्दोलन को स्थगित कर सत्याग्रह के लिए अधिक तैयार करने का यही अर्थ था; क्या रियासत के शासकों को अपनी परिस्थिति समझने के लिए समय देने का यही अर्थ था?

भारत और इंग्लैण्ड का भविष्य!

भारत की विदेशी राजनीति इस समय केवल एक प्रश्न पर निर्भर करती है—ब्रिटेन के साथ किसी शक्ति का युद्ध छिड़ जाने पर भारत की क्या नीति होगी? इस समय युद्ध की काली घटाएँ उमड़ रही हैं। किसी भी समय युद्ध आरम्भ हो जा सकता है। ब्रिटेन इस युद्ध से कितना घबरा रहा है, यह भी छिपा नहीं। हमारे प्रान्तीय स्वायत्तशासन को युद्ध की अवस्था में और भी संकुचित करने के लिए ब्रिटिश साम्राज्यशाही, जो क़ानून बना रही है, उससे उनका भारत को युद्ध में घसीटने का निश्चय भी स्पष्ट है। लेकिन भारत यह अवस्था आ जाने पर क्या करेगा?

हरिपुरा, फ़ैज़पुर और त्रिपुरी में कांग्रेस सर्वसम्मति से यह निश्चय कर चुकी है कि भारत साम्राज्यशाही युद्धों में किसी भी प्रकार का सहयोग न देगा। भावी युद्ध का प्रश्न इस समय इंग्लैण्ड और भारत दोनों के लिए ही सबसे महत्त्वपूर्ण है। इंग्लैण्ड अपनी कूटनीति को चरमसीमा तक पहुँचाकर, जर्मनी को रूस के गले डाल देने की कोशिश कर चुकने के बाद देख रहा है कि जर्मन बाज़ के तीखे पंजे इंग्लैण्ड के उपनिवेशों के कोमल मांस में गढ़े जा रहे हैं और इंग्लैण्ड को अपने अस्त-व्यस्त ढीले-ढाले साम्राज्य को या तो छोड़ देना पड़ेगा या फिर जर्मनी से लोहा लेना होगा। और इस मौक़े पर लड़ाई के मैदान को मनुष्य के मांस से पाट देने के लिए भारत की बढ़ती हुई सस्ते दामों मिलनेवाली जनता के सिवा और कोई उपाय नहीं। लेकिन भारत क्या करेगा?

इस समय देश महात्मा गाँधी पर अपना पूर्ण विश्वास प्रकट कर संकटमय परिस्थिति के आने पर अपनी बाग़डोर उनके हाथों सौंप देने का निश्चय कर चुका है और भावी युद्ध की संकटमय परिस्थिति के बारे में महात्मा जी का ऐलान है—

"युद्ध होने पर शान्तिप्रेमियों को इसमें किसी भी प्रकार का सहयोग नहीं देना चाहिए। उन्हें आक्रमण या रक्षा के लिए युद्ध में भाग नहीं लेना चाहिए। लेकिन युद्ध में सहयोग देने से इनकार करने का अधिकार केवल उन्हीं लोगों को है, जो अहिंसा में सिद्धान्त रूप से विश्वास करते हों। युद्ध का यह विरोध व्यक्तिगत रूप से अन्तरात्मा के आदेश पर ही होना चाहिए।

एक ओर तो हमारे सामने कांग्रेस का प्रस्ताव है, जो युद्ध से असहयोग करना हमारा राष्ट्रीय कर्त्तव्य ठहराता है और दूसरी ओर कांग्रेस की नीति के कर्णधार महात्मा जी का ऐलान है, जो युद्ध के विरोध को एक व्यक्तिगत मामला बना देता है। यह बात मामूली नहीं। राष्ट्रीय कर्त्तव्य को जिस प्रकार राष्ट्रीय आन्दोलन का रूप दिया जाना चाहिए, व्यक्तिगत अन्तरात्मा के आदेश को उस प्रकार सार्वजनिक और राष्ट्रीय शक्ति से पूर्ण नहीं किया जा सकता। हमें निश्चय है, कांग्रेस के इस प्रस्ताव पर, महात्मा जी के ऐलान के संशोधन को पढ़कर वाइसराय और साम्राज्यशाही को बहुत सन्तोष होगा, परन्तु इससे भारत का भविष्य कहाँ जायगा?

शायद महात्मा जी साम्राज्यशाही युद्ध के विरोध करने का अधिकार अहिंसा के सिद्धान्त पर विश्वास करने की शर्त के मोल बेचने की कोशिश कर भारत का कल्याण करना चाहते हों, लेकिन सिद्धान्तों के मामले में ज़बरदस्ती करना विचार स्वतन्त्रता के सिद्धान्तों के अनुकूल न होगा।

जो भी हो, कांग्रेस के सम्मान और भारत की राष्ट्रीय स्वतन्त्रता की क़द्र करनेवालों के लिए, उन लोगों के लिए जो साम्राज्यशाही युद्धों को संसार और मनुष्य

समाज के हित के विरुद्ध समझते हैं, महात्मा जी का यह ऐलान उत्साहवर्द्धक नहीं हो सकता।

युद्ध आरम्भ होने पर महात्मा जी उपवास कर उसे समाप्त कर देना चाहते हैं। 'स्टेट्समैन' के संवाददाता को उन्होंने इस विषय की सूचना भी दे दी है। परन्तु उनके ऐलान के मुताबिक भारत की साधारण जनता को युद्ध में सहयोग देने के विरुद्ध साम्राज्यशाही सेना में भरती होने और उसे आर्थिक सहायता देने के विरुद्ध आन्दोलन करने का अधिकार न होगा। क्योंकि महात्मा जी अनेक दफ़े स्पष्ट रूप से यह कह चुके हैं कि अहिंसा के सिद्धान्त को उनके अतिरिक्त दूसरा कोई व्यक्ति नहीं समझता—और शायद सिद्धान्त को समझे बिना उस पर विश्वास करने का विशेष मूल्य भी नहीं। क्या भावी युद्ध के समय महात्मा जी भारत के लिए यही नीति निश्चित करना चाहते हैं? महात्मा जी का कहना है, उनके कोई पाकेट नहीं, उनकी कोई बात गुप्त नहीं रहती! हम निहायत अदब से कहना चाहते हैं कि अभी हाल में महात्मा-वाइसराय सम्मेलन हुआ था।[१] इस सम्मेलन की सभी बातें गुप्त हैं। हो सकता है, महात्मा जी सम्मेलन की सभी बातचीत वाइसराय के ही पाकेट में छोड़ आये हों। परन्तु देश उन बातों को जानना चाहता है। देश को वे बातें जानने का अधिकार है, क्योंकि वह अपने भाग्यनिर्णय का अधिकार महात्मा जी को सौंप रहा है। हम स्पष्ट रूप से जानना चाहते हैं, इंग्लैण्ड के किसी युद्ध में फँस जाने पर देश को किस नीति पर अमल करना होगा? इंग्लैण्ड दिन दूनी रात चौगुनी गति से इस युद्ध की तैयारी कर रहा है और हम नहीं जानते हमारी नीति क्या होगी?

प्रतिहिंसा के शिकार

साम्राज्यशाही और उसकी नौकरशाही की प्रतिहिंसा के शिकार डेढ़ सौ के क़रीब राजनैतिक क़ैदी आज भी जेलों के सींखचों के पीछे पड़े सड़ रहे हैं। उन्हें जेलख़ानों में डाल दिया गया था हिंसक कहकर! परन्तु आज दो वर्ष से वे कह रहे हैं कि भारत की वर्तमान राजनीति में आतंकवाद का स्थान नहीं! अनेकों जेल से छूटकर आये और राजनैतिक कार्य में लगे हुए हैं। उनके आचरण के प्रति किसी को शिकायत

---

१. लोग अफ़वाहें उड़ा रहे हैं कि इस सम्मेलन में भावी युद्ध के बारे में भी बातचीत हुई है।

करने का भी मौक़ा नहीं मिला। वे कांग्रेस के अनुशासन में काम कर अपने को देश के लिए उपयोगी नागरिक साबित कर रहे हैं। यह सब देखकर भी साम्राज्यशाही और उसकी नौकरशाही इन बचे हुए राजनैतिक क़ैदियों पर अपनी प्रतिहिंसा का ज़ोर डाले हुए हैं। राजनैतिक सुधारों के समय राजनैतिक बन्दियों को मुक्त कर देने की परम्परागत प्रथा को ठुकरा उन्हें जेल में सड़ाया जा रहा है। जनता ने उनकी रिहाई के लिए पुकारें उठायीं, महात्मा गाँधी ने उनकी रिहाई के लिए कोशिश करने की ज़िम्मेदारी ली परन्तु वे अब भी जेल में हैं!

आज जिस समय हम अपने इन ज़िन्दा शहीदों को याद कर रहे हैं, वे जनता की उदासीनता से निराश होकर आमरण उपवास करने का ऐलान कर रहे हैं। उनमें से एक भाई (डॉ. गयाप्रसाद) पेट में नश्तर लगवाकर मृत्यु और जीवन के बीच की अवस्था में पड़ा हुआ।

क्या जनता का उनके प्रति कोई उत्तरदायित्व नहीं?

वे जेल गये किसके लिए? प्रतिहिंसा की यह भावना और जनता की यह उदासीनता कब तक बनी रहेगी?

◈

जनवरी
१९४०

फिर माँगने लगे?

विदेशी सरकार के हाथ से अपने भाग्य निर्णय का अधिकार माँगने का आन्दोलन एक मुद्दत तक कर चुकने के बाद हम इस परिणाम पर पहुँच चुके हैं कि यह अधिकार माँगा नहीं जाता और न दिया ही जाता है। यह अधिकार जिसे सीधे और स्पष्ट शब्दों में आज़ादी कहा जाता है, लिया जाता है। बहुत दिन तक आज़ादी के मोहक स्वप्नों से सन्तुष्ट होने का यत्न करने के लिए हमने इस आज़ादी को पूर्ण स्वराज्य और मुकम्मिल आज़ादी आदि नाम दिये और उसे अपना जन्मसिद्ध अधिकार बताया। आख़िर हवा में बहुत-कुछ हाथ मार चुकने के बाद अपने इरादे को ठोस बनाने के लिए उसे विधान-सभा (कांस्टीच्यूएण्ट असेम्बली) का नाम दिया। विधान- सभा पूर्ण स्वराज्य और मुकम्मिल आज़ादी की तरह भारी और आकर्षक शब्द नहीं परन्तु वह अधिक अर्थ पूर्ण है।

पचास बरस से अधिक समय तक स्वराज्य-स्वराज्य रटने के बाद भी स्वराज्य का कोई रूप हमारी आँखों के सामने न आ सका परन्तु विधान-सभा एक रूप है। एक मोटी और सीधी बात है कि देश भर की जनता यह निश्चय कर ले कि किस क़ायदे कानून और ढंग पर उन्हें ज़िन्दगी बितानी है। वह यह सोचे कि देश में काफ़ी ज़मीन होते हुए भी वे अन्न के बिना भूखों क्यों मरते हैं, देश में काफ़ी पैदावार होते हुए भी क्यों उनकी ज़रूरतें पूरी नहीं होतीं; क्यों उन्हीं के दिये गये लगान और टैक्स से पलनेवाले सरकारी नौकर हरदम उन्हीं का गला दबाते रहते हैं, क्यों वे चैन से नहीं रह सकते। हाथ-पैरों में ताक़त होते हुए और मेहनत करने के लिए तैयार रहते हुए भी उनसे कह दिया जाता है कि तुम्हें कुछ करने का अधिकार क्यों नहीं और न तुम्हें कुछ पाने का ही अधिकार है। देश भर का यह सोचना और अपने लिये सुविधा का मार्ग तय करना ही विधान-सभा है। आज हम या हमारे देश का राजनैतिक संगठन यही अधिकार माँग रहा है।

एक दफ़े यह समझ चुकने के बाद कि अधिकार माँगने से नहीं मिलते, वे लिये जाते हैं, हमने फिर माँगना शुरू कर दिया और विधान-सभा के आशामय स्वप्न पर बड़ी-बड़ी बहसें शुरू हुईं। हमारे सबसे बड़े क़ानूनदाँ और राजनीतिज्ञ श्री राजगोपालाचार्य ने इस विधान-सभा की बाबत स्थिति स्पष्ट करने के लिए कहा कि विधान-सभा की सम्भावना दो ही अवस्थाओं में हो सकती है। या तो क़ानून से स्थापित मौजूदा सरकार इस विधान-सभा को बुलाये या फिर देश में एक ऐसी सामाजिक और राजनैतिक क्रान्ति आये, जिससे मौजूदा शासन मिटकर एक नये विधान के लिए स्थान ख़ाली हो जाय और शासनरहित स्थान में एक विधान-सभा प्रकट हो?

राजा जी ने अपने इस तर्क को पूरा कर स्वयं ही यह भी कह दिया है कि मौजूदा शासन द्वारा इस प्रकार की किसी विधान-सभा को बुलाने की कोई आशा नहीं, जब तक कि वह इसके लिए मज़बूर न हो जाय और दूसरी अवस्था, अर्थात् क्रान्ति द्वारा मौजूदा शासन को हटाकर उसके स्थान में नये शासन की नींव डालने के योग्य अवस्था तैयार करने के लिए हम तैयार नहीं। उपाय है केवल ब्रिटिश सरकार से समझौता।

कांग्रेस के प्लेटफ़ार्म से विधान-सभा की जितनी पुकार उठ रही है वह सब इसी आशा और विश्वास पर कि मौजूदा ब्रिटिश शासन हमें विधान-सभा का प्रेमोपहार दे। कांग्रेस उसे न्याय, उचित और अपना अधिकार बताने पर ही ज़ोर दिये जा रही है बावजूद इसके कि वह पचास वर्ष के अनुभव से इस परिणाम पर पहुँच चुकी है कि अधिकार माँगे और दिये नहीं जाते, अधिकार बनाये और लिये जाते हैं। विधान-सभा की माँग की इस पुकार के बीच एक धीमी-सी आवाज़ ब्रिटिश सरकार को इसके लिए मज़बूर करने की भी सुनायी पड़ती है और उसके लिए सत्याग्रह का ज़िक्र भी चलता है। ब्रिटिश सरकार से लड़ने का चर्चा भी उठता है।

◈

विधान-सभा क्या करेगी?

मज़ा यह है कि विधान-सभा के लिए सत्याग्रह का मोर्चा खड़ा कर उसके लिए मर मिटने की बात तो सुनायी पड़ती है परन्तु विधान-सभा करेगी क्या, यह बात

सुनायी नहीं पड़ती। विधान-सभा विधान बनायेगी, इस बात का फ़ैसला करेगी कि इस देश का शासन किस ढंग और उसूल पर हो। इससे अधिक और कुछ समझा नहीं जा सकता। हम अपने मौजूदा शासन में परिवर्तन चाहते हैं; क्योंकि वह असह्य हो गया है; क्योंकि उसके शिकंजे में जीवित रहना हमारे लिये असम्भव हो रहा है, यह तो ठीक है। परन्तु जिस नये ढंग के शासन के लिए हमें प्राणों की बाज़ी लगानी है क्या उसका कुछ आभास पाने का, उसकी कुछ झलक पाने की ज़रूरत जनता को बिलकुल नहीं? उस शासन में अंग्रेज़ का प्राधान्य नहीं रहेगा, उसकी हुकूमत नहीं रहेगी, क्या इतना ही हमारे लिये काफ़ी होना चाहिए? कल्पना की उड़ान भर इतना हम और समझ सकते हैं, वह सब संकट और मुसीबतें, वह सब दमन जो अंग्रेज़ों के राज में इस देश में होता है; हम पर न होगा; परन्तु इतने से जो कुछ आज है और स्वराज्य में न होगा, उसी की कल्पना हम कर सकते हैं। हमारे लिये इतना ही काफ़ी नहीं। हम तो जानना चाहते हैं कि यह सब नहीं होगा—किस आधार पर? और असल में जिसकी ज़रूरत सबसे अधिक है, यह जानने की—कि होगा क्या? क्त

युक्त प्रान्त की कांग्रेस कमेटी ने विधान-सभा पर जो वक्तव्य प्रकाशित किया है, उसमें यह कहीं स्पष्ट नहीं कि विधान-सभा जिस नये शासन की नीव तैयार करना चाहती है, जिसके लिए सत्याग्रह करना चाहती है, उसके क्या आधारभूत सिद्धान्त होंगे और क्या उसका रूप होगा? अलबत्ता इस वक्तव्य में उन प्रश्नों का ज़िक्र ज़रूर है जिन पर विधान-सभा में विचार हो सकता है। वह यह है:—

"विधान-सभा देश की आर्थिक व्यवस्था के लिए एक नियम निश्चित करेगी। यह सभा एक ऐसी आर्थिक कमेटी नियुक्त कर सकती है, जो देश के सभी आर्थिक मामलों की देखरेख और नियन्त्रण करे। विधान-सभा करांची कांग्रेस के मूल अधिकार के प्रस्तावों को स्वीकार कर मुख्य कारोबार और उद्योग-धन्धों पर समाज की मिल्क़ियत स्थापित कर, इन व्यापारों और धन्धों—उदाहरणत: बिजली, रेलवे-आमद व रफ़्त, लोहा और कोयला आदि से किसी व्यक्ति को मुनाफ़ा न कमाने दे। हो सकता है यह सभा ज़मीदारी प्रथा को मिटाकर खेती की ज़मीन को स्वयं खेती करनेवाले क़िसान की सम्पत्ति बना दे या साझी खेती का क़ायदा जारी कर दे। यह सभा देश में खिल्ली पड़ी खेती के योग्य ज़मीन को खेती के काम में लगा सकती है। विधान-सभा पैदावार के साधनों, कल-कारखानों पर किसी एक व्यक्ति का अधिकार न रहने देकर पूँजीपति को देश में साधारण निर्वाह

के हिसाब से एक तनख़्वाह मुक़र्रर कर, उन उत्पत्ति के साधनों का प्रबन्धकर्त्ता ही नियत कर दे या निजी सम्पत्ति को क़ायम रहने दे; परन्तु उस पर अनेक कड़ी पाबन्दियाँ लगा दे। इस विषय में विधान-सभा क्या करेगी, यह ठीक-ठीक कह सकना कठिन है। आर्थिक क्षेत्र में विधान-सभा का किन-किन प्रश्नों पर और किस सीमा तक विचार करने का अधिकार हो सकता है, यहाँ इसी बात का इशारा किया गया है...।

"विधान-सभा इस बात का निर्णय करेगी कि स्वतन्त्र भारत में सरकार और व्यक्ति का क्या सम्बन्ध होगा, बोलने, लिखने और मिलने-जुलने, धार्मिक स्वतन्त्रता के अलावा व्यक्ति के क्या मौलिक अधिकार होंगे और शासन या सरकार के प्रति व्यक्ति के क्या कर्त्तव्य होंगे...।"

"अन्तरराष्ट्रीय क्षेत्र में हो सकता है, विधान-सभा मित्रता और शान्ति क़ायम करने के उद्देश्य से अपनी नीति क़ायम करे और निःशस्त्रीकरण में सहायता करने की कोशिश करे...।"

युक्त प्रान्तीय कांग्रेस कमेटी के इस बयान में 'शायद और सम्भव है' की शर्त लगाकर जो बातें कही गयी हैं वही वास्तव में जनता की माँग है और वास्तविक स्वराज्य है। यदि इन बातों में किसी प्रकार के सन्देह और शायद की गुंजाइश है तो वह 'शायद' और 'सन्देह' की गुंजाइश हमारे स्वराज्य प्राप्त करने की इच्छा और निश्चय में है।

मन में शंका और प्रश्न लेकर यदि हम विधान-सभा का आयोजन करते हैं तो हम किस परिणाम पर पहुँचेंगे? क्या अभी तक हम इस देश और अपने समाज की दीनता और दुरवस्था के कारण जान नहीं सके और अभी तक हमारी दृष्टि में उसके उपाय निश्चित नहीं हो पाये? यदि ऐसी ही बात है, तो स्वराज्य प्राप्त करने के दृढ़ निश्चय और प्रतिज्ञा का अर्थ क्या? और विधान-सभा को बुलाकर ही हम कौन मंज़िल तय कर लेंगे? उस अवस्था में विधान-सभा एक विराट् मेला मात्र होगा। जिसमें बड़े-बड़े लीडर लाउडस्पीकरों पर अपने वाक्चातुर्य का परिचय देंगे। न्न

शोषित और पीड़ित जनता का प्रतिनिधि होने की हैसियत से क्या कांग्रेस दृढ़ता और निश्चयपूर्वक इस देश और जनता के दुःख के कारणों और उसके उपायों को प्रकट नहीं कर सकती? बिना 'शायद' और 'सम्भव है' की लाग-लपेट के वह क्यों नहीं कहती कि देश की वास्तविक आज़ादी और उन्नति के लिए इस प्रकार की आर्थिक व्यवस्था के बिना चारा नहीं। देश से भूख, लूट और बेकारी को मिटाने के लिए ज़मींदारी को मिटा देना, पैदावार के साधनों को व्यक्तिगत मुनाफ़े के लिए

व्यवहार में न लाकर उन्हें समाज की आवश्यकताओं को पूरा करने में लगाना ज़रूरी!

कांग्रेस की तटस्थता

परन्तु कांग्रेस तो विधान-सभा के सामने स्वयं कोई प्रस्ताव या सिद्धान्त न रख कर भिन्न विचारों और माँगें पेश करनेवालों के बीच पंच बनाना चाहती है। एक निश्चय को सामने रख उसे प्राप्त करने के लिए क़दम न बढ़ाकर केवल विधान-सभा का निमन्त्रण देनेवाली और संयोजक (Convener) बनना चाहती है। यह एक विचित्र बात है कि देश का एकमात्र राजनैतिक संगठन देश के राजनैतिक भविष्य के बारे में उत्तरदायित्व छोड़कर तटस्थ होकर केवल संयोजक और पंच बनकर बैठ जाय। ऐसी अवस्था में क्या विधान-सभा के निर्णय मुस्लिम लीग और हिन्दू महासभा के निश्चयों पर निर्भर करेंगे? कांग्रेस का कर्त्तव्य केवल विधान-सभा की बात सुझा देना ही नहीं बल्कि विधान-सभा जिस उद्देश्य को पूरा करने के लिए बुलायी जा रही है उसे पूरा करना है। विधान-सभा का उद्देश्य केवल राजनैतिक और आर्थिक सम्भावनाओं पर तर्क करना ही नहीं बल्कि एक ऐसे भारत का निर्माण करना है जिसमें जनता के हाथ में आत्मनिर्णय का अधिकार हो और इसके लिए प्रस्ताओं के शब्द-जाल तैयार न कर निश्चित कार्यक्रम की जरूरत है जिसके अनुसार देश की पीड़ित और शोषित जनता का पीड़न और शोषण समाप्त होकर उनके हाथ में आत्मनिर्णय का अधिकार और शक्ति आये। इस कार्यक्रम, अधिकार और शक्ति का रूप भी स्वयं कांग्रेस के सामने स्पष्ट होना चाहिए तभी वह जनता को उस मार्ग पर ले जा सकती है।

विधान-सभा को रोकेगा कौन?

विधान-सभा कार्य रूप में आ सकेगी या वह केवल पूर्ण स्वराज्य की तरह एक माँग और महत्त्वाकांक्षा बनकर रह जायगी—इस प्रश्न का उत्तर भी हमीं को देना है। विधान-सभा के निर्णय के अमल में आ सकने का अर्थ है इस देश से अंग्रेज़ी हुकूमत का ख़ात्मा। स्वयं अंग्रेज़ी सरकार ऐसा करेगी, यह आशा करना उससे आत्महत्या की आशा करना है।

विधान-सभा का प्रयोजन लाखों-करोड़ों आदमियों को एक स्थान पर एकत्र कर उनसे हाथ खड़े करवाकर प्रस्ताव पास करवाना नहीं बल्कि उन उद्देश्यों को प्राप्त करना है। जिनके लिए विधान-सभा की ज़रूरत समझी जा रही है। हमें विधान-सभा के विशाल रूप और मूर्ति की पूजा नहीं करनी बल्कि उसके प्रयोजन को पूरा करना है।

यदि आज ही हम जनता को विधान-सभा की माँग करने का पाठ पढ़ाने के बजाय सभा के प्रयोजन पूरा करने, जनता के शोषण के साधनों—ज़मीदारी, सरमायादारी (मुनाफ़े के लाभ के लिए सार्वजनिक और सामाजिक उपयोग की वस्तुओं का उपयोग केवल कुछ आदमियों के लाभ के लिए किया जाना) को समाप्त करने, देशवासियों के लिए विचार प्रकट करने और मिलने-जुलने की स्वतन्त्रता की बात उठाते हैं, तो हम वास्तव में विधान-सभा के मार्ग पर चल पड़ते हैं। उस समय विधान-सभा केवल राजनैतिक पण्डितों की क़ानूनी चाल न रहकर जनता की शक्ति बन जायगी और इसे न लीग, न महासभा और न अंग्रेज़ सरकार ही रोक सकेगी। उस समय हमें जनता को यह सिखाने न जाना पड़ेगा कि विधान-सभा की माँग स्वीकार न की जाने पर सत्याग्रह के महाशस्त्र को लेकर लड़ना होगा। उस समय विधान-सभा स्वयं जनता के जीवन और मरण का प्रश्न बन जायगी और जनता उस प्रयोजन को पूरा करके रहेगी।

यदि हम विधान-सभा को इस रूप में देखते हैं तो फिर उसके स्वीकार किये जाने के तक़ल्लुफ़ की ज़रूरत नहीं, उसके लिए क्रान्ति की प्रतीक्षा की भी ज़रूरत नहीं। वह स्वयं ही क्रान्ति है। उसके लिए अंग्रेज़ सरकार की अनुमति और निमन्त्रण की ज़रूरत नहीं। वह हमारे जीवित रहने का प्रश्न है। हमें जीवित रहना है, इसके लिए हम किसी के निमन्त्रण और अनुमति की परवाह करने नहीं बैठते।

स्वतन्त्रता-दिवस

विधान-सभा के रूप में आज जब हमारी स्वराज्य की माँग एक ठोस और क्रियात्मक रूप लेने जा रही है। इस वर्ष २६ जनवरी को हमारे गणतन्त्र-दिवस मनाने का विशेष महत्त्व होना ही चाहिए और जब हम देखते हैं कि स्वतन्त्रता-दिवस के दिन की जानेवाली प्रतिज्ञा में देश के सबसे बड़े नेता महात्मा गाँधी की प्रेरणा से कांग्रेस की सर्वेसर्वा वर्किंग कमेटी ने हमारे प्रतिज्ञा-पत्र में दो पैराग्राफ़ और बढ़ा दिये हैं तो इस वर्ष के हमारे प्रतिज्ञा-पत्र की ओर हमारा ध्यान

विशेष रूप से जाना स्वाभाविक है परन्तु हमें उतनी ही अधिक निराशा होती है जब हम देखते हैं कि हमारे यह प्रतिज्ञा-पत्र देश की बढ़ती हुई जागृति के अनुकूल आगे नहीं बढ़ा। प्रतिज्ञा-पत्र में कांग्रेस की सफलता और शक्ति जिस विधान-सभा के मोर्चे पर क़ायम है, उस विधान-सभा की क्रियात्मक बातों का उसमें कहीं ज़िक्र नहीं। बल्कि उससे ठीक उल्टे, कई वर्ष पूर्व चर्ख़े को सबसे अधिक महत्त्व देने के जिस कार्यक्रम की निस्सारता हम देख आये हैं उसी को फिर से सबसे ऊँचा स्थान दिया गया है।

एक ओर हमारे सामने है—यू.पी. प्रान्तीय कांग्रेस कमेटी का विधान-सभा के बारे में घोषणा-पत्र, जिसमें देश की आर्थिक और राजनैतिक परिस्थिति की वैज्ञानिक विवेचना कर देश की जनता की दुरवस्था के वास्तविक कारणों को दृष्टि में रख जनता के शोषण और पीड़न को दूर कर, उसके ग़ुलामी के बन्धन को काटने के लिए शोषण और ग़ुलामी के साधनों और संस्थाओं, ज़मींदारी प्रथा और उत्पत्ति के साधनों के व्यक्तिगत स्वामित्व को दूर करने की बात की गयी है और दूसरी ओर हमारे नये प्रतिज्ञा-पत्र में उसी पुराने पूर्ण स्वराज्य के सूत्र का पाठ कर उसे प्राप्त करने का एकमात्र साधन बखान किया गया है—चर्ख़े को।

किसी-न-किसी रूप में अब तक चर्खा हमारे राजनैतिक आन्दोलन का अंग बना रहा है और खद्दर को हमने राष्ट्रीय पोशाक भी स्वीकार किया है, परन्तु चर्ख़े का महत्त्व उस सीमा तक ही है जबकि हम व्यक्तिगत और निजी सम्पत्ति के गढ़ को क़ायम रखकर शोषण की मात्रा को कम रखना चाहते हैं। जब हम उत्पत्ति के साधनों में होनेवाले विकास के साथ-ही-साथ सामाजिक सम्बन्धों में विकास होने की ज़रूरत को समझ जाते हैं, तो फिर चर्ख़े पर अड़ने का अर्थ होता है—मनुष्य और उसके समाज के सैकड़ों पीढ़ियों के संचित ज्ञान, अनुभव और परिश्रम से लाभ न उठाने की प्रतिज्ञा करना, आगे बढ़ते हुए मनुष्य समाज को ज़बर्दस्ती पैर पकड़कर पीछे खींचना।

अपने-आपको धोखा

यदि हम सिद्धान्त की बात को एक ओर रख चर्ख़े के प्रश्न को केवल अपनी मौजूदा परिस्थिति में अनुशासन और दृढ़ संगठन की दृष्टि से देखें, तो भी हमें उसमें केवल अदूरदर्शिता ही दिखायी देती है, जो चर्खा बीस वर्ष के लम्बे समय में अपनी आर्थिक उपयोगिता प्रमाणित न कर सका उसके आगे सर झुकाने से इनकार करने के अपराध में जनता के लिए कांग्रेस का दरवाज़ा बन्द करना हम नहीं समझ सकते कहाँ तक दूरदर्शिता होगी? और जब चर्खा स्वयं अपनी उपयोगिता के बल पर

हमारी श्रद्धा न पा सका, तो कांग्रेस के अनुशासन और महात्मा जी की हमारी नौका को मँझधार में छोड़ देने की धमकी के बल पर हमसे चर्खा-भक्ति की यह प्रतिज्ञा करवाना कांग्रेस की वर्किंग कमेटी और महात्मा जी का केवल अपने-आप को ही धोखा देना होगा। चर्खा-भक्ति की यह प्रतिज्ञा शायद कांग्रेस-मन्त्रियों की राजभक्ति की प्रतिज्ञा से अधिक गम्भीर न होगी।

नये प्रतिज्ञा-पत्र के साथ आरम्भ की गयी इस चर्ख़ा पूजा में महात्मा जी तथा वर्किंग कमेटी द्वारा अपने-आपको धोखा देने की सबसे बड़ी कोशिश वह है जहाँ वे कांग्रेस के सदस्यों से यह आशा करते हैं कि चर्ख़े के प्रति श्रद्धा न होने पर वे अपने विचार कांग्रेस के अधिकारियों के पास लिख-लिखकर भेज देंगे। इस प्रकार की टेढ़ी शर्त का प्रत्यक्ष परिणाम तो यही दिखायी देगा कि जनता को चाहे महात्मा जी के कांग्रेस छोड़ जाने के भय से ही या जिस कारण से ही चर्ख़े से प्रेम हो गया है, परन्तु इस परिणाम में सचाई नहीं। चर्ख़े के प्रति जनता की वास्तविक श्रद्धा का अन्दाज़ा लगाने का सही तरीक़ा तो यह होता कि जनता चर्ख़े के प्रति भक्ति का ऐलान स्वयं करने जाती। महात्मा जी चर्ख़े को एक आध्यात्मिक तपस्या का रूप देकर उसका माहात्म्य बखान करते आये हैं, उसे वे अपने धर्म-विश्वास का एक अंग समझते हैं। ऐसी अवस्था में चर्ख़े को कांग्रेस की स्वतन्त्रता की लड़ाई की शर्त मुकर्रर करना उन सब लोगों पर अन्याय है, जिन्होंने तन-मन से कांग्रेस को शक्तिशाली और बलवान बनाने की कोशिश की है, परन्तु जो लोग चर्ख़े या किसी भी वस्तु को धार्मिक विश्वास के तौर पर स्वीकार करने के लिए तैयार नहीं। उनके लिए यह विचार स्वतन्त्रता के दमन से किसी प्रकार कम नहीं। यह कांग्रेस को गाँधी सेवा-संघ या चर्ख़े का अखाड़ा बनाने का ज़बरदस्त प्रयत्न है और हमारी उस मानसिक नपुंसकता का परिणाम है, जिसकी वजह से हम केवल एक ही व्यक्ति के चरणों में सारे देश के भाग्य को अर्पण किये बैठे हैं। क्या अच्छा होता, यदि आज लड़ाई की तैयारी के समय जनता के आत्म-विश्वास की कमी का कारण उठाने की कोशिश न कर एक सीधी प्रतिज्ञा आनेवाली लड़ाई के नारे के रूप में रखी जाती और वह होती—मर मिटेंगे हक़-आज़ादी के लेने के लिए।

किसानों की हितैषी सेठ सभा

बम्बई के व्यापारी संघ ने जिसमें केवल लखपतियों और मिलमालिकों की गुंजाइश है, इस देश के किसानों की दुर्दशा पर तरस खाकर सरकार को यह सलाह दी है कि युद्ध के कारण बढ़ती क़ीमतों पर रोक लगाना किसानों पर अन्याय होगा।

इस सेठ सभा का कहना है कि मुद्दत की इन्तज़ार के बाद बाज़ार तेज़ हुआ है इस समय किसानों को लाभ उठाने का मौक़ा मिलना चाहिए। ग़रीबों के हित की आड़ में अपना उल्लू सीधा करने की पूँजीपतियों की चाल नयी नहीं, और न इससे आश्चर्य ही होना चाहिए। यदि आश्चर्य है तो इस बात पर कि पूँजीपतियों ने अपनी योग्यता के अनुसार पैंतरा न लेकर इतनी भद्दी चाल चली।

जिस भोलेपन से इस सेठ सभा ने किसानों के लिए भाव बढ़ाने के अधिकार की सिफारिश की है उससे तो यही जान पड़ता है कि भाव बढ़ाने का अधिकार किसानों के ही हाथ में है और वही भाव बढ़ाने की कोशिश भी कर रहे हैं। परन्तु किसान जानता है कि इस समय भाव बढ़ाने पर सबसे मोटे छिलके किसान के ही शरीर पर से उतारे जायेंगे जिसके पास न सिर्फ़ बेचने के लिए ही कुछ नहीं बल्कि जिसे प्राण रक्षा के लिए आये दिन पूँजीपति द्वारा निश्चित किये मूल्य पर ज़िन्दगी की ज़रूरतें ख़रीदनी पड़ती हैं। किसान बढ़ा सकता है केवल अन्न का भाव और वह भी केवल फ़सल के मौक़े पर। आज किसान के हाथ में कौन फ़सल है जिसका वह मूल्य बढ़ाकर लाभ उठा सकता है? अन्न जितना किसान ने फ़सल पर पैदा किया था वह सब तो इस समय पूँजीपति की खत्तियों और कोठों में भरा है फिर इस भाव बढ़ाने से फ़ायदा किसे होगा?

इस सेठ सभा ने भाव बढ़ाने की स्वतन्त्रता की सिफ़ारिश तो की परन्तु मज़दूरी बढ़ाने का ज़िक्र कहीं न किया। जो मज़दूर मौजूदा भाव में ही अपना पेट नहीं भर पाते वे भाव बढ़ने पर गुज़ारा क्यों कर सकेंगे इसकी चिन्ता उन्हें न हुई। आख़िर भाव बढ़ाने में फ़ायदा तो उसी का हो सकता है जो ख़रीदता कम है और बेचता बहुत अधिक है। ऐसी श्रेणी को अगर अपनी चीज़ों के भाव बढ़ाने की स्वतन्त्रता मिल जाय तो फिर दुगुने क्या चौगुने मूल्य में आटा उन्हें नहीं अखरेगा। पूँजीपति श्रेणी भाव बढ़ाने की स्वतन्त्रता चाहती है यह तो स्वाभाविक ही परन्तु मज़ा यह है कि इस अधिकार की माँग उन्हीं के नाम पर की जा रही है जिनका कि ख़ून चूसने के लिए यह शिकंजा कसा जायगा।

पत्रों का दमन : चिनगारी और बाग़ी

युद्ध के आरम्भ और कांग्रेस मंन्त्रिमण्डलों के इस्तीफ़े के बाद से जो दमन आरम्भ हुआ है, उसके सब से प्रत्यक्ष बार हो रहा है—पत्रों और प्रेसों पर। हम

नहीं समझ सकते प्रजातन्त्र और आत्मनिर्णय के लिए लड़नेवाली ब्रिटिश सरकार का इस देश में यह रुख़ कहाँ तक उनके प्रजातन्त्र की रक्षा के ऐलानों के अनुकूल है। हिटलर की जिस तानाशाही से संसार को मुक्ति दिलाने के लिए ब्रिटिश सरकार अखाड़े में उतरी है, इस देश में समाचार-पत्रों का दमन कर वह उसी हिटलरशाही का अनुकरण कर रही है। अभी हाल में विप्लव के विशेषांक का उर्दू संस्करण पश्चिमोत्तर सीमाप्रान्त में ज़ब्त हो गया। विप्लव निर्थक भड़कानेवाली भावनाओं को प्रोत्साहन नहीं देता, वह इससे देश की हानि ही समझता है। उसका काम है—राजनैतिक, सामाजिक सिद्धान्तों पर विचार विनिमय कर सामाजिक, आर्थिक और संगठित राजनैतिक क्रान्ति के लिए मार्ग तैयार करना। किसी भी सभ्य सरकार के अमल में विचारों को स्वतन्त्रता से प्रकट करना ज़ुर्म नहीं समझा जा सकता, परन्तु पश्चिमोत्तर सीमान्त की सरकार की निगाहों में ज़ुर्म है, इसके लिए हम क्या कर सकते हैं; ज़ुल्म को सह जाने और सहने के लिए तैयार रहने के सिवा हमारे पास चारा ही क्या है। स्वतन्त्रता

पत्रों और पुस्तकों की सबसे अधिक ज़ब्ती के समाचार आ रहे हैं, बिहार प्रान्त से। वहाँ की सरकार आये दिन एकाध पुस्तक या पत्र को दबोचकर अपनी सतर्कता और चतुरता का प्रमाण दिया ही करती है। अभी हाल में 'चिनगारी' के साथ जो व्यवहार हुआ उसे देखकर आश्चर्य होता है। न केवल 'चिनगारी' से ही ज़मानत माँग ली गयी, परन्तु हज़ारों मेमोरियल प्रेस से भी जिसमें कि 'चिनगारी' छपता था ज़मानत माँगकर उसे समाप्त कर दिया गया। पत्र से ज़मानत माँगना एक हद तक समझ में आता है, क्योंकि वह अपने विचारों के लिए ज़िम्मेवार है, परन्तु प्रेस से ज़मानत माँगना, जिसका काम केवल एक तरह की मज़दूरी है, आतंक फैलाने की पराकाष्ठा है। आज हम इस कठिनाई का अनुभव करते हैं जब क़ानून की मज़बूरियों को मानकर चलने की कोशिश करने पर भी हमारे नाम में ही प्रेसों को भूत नज़र आता है।

बिहार सरकार के चिनगारी से भयभीत होने का मुख्य कारण शायद उसका नाम ही था। परन्तु चिनगारी जिन असन्तुष्ट असहाय किसानों मज़दूरों के हृदय की असन्तोष की आग को प्रकट करती थी वह तो दमन से बुझ नहीं सकती। 'चिनगारी' उस आग को एक संगठित सीमा में रख उन शोषित श्रेणियों और समाज की एक सेवा कर रही थी जिसे बन्द कर, असन्तोष की आग को केवल अप्रकट रूप में फैलाने के लिए मज़बूर किया जायगा। असन्तोष तो असन्तोष के कारणों को दूर करने से ही मिट सकता है उसे दबाने से नहीं।

नास्तिकों का देवता लेनिन

मास्को के मुख्य चौक में संगमरमर के बुर्ज़ पर शीशे की आलमारी में मझले क़द, कुछ पक्के रंग, गंज़ी खोपड़ी का एक आदमी खड़ा है। उसके हाथ में कुछ काग़ज़ हैं, उसकी आँखें कुछ मुँदी-सी हैं, बहुत गम्भीरता और ज़िम्मेदारी से वह कुछ कह रहा है।

उसका शरीर २१ जनवरी, १९२४ को निष्प्राण हो गया था परन्तु आज भी उसकी आवाज़ संसार के छठे माँग समाजवादी प्रजातन्त्र रूस और संसार के उन सभी भागों में जहाँ परिश्रम करनेवाले अपने परिश्रम के फल पर अपना अधिकार समझने लगे हैं, गूँज रही है। उसने कहा—संसार में शासन वे करेंगे जो अपने परिश्रम से उसे बनाते हैं।

धर्म और परमेश्वर की आज्ञा की काल्पनिक ज़ंजीरों में जकड़े जाकर लूटे और चूसे जाने से इनकार करनेवालों ने—नास्तिकों ने उसका देवता के समान आदर किया क्योंकि उसने भगवान् की इच्छा और उसके सन्देश के पाखण्ड की आड़ लेकर नहीं बल्कि शुद्ध तर्क और जनता की अनुमति को भगवान् की आज्ञा का स्थान दिया। उसने अपनी आज्ञाओं को आध्यात्मिकता के मन्दिर की चोटी पर रख जनता के तर्क से ऊँचा बनाने की कोशिश नहीं की। जनता के निर्णय को उसने अपनी 'आत्मा की आवाज़' से कुचल देने की कोशिश नहीं की। अब तक देवताओं की क़ैद से छुड़ाकर देवताओं का स्वामी बना दिया इसलिए वह मानसिक, आर्थिक, सामाजिक और राजनैतिक स्वतन्त्रता के पुजारी नास्तिक समाजवादियों की दृष्टि में देवता बन गया। उस देवता में उन्होंने कोई अलौकिक शक्तिसम्पन्न भगवान् का अवतार नहीं देखा बल्कि देखा अपनी ही शक्ति का रूप—अपने ही जैसा मनुष्य। उसने मनुष्य को विश्वास करने के लिए नहीं बल्कि छानबीन और अनुभव कर अपने-आप निश्चय करने के लिए कहा।

लेनिन महान् अपने व्यक्तित्व को ऊँचा उठाकर नहीं परन्तु उसने उद्देश्य को ऊँचा उठाकर उस दलित और शोषित जनता को ऊँचा उठाकर जिसकी कि वह पुकार थी वह महान् बना।

वह पुराने क्रान्तिकारी परिवार का अंश था, उसके भाई अलेकजेण्डर को ज़ार की हत्या के अपराध में फाँसी हुई, उसके दूसरे भाइयों और बहनों को क्रान्तिकारी होने के कारण देश से निकाले और कालेपानी की सजाएँ हुई। परन्तु वह प्रतिहिंसा और हृदय के जोश में उन्मत्त होकर आग में कूदकर शान्ति लाभ करने के लिए पागल नहीं हो गया। उसने देखा आतंकवादी का बम और पिस्तौल क्रान्ति को सफल

बनाने के साधन नहीं हो सकते। उसने समझा क्रान्ति को सफल बनानेवाली शक्ति होगी दलित और पीड़ित जनता की जागृति और संगठन, वह उसी ओर चला। भयंकर विस्फोट धड़ाके की अपेक्षा उसने जनता को सचेत और संगठित करने के पहाड़-जैसे काम को चुपचाप नाख़ूनों के बल कुरेदना ही अच्छा समझा। अपने भाई और दूसरे क्रान्तिकारियों के सम्मान में जिन्होंने रूस को ज़ारतन्त्र के दमन से स्वतन्त्र करने के लिए अपने प्राण न्योछावर कर दिये मस्तक झुकाया परन्तु उनके मार्ग पर चलना स्वीकार न किया।

जेल में देश निकाले की अवस्था में फ़रार बनकर देश-विदेश भटकते समय वह क्रान्ति के एक उसी साधन को पूर्ण करने में जुटा रहा। अपने विचारों को आवाज़ या क़लम के ज़रिये वह जनता तक पहुँचाता रहा। स्पष्टवादिता उसकी शक्ति का राज़ थी। बीस पुस्तकें लिखकर भी वह साहित्यिक न बना। अपनी बात और भाषा को सुन्दर बनाने की अपेक्षा उसने उसे यथार्थ और वास्तविक बनाने की ओर ही अपनी शक्ति खर्च की।

मनुष्यता ही उसकी दृष्टि में सत्य और न्याय थी। उसका सम्पूर्ण जीवन उसी की आराधना में व्यतीत हुआ। उसके लिए उसने निरन्तर अपने मन को न्योछावर किया। आरम्भ में उसने आतंकवादियों के नारोदनिकी (राष्ट्रीय दल) के हाथ से क्रान्ति का नेतृत्व जन शक्ति के हाथ में देने के लिए आतंकवादियों के नेतृत्व को बलिदान किया। समाजवादियों की शक्ति को प्राधान्य देकर उसने समाजवादी प्रजातन्त्र दल की स्थापना की। परन्तु प्रथम क्रान्ति के बाद जब समाजवादी प्रजातन्त्र के नाम पर शासन की शक्ति मध्यम वर्ग के, उसी की श्रेणी के बुद्धिजीवी लोग अपने क़ाबू में करने लगे, उसने किसानों और मज़दूरों के बहुमत का पक्ष लेकर बहुमत बोल्शेविक दल की सहायता की। रूस के ज़रशाही से मुक्त हो जाने के बाद, जब रूस के समाजवाद के सिद्धान्तों की आजमाइश का समय आया, लेनिन ने रूस की प्रतिष्ठा और आर्थिक हानि की परवाह न कर उन सब देशों को स्वतन्त्र कर दिया, जो अब तक रूस की ग़ुलामी में बँधे हुए थे। मनुष्यता और न्याय लेनिन की दृष्टि में रूस से भी बड़े थे।

ज़ुल्म, लूट और हिंसा से मनुष्यता को छुड़ाने की चेष्टा लेनिन ने भी की परन्तु बुद्ध, मसीह और गाँधी की तरह ज़ुल्म, लूट और हिंसा के सामने सिर झुकाकर उनसे दबकर नहीं। उसने केवल मनुष्य को भला बनने का उपदेश ही नहीं दिया। मनुष्य को अनुभव और विज्ञान ने मुनष्य के समाज में हिंसा, लूट और दुःख के जो कारण खोज निकाले हैं उन्हीं को उसने दूरकर एक देश में शक्तिशालियों द्वारा निर्बलों के शोषण का अन्त कर मनुष्य-मनुष्य में श्रेणियों की स्थिति, वंश और जन्म के कारण होनीवाली असमानता को दूरकर एक श्रेणी द्वारा दूसरी श्रेणी के शोषण

और लूट का अन्त कर दिया है। उसने रूस में किसानों और मज़दूरों की क्रान्ति को सफल बना संसार में इस क्रान्ति की सफलता के लिए एक आधार क़ायम कर दिया।

अन्तरराष्ट्रीय स्पर्द्धा ने आज ही नहीं बल्कि इतिहास के आरम्भ से मनुष्य को बेचैन कर रखा है। इस स्पर्द्धा की तह में भी सदा से लूट की चेष्टा ही रही। पहले सामन्त सरदारों की इच्छा अपने देश के भीतर और अपनी शक्ति को फैलाने और लूट की इच्छा को तृप्त करने की हुई। उसके बाद सरमायादारी ने मुनाफ़े की इच्छा से अपने-अपने देश और बाद में दूसरे देशों को अपनी संगठित लूट को ज़ंजीरों में बाँधने की चेष्टा की। उसके परिणामस्वरूप मनुष्य का कमाया हुआ विज्ञान और शक्ति मनुष्य समाज को सुखी और सन्तुष्ट बनाने की ओर न लगकर उसे दुःखी और अशान्ति बनाने की ओर लगी। इन सबकी तह में थी जीवन रक्षा और उत्पत्ति के साधनों पर व्यक्ति के स्वार्थों का अधिकार और ऐसी साधनों से सम्पन्न पूँजीपति श्रेणी का स्वामित्व और शासन। मार्क्स ने समाज के दुःख और अशान्ति के कारणों की विवेचना का समाजवाद के रूप में जो वैज्ञानिक सिद्धान्त स्थिर किये थे उन्हें लेनिन ने समाज के दलितों और पीड़ितों की संगठित शक्ति से अमल में लाकर समाजवादी शासन का रूप रूस में दिया जो न केवल एक देश में सामाजिक शान्ति का उपाय है बल्कि अपने और दूसरे देशों की लूट पर जीनेवाली पूँजीपति, मुनाफ़ाख़ोर श्रेणी का ख़ात्मा कर देश-देश की आपसी स्पर्द्धा और लड़ाई को समाप्त कर देगी। मेहनत करनेवालों के संसारव्यापी भ्रातृभाव की बुनियाद पर ही अन्तरराष्ट्रीय कम्युनिस्ट दल काम कर रहा है। समाजवाद जिसकी सफलता के लिए लेनिन ने अपना जीवन अर्पण किया दूसरे देशों के प्रति शत्रुता के आधार पर क़ायम देश भक्ति को स्वीकार नहीं करता। समाजवाद की दृष्टि में ऐसी स्पर्द्धापूर्ण देश भक्ति पाप है

इस संसारव्यापी शान्ति के नेता लेनिन की बरसी के अवसर पर अपनी शक्ति और सामर्थ्य भर उस उद्देश्य को प्राप्त करने के लिए अपने-आपको अर्पण कर देना मनुष्यता के प्रति हमारा कर्त्तव्य है।

फरवरी

१९४०

आज़ादी का अर्थ

संसार में पैदा होकर अपनी इच्छा अनुसार ज़िन्दा रहना और फलना-फूलना ही स्वतन्त्रता है। भली प्रकार ज़िन्दा रहने और उन्नति करने के लिए जितने भी प्रयत्न हो सकते हैं उन्हें हम कर सकें और ज़िन्दा रहने के प्रयत्नों की राह में जितनी भी कठिनाइयाँ या रुकावटें आयें उन्हें हम दूर कर सकें, यही आज़ादी है। इसके विपरीत हमारी ज़िन्दगी का हमारी अपनी इच्छा से, हमारे अपने सन्तोष के लिए नहीं बल्कि दूसरों की इच्छा अनुसार, दूसरों के सन्तोष और लाभ के लिए काम में लाया जाना ग़ुलामी है। हमारी ज़िन्दगी में व्यक्तिगत रूप से या राष्ट्र के रूप से क़दम-क़दम पर अनुभव होनेवाले बन्धन ही हमारी ग़ुलामी है। ग़ुलामी के इन बन्धनों में बँधे अपने व्यक्तिगत और राष्ट्रीय जीवन की राह में आनेवाली रुकावटों, हमारे व्यक्तिगत और राष्ट्रीय जीवन का गला घोंटनेवाले बंधनों को दूर करने के लिए ही, इस देश की व्यक्तिगत और राष्ट्रीय जीवन शक्ति स्वतन्त्रता के आन्दोलन के रूप में प्रकट हुई।

ज्यों-ज्यों हमारा शोषण बढ़ता गया और ज्यों-ज्यों उस शोषण से मुक्त होने की ज़रूरत हम अधिक-अधिक अनुभव करने लगे स्वतन्त्रता का हमारा आन्दोलन अधिक-अधिक बलवान् होता गया। हमें ग़ुलामी के बन्धनों में बाँधकर हमारी मेहनत के रस को चूसनेवाली साम्राज्यशाही की कूटनीति जहाँ आज़ादी की भावना के रूप में प्रकट होनेवाले प्रयत्नों को क़ुचलने का प्रयत्न करती आयी हो वहाँ वह हमारे आन्दोलन की प्राण शक्ति, जनता के साहस और भावना को भी अपनी शोषण शक्ति के विरुद्ध लड़ने से हटाकर आपस में ही एक-दूसरे से लड़ने और छीना-झपटी करने के लिए भी बहकती आयी है। हमारी शोषक साम्राज्यशाही शक्ति की कूटनीति का यह परिणाम हुआ है कि इस देश की जनता ने जीवन के अधिकार बाहरी शत्रु से छीनने का प्रयत्न सम्मिलित रूप से करने के बजाय आपस में ही एक-

दूसरे से छीनने की कोशिश कर साम्प्रदायिकता का एक ख़याली मोर्चा खड़ा कर लिया और इस मोर्चे पर बरसों अपना ख़ून बहाकर असली शत्रु के मुक़ाबिले में अपने-आपको कमज़ोर बनाया। मौजूदा अन्तरराष्ट्रीय परिस्थिति के भी उलझनों में जब अवसर देख हमारे अपने आन्दोलन को आगे बढ़ा अपने गले के बन्धनों को ढीला करने का प्रयत्न करना चाहा तो फिर एक दफ़े हमें साम्राज्यशाही ने बजाय आगे बढ़ने के हमें अपनी पूँछ को ही चबाने की सलाह दी। फिर हमें साम्प्रदायिक समस्या को ही पहले हल करने की हिदायत मिली। जो घाव हमारे शरीर को कुरेद-कुरेद कर पैदा किया गया है और जिसका इलाज है केवल उसे आगे न कुरेदना उसी को फिर से छेड़कर सहलाने पर ज़ोर दिया गया।

◈

हिन्दू-मुस्लिम झगड़े

हिन्दू-मुस्लिम झगड़े के नासूर की राह बहुत-सी शक्ति बह जाने के बावजूद वास्तविक परिस्थितियों के अनुभव से इस देश की जनता यह समझ चुकी है कि ज़िन्दा रहने का अधिकार या आज़ादी अगर उसे लेनी है तो वह हिन्दुओं को, मुसलमानों से लड़कर या मुसलमानों को हिन्दुओं से लड़कर नहीं लेनी। आज़ादी उन्हें लेनी है तो उसी शक्ति से जो इस देश की उपज को, इस देश के परिश्रम के फल को इस देश के बाशिन्दों से छीनकर बाहर ले जाती हैं। इस देश की जनता की यह समझ और आज़ादी हासिल करने का दृढ़ निश्चय ही हमारे आज़ादी के आन्दोलन की शक्ति है। साम्राज्यशाही की शक्ति हमारे आन्दोलन की बढ़ती हुई शक्ति को देख रही है और वह समझती है कि असन्तुष्ट जनता के आन्दोलन को निरन्तर दमन की शक्ति से रोकने का प्रयत्न हथियारों के बल से समुद्र की लहरों को रोकने के समान है। आज फिर इस लड़ाई के मैदान में शस्त्रों की शक्ति से भी अधिक कारगर कूटनीति का दूसरा पैंतरा दिखायी दे रहा है। आज उठते हुए असन्तोष को शस्त्रों की शक्ति से दबा देने के बजाय समझौते के बाँध लगाकर बाँधने का प्रयत्न किया जा रहा है। उद्देश्य है, इस देश की दासता के रूप में साम्राज्यशाही शक्ति के इस देश को चूसने का अधिकार क़ायम रखना। साधन उसके लिए चाहे जो इस्तेमाल किये जायँ, उद्देश्य पूरा होना चाहिए। और यदि यह उद्देश्य दमन

की अपेक्षा समझौते से पूरा होता है, तो यह साम्राज्यशाही शक्ति के हक़ में सौ दरजे अच्छा है क्योंकि दमन से दबा हुआ असन्तोष केवल चौगुने बल से फूट पड़ेगा और समझौते के बाँध में घिरी जनता के असन्तोष की धारा दूसरे ही रास्ते बहकर बिखर जायगी। साम्राज्यशाही शक्ति की नीतिज्ञता की तारीफ़ हम करते हैं परन्तु इस देश की जनता के हितों के रक्षक नेताओं से भी हम भविष्य को ध्यान में रखने की आशा करते हैं।

◈

समझौता

समझौता ऐसा मधुर और सज्जनतापूर्ण शब्द है कि उसका विरोध करने से ही हिंसा की भावना प्रकट होने लगती है। परन्तु दूसरे को लगातार चूसते जाने के अधिकार को क़ायम रखने के लिए जो समझौते की चारदीवारी खड़ी की जायगी उसकी बुनियाद अवश्य ही हिंसा की भावना पर होगी और हिंसा को मिटा देने के लिए, अहिंसा को क़ायम करने के लिए यदि कोई समझौता किया जाय, वह निर्बलों के लूटे जाने के अधिकार पर क़ायम नहीं होना चाहिए।

एक बड़े महत्त्वपूर्ण समझौते की बदली हमारे देश के राजनैतिक क्षितिज पर दिखायी दे रही है। इस समझौते की ओर शंका की दृष्टि से देखनेवालों को बिगड़े दिमाग़ और झगड़ा पसन्द कहा जा सकता है। परन्तु ऐसी शंका होना स्वाभाविक है। आख़िर किसी देश को ग़ुलामी के बन्धनों में जकड़े रखने का मतलब क्या? चाहे वे बन्धन दमन की लोहे की ज़ंजीरें हों या समझौते के रेशम के लच्छे हों।

ग़ुलामी का विरोध करनेवाले अहिंसा के सबसे बड़े भक्त हैं। वे झगड़ापसन्द या कलहप्रेमी कभी नहीं हो सकते। उनके लिए मनुष्य का रक्त भगवान् की पूजा से भी अधिक आदर की वस्तु है। मनुष्यता की रक्षा, जिसे दूसरे शब्दों में मनुष्य की आज़ादी कहा जायगा, को प्राप्त करना ही उनका उद्देश्य है। यदि यह हमारी आज़ादी समझौते की राह से प्राप्त हो सकती है तो इससे बढ़कर सन्तोष की बात और क्या हो सकती है? परन्तु समझौते का मतलब यह नहीं होना चाहिए कि ग़ुलामी की हथकड़ियाँ हमारी कलाई से हटकर हमारी कोहनियों पर पड़ जायँ, हमारी जनता

की आर्थिक और राजनैतिक अवस्था में कोई परिवर्तन न आये, परिवर्तन आये केवल शासन के रूप में या जनता की मेहनत के चूसे जाने के उपायों में।

◈

औपनिवेशिक स्वराज्य और पंचायती स्वराज्य

हमारे एकमात्र नेता महात्मा गाँधी अभिमान से कहते हैं कि वे समझौते के लिए उत्सुक हैं और उन्हें अभी ब्रिटेन की सद्भावना में विश्वास है। एक दिन महात्मा जी ने भारत में अंग्रेज़ी राज के इतिहास की चट्टान पर अनुभव की लोहे की क़लम से लिखा था—'I have lost faith in white justice'। 'मुझे गोरों के न्याय में विश्वास नहीं रहा।' आज यदि हमारे सामने ऐसा मधुर अनुभव आ रहे हैं जिनके आधार पर हम अपने पुराने तीखे अनुभवों को भुला सकते हैं तो इससे अधिक मुबारक दिन और कौन होगा? और हम अपने नेता के Experiments with Truth सत्य के प्रयोग पर बधाई दिये बिना नहीं रह सकते।

हमारे नेता औपनिवेशिक स्वराज्य के अनिश्चित वायदे और[१] कान्स्टीट्यूएण्ट असेम्बली विधान-सभा या पंचायती स्वराज्य में कोई विशेष अन्तर नहीं देख पाते और इस अनिश्चित आश्वासन की बुनियाद पर पिछले सैकड़ों वर्षों के अनुभव की दीवार को गिरा समझौते का नया सुनहला स्वप्नमहल खड़ा कर देना चाहते हैं—यह भी मुबारक़। हमारे गांधीवादी अनेक उपनेता सरेआम प्लेटफ़ार्म से नहीं, परन्तु अपने भरोसे की चौपाल में समझाते हैं, औपनिवेशिक स्वराज्य और वह भी वेस्टमिन्स्टर के क़ानून के मुताबिक, जिसका सीधा अर्थ है, भारत जब चाहे ब्रिटिश साम्राज्य की छत्रच्छाया से सम्बन्ध तोड़ ले, और तुम्हें चाहिए क्या? क्या यह पूर्ण स्वराज्य नहीं?

पूर्ण स्वराज्य के दृष्टिकोण से यह दलील अलबत्ता ठीक है परन्तु इस देश की पीड़ित जनता जिस पंचायती स्वराज्य की आशा से उत्साहित हो उठी थी उसका रूप उनकी कल्पना में कुछ और ही था। औपनिवेशिक स्वराज्य का अर्थ इस देश की समृद्ध और अधिकार प्राप्त श्रेणी की दृष्टि में है, अपने देश में विदेशी शासन के

---

१. विधान-सभा को हम पंचायती स्वराज्य का नाम देना ही पसन्द करेंगे क्योंकि यह स्वराज्य पंचायत द्वारा निश्चित की गयी बुनियाद पर खड़ा किया जायगा। विधान-सभा की अपेक्षा पंचायती स्वराज्य शब्द अधिक सरल और मधुर भी है।

स्थान पर उनका अपना शासन क़ायम हो जाना परन्तु इस देश की पीड़ित और शोषित श्रेणियों की दृष्टि में इसका अर्थ होता है, इस देश में मौजूद इसी आर्थिक और राजनैतिक व्यवस्था का क़ायम रहना जिसके अनुसार उनका शोषण और पीड़न चल रहा है। जिस विधान में हड्डी तोड़ परिश्रम करके भी वे भूखी और नंगी बनी रहती हैं। औपनिवेशिक स्वराज्य में मौजूदा स्थिति से केवल यह अन्तर आ जायगा कि उनका शोषण और पीड़न उसी तरह क़ायम रहेगा परन्तु वह अंग्रेज़ी हुकूमत की मोहर के नीचे न होकर देशी हुकूमत की मोहर के नीचे चलेगा।

कांग्रेस द्वारा विधान-सभा या पंचायती स्वराज्य—वह स्वराज्य जिसकी बुनियाद बालिग़ मताधिकार से निश्चित किये गये शासन के उसूलों और सिद्धान्तों पर क़ायम होनी चाहिए—में उन्हें आशा थी कि जनमत से शासन के ऐसे सिद्धान्त और उसूल क़ायम होंगे जिसमें परिश्रम करनेवाली पीड़ित श्रेणियों के परिश्रम के फल को मुनाफ़ाखोर श्रेणियों द्वारा हड़प करनेवाली हमारी मौजूदा अवस्था बदल जायगी और जनमत के बल पर: एक ऐसी व्यवस्था क़ायम होगी जिसमें जीवन की आवश्यकताओं के उत्पन्न करने और अपने परिश्रम के फल को उपयोग में लाने के अवसर सभी मनुष्यमात्र को समान रहेंगे।

औपनिवेशिक स्वराज्य के आश्वासन से संतुष्ट हो जानेवाले हमारे नेता और उपनेता हम ग़रीब श्रेणियों के दृष्टिकोण को, जो मौजूदा शोषक व्यवस्था को दृढ़ करने का उपाय ही औपनिवेशिक स्वराज्य में देख पाता है, शायद समझ नहीं सकते और हमारे विधान-सभा—पंचायती स्वराज्य की रट लगाने को केवल सिड़ीपन और राजनीति के ज्ञान से शून्य रवैया मात्र ही समझते हैं।

◈

गाँधी जी का इलहाम

हम लड़ाई करें या समझौता—हमारा उद्‌देश्य है ज़िन्दा रहने के अधिकार प्राप्त करना! हमारा यह प्रश्न वैयक्तिक नहीं राष्ट्रीय है, यह एक व्यक्ति की आत्मिक उन्नति का प्रश्न नहीं जिसका सम्बन्ध दूसरों से कुछ न हो। यह प्रश्न है सम्पूर्ण देश की आबादी के हितों का और जो भी रास्ता इसके लिए हम निश्चत करें उसमें इस देश की सचेत जनता के सहयोग और विश्वास की ज़रूरत है।

स्वाभाविक तौर पर हम पूछते हैं कि हमारी स्वतन्त्रता की लड़ाई का कार्यक्रम क्या होगा? हमारी स्वतन्त्रता की लड़ाई के सेनापति महात्मा जी जनता द्वारा यह जानने की इच्छा का कोई स्वागत नहीं करते कि उनके आज़ादी प्राप्त करने के प्रयत्न सत्याग्रह की लड़ाई के रूप में या समझौतों की राजनैतिक पैंतराबाज़ी के रूप में किस दिशा में आगे बढ़ेंगे।

महात्मा जी का कहना है कि वे स्वयं इस विषय में कुछ नहीं जानते। भगवान् समय-समय पर उन्हें आदेश देते रहते हैं और देते रहे हैं और भगवान् पर विश्वास रख उसी के आदेशों के अनुसार हमारे आज़ादी के आन्दोलन को चलायेंगे। आज दिन हम जिस दीन और दलित अवस्था में हैं, हमारी यह अवस्था भगवान् की इच्छा से हुई है या भगवान् को धोखा देकर शैतान ने कर दी है हम नहीं जानते? हमारी आज़ादी की लड़ाई में क़दम बढ़ाने पर सन् १९२१, १९२४ और १९३२ में महात्मा जी ने हमारी लगाम खींच ली थी, इस कारण कि उन्हें अपनी कुछ भूलें दिखायी देने लगी थीं। उस समय भी महात्मा जी को राह दिखाने के लिए भगवान् मौजूद थे और आज भी वे ही भगवान् मौजूद हैं। अगर महात्मा जी से भूल हो चुकी है, तो आगे न होगी इसकी कोई ज़मानत उनके पास नहीं। इस हालत में अपना सर्वस्व न्योछावर करने के लिए तैयार जनता यदि अपने जीवन-मरण को, हल करने के प्रयत्न के कार्यक्रम को, प्रयत्न आरम्भ करने से पहले समझ लेना चाहती है, तो इसे हम बेजा नहीं समझ सकते। परन्तु गाँधी जी को यह शंका, सतर्कता और पूछताछ मंजूर नहीं। वे आँख बन्द कर भगवान् की उँगली पकड़कर चलना चाहते हैं और जनता से आशा करते हैं कि जनता आँख बन्द कर उनकी लाठी पकड़कर चलती जाय। यदि जनता ऐसा नहीं करती, तो उन्हें जनता की परवाह नहीं, वे उसका नेतृत्व करने के भूखे नहीं। कांग्रेस यदि उनका नेतृत्व चाहती है, तो कार्यक्रम कांग्रेस नहीं बल्कि गाँधी जी निश्चित करेंगे और कांग्रेस को न केवल गाँधी जी के राजनैतिक कार्यक्रम को स्वीकार करना होगा, बल्कि गाँधी जी के सभी विश्वासों पर भी ईमान लाना होगा।

हम गाँधी जी के बिना क्यों नहीं चल सकते?

कांग्रेस में वाम दल के लोग जब अपने विचारों की स्वतन्त्रता के अधिकार पर ज़ोर देते हैं, जब वे कांग्रेस में तानाशाही जारी करने पर एतराज़ करते हैं, सम्पूर्ण

कांग्रेस को अकेले गाँधी जी के व्यक्तित्व से ऊँचा रखना चाहते हैं, तो उन्हें धमकी दी जाती है, यदि तुम गाँधी जी का नेतृत्व चाहते हो तो तुम्हें उनकी बात माननी ही पड़ेगी—वर्ना अपना रास्ता स्वयं बना लो।

गाँधी दल की इस धमकी के आगे बायें पक्ष को सिर झुकाना पड़ा है। गाँधी जी के अनेक विचारों से सहमत न होकर, प्रजातन्त्र और विचार स्वतन्त्रता के अधिकारों का ढोल पीटकर भी वामपक्ष गाँधी जी के बिना एक क़दम नहीं चल सकता, यह देख कर गाँधीवादी दल अपनी विजय में बगलें बजाता है।

है भी यह आश्चर्य की बात! जब बायें दल के लोग गाँधी जी के विचारों को आँख बन्द कर स्वीकार करने के लिए तैयार नहीं, तो वे गाँधी जी के व्यक्तिगत नेतृत्व के लिए इतने परेशान क्यों हैं? क्यों वे गाँधी जी के कांग्रेस को छोड़ जाने की धमकी से कांप जाते हैं बायें पक्ष में आत्मविश्वास की इतनी कमी क्यों है और गाँधी जी के पास ही जादू की वह कौन छड़ी है, जिसके बिना हमारा आन्दोलन चल ही नहीं सकता?

बायें पक्ष की इस कमज़ोरी का कारण न तो वाम पक्ष के सिद्धान्तों में है न उतना उनके संगठन में जितना कि दायें पक्ष की इस चाल में है कि बायाँ पक्ष या तो गाँधी जी की मूर्ति के सामने सिर झुकाये या गाँधी जी कांग्रेस को छोड़ जायेंगे। गाँधी जी कांग्रेस को छोड़ जायेंगे इसका अर्थ है सभी गाँधीवादी कांग्रेस को छोड़कर चल देंगे। वामपक्ष के अपने सिद्धान्तों के विरुद्ध भी गाँधी जी के आगे सिर झुकाने का कारण है बायें पक्ष की कांग्रेस में एकता और संयुक्त मोर्चा क़ायम रखने के लिए आतुरता। गाँधीवादी बायें पक्ष की इस कमज़ोरी को खूब ताड़ चुके हैं और मुस्लिम लीग की तरह नित्य नयी शर्तें पेश करते चले जाते हैं। गाँधीवादियों के व्यवहार को देखकर हमें वही मिसाल याद आती है—'मियाँ फिरे नथ घड़ाने को, बीबी फिरे नाक कटाने को।'

◈

वामपक्ष की कमज़ोरी

सर्वसाधारण जनता को अपने पीछे लगाने के लिए यदि गाँधीवादियों के पास गाँधी जी के महात्मापन का अमोघ अस्त्र है, तो बायें पक्ष, जो कि जीवन की वास्तविकताओं के सिद्धान्त पर क़ायम है, के पास भी उससे भी प्रबल शस्त्र मौजूद है। वह शस्त्र है जीवन की वास्तविकता या आर्थिक कार्यक्रम।

नींद से जागकर सचेत होती हुई प्रजा के सामने यदि वामपक्ष कांग्रेस के स्वराज्य प्राप्ति के कार्यक्रम को पूर्ण स्वराज्य और विधान-सभा आदि के कठिनता से समझ में आनेवाले शब्दों में न रखकर सीधे सादे शब्द, सब को रोटी, सब को कपड़ा, जो जोते उसकी ज़मीन आदि के शब्दों में प्रकट करते हैं, जनता में उनका समर्थन और बल आध्यात्मिकता की ओर से जनता को मुग्ध करनेवालों की अपेक्षा कहीं अधिक बढ़ जायगा और वह हमारे भँवर में घूमते हुए राजनैतिक आन्दोलन को एक ज़बरदस्त जल प्रवाह में बदल देंगे।

◈

सरकार क्या चाहती है?

पिछले वर्ष में पुलिस की कारगुज़ारी की रिपोर्ट हमारे सामने है। इस रिपोर्ट में जिस बात की ओर ध्यान दिलाया गया है वह है देश के कम्यूनिज़्म के विचारों का बढ़ता प्रचार। हमारे ऐंग्लोइण्डियन समाचार-पत्र बहुत दिन से कम्युनिज़्म के बढ़ते हुए भय का बावेला मचा रहे थे और अब पुलिस की रिपोर्ट में भी उस पर जो शंका प्रकट की गयी है, २० वर्ष से साम्राज्यवाद के विरुद्ध प्रचार करने पर भी कांग्रेस साम्राज्यवादी सरकार की नज़रों में इतनी भयंकर नहीं बनी जितनी की कम्युनिस्ट विचारधारा कुछ ही दिन के भीतर बन गयी है। कम्युनिस्ट विचारों से साम्राज्यवादी सरकार को आख़िर इतना भय क्यों?

कम्युनिस्ट पार्टी का मेम्बर होना इस देश में क़ानून की नज़रों में अपराध है, परन्तु अभी तक ग़नीमत यह थी कि विचार स्वतन्त्रता के नाम की लज्जा रखने के लिए कम्युनिस्ट पार्टी के ग़ैर क़ानूनी होने पर भी कम्युनिस्ट विचारों पर ज़ाहिर रुकावट नहीं थी, लेकिन विचार स्वतन्त्रता का यह आडम्बर भी अब टिकता नहीं दिखायी देता है। विचारों के प्रचार का आधार है, पत्र और पुस्तकें। अभी हाल ही में सरकार ने चुन-चुन कर जिस प्रकार समाजवाद और कम्युनिज़्म के सिद्धान्त पर आक्रमण किया है उसे देखकर सिवाय बेबसी की गरम साँस खींचने के और क्या किया जा सकता है।

गत मास में ज़ब्ती का शिकार होनेवाले पत्रों में मुख्य है अंग्रेज़ी का नेशनल फ्रण्ट। जिसका छपना अनेक प्रान्तों में बन्द कर देने के बाद अब उसका छपना बम्बई प्रान्त में भी बन्द कर दिया गया। नेशनल फ्रण्ट के बारे में जो कुछ कहा जाय

लेकिन यह कभी न कहा जा सकेगा कि वह हिंसा का प्रचार कर जनता को भड़काने की चेष्टा करता था, इसके अतिरिक्त सोशलिस्ट लिटरेचर पब्लिशिग कम्पनी की प्राय: सभी प्रमुख पुस्तकें ज़ब्त कर ली गयी हैं इनमें अधिकांश पुस्तकें गत महायुद्ध से भी पहले लिखी गयी थीं और इन पुस्तकों का विषय केवल समाजवाद का वैज्ञानिक विश्लेषण है।

यह सब पुस्तकें ज़ब्त हुई हैं आर्डिनेन्स के क़ानून द्वारा, जिसके द्वारा कोई भी ऐसी पुस्तक या पत्र ज़ब्त हो जाना चाहिए जिससे युद्ध के विषय में कोई ऐसी ख़बर शत्रु तक पहुँचे जिससे वह लाभ उठाकर हमारी सरकार को हानि पहुँचा सके या कोई ऐसी ख़बर जिससे सरकार के मार्ग में किसी प्रकार की अड़चन पैदा हो सके। युद्ध शुरू होने से कई-कई वर्ष पूर्व छपी इन पुस्तकों से आज युद्ध को सफलतापूर्वक चलाने में क्या धक्का पहुँच सकता है यह हम समझ नहीं सकते। यह पुस्तकें केवल सिद्धान्त रूप से समाजवाद की विवेचना और साम्राज्यवाद की कमज़ोरियों को दिखाती हैं। यदि यह समझा जाय कि यह पुस्तकें इस युद्ध में साम्राज्य की नीति के विरुद्ध हैं तो यह भी मानना पड़ेगा कि यह युद्ध केवल साम्राज्य विस्तार के लिए ही है। यह देखकर हमें आश्चर्य होता है कि यह सभी पुस्तकें न केवल इंग्लैण्ड में बल्कि संसार के सभी देशों में प्रचलित हैं और इन पर कोई बन्धन नहीं।

रूस-फ़िनलैण्ड से युद्ध किसने छेड़ा?

"आओ! सभ्य राष्ट्रों के साथ मिलकर कम्युनिज़्म का मुकाबिला करो"—यह है निमन्त्रण इंग्लैण्ड के 'सण्डे टाइम्स' पत्र का जर्मनी को। उसी जर्मन को जिसकी काली करतूतों के कारण ब्रिटेन को निर्बल राष्ट्रों की स्वतन्त्रता और प्रजातन्त्र के अधिकारों की रक्षा के लिए युद्ध की बला सिर ले लेनी पड़ी। हिटलर अन्यायी है, सभ्यता का शत्रु है, राक्षस है परन्तु उससे भी भयंकर एक और शत्रु है। वह शत्रु है 'कम्युनिज़्म'।

रूस से इंग्लैण्ड को कोई वैर नहीं। ज़ार के ऐतिहासिक अत्याचारी रूस से इंग्लैण्ड की सुलह और सन्धियाँ होती रही हैं परन्तुं किसानों और मज़दूरों की सरकार कम्युनिस्ट रूस, ब्रिटेन की दृष्टि में सबसे बड़ा शत्रु है जिसका दमन करने के लिए उसे हिटलर जैसे राक्षस से भी सहयोग करना मंजूर है। इस समय

कम्युनिज़्म का मुक़ाबला करने की ज़रूरत है फ़िनलैण्ड के मोर्चे पर। संसार का साम्राज्यवाद और पूँजीपति प्रेस को इस समय फ़िनलैण्ड के मोर्चे पर सबसे बड़ा अन्याय और अत्याचार दिखायी दे रहा है जिसके सामने हिटलर के अन्याय फीके पड़ गये हैं। यह समाचार पत्र बताते हैं कि रूस-जैसे बलशाली देश ने फ़िनलैण्ड-जैसे एक छोटे और निर्बल देश पर आक्रमण कर दिया है और फ़िनलैण्ड की स्वतन्त्रताप्रिय प्रजा रूस के दाँत खट्टे कर रही है।

रूस-फ़िनलैण्ड के मोर्चे पर क्या हो रहा है; इसकी ख़बर हमें मिल रही है उन्हीं के सन्देशों के ज़रिये जो रूस के कम्युनिस्ट शासन को हिटलर से भी भयंकर शत्रु समझने की सलाह हमें देते हैं। हमारे सामने प्रश्न उठता है, जिस रूस ने स्वयं अपनी इच्छा से अपने सिद्धान्तों के अनुसार पूर्वी पोलैण्ड, लातविया, लिथूनिया, और इस्टोनिया को अपनी दासता से मुक्त कर स्वतन्त्र राष्ट्र बन जाने का अवसर दिया, वही आज दूसरे देश की स्वतन्त्रता पर आक्रमण कैसे कर रहा है? फ़िनलैण्ड के मामलों में दखल देने का रूस को अधिकार ही क्या था? रूस के शत्रु साम्राज्यवादी और पूँजीवादी देश छान-छान कर गढ़-गढ़कर जो समाचार हमें देते हैं, उनसे जो कुछ हम समझ पाते हैं, उससे भी हमें इन प्रश्नों का उत्तर एक हद तक मिल जाता है।

साम्राज्यवादी और पूँजीपति राष्ट्रों में आपस में छीना-झपटी हो सकती है और होती ही रहती है परन्तु उनका सबसे बड़ा शत्रु है, समाजवाद या कम्युनिज़्म; जो कि सभी देशों में पूँजीवाद को समाप्त कर साम्राज्यवाद को समाप्त कर देने की चेष्टा में है। कम्युनिज़्म का भय सामने आने पर, अपने-अपने देशों के किसान मज़दूरों द्वारा पूँजीपति श्रेणी के नाश का भय सामने आने पर, संसार के सभी देशों के पूँजीपति इस साझे शत्रु-कम्युनिस्ट और समाजवादी शक्ति को दबाने के लिए एक हो जाते हैं। समाजवाद या कम्युनिज़्म की भावना सभी देशों के मज़दूर-किसानों में फैल गयी है परन्तु उसका सफल और सबसे मज़बूत क़िला है रूस। इस रूस की शक्ति पर संसार के अन्य देशों के समाजवादी और कम्युनिस्ट अपनी सफलता का भरोसा बहुत हद तक करते हैं। पिछले संसारव्यापी युद्ध के समय जब साम्राज्यवादी और पूँजीवादी राष्ट्र आपस में उलझे हुए थे रूस के किसान मज़दूरों ने कम्युनिस्टों के नेतृत्व में क्रान्ति कर रूस में समाजवादी शासन स्थापित कर लिया था। महायुद्ध से छुटकारा पाकर इन पूँजीवादी देशों ने मिलकर अपने लिये भय के कारण इस समाजवादी शासन को सैनिक शक्ति द्वारा मिटाने का यत्न किया था। चार वर्ष तक रूस पर सभी पूँजीवादी राष्ट्रों का सम्मिलित आक्रमण रहा परन्तु रूस की जनता ने समाजवाद को अपनी जीवन रक्षा का एक मात्र उपाय समझ उन सबका मुक़ाबला

कर उन्हें परास्त कर दिया और साम्राज्यवादी राष्ट्रों की पूँजीपति श्रेणी को अपने हाथ खींच लेने पड़े।

इसके बाद सन्धियों और समझौते का समय शुरू होता है। जर्मनी लगातार रूस पर आक्रमण करने की धमकी देता जाता है और यूरोप के छोट-छोटे देशों को हज़म करता जाता है। इंग्लैण्ड और फ्रांस की पूँजीपति सरकारें इस आशा में कि एक दिन जर्मनी कम्युनिज़्म के गढ़ रूस से लोहा लेगा, जर्मनी की राह में रोड़ा नहीं अटकातीं। जर्मनी की शक्ति बढ़ती जाती है रूस उसका मुक़ाबला करने के लिए बार-बार इंग्लैण्ड और फ्रांस को चेतावनी और निमन्त्रण देता है परन्तु यह शक्तियाँ समाजवादी रूस के साथ सहयोग कर उसे बलवान बनने नहीं देना चाहतीं।

रूस भी सतर्क रहा है। वह पूँजीवादी राष्ट्रों के समाजवाद के विरुद्ध सम्मिलित प्रयत्न को देखता आया है। उसके लिए जैसा इंग्लैण्ड वैसा जर्मनी। यदि इंग्लैण्ड उससे सहयोग नहीं करता तो बजाय इसके कि वह जर्मनी और इंग्लैण्ड को एक साथ मिलकर अपने ऊपर आक्रमण करने दे, वह जर्मनी से ही परस्पर न लड़ने का समझौता कर लेता है। जर्मनी बाल्टिक समुद्र के बन्दरगाह डैनज़िग और उसके साथ के देश पर जो पोलैण्ड के अधिकार में था, लेने के लिए आक्रमण करता है। बजाय इसके कि सम्पूर्ण पोलैण्ड जर्मनी के पूँजीवादियों के अधिकार में जाकर रूस के मज़दूर-किसान राज के विरुद्ध शक्ति बन जाय, रूस पोलैण्ड के पूर्वी भाग पर जो ज़ार के समय रूस के ही अधीन था अधिकार कर वहाँ समाजवादी शासन-व्यवस्था क़ायम कर उसे अपना सहायक बना लेता है...इसे पुकारा जाता है रूस का अत्याचार करना और साम्राज्यवादी बन जाना।

मज़दूर और किसानों की सरकार को साम्राज्यवादी देशों के आक्रमण की तैयारी से बचाने के लिए रूस अपनी सीमा पर स्थित छोटे-छोटे राष्ट्रों जिन्हें उसने स्वयं स्वतन्त्रता दी थी, लिथूनिया, लातविया और इस्टोनिया से परस्पर आक्रमण न करने और आक्रमण होने की अवस्था में परस्पर सहायता करने की सन्धि कर लेता है। रूस की इस नीति से काले समुद्र से लेकर बाल्टिक समुद्र में रूस के बन्दरगाह लेनिनग्राड तक का सारा प्रदेश साम्राज्यवादी और पूँजीवादी शक्तियों के आक्रमण से सुरक्षित हो जाता है। अब रह जाता है केवल फ़िनलैण्ड?

१९२० से १९२४ तक समाजवाद के नाश के लिए पूँजीवादी देशों का रूस पर जो आक्रमण हुआ उसमें पूँजीवादियों के गढ़ का काम करता रहा फ़िनलैण्ड। रूस की सीमा के और छोटे-छोटे राष्ट्रों के रूस से सहायता का समझौता कर लेने पर भी फ़िनलैण्ड इस प्रकार का समझौता कर लेने के लिए तैयार नहीं हुआ बल्कि इसके विरुद्ध अपनी सीमा पर वह युद्ध के लिए ज़रूरी क़िलाबन्दी करता गया। रूस

ने देखा कि फ़िनलैण्ड की यह क़िलाबन्दी हो रही है इंग्लैण्ड, फ्रांस, अमेरिका, जर्मनी, इटली, स्वीडन और नार्वे के पूँजीपतियों की पूँजी से। जर्मनी और इंग्लैण्ड—फ्रांस में युद्ध छिड़ जाने पर भी रूस मज़े में अपनी शक्ति बढ़ाता जाय, यह बात पूँजीवादी देशों को न सुहायी। उन्हें एक दिन रूस पर आक्रमण कर कम्युनिज़्म का नाश करना है, यह बात उनकी नज़रों के सामने बराबर रही है। इन देशों से लगातार युद्ध का सामान बड़ी भारी तादाद में फ़िनलैण्ड में आ रहा था, यह भी रूस से छिपा नहीं था। रूस फ़िनलैण्ड से फिर एक बार समझौता करने के लिए बातचीत आरम्भ करता है। वह तजवीज़ करता है कि यदि हम आपस में सहायता की सन्धि नहीं कर सकते तो इस प्रकार का इन्तज़ाम कर लें कि दोनों स्वतन्त्र रूप से अपनी-अपनी रक्षा का प्रबन्ध कर सकें। हमारी सीमा पर यह स्थान हमें दे दो और इसके बदले अपनी सीमा पर इससे दुगना स्थान तुम वहा ले लो। यदि तुम्हारा इससे कोई नुक़सान होता हो तो उसे हम पूरा कर देंगे।

रूस अगर फ़िनलैण्ड से भी समझौता कर लेने में सफलता प्राप्त कर लेता तो रूस पर आक्रमण करने की कोई गुंजाइश न रह जाती और न कोई बहाना ही। फ़िनलैण्ड की पूँजीवादी सरकार पर यूरोप की दूसरी सरकारें प्रभाव डालना आरम्भ करती हैं और धड़ा-धड़ लड़ाई का सामान फ़िनलैण्ड पहुँचने लगता है। फ़िनलैण्ड की प्रजा के सामने रूस द्वारा पोलैण्ड में समाजवाद क़ायम करने का और लिथूनिया, लातविया और इस्टोनिया को रूस के साथ समझौते से लाभ पहुँचने का उदाहरण मौजूद है। किसान और मज़दूर और ग़रीब प्रजा फ़िनलैण्ड में जनता की पार्टी बना-कर रूस से समझौता कर लेने की आवाज़ उठाती है और मान्हरीम और रिती की पूँजीवादी सरकार इन लोगों का दमन करने में कोई कसर उठा नहीं रखती। जनता की इस पार्टी की आवाज़ और शक्ति बढ़ती ही जाती है। मान्हरीम और रिती की पूँजीवादी सरकार को भय होने लगता है कहीं सचमुच ही उन्हें सुलह करने के लिए विवश न होना पड़े। इसलिए जब अभी सुलह की बातचीत समाप्त भी न होने पायी थी, २६ नवम्बर को फ़िनलैण्ड की इस सरकार की ओर से रूस की सीमा पर गोलाबारी आरम्भ हो जाती है। रूस की सीमा पर मौजूद छोटी-सी सेना हैरान है उसे लड़ने का हुकुम नहीं मिलता। फ़िनलैण्ड की ओर से लगातार आक्रमण होने पर २९ तारीख को रूसी सेना जवाब देती है और फ़िनलैण्ड में जनता की पार्टी की सरकार को स्वीकार कर मान्हरीम और रिती की पार्टी के विरुद्ध आक्रमण करती है।

यह है स्थिति फ़िनलैण्ड और रूस के युद्ध की, जिसे बजाय फ़िनलैण्ड द्वारा रूस पर आक्रमण समझने के, रूस द्वारा फीनिश जनता की पार्टी की सहायता के

लिए सेना भेजना ही कहा जायगा। दूसरी ओर हम सुनते हैं पूँजीवादी सरकारों द्वारा यह प्रचार—कि रूस एक ग़रीब देश पर आक्रमण कर रहा है। संसार के सभी सभ्य देशों का कर्त्तव्य है कि कम्युनिज़्म के इस राक्षस को नष्ट करने के लिए फ़िनलैण्ड के मोर्चे पर इकट्ठे हो जायें। हमें इस युद्ध में फ़िनलैण्ड पर रूस का आक्रमण कहीं दिखायी नहीं देता बल्कि दिखायी देता है—पूँजीवादी राष्ट्रों द्वारा समाजवाद या कम्युनिज़्म को नष्ट करने का सम्मिलित प्रयत्न।

मार्च
१९४०

कार्ल मार्क्स का सन्देश

मनुष्य समाज में यह पुराना विश्वास चला आता है कि जब संसार में अन्याय और पाप हद से बढ़ जाते हैं तब भगवान् अवतार लेकर फिर से न्याय और धर्म की स्थापना करते हैं।

यह बात एक ऐतिहासिक सत्य है जिसे मनुष्य समाज ने अपने इतिहास से सीखा है। मनुष्य समाज अपनी रक्षा करने के लिए, उन्नति करने के लिए, अपने लिये सबसे सुविधाजनक तरीक़े पर एक व्यवस्था क़ायम करता है। सबसे सुविधाजनक व्यस्था मनुष्य समाज के लिए वह समझी जाती है जिसे व्यवस्था में समाज का सब से बलवान और शक्तिसम्पन्न अंग अपना कल्याण समझे और सन्तुष्ट हो सके। समय-समय पर परिस्थितियों के अनुसार समाज के भिन्न-भिन्न अंग था श्रेणियाँ बलवान बन जाती हैं। समाज में जिस अंग या श्रेणी के हाथ में पैदावार के साधन रहते हैं, वही श्रेणी सबसे अधिक बलशाली होती है।

एक समय भूमि के मालिक सबसे बलवान थे क्योंकि उस समय भूमि पर होनेवाली खेती से ही मनुष्य समाज का पालन होता था। ज़िस समाज या देश में खेती की अपेक्षा व्यापार से अधिक लाभ होता है उस देश में व्यापार करनेवाली श्रेणी सबसे उन्नतवान् हो जाती है। और जब पैदावार के साधन इतने उन्नत हो जाते हैं कि हज़ारों आदमियों के जीवन की रक्षा और निर्वाह के सामान कुछ ही आदमियों की शक्ति से पैदा होने लगते हैं तो इन साधनों के मालिक पूँजीपति मिल मालिक और जमींदार लोग ही समाज में सबसे बलवान् अंग और श्रेणी बन जाते हैं। समाज और देश में जो श्रेणी जिस समय सबसे बलवान् होती है, उस समय उसी श्रेणी की इच्छा और लाभ के विचार से न्याय और धर्म की धारणा और क़ानून बन जाते हैं।

इस प्रकार जिस समय मनुष्य समाज में एक व्यवस्था, क़ायम रहती है उस समय भी समाज में भीतर-ही-भीतर परिवर्तन जारी रहते हैं और पैदावार के साधनों में उन्नति होती रहती है। भीतर-ही-भीतर हो जानेवाले यह परिवर्तन समाज में ऐसी अवस्थाएँ पैदा कर देते हैं जो समाज की क़ायम व्यवस्था या संगठन में ठीक से समा नहीं पाती। इन परिवर्तनों का होना आवश्यक होता है क्योंकि मनुष्य समाज आगे

बढ़ने की आवश्यकता अनुभव कर अपने प्राणों की विरोधी शक्तियों, अभाव और भूख से बचाने के लिए चेष्टा करता है। लेकिन यह परिवर्तन और विकास समाज के भीतर ऐसी अवस्थाएँ पैदा कर देते हैं जो समाज के उस समय में मौजूदा संगठन में समा नहीं सकतीं। समाज में मौजूद संगठन एक पुरानी अवस्था और परिस्थिति के अनुकूल बना था जो अब नहीं रही। भीतर-ही-भीतर नयी परिस्थितियाँ और अवस्थाएँ पैदा हो जाने से पुराने संगठन में समाज संकट अनुभव करने लगता है। सब ओर अन्याय और पाप दिखायी देने लगता है और दरअसल यह अन्याय और पाप ही होता भी है क्योंकि उस व्यवस्था के कारण समाज के बहुत बड़े अंग का जीवन असम्भव हो जाता है। सब ओर भूख और अभाव, अत्याचार और पाप-ही-पाप दिखायी देने लगता है। उस समय समाज के भीतर पैदा हो जानेवाली नयी शक्तियाँ फूट पड़ती हैं। इसे इतिहास में क्रान्ति और विप्लव कहा जाता है। फिर नये सिरे से एक व्यवस्था क़ायम की जाती है जिसमें अधिक संख्यक जनता, जो कि क्रान्ति के समय समाज का बलवान अंग बन जाती है, के हितों का, न्याय का, धर्म का ध्यान रखा जाता है। अन्याय और पाप को मिटाकर न्याय और धर्म की व्यवस्था क़ायम की जाती है। यह इतिहास का पाठ है जिसे मनुष्य समाज ने पीढ़ियों के अनुभव से पढ़ा है। परन्तु अपने संस्कारों और अपनी निर्बलता के कारण स्वयं जिस बड़े भारी काम को वह करता आया है, उसका श्रेय उसने एक बड़ी भारी शक्ति में विश्वास कर, उसके कन्धो पर दे दिया। अपनी शक्ति और प्रयत्न को विप्लव और क्रान्ति का नाम न देकर उसने उसे भगवान् की कृपा और शक्ति का नाम दे दिया।

उस महापुरुष का नाम था मार्क्स, जिसने मनुष्य और उसके समाज की इस शक्ति को, जिसे हमारा समाज अपने भ्रम, अज्ञान और विश्वास के कारण न पहचान कर अपने-आपको असमर्थ, पराधीन और दूसरी शक्ति के हाथ का खिलौना समझ बैठा था, उसे समझाया और उसे स्वतन्त्र कर दिया।

धर्मशास्त्र की यह शिक्षा कि संसार में अन्याय और पाप की अधिकता हो जाने पर भगवान् की शक्ति संसार का उद्धारकर धर्म और न्याय की व्यवस्था क़ायम करती है, बदलकर इतिहास और समाज-विज्ञान का यह सिद्धान्त बन गयी, कि समाज की रक्षा और उन्नति के लिए जब कोई व्यवस्था निकम्मी और अयोग्य हो जाती है तो समाज की जीवन शक्ति उस व्यवस्था को तोड़-फोड़ कर फेंक देती है और एक नयी व्यवस्था समाज को जीवित रखने और उन्नति के मार्ग पर चलाने के लिए पेश करती है। समाज की यह शक्ति होती है समाज में अन्याय और अत्याचार पीड़ित बहुसंख्यक जनता की शक्ति! मार्क्स का सन्देश इस अत्याचार पीड़ित बहुसंख्यक जनता के नाम है—

"तुम समाज की विभूतियों को पैदा करनेवाली महान् शक्ति हो। तुम इसलिए दुःखी हो कि तुम्हारे जीवन को आगे बढ़ने का अवसर नहीं, क्योंकि तुम्हारी मेहनत का फल तुम्हारे जीवन की रक्षा और पूर्ति में न लगकर समाज की एक बहुत छोटी-सी श्रेणी के हाथ चला जाता है, जो उसे नष्ट करती है। समाज की जीवन रक्षा और जीवन निर्वाह के सब साधन इसी एक छोटी-सी श्रेणी के हाथ में है। यह श्रेणी इन साधनों को सम्पूर्ण जनता की ज़रूरतों को पूरा करने के लिए उपयोग में न लाकर केवल अपने ही मुनाफ़े के लिए व्यवहार में लाती है और केवल उतनी ही पैदावार करती है, जितनी पैदावार करने से इस श्रेणी का स्वार्थ सिद्ध होता है। यही कारण है कि इतने बड़े-बड़े साधन समाज के हाथ में मौजूद होते हुए भी, जीवन के लिए ज़रूरी चीज़ों के इतनी तादाद मौजूद होते हुए भी, अधिकांश जनता भूखी मरती है और नंगी रहती है।

"यही कारण है कि मनुष्य समाज की योग्यता और शक्ति मनुष्य को सुखी और सम्पन्न बनाने में ख़र्च न होकर उसके अपने विनाश में, व्यापारिक होड़ और अन्तरराष्ट्रीय युद्धों के रूप में ख़र्च होती है और स्वयं समाज को ही खाती चली जाती है।"

उसने सन्देश दिया, "हे समाज, अब समय आ गया है कि तू अपने पुराने संगठन और व्यवस्था को जिसे हम पूँजीवादी और ज़मीदारी व्यवस्था कहते हैं बदल दे, नहीं तो तेरा नाश हो जायगा।"

मार्क्स ने हमारे समाज के दुःख संकट को देखकर बताया—समाज का दम घुट रहा है क्योंकि पूँजीवाद प्रणाली ने जहाँ एक तरफ़ हमारे पैदावार के साधनों को सैकड़ों गुना अधिक तेज़ और ज़बरदस्त बना दिया है वहाँ इन साधनों को बहुत ही कम, हज़ारों में से कुछेक आदमियों के हाथ में ही सौंप दिया है। उसने बताया कि पैदावार के साधनों का मशीनों के रूप में ताक़तवर बन जाना पूँजीवादी समाज के हित के लिए व्यवहार में न आकर ठीक उलटे समाज के लिए हानिकारक प्रमाणित हो रहा है। उसने बताया—मशीन की सहायता से मनुष्य की पैदावार की शक्ति बहुत बढ़ गयी है। पूँजीवादी समाज इस शक्ति से अपने मुनाफ़े के लिए काम कराकर शेष ९० फ़ीसदी समाज को बेकार छोड़ भूखा और नंगा बना देता है। आवश्यकता है इन मशीनों के प्रयोग को जिन्हें मनुष्य ने अपने अनेकों पीढ़ियों के अनुभव और परिश्रम से तैयार किया है, सीधी राह पर लाने की।

मार्क्स ने बताया—मशीनें और मिलें ऐसे साधन हैं जिनसे पैदावार का काम समाज सम्मिलित रूप से लेता है कोई अकेला आदमी न इन्हें बना सकता है न चला सकता है। मशीनें एक समय हज़ारों आदमियों के उपयोग के लिए पैदावार करती हैं, इसलिए पैदावार के इन साधनों पर मशीनों, मिलों और भूमि पर सबका सम्मिलित

अधिकार होना चाहिए। सबको जीविका कमा सकने का पूर्ण स्वतन्त्रता और अवसर होना चाहिए। किसी की मेहनत का फल दूसरे के हाथ में नहीं जाना चाहिए।

मार्क्स ने सन्देश दिया—समाज की भीतरी अवस्था अर्थात् पैदावार के साधन और पैदावार के तरीक़ों ने सामाजिक रूप पा लिया है इसलिए वे व्यक्तिगत मिल्कियत के अन्दर नहीं समा सकते। इसीलिए सब ओर अव्यवस्था और अशान्ति दिखायी दे रही है—अब क्रान्ति और विप्लव द्वारा इस विषमता को दूर कर, समता क़ायम करने का समय आ गया है।

मार्क्स ने सन्देश दिया—समाज को इस संकट से क्रान्ति और विप्लव द्वारा मुक्ति दिलायेगी समाज की सबसे बलवान शक्ति। समाज की सबसे बलवान् शक्ति समाज का सबसे बड़ा अंग है, किसान और मज़दूर। जिन्हें पूँजीवाद ने अपने संगठन और व्यवस्था से पैदा किया है। यह श्रेणी है उन मज़दूरों, किसानों और सफ़ेदपोश नौकरी पेशा लोगों की जों पैदावार और मेहनत करते हैं परन्तु उसका फल न पाकर दुःखी, भूखे और नंगे रहते हैं। इनके जीवन की रक्षा समाज की व्यवस्था को बदले बिना हो नहीं सकती। यह श्रेणी है जिसे क्रान्ति करनी है और समाज का स्वामी बनना है। यह श्रेणी समाज का सबसे बड़ा अंग है, समाज का ९९ फ़ीसदी अंग है। इनका हित, इनका कल्याण, इनका फ़ैसला ही न्याय है।

परन्तु जब तक यह सबसे महान् शक्तिशाली श्रेणी, पददलित श्रेणी अपनी अवस्था को पहचानकर अधिकार प्राप्त करने के लिए उठ खड़ी नहीं होती, कुछ नहीं हो सकेगा।

इसलिए उसने सन्देश दिया—"संसार के शोषितों तुम क्रान्ति के दूत हो! संसार के शोषितों उठो, एक होकर क्रान्ति करो! समाज की इस अनुचित व्यवस्था को बदल दो। तुम्हें भय किस बात का? खो जाने के लिए तुम्हारे पास सिवाय पराधीनता की बेड़ियों के है ही क्या? इस क्रान्ति को करने के लिए भगवान् या कोई शक्ति नहीं आयेगी। तुम्हीं भगवान् हो! उठो, पाप और अन्याय का नाश करो धर्म और न्याय की स्थापना करो।"

हमारा कार्यक्रम

रामगढ़ कांग्रेस के लिए कांग्रेस की कार्यकारिणी ने जो प्रस्ताव या कार्यक्रम बनाया है वह हमारे सामने है। त्रिपुरी कांग्रेस में जो कार्यक्रम पास किया गया था, रामगढ़ के लिए तैयार कार्यक्रम उससे भिन्न नहीं है। फ़र्क़ केवल इतना है कि इस

प्रस्ताव से इस बात की ध्वनि निकलती कि हमारी स्वराज्य की लड़ाई का मोर्चा अब लगने ही वाला है। ब्रिटिश सरकार से निराश होकर अब कांग्रेस सविनय आज्ञा भंग के रूप में अपना हल्ला ब्रिटिश सरकार पर बोल ही देना चाहती है, इन्तज़ार है केवल इस बात का कि देश तैयार हो जाय।

देश के सविनय अवज्ञा भंग और सत्याग्रह के लिए तैयार होने की बाबत श्री राजा जी ने अमेरिका को दिये अपने सन्देश में स्पष्ट ही कहा है कि कांग्रेस अभी लड़ाई के लिए तैयार नहीं, वह तैयारी कर रही है। और यह तैयारी कब पूरी होगी इसका निर्णय करेंगे, हमारे नेता महात्मा गाँधी। तैयारी का साधन है कांग्रेस के सामने स्वतन्त्रता-दिवस की प्रतिज्ञा में पेश किया गया रचनात्मक कार्यक्रम!

इस रचनात्मक कार्यक्रम का उद्देश्य आनेवाली लड़ाई के लिए साधन इकट्ठे करने या गोदाम जमा करना नहीं। इसका उद्देश्य है केवल जनता को सचेत करना और मानसिक रूप से सत्याग्रह-सविनय अवज्ञा भंग के युद्ध के कष्टों और अग्नि परीक्षा को सहने के लिए तैयार करना। कांग्रेस में गाँधीवादी सिद्धान्त रूप से बेशक इन बातों पर विश्वास करते होंगे परन्तु असली तौर पर इस कार्यक्रम का परिणाम वे जनता की युद्ध के लिए तैयारी में क्या देख रहे हैं; इस पर प्रमाणों के रूप में सार्वजनिक रूप से कभी प्रकाश नहीं डाला गया। यदि हम महात्मा जी के भावों को ठीक-ठीक समझ पाये हैं तो कांग्रेस के सामने रखे गये रचनात्मक कार्यक्रम का उद्देश्य है सत्याग्रह और सविनय अवज्ञा भंग के युद्ध के लिए जनता को नैतिक रूप से ऊँचा उठाना। हमारी समझ और इतिहास की खोज हमें बताती है कि देश की नैतिक गिरावट के ख़ास कारण हैं, जिनका इस देश की ग़ुलामी से बहुत बड़ा सम्बन्ध है और इस देश का नैतिक उद्धार और विकास होने के लिए इस देश का राजनैतिक रूप से स्वतन्त्र होना आवश्यक है। परन्तु महात्मा जी द्वारा पेश किये गये रचनात्मक कार्यक्रम के बारे में कांग्रेस के मेम्बरों से यह मान लेने का तक़ाज़ा किया जाता है कि यह रचनात्मक कार्यक्रम विदेशी ग़ुलामी से छूटने से पहले ही हमारी नैतिक उन्नति और विकास कर सकता है। यदि वास्तव में ही यह रचनात्मक कार्यक्रम इतना चमत्कारपूर्ण है तो हम यह कहने की गुस्ताखी करेंगे कि इस रचनात्मक कार्यक्रम द्वारा तैयारी कर सत्याग्रह और सविनय अवज्ञा भंग करने का अरमान दिल में रखने की अपेक्षा क्या यह कहीं अधिक अच्छा न होगा कि हम अपनी सम्पूर्ण शक्ति इसी रचनात्मक कार्यक्रम में ही लगा दें और बिना सत्याग्रह और सविनय अवज्ञा भंग की ज़हमत लिये, जेलों में जाकर अपनी शक्ति बरबाद करने की अपेक्षा इसी रचनात्मक कार्यक्रम द्वारा उसी अवस्था में पहुँच जायँ जिसके लिए हम स्वराज्य प्राप्त करना चाहते हैं।

रचनात्मक कार्यक्रम के इस महत्त्व और सत्याग्रह की तैयारी में हमें एक विरोधाभास दिखायी पड़ता है, जिसे हमें गाँधी जी का और राजा जी का बार-बार यह कहना कि 'देश तैयार नहीं, कांग्रेस तैयार नहीं', स्पष्ट कर देता है। इसका स्पष्ट अर्थ है अभी मौक़ा नहीं आया बल्कि, और भी साफ़ कहिये तो इसका अर्थ होता है अभी 'हम' तैयार नहीं या हम अभी शुरू करना नहीं चाहते। यह है कांग्रेस के नेतृत्व की नीति और इसके विरुद्ध हम वामपक्ष की नीति देखते हैं जिन्हें जूझ पड़ने के सिवा और कुछ दिखायी ही नहीं देता।

युद्ध चाहे शास्त्रों से लड़ा जाय या जनता की संगठित शक्ति के आधार पर बिना शास्त्रों के अत्याचारी के अत्याचार का सामना उसके अधिकार को न मानकर किया जाय, उस युद्ध का एक प्रयोजन होता है। एक ख़ास उद्देश्य को प्राप्त करने के लिए ही युद्ध के कष्ट झेले जाते हैं और कुर्बानियाँ की जाती हैं। केवल वीरता और कुर्बानी का उदाहरण पेश करने के लिए ही युद्ध नहीं किये जाते। और युद्ध में विजय प्राप्त करने के लिए वीरता और कुर्बानी की जितनी आवश्यकता रहती है उतनी ही आवश्यकता यह निश्चिय करने की रहती है कि वीरता और कुर्बानी ठीक समय और ठीक मार्ग पर की जाय। यदि चोट खूँटे के सिर पर पड़ती है तो खूँटा ज़मीन में धँसता चला जाता है और यदि चोट खूँटे के आस-पास ज़मीन पर पड़ती है तो खूँटा ढीला होकर ऊपर को उठ आता है। इसी प्रकार युद्ध में असमय और बेमौक़ा दिखायी गयी वीरता शत्रु को कमज़ोर बनाने के बजाय स्वयं हमें ही निर्बल बनाती है। युद्ध में पूरी शक्ति से किया गया एक हमला शत्रु को पीछे हटा दे सकता है, उसके क़िले की मज़बूत दीवारों को गिरा दे सकता है। परन्तु इक्के-दुक्के सिपाहियों के हमलों से हमारी सेना ही बरबाद होती है। शत्रु अपने सुरक्षित गढ़ में बैठा हुआ इन सिपाहियों को चुन-चुनकर समाप्त कर देता है।

कांग्रेस और ब्रिटिश सरकार में होनेवाली लड़ाई में आज हम अपनी ओर से—वामपक्ष की ओर से—इस प्रकार की अदूरदर्दिशता और ग़लती देख रहे हैं। वामपक्ष के कार्यकर्त्ता एक के बाद एक चुन-चुनकर जेलों में बन्द कर दिये जा रहे हैं। कांग्रेस ने जो साम्राज्यविरोधी और युद्धविरोधी कार्यक्रम निश्चित किया था, उसी निश्चय पर वामपक्ष अपने-आपको कांग्रेस का अग्रसर भाग समझकर बलिदान किये दे रहा है और उस कार्यक्रम को निश्चय करनेवाला नेतृत्व अभी तैयार और अवसर की प्रतीक्षा में तकली कात रहा है। अवसर और तैयार की इस प्रतीक्षा में लगभग पाँच मास बीत चुके हैं और इतने समय में वामपक्ष की शक्ति का एक अच्छा ख़ासा भाग जेलों में पहुँचकर अपने को जनता के सम्पर्क से हटा चुका है। वह लड़ाई में चल चुके कारतूसों की भाँति मैदान से हटाकर एक ओर रख दिये जा चुके हैं और

यदि अभी दो या तीन मास तक कांग्रेस के नेतृत्व के ख़याल से लड़ाई की तैयारी और अवसर नहीं आ पाता तो इस बीच में वामपक्ष के रहे-सहे कार्यकर्त्ता भी चुन लिये जायेंगे और उस समय यदि लड़ाई शुरू होती है, तो हमारी सेना उस समय बिना हरावल के होगी—फुटबाल की उस टीम की तरह होगी, जिसके फ़ारवर्ड ग़ायब हों या उस तीर की तरह होगी जिसकी नोक कुन्द हो चुकी हो।

ऐसी अवस्था में यदि स्वराज्य की लड़ाई, जनता के आत्मनिर्णय प्राप्त करने का आन्दोलन चलता है तो वह चलेगा केवल उन लोगों की देखरेख और नेतृत्व में जो इस आन्दोलन को केवल बाग़ों में चलनेवाली घास काटनेवाली मैशीन की तरह चलाना चाहते हैं। शोषण की प्रणाली पर संगठित हमारे समाज को केवल राष्ट्रीय स्वतन्त्रता की कैंची से काट-छाँटकर केवल देखने में सुन्दर बना देना चाहते हैं। जो सामाजिक क्रान्ति के गहरा हल चलाने के विरुद्ध है और शोषण की ज़हरीली कँटीली झाड़ियों को उखाड़ने के ज़िक्र पर हिंसा-हिंसा कहकर दाँतों तले उँगली दबा लेते हैं।

लड़ाई एक दिन आयेगी और ज़रूर आयेगी परन्तु उस लड़ाई की तैयारी में ही क्या वामपक्ष अपने-आपको समाप्त कर देगा और शत्रु को इस बात का अवसर देगा कि मोर्चा लगने पर शत्रु उसे बेबस पा उसकी छाती पर पैर रखता हुआ निकल जाय? वामपक्ष यदि राजनैतिक दूरदर्शिता का दावा करता है तो उसका यह कर्त्तव्य है कि युद्ध की तैयारी के साथ वास्तविक युद्ध का भी ख़याल रखे। युद्ध की तैयारी में ही अपनी सम्पूर्ण शक्ति समाप्त न कर ठीक युद्ध के समय काम में लाने के लिए शक्ति संचय करे। जनता की क़िस्मत का फ़ैसला इसी बात पर निर्भर करेगा कि ठीक युद्ध के समय वामपक्ष की कितनी शक्ति होती है और वह किस नीति से चलता है, इस बात पर नहीं कि युद्ध की तैयारी में ही वामपक्ष अपनी शक्ति समाप्त कर ठीक युद्ध के समय कहीं का न रहे।

सोशलिस्ट-कम्युनिस्ट

हम यह अनुभव कर रहे हैं कि राजनैतिक प्रगति की हमारी गाड़ी आन्दोलन की सड़क पर अटकी खड़ी है। राजनैतिक अवसर का दिन आया हमारी कांग्रेस के नेतृत्व ने गाड़ी के घोड़ों को थपथपाना, रासें और साज़ कसना शुरू किया। कांग्रेस के बड़े रथ के घोड़ों ने कांग्रेस सोशलिस्ट, कम्युनिस्ट, राइस्ट और फ़ारवर्ड ब्लाक

ने हिनहिनाना और पैर पटकना शुरू किया। उधर राजनैतिक अवसर का दिन दुपहर तक पहुँच गया। सभी जानते हैं दुपहर सदा नहीं बनी रहती। वह ढलेगी और सन्ध्या के बाद फिर अँधेरा! कांग्रेस की गाड़ी में बैठी हुई जनता फिर निराशा, भय और आशंका की लम्बी साँसे खींचने लगेगी।

इधर गाड़ी चली ही नहीं बल्कि जिन घोड़ों ने हिनहिनाकर पैर पटकने शुरू किये थे वे क़दम आगे न उठाकर आपस में ही मुँह मार-मारकर लतिहाव करने लगे। यह है वामपक्ष और समय अनुसार नीति के दावेदारों की करतूत! वामपक्ष के इस चारों दलों—कांग्रेस सोंशलिस्ट, कम्युनिस्ट, रायिस्ट और फ़ारवर्ड ब्लाक का यह दावा है कि वे यथार्थवादी हैं, वे साथ चलने की अपेक्षा उद्देश्य की ओर ही नज़र रखते हैं। हमारे स्वतन्त्रता आन्दोलन में उनका उद्देश्य भी एक है। वे हमारी शोषित जनता को पूँजीवाद, ज़मींदारी और साम्प्रदायिक सुसंस्कारों के दलदल में फँसा रखने के गाँधीवाद के प्रयत्नों से बचाकर जीवन के वास्तविक अधिकारों की लड़ाई के मार्ग पर ले जाना चाहते हैं। मगर संकट यह है कि उन्हें इसी उद्देश्य को लेकर चलनेवाले दूसरे दलों की परछाईं तक भी नहीं सुहाती। वे जनता में जीवन फूँक देनेवाले अपने कार्यक्रम को एक ओर छोड़ आपस में नोच खाने और काट खाने के लिए तैयार है और जनता देखती है—यह है, हमें भ्रम से निकालकर स्वतन्त्रता की वास्तविक लड़ाई में हमारे नेतृत्व करने के दावेदार, जिनकी ईमानदारी और जाननिसारी पर जनता को विश्वास होना चाहिए! यह हैं मार्क्स और लेनिन के विचारों और नेतृत्व के उत्तराधिकारी।

जब विचारों में भेद नहीं तो यह कटखाव और लतिहाव क्यों? मुआफ़ कीजिये अगर हमें इस भेद की जड़ में स्वार्थ की गन्ध आती है और यदि आपके पीछे चलने के लिए, आपका नेतृत्व स्वीकार करने के लिए तैयार जनता का भरोसा आपके ऊपर से उठता जाता है। यदि आप पर वह शंका करने लगी है। यदि अपने अनुयायियों को अपनी ईमानदारी पर विश्वास कराने के लिए आपको आपस में गाली देने पर उतर आना पड़ता है तो यह आपका दोष है, आपकी नालायकी है। कम्युनिस्टों को शिकायत है, कांग्रेस सोशलिस्ट केवल सोशलिज़्म का जामा पहनकर गाँधीवाद को आगे बढ़ा रहे हैं। वे हमारे आन्दोलन के कठोर सत्यों को स्पष्ट कर जनता के सामने क्यों नहीं रखते? वे क्यों 'गाँधी भज, गाँधी भज, हे कांग्रेस जन' का पाठ जनता को पढ़ाते जाते हैं? क्यों वे चुनावों में अपनी शक्ति और अपना बल वोटों के रूप में गाँधीवादियों का प्रभाव बढ़ाने में ख़र्च कर रहे हैं? उनमें और गाँधीवादी कहलानेवालों में अन्तर ही क्या रह गया? हम किस आधार पर उन्हें वोट दें? परन्तु उन्हें यह क्यों भूल जाता है कि संयुक्त मोर्चे का नारा तो आपने ही बुलन्द किया था? और

उसका महत्त्व समझाने के लिए अपने मीनारों की चोटियों से आवाज़ें लगायी थीं। जिस संयुक्त मोर्चे का महत्त्व आपकी दृष्टि में इतना अधिक है, उसे दृढ़ करने के लिए, क्या वामपक्ष के विचारों की जनता को एक मोर्चे पर लाने के लिए क्या आपसे कुछ भी आशा नहीं की जानी चाहिए! आप कांग्रेस सोशलिस्ट पार्टी पर यह इलज़ाम लगाते हैं कि वह सोशलिज़्म का चोला पहने हुए गाँधीवाद है। क्या आपको कांग्रेस समाजवादी पार्टी के मन्त्री का वह महत्त्वपूर्ण ऐलान 'गाँधी जी और हमारे भेद' भूल गया जिसका केवल एक ही अर्थ निकल सकता है और वह यह कि गाँधीवाद जनता की नैतिक, आर्थिक, सामाजिक और राजनीतिक उन्नति के लिए बाधास्वरूप है परन्तु साम्राज्यवाद के विरुद्ध हमें सम्पूर्ण देश को साथ लेने के लिए गाँधी जी के अक्षुण्ण प्रभुत्व को व्यवहार में लाने के लिए हमें गाँधी के नेतृत्व को लेकर ही आगे चलना पड़ेगा।

कांग्रेस सोशलिस्टों की शिकायत है कि उन्हें धोखा दिया गया और उन्हें धोखा देनेवालों की क़लई खोले बिना वे रह नहीं सकते। लेकिन उन्हें यह नहीं दिखायी देता कि इस क़लई खोलने में वे अपनी ही धोती फाड़ रहे हैं। और इस क़लई खोलने का श्रेय है, उन लोगों पर जिनके अब तक के राजनैतिक आचरण के आधार पर हम उन्हें आदर और विश्वास की दृष्टि से देखते आये हैं। कम्युनिस्ट आख़िर हैं क्या? समाजवादी विचारों के आधार पर राष्ट्रीय स्वतन्त्रता और सामाजिक क्रान्ति की चेष्टा करनेवाले लोगों का एक छोटा-सा दल जिनके उग्र विचारों और कार्यक्रम के कारण सरकार की दृष्टि उन पर कांग्रेस समाजवादी दल की अपेक्षा भी कठिन और कठोर रहती है। इन कम्युनिस्टों का दोष यह है कि यह अवसरवादी हैं। एक दिन यह कांग्रेस को सरमायादारों की संस्था बताकर उसे गाली देते थे और आज यह उसमें घुस पड़ना चाहते हैं। इन कम्युनिस्टों की रीति सदा अन्तरराष्ट्रीय कम्युनिस्ट संघ की नीति पर रहती है। आज इन्हें हुकुम मिला है कि कांग्रेस संयुक्त साम्राज्यवादी मोर्चा है तो आज यह उस पर निहाल हो रहे हैं।

हम कहते हैं ख़ुशक़िस्मती है इस देश की कि कम्युनिस्टों ने अपनी ग़लती को समझ लिया और तारीफ़ है कांग्रेस सोशलिस्ट पार्टी की जो आरम्भ से ही कांग्रेस के भीतर पैदा हुए और उसी में क़ायम हैं। लेकिन कांग्रेस के भीतर समाजवादी पार्टी बनाने की ज़रूरत क्या इस बात का प्रमाण नहीं कि कांग्रेस पूँजीवादी नीति पर चली जा रही थी, या उसे समाजवाद की विचारधारा पर लाने की ज़रूरत थी? यदि एक दिन कम्युनिस्ट ग़लती पर थे और आज आपके बताये मार्ग पर चल रहे हैं तो उन्हें अपने साथ कन्धा-से-कन्धा मिलाकर चलाने में आपको ऐतराज़? कम्युनिस्ट

समाजवादी पार्टी में घुसकर खलबली मचा देते हैं, वे उसके संगठन को छिन्न-भिन्न करने की कोशिश करने लगते हैं, यह बात हमने बहुत ही ज़िम्मेदार व्यक्तियों की ज़ुबानी सुनी है जिनके लिए व्यक्तिगत रूप से पदाधिकार के लोभ की कल्पना कर सकना बहुत कठिन है। हो सकता है ऐसे अनुभव उनके सामने आये हों। लेकिन इन परिणामों के कारणों की छानबीन क्यों नहीं की गयी। वामपक्ष और समाजवादी विचारधारा रखनेवाली जनता के सामने घटनाओं की बजाय कारणों का विश्लेषण करने की ज़रूरत थी। क्या ऐसा किया गया? ऐसा न कर समाजवादी और कम्युनिस्ट संगठनों को वैयक्तिक सम्बन्धों पर आश्रित दल बना दिया गया जिसमें विचारों के प्रति श्रद्धा Fidelity to ideas के बजाय Fidelity to personalities व्यक्तियों के प्रति श्रद्धा का रूप दे दिया गया। अपने व्यक्तिगत स्वार्थ का न सही अपने गुट्ट के स्वार्थ ने विचारों से अधिक महत्त्व प्राप्त कर लिया, और जनता विस्मय से मुँह खोले देखती है—कि कम्युनिस्ट, सोशलिस्ट और राइटिस्ट आपस में लड़ते हैं।

यह पिछला चुनाव जिसकी वजह से इतनी बदमग़ज़ी पैदा हो गयी है, क्या ऐसा भयंकर राजनैतिक मतभेद था, जिसका हल आपस में विचार परिवर्तन कर हो ही नहीं सकता था? मौलाना आज़ाद गाँधी जी या कांग्रेस हाई कमाण्ड के नुमाइन्दे हैं। यदि उनके प्रतिद्वन्द्वी को वोट नहीं दिया जाता तो वोटिंग में निष्पक्ष रहने से गाँधी जी के नेतृत्व का विरोध नहीं होता। उससे कांग्रेस में फूट की आशंका भी नहीं रहती। इसका अर्थ होता बहुत स्पष्ट कि पदों के बँटवारे से हमें मतलब नहीं कार्यक्रम लाओ।

इससे अधिक बदमग़ज़ी हुई प्रान्तीय चुनाव में। राष्ट्रपति के चुनाव में संयुक्त मोर्चे की जिस नीति का पालन किया गया था वह प्रान्तीय चुनाव में निभ न सकी। क्या वामपक्ष की दृष्टि में अपने विचार फैलाने और अपनी स्थिति कांग्रेस जनता में दृढ़ बनाने की अपेक्षा कांग्रेस के अदालती और दफ़्तरी काम को चलाना ही अधिक महत्त्वपूर्ण है? क्या कांग्रेस का अदालती और सरकारी काम कांग्रेस जनता की विचारधारा को सही रास्ते पर लाने से भी अधिक महत्त्वपूर्ण है? और फिर यदि ज़ोर आज़माई करनी ही थी तो उसके लिए एक विचार के दलों की शक्ति एक ही ओर लगनी चाहिए थी और ऐसा करने के लिए आपस में सलाह परामर्श करना ज़रूरी था। क्या इस प्रकार का कोई परामर्श किया गया? क्या संयुक्त वामपक्ष की कोई नीति जनता के सामने रखी गयी? यदि ऐसा किया जाता तो किसकी हिम्मत थी कि दाग़ देता और वैयक्तिक स्वार्थ के लिए चुनाव के बाज़ार में मोल-भाव करता।

राइटिस्टों ने संयुक्त वामपक्ष की आवाज़ तो उठायी परन्तु उसके लिए प्रयत्न क्या किया, यह हमें मालूम नहीं हो सका! क्या एक वामपक्ष की छोटा-सी कान्फ्रेन्स इस समय विशेष उपयोगी न होती?

रियासतों में अँधेर

रियासत रतलाम से जो समाचार प्राप्त हुए हैं उन्हें हम संक्षेप में यहाँ देते हैं—

"—प्रजा मण्डल के सेक्रेटरी एम.सी. मेहता तथा और दूसरे राष्ट्रीय कार्यकर्त्ता और मज़दूर नेता सब जेलों में बन्द हैं। क़ानून की किस धारा के अनुसार वे गिरफ़्तार किये गये हैं यह उन्हें मालूम नहीं। भाई जुग्गन खाँ को छह मास पूर्व रियासत से छोड़े जाने की आज्ञा मिली थी उसका भी कोई कारण उन्हें नहीं बताया गया। इस आज्ञा को अस्वीकार करने पर उन्हें छह मास जेल की सज़ा मिली। यह सज़ा समाप्त कर जुग्गन खाँ जब रिहाई के लिए जेल के फाटक पर लाये गये उसी समय फाटक के भीतर ही वे दुबारा गिरफ़्तार कर लिये गये। किस अपराध के लिए और किस क़ानून से यह वे नहीं जानते। शायद रियासत उन्हें पूर्व जन्म के पापों का ही दण्ड दे रही है। एक-दो नहीं ६० या ७० कार्यकर्त्ता इस समय रियासत की जेल में बन्द हैं। क्यों? यह वे नहीं जानते। पूछने पर बताया भी नहीं जाता। रियासत में इस क़दर आन्तक छाया हुआ है कि कोई भी व्यक्ति इन बन्दियों की सफ़ाई के लिए एक भी शब्द कहने का साहस नहीं कर सकता।

"यह बन्दी यदि बाहर से क़ानूनी सहायता अपनी सफ़ाई के लिए चाहते हैं तो उसकी भी इजाज़त या गुंजाइश नहीं। जेल में उनके साथ जो व्यवहार हो रहा है वह शायद मध्यकाल के अन्धे कुओं में ही होता था। इन बन्दियों को २४ घण्टे अँधेरी कोठरियों में बन्द रहना पड़ता है। कोठरियों में सील का यह हाल है कि बिछानेवाले कम्बलों से पानी नहीं टपकता इतनी ही ग़नीमत है। सील से बचने के लिए यदि क़ैदी कम्बल माँगते हैं तो वह गुस्ताख़ी समझी जाती है। क़ैदी अपनी कठिनाइयाँ रियासत के बड़े अफ़सरों, दीवान आदि तक पहुँचाना चाहते हैं तो वे शिक़ायतें भी दबा ली जाती हैं। जेल के इन संकटों से तंग आकर भाई जुग्गन ख़ाँ ने अनशन व्रत कर दिया था। यह ख़बर दीवान के कानों तक किसी तरह पहुँची। दीवान ने क़ैदियों को आश्वासन दिया कि उनके प्रति यू.पी. कांग्रेस मन्त्रिमण्डल के जेल सुधारों के अनुसार व्यवहार किया जायगा। रियासत के बाहर से कुछ उत्तरदायी कांग्रेस नेताओं ने भाई जुग्गन खाँ का अनशन व्रत तुड़वा कर यह...

जून

१९४०

विदेशी आक्रमण से देश की रक्षा

इस देश के लिए स्वराज्य और अपने भाग्य का निर्णय स्वयं करने का अधिकार माँगनेवाले सदा यह दावा करते रहे कि भारत अपना शासन और अपनी रक्षा स्वयं करेगा, हमारी रक्षा और भलाई के लिए दूसरों को सिरदर्दी करने की ज़रूरत नहीं। हमारी यह माँग सदा मूर्खता और अनधिकार चेष्टा समझी गयी परन्तु हमारे देखते-देखते वह दिन आ पहुँचा कि ब्रिटिश सरकार स्वयं ही हमें शत्रु के आक्रमण का भय दिखाकर इस देश की रक्षा के लिए तैयार होने के लिए कह रही है। अंग्रेज़ी सरकार के वकील ऐंग्लो-इण्डियन पत्रस्टेट्समैन ने तो यहाँ तक कह दिया है कि ऐसी अवस्था आ सकती है कि इंग्लैण्ड की सैनिक और शस्त्र-शक्ति ऐसे संकट में फँस जाय कि उसे अपनी ही रक्षा से फुर्सत न मिले और भारत को अपनी फ़िक्र स्वयं करनी पड़े।

यद्यपि हमने सदा यही विश्वास करना सीखा है कि ब्रिटिश शक्ति का पराजय उतना ही असम्भव है जितना कि पश्चिम से सूर्योदय, परन्तु फिर भी स्वयं ब्रिटिश सरकार के ही मुख से इस प्रकार की बात सुनकर हमारा कलेजा धड़कने लगना अस्वाभाविक नहीं और ख़ासकर उस अवस्था में जबकि शत्रु के पाशविक अत्याचारों के महाभयानक चित्र अख़बारों और रेडियो के ज़रिये नित्य हमारी आँखों के सामने पेश किये जाते हैं। जो भी हो, प्राणिमात्र में आत्मरक्षा की चेष्टा स्वाभाविक है और निहायत निकम्मी और आत्मरक्षा के लिए अयोग्य होने पर भी जैसा कि ब्रिटिश सरकार हमें सदा से कहती आयी है—इस देश के निवासी अपनी रक्षा के लिए कुछ-न-कुछ करेंगे ही। भारत की निकम्मी प्रजा, जो शान्तिकाल में कभी भी आत्मरक्षा के योग्य नहीं समझी गयी, युद्ध के समय और अत्याचारी शत्रु के आक्रमण की आशंका के समय आत्मरक्षा के योग्य समझी जाय शायद यही उत्साहवर्द्धक सम्मान हमें आत्मरक्षा का साहस और बुद्धि प्रदान करे! और हो सकता है, सहृदयता और सद्भावना के उपासक हमारे एकमात्र नेता महात्मा गाँधी को इसमें ब्रिटेन के हृदय परिवर्तन का प्रमाण दिखायी दे, और वे सरकार की आत्मरक्षा की पुकार पर

वास्तविकता की ओर ध्यान दे शत्रु के आक्रमण से देश की रक्षा की आयोजना की ओर ध्यान देने की चिन्ता करने लगें। परन्तु महात्मा जी की अहिंसात्मक युद्ध नीति में न तो ब्रिटिश सरकार को विश्वास है और न वह उसका भरोसा ही कर सकेगी।

अंग्रेज़ी सरकार के प्रतिनिधि वाइसराय महोदय ने इस देश के निवासियों से संकटमय अवस्था का सामना साहस और दृढ़तापूर्वक करने की जो अपील की है वह सीधे तौर पर किसी से भी न की जाकर सभी से की गयी है। इस देश की जनता में संगठन की भावना चाहे क़ितनी भी कम क्यों न हो, परन्तु इस बात से इनकार नहीं किया जा सकता कि इस देश की जनता, कम-से-कम विचारपूर्ण जनता कुछ सार्वजनिक संगठनों में बँध गयी है और राजनैतिक तथा सार्वजनिक विषय से सम्बन्ध रखनेवाले प्रश्नों को सामाजिक या राष्ट्रीय रूप से सोचने और देखने लगी है। ब्रिटिश सरकार कांग्रेस उद्देश्यों और माँगों को मानने के लिए चाहे तैयार न हो परन्तु यह वह सदा स्वीकार करती आयी है कि देश का सबसे बड़ा संगठन यह कांग्रेस ही है। परन्तु वाइसराय महोदय शत्रु के विरुद्ध साहस और दृढ़ता से जिस तैयारी की अपील करते हैं, उसमें वे इस कांग्रेस को भूल जाते हैं। वाइसराय कांग्रेस को भूल जायँ परन्तु कांग्रेस देश की जनता को नहीं भूल सकती। और यदि शत्रु से देश की रक्षा का अर्थ है, इस देश की नि:शस्त्र, निरीह और साधनहीन जनता की रक्षा, तो इस बात से शायद सरकार भी इनकार नहीं करेगी कि इस प्रकार की रक्षा के लिए जनता सरकार की अपेक्षा कांग्रेस पर ही अधिक भरोसा कर सकेगी।

रक्षा का अर्थ

शत्रु के आक्रमण से देश की रक्षा का अर्थ आख़िर है क्या? शत्रु का आक्रमण एक बात है और आक्रमण कर देश पर कब्जा कर लेना दूसरी बात। जहाँ तक सैनिक शक्ति, हवाई जहाज और युद्ध के दूसरे साधनों द्वारा किसी बाहरी शक्ति के इस देश पर आक्रमण करने का सवाल है, उसे रोकने के लिए इस देश की जनता के लिए कुछ कर सकना सम्भव नहीं और न हमारी अंग्रेज़ी सरकार हमसे इस प्रकार की आशा ही रखती है, न उसने हमें इस योग्य बनने का कभी कोई अवसर ही दिया। बल्कि ज़िद्द करके इस प्रकार का कोई अधिकार भारतवासियों को देने का विरोध करती रही। इसलिए जहाँ तक सैनिक साधनों से भारत पर आक्रमण का सवाल है,

अंग्रेज़ी सरकार स्वयं उससे सुलझेगी। परन्तु जहाँ विदेशी शक्ति के आक्रमण का अर्थ इस देश पर कब्ज़ा कर इस देश के साधनों का शोषण कर, अपने आक्रमण के उद्देश्य को पूरा करना है, वहाँ उसका मुक़ाबिला सैनिक शक्ति की बजाय जनता को ही करना होगा। सेनाएँ, टैंक और हवाई जहाज शत्रु का मुक़ाबिला कर सकते हैं केवल देश की सीमा पर परन्तु देश के भीतर क़दम-क़दम पर शत्रु का मुक़ाबिला कर सकती है केवल जनता! और जनता को इस काम के लिए तैयार करने में सरकार को सफलता नहीं मिल सकती। इस काम में सफलता मिल सकती है जनता के विश्वासपात्र संगठनों को ही, जिनमें मुख्य है—कांग्रेस!

जनता कैसे तैयार हो?

सत्याग्रह सेना भरती कर भारत की स्वतन्त्रता के लिए साम्राज्यवादी सरकार से कांग्रेस के लोहा लेने की तैयारी का ऐलान अब समाप्त ही समझिये। अंग्रेज़ी सरकार के संकट में फँसे होने के कारण या जिस कारण से भी हो, जब कांग्रेस सत्याग्रह के रूप में स्वराज्य की लड़ाई छेड़ने नहीं जा रही तो फिर जनता को वास्तविकता की ओर से अन्धा कर सत्याग्रह की वीरता के स्वप्न दिखाने से क्या लाभ! एक ओर म्यान में तकली देकर अहिंसा से साम्राज्यवाद को परास्त करने की बातें और दूसरी ओर हिंसा और बल प्रयोग पर आश्रित इंग्लैण्ड और फ्रांस की सभ्यता के ख़तरे में होने की दुहाई का क्या अर्थ? हमारे नेताओं की यह दोमुँही बाते हमें कहीं का न छोड़ेंगी। मुँह से हम कहना न चाहें, परन्तु हमारा व्यवहार स्पष्ट कह रहा है कि युद्ध की भीषणता जो अंग्रेज़ों के सिर पर ग़रज रही है और अंग्रेज़ों की दुम में बँधे रहने के कारण जो हमें भी न छोड़ेगी, हमारे देश की सशक्त श्रेणियों के दिल दहला रही है और इस विषय में भी कोई सन्देह नहीं, कि जिस साम्राज्यवाद ने हमारे शरीर का रक्त अब तक निचोड़ा है, हिटलर का साम्राज्यवाद उससे कहीं ख़ूख़ार है, उसके दाँत और नाखून कहीं अधिक पैने हैं, और उसके पंजों में पड़कर हम जो कुछ हैं वह भी नहीं रहेंगे। कांग्रेस ने कोई प्रस्ताव पास कर इस विषय में अपनी राय प्रकट नहीं की परन्तु कांग्रेस के नेता जिनके ऐलानों का कांग्रेस एक रजिस्टर मात्र है—इस बात को आये दिन स्पष्ट करते रहते हैं।

इस भय को अनुभव कर लेने के बाद उससे बचने के लिए हम कर क्या रहे हैं? जनता को उस आनेवाले भय से बचाने की सामर्थ्य अगर किसी में है तो वह जनता ही में है। जब तक जनता शोषण और अत्याचार सहने की आदी रहेगी, वह

एक के बाद दूसरे, भयंकर के बाद अधिक भयंकर शोषण को चुपचाप सिर झुकाकर सहती चली जायगी। यदि जनता को शोषण का मुक़ाबिला करना है तो उसके लिए उसमें अपने अधिकारों की भावना को जगाना ज़रूरी है। प्रत्येक किसान, मज़दूर और मध्यम श्रेणी के व्यक्ति का यह समझना और अनुभव करना ज़रूरी है कि वह मनुष्य है और मनुष्यता के नाते उसके कुछ अधिकार हैं। जिन अधिकारों के न होने पर मनुष्यता का जीवन असम्भव हो जाता है। प्रत्येक किसान और मज़दूर और मध्यम श्रेणी के व्यक्ति का यह समझना ज़रूरी है कि अपने परिश्रम के फल पर उसका अधिकार है। उत्पत्ति के जिन साधनों और जिस उपजाऊ भूमि को उसने अपना पेट काट-काटकर और ख़ून पानी कर बनाया है, वे उसी का धन हैं, किसी शोषक शक्ति का अधिकार वह उन पर सहन नहीं कर सकता। मनुष्यता के नाते नागरिक अधिकारों की एक सीमा है और उस पर आक्रमण करनेवाली शक्तियाँ जो उसे मनुष्यता के अधिकारों से गिराकर केवल उपयोग में आनेवाला पशु बना देती हैं, उनका मुक़ाबिला करना मनुष्यता के नाते उसका स्वाभाविक धर्म है। जनता का यह विश्वास और धारणा ही वह शक्ति है जो हवाई जहाज़ों, तोपों और टैंकों से भी नष्ट नहीं हो सकेगी। यह धारणा है जिसके आगे साम्राज्यवाद और नाज़ीज़्म की बर्बरता को भी मुँह की खानी पड़ेगी।

सरकार की बात जाने दीजिये! इस प्रकार की भावना के फैलाने में शायद सरकार अपना कल्याण नहीं समझती। परन्तु हम पूछते हैं कांग्रेस से, वह क्या कर रही है? क्या वह अपने नि:शस्त्र और हिंसारहित कार्यक्रम में शत्रु का मुक़ाबिला करने का कोई और उपाय देख पाती है? या कच्चे धागे से लटककर तकली की तरह चकराना ही उसका अन्तिम उद्देश्य और लक्ष्य है? किसी भी प्रकार के अत्याचार और साम्राज्यवाद से जनता की यह जागृति ही उसे बचा सकेगी न कि जेल की कोठरियों में बैठकर आराम से चरख़ा कातना।

सत्याग्रही नेता

आज कांग्रेस की सम्पूर्ण शक्ति सत्याग्रह के प्रतिज्ञा-पत्र भरवाने में लग रही है और लगभग दो मास की सिरदर्दी के बाद युक्तप्रान्त में सत्रह हज़ार सत्याग्रही भर्ती किये जा सके हैं। युक्तप्रान्त में कांग्रेस का प्रभाव सदा अधिक रहा है और जब इस प्रान्त में सत्याग्रहियों की संख्या का यह हाल है, तो पंजाब तथा दूसरे प्रान्तों में क्या

होगा, इस बात का अनुमान लगाया जा सकता है। हमारी इस बड़ी भारी सत्याग्रही सेना से अंग्रेजी साम्राज्यशाही का दिल किस प्रकार धड़क रहा होगा, इसका अनुमान हम इस बात से लगा सकते हैं कि तबर्रा आन्दोलन में गिरफ्तार होनेवाले शिया लोगों की संख्या लगभग दो लाख तक पहुँच गयी थी।

प्रश्न उठता है, क्या साम्राज्यशाही के अत्याचार को अनुभव करनेवाले और स्वराज्य चाहनेवाले देश में इतने ही हैं? कांग्रेस की सत्याग्रही सेना के प्रति जनता की यह उदासीनता और सहयोग की कमी क्या इस बात का प्रमाण नहीं कि जनता कांग्रेस की सत्याग्रह की तैयारी पर अब भरोसा नहीं कर रही, वह इसे महज़ अखाड़े के किनारे खड़े होकर ख़म और ताल ठोकना ही समझती है, और सोचती है जिन्हें इस बात की फ़ुर्सत है, उन्हें इस पैंतराबाजी से दिल बहलाने दो!

कांग्रेस के अपनी सत्याग्रह की लड़ाई आरम्भ न करने के दो मुख्य कारण बताये जाते हैं—एक तो है मुस्लिम लीग के विरोध की आशंका और दूसरा है अंग्रेजी साम्राज्यशाही के संकट में फँसे रहने की अवस्था में उन्हें परेशान न करने की सद्भावना। और अगर ईमानदारी से सच बोलने का अपराध क्षम्य हो— क्योंकि कांग्रेस के जनरल सेक्रेटरी कृपलानी साहब ने ऐलान निकालकर कांग्रेसियों को स्वतन्त्रतापूर्वक विचार प्रकट करने की मनाही कर दी है—तो हम कहेंगे वास्तविक कारण है कांग्रेस का जनता पर अविश्वास!

हम मनते हैं कि कांग्रेस को मुस्लिम लीग के विरोध का सामना करना पड़ा है परन्तु वह सामना करना पड़ा था चुनाव के मैदान में। 'चुनाव' राजनैतिक परिश्रम और भोगी हुई कठिनाइयों का फल है और मुस्लिम लीग जिस तरह का शोषक और अवसरवादी संगठन है, उसके लिए चुनाव के मैदान में आकर राजनैतिक परिश्रम के फल को—चाहे परिश्रम करने की उसकी कोई इच्छा न हो और न उसने उसे कभी किया हो—दूसरों के हाथ से छीनने और झपटने की कोशिश करना स्वाभाविक ही है। परन्तु राजनैतिक लड़ाई के वास्तविक संघर्ष में मुस्लिम लीग कांग्रेस का मुक़ाबिला करेगी यह सोचना लीग को न समझना है। अगर सत्याग्रह का मतलब केवल खद्दर पहनकर झण्डे का जुलूस निकालना है या विदेशी कपड़े की दुकानों पर धरना देना है, तो यह माना जा सकता है कि मुस्लिम लीग और मुस्लिम लीग की सशस्त्र सेना खाकसार आकर सत्याग्रहियों पर पिल पड़े और उनके धैर्य की और सत्याग्रह की परीक्षा करे परन्तु यदि सत्याग्रह आन्दोलन का अर्थ है, किसानों पर लगान कम करने की माँग पेश करना और लगानबन्दी का ऐलान करना, मज़दूरों को उनकी मेहनत का पूरा फल दिलाने की कोशिश करना,या सरकार के द्वारा जनता के नागरिक अधिकारों के छीने जाने पर असहयोग का ऐलान करना, तो हम

नहीं समझ सकते कि इस कार्यक्रम में लीग कांग्रेस का विरोध किस प्रकार कर सकेगी। और यदि लीग दरअसल इस मार्ग पर कांग्रेस का विरोध करती ही है तो वह लीग का ख़ात्मा होगा। उस दिन मुस्लिम लीग किसान, मज़दूर और मध्यम श्रेणी के लोगों की विरोधी और शत्रु बनकर केवल शोषक दल की ही प्रतिनिधि रह जायेगी और मुस्लिम जनता की आँखों में धूल झोंकने का साधन उसके पास न रह जायेगा।

रही अंग्रेजी साम्राज्य के संकट की अवस्था में फँसे रहने पर कांग्रेस के उसे परेशान न करने की बात। आध्यात्मिक दृष्टि से इसे उदारता और वीरता का रूप देने की चेष्टा के बावजूद हमें कांग्रेस के इस व्यवहार में कांग्रेस की नीति की संचालक श्रेणी के स्वार्थों की रक्षा की भावना ही दिखायी देती है। ऐसी अवस्था में 'जब युद्ध के संकट के कारण सरकार चिन्तित है' यह स्वाभाविक होता कि राष्ट्रीय आन्दोलन के उठने पर चाहे सरकार उसे एकदम ख़िजाकर समाप्त कर देने का ही यत्न क्यों न करती परन्तु प्रजा परिस्थिति से साहस पाकर दमन के बावजूद आगे ही बढ़ती और आर्थिक, सामाजिक और राजनैतिक शोषण की आधारभूत सामाजिक शृंखला को तोड़कर एक बिलकुल नयी व्यवस्था क़ायम करने की कोशिश करती, जिसमें शासन शक्ति समाज के सबसे बड़े अंश—शोषितों अर्थात् किसान मज़दूरों के ही हाथ चली जाती। भय के इस वास्तविक कारण को कांग्रेस में अधिकार रखनेवाली श्रेणी ने सरकार के युद्ध में फँसे रहने के कारण देश में फैल जानेवाली अराजकता के रूप में देखा! उन्होंने महसूस किया कि शोषित जनता को उभार देने पर वह समाज में क़ायम व्यवस्था का ही अन्त कर देगी एक गद्गर देश भर में फैल जायेगा।

देश के लिए लाभदायक व्यवस्था के सम्बन्ध में अपने-अपने विचारों और आदर्शों के अनुसार मतभेद हो सकता है, परन्तु कोई भी सभ्य व्यक्ति अराजकता और ग़दर का हामी नहीं हो सकता। हम यदि क्रान्ति चाहते हैं तो मौजूदा समाज की उपेक्षा अधिक व्यवस्थित और कल्याणकारी समाज की स्थापना के लिए ही चाहते हैं और क्रान्ति और परिवर्तन के कार्य को भी जहाँ तक मनुष्य का विकास उसे सम्भव बना सके, व्यवस्थित और अनुशासित ढंग पर ही पूरा करना चाहते हैं। देश और समाज में मनुष्यों के हित के विचार से परिवर्तन और क्रान्ति का भी व्यवस्थित ढंग से होना ज़रूरी है। अपनी शक्ति भर उसे हिंसा से बचाने की चेष्टा करना ज़रूरी है और कांग्रेस के लिए तो सब आदर्शों से बड़ा आदर्श देश को हिंसा के महानाश से बचाना ही है। कांग्रेस ने अपने अढ़ाई वर्ष के शासन में यह बात समझ ली है कि अहिंसा की पूजा करते रहने के बावजूद व्यवस्था क़ायम रखने के लिए शक्ति और संगठन की ज़रूरत है। और यदि कांग्रेस इस देश की जनता की प्रतिनिधि होने

का दावा करती है तो देश में अराजकता, छीना-झपटी न फैलने देकर व्यवस्था क़ायम रखने की जिम्मेदारी उस पर भी है। परन्तु इसके लिए उसके पास कौन शक्ति और कौन संगठन है? आज जब सरकार स्वयं घबराकर देश में शत्रु के आतंक से अव्यवस्था न फैलने देने की अपील जनता से कर रही है तो जनता की प्रतिनिधि कांग्रेस व्यवस्था की रक्षा करने के लिए अपने हाथ में कौन शक्ति देखती है?

कांग्रेस की क़ौमी सेना में सैनिक संगठन की कुछ-कुछ छाया आने लगी थी और यदि आज क़ौमी सेना का वह आरम्भिक संगठन विकास पा चुका होता तो संकट और आन्तरिक अशान्ति के समय वह देश में व्यवस्था क़ायम रखने, और अवसर आने पर व्यवस्था के परिवर्तन को अनुशासित ढंग पर चलाने की कोशिश कर सकता। परन्तु कांग्रेस को तो क़ौमी सेनादल से हिंसा की बू आने लगी थी इसलिए उसे समाप्त कर दिया गया और आज जब अव्यवस्था की आशंका सामने दिखायी देने लगी है, तो उग्र साम्प्रदायिक संगठनों को देखकर जो केवल अशान्ति का कारण ही बन सकेंगे, कांग्रेस अशान्ति के भय से केवल चर्खा मन्त्र का पाठ करने के सिवा और कोई चारा नहीं देख पाती।

कांग्रेस की इस शिथिलता की जड़ में है जनता की शक्ति में कांग्रेस के नेताओं का अविश्वास और नेताओं की क्रान्तिकारी भावना के प्रति जनता का अविश्वास! हम परस्पर अविश्वास के इस भँवर से उस समय तक न निकल सकेंगे जब तक कि ठोस क्रियात्मक कार्यक्रम के किनारे पर अपना हाथ धरने से डरते रहेंगे।

हिटलर के दोस्त

जिस प्रकार अन्तरराष्ट्रीय नीति में अपने विरोधी शक्ति को शत्रु के आगे ढकेल देने की कोशिश की जाती है, उसका अच्छा-ख़ासा नमूना आज हम कांग्रेस-दलों के परस्पर व्यवहार में देख रहे हैं। बहुत दिन नहीं हुए 'नेशनल हैरल्ड' में कांग्रेस समाजवादी पार्टी के एक सदस्य ने एक लेख में यह साबित करने की चेष्टा की थी कि कांग्रेस के वे वाम पक्षवाले, जो अपनी काहिली और कायरता को गाँधी जी के नेतृत्व की रक्षा की ओट में छिपाने की कोशिश न कर, देश और समाज के हित के विचार से गाँधीवाद के विरोध में भी अपनी राय को प्रकट किये जाते हैं, वास्तव में लिबरलों (उदारदलवालों) और साम्प्रदायिक वैमनस्य फैलाकर कांग्रेस का विरोध करनेवालों के सहायक हैं।

'नेशनल हैरल्ड' का २ जून का लेख इससे भी आगे बढ़ गया। 'हिटलर के प्रति हमारी सहानुभूति क्यों हो' शीर्षक लेख में लेखक बहुत आगे बढ़ गया है। उसका कहना है, कि कांग्रेस अहिंसक भावना पर आश्रित है, उसकी सहानुभूति तो हिटलर के प्रति हो ही नहीं सकती। हाँ, अलबत्ता वे लोग जो कांग्रेस के साथ हैं, परन्तु अहिंसा को परम उद्देश्य नहीं मानते, हिटलर की भड़कीली सफलता से मुग्ध हो जाते हैं और हिटलर के प्रति सहानुभूति रख सकते हैं। हम ठीक-ठीक नहीं समझ सके कि कांग्रेस के कार्यक्रम में हिटलर के साम्राज्य फैलाने के प्रयत्न और ब्रिटेन के साम्राज्य रक्षा के प्रयत्न पर विचारकर जिनमें से किसी के पक्ष या विपक्ष में प्रचार करने का सवाल उठ सकता है, या अपने-आपको गाँधीवादी कहनेवाले लोगों का यह क्रोध वामपक्ष के उन लोगों पर उबल पड़ा है जो सदा सीधे-साधे रास्ते पर साम्राज्यवाद से लड़ने के लिए तैयार रहने के कारण जनता की सहानुभूति को अपनी ओर खींचे रहते हैं और क्रोध की झपट में हिटलर से सहानुभूति का अपराध उन पर लगाकर ब्रिटिश सरकार को उनकी ओर ललकार दिया गया है।

हिटलर इस समय निर्बल देशों पर आक्रमण कर अत्याचार कर रहा है और हमारी सरकार से उसकी लड़ाई है, इसलिए राजभक्त प्रजा के हृदय में उसके प्रति घृणा होनी ही चाहिए परन्तु हिटलर यह सब-कुछ कर किस सिद्धान्त पर रहा है?

हिटलर की सब करतूतों की जड़ में है साम्राज्यवाद की भावना, जो पैदा होती है पूँजीवाद से और पूँजीवाद की माँ है पैतृक और निजी सम्पत्ति जिसे भगवान् का न्याय समझकर गाँधीवादी उसकी रक्षा करने की क़सम खाये हैं। दूसरी ओर हैं, कांग्रेस के वामपक्षवाले लोग जिन्हें समाजवादी कहा जाता है या क्रोध में जिन्हें कम्युनिस्ट कहा जाता है, जो निजी सम्पत्ति के सिद्धान्त के ही विरुद्ध है। ऐसी अवस्था में हिटलर के प्रति सहानुभूति का कोई कण यदि किसी के हृदय में हो सकता है, तो किसके? यह समझ लेना कुछ भी कठिन नहीं। अभी हमें वह दिन भूला नहीं है, जब सरदार पटेल ने छाती ठोककर कहा था—हम हिटलर और मुसोलिनी से बड़े हिटलर और मुसोलिनी हैं और गाँधी जी सबसे बड़े डिक्टेटर हैं।

राजनैतिक बन्दियों की भूख हड़ताल

इस देश की राजनैतिक भावना रखनेवाली जनता के लिए जेल की यातनाएँ केवल काल्पनिक और औपन्यासिक घटनाएँ ही नहीं हैं। प्रत्येक शहर, मुहल्ला और

गाँव में हमें ऐसे व्यक्ति मिल सकते हैं जो जीवित अवस्था में ही भारत की जेलों में वास्तविक नरक का दर्शन और अनुभव प्राप्त कर आये हैं। और जब तक यह देश राजनैतिक स्वतन्त्रता के उद्देश्य को प्राप्त नहीं कर लेता इस नरक का दर्शन और अनुभव उनके सिर पर लटका रहेगा। कांग्रेस मन्त्रिमण्डलों के शासनकाल में भी इस देश की जेलें राजनैतिक बन्दियों से पूर्णतया खाली नहीं हो पायी थीं और अब तो वे फिर उस तेजी से बढ़ रही हैं जिस प्रकार देश में आन्तरिक युद्ध हो जाने पर युद्ध के क़ैदियों की संख्या बढ़ा करती है।

कांग्रेस मन्त्रियों के इस्तीफ़ा देकर जगह ख़ाली करने पर प्रान्तों के गवर्नरों ने शोक प्रकट करते हुए यह आशा प्रकट की थी कि कांग्रेसी मन्त्री लोग शीघ्र ही फिर अपने उत्तरदायित्व को सम्हालेंगे और जितने समय तक कांग्रेस मन्त्री अपना उत्तरदायित्व नहीं सम्हाल लेते, गवर्नरों की देख-रेख में नौकरशाही प्रान्तों का शासन कांग्रेसी मन्त्रिमण्डलों द्वारा निर्धारित की गयी नीति पर ही चलायेगी। देश से यह छिपा नहीं है कि जेलों के सम्बन्ध में कांग्रेसी सरकारों ने एक नीति निश्चित की थी जिसके अनुसार जेलों की व्यवस्था करना नौकरशाही का कर्त्तव्य था। इस नीति के अनुसार जेल का उद्देश्य क़ैदी से बदला लेना नहीं बल्कि उसका सुधार करना था और राजनैतिक क़ैदियों के सम्बन्ध में, जैसा कि संसार भर के सभ्य देशों का तरीक़ा है, नीति बहुत उदार रखी गयी थी जिसमें राजनैतिक क़ैदियों के साथ सभ्य पुरुषों का-सा व्यवहार करने का निश्चय प्रकट किया गया था। कांग्रेस मन्त्रि-मण्डलों के अभाव में भी कांग्रेस नीति को अमल में लाये जाने के गवर्नरों के वायदे में कितनी सच्चाई और ईमानदारी थी, इसका अन्दाज़ा नौकरशाही द्वारा जेलों में जो व्यवहार हो रहा है उसी से लगाया जा सकता है।

एक ओर तो हम सरकार के शिक्षा-प्रचार और जनता के जीवन-सुधार (Better living) की बातें सुनते हैं दूसरी ओर जब राजनैतिक क़ैदी जिन्हें आचार की दृष्टि से गिरा हुआ व्यक्ति नहीं बल्कि नौकरशाही पलटन के मुक़ाबिले में कहीं ऊँचा मानना पड़ेगा, जब अपने बौद्धिक विकास और स्वास्थ्य रक्षा की दृष्टि से उचित और न्यायपूर्ण माँगें पेश करते हैं, तो न केवल उन माँगों को ठुकरा दिया जाता है बल्कि जब वे केवल क़ैदी के अत्याचार को सहन न करने के एकमात्र हथियार शान्तिमय अनशन का आसरा लेते हैं, तो उन्हें अव्यवस्था और अशान्ति पैदा करनेवाला करार दिया जाता है। उनकी माँगों को अनुचित और अयुक्तियुक्त बताया जाता है।

यह माँगें कितनी अनुचित और अयुक्तियुक्त हैं—इसका पता पिछले अनेक अवसरों पर जनता को लग चुका है। इनके कुछ उदाहरण यह हैं पढ़ने के लिए रोज़ाना अखबार मिले, पढ़ने को पुस्तकें मिलें, मित्रों और सम्बन्धियों को सप्ताह में पत्र लिखने की सुविधा हो, सम्बन्धियों से मिलने की सुविधा हो, दिन भर जबरदस्ती

निष्क्रिय बैठे रहने के बाद उन्हें भले आदमियों की तरह व्यायाम करने की सुविधा हो, उनसे वे काम न कराये जायँ जिन्हें करने योग्य उनका शारीरिक गठन नहीं। इन प्रश्नों पर भारत के राजनैतिक क़ैदी क्या-क्या मुसीबतें नहीं झेल चुके? उन्होंने इन प्रश्नों पर महीनों अनशन किया है और उनमें से कुछ एक ने पशुओं का-सा व्यवहार किये जाने के विरोध में अपने प्राण तक न्योछावर कर दिये हैं।

सरकार उन्हें राजनैतिक कैदी माने या न माने परन्तु वे लोग खूब अच्छी तरह जानते हैं कि वे क्या हैं। और जब देश की स्वतन्त्रता के लिए वे अपने-आपको क़ुर्बान करने के लिए तैयार हैं तो अपने वैयक्तिक अधिकारों के लिए भी वे पीछे हटनेवाले नहीं। इसके साथ इस देश की जनता भी अपने लिये जान देनेवालों के प्रति अपना कर्त्तव्य समझ सकती है।

वैयक्तिक स्वार्थ का खयाल न कर अहिंसा के मार्ग पर चलनेवाले इन सत्याग्रहियों को राजनैतिक क़ैदियों के अधिकार देने से इनकार करती है हमारी नौक़रशाही, जो नाज़ियों के अत्याचारों का वर्णन करते नहीं थकती! नाज़ियों के अत्याचार तो शायद उन लोगों पर होते हैं जो शस्त्र लेकर उनका मुक़ाबिला करने के लिए आगे आते हैं और हमारी दया, न्याय और मनुष्यता की ठेकेदार सरकार के अत्याचार होते हैं उन लोगों पर जो शस्त्र न उठाकर कहते हैं—'करो जो भी अत्याचार तुम कर सकते हो; हम सब सहने को तैयार हैं।'

जो लोग अपने देश और जाति के लिए न्याय और मनुष्यता का अधिकार प्राप्त करने के लिए सब-कुछ सहने को तैयार हैं वे स्वयं भी पशुओं का जीवन बिताने के लिए कभी तैयार न होंगे।

अगस्त

१९४०

कांग्रेस और शोषित

स्वराज्य की जरूरत है इस देश के दु:ख, दरिद्र और शोषण को दूर करने के लिए। इस देश में जो सबसे दु:खी हैं, सबसे पराधीन हैं, जिनके लिए पराधीनता का अर्थ है, भूखे पेट, नंगे बदन, बिना आश्रय के जीवन बिताना और इन सब संकटों के कारण अपने हाथों में अपनी सन्तान को निर्जीव होते हुए देखना, उन्हीं को पराधीनता से मुक्ति पाने, स्वराज्य और अपने जीवन का क्रम स्वयं निश्चित करने के अधिकार की ज़रूरत है। हमारे इस देश में अधिक संख्या—बल्कि अट्ठानबे फ़ीसदी संख्या ऐसे ही लोगों की है जिनके लिए पराधीनता या शनै: मृत्यु और स्वाधीनता या जीवन के अधिकार का एक ही अर्थ है।

यह सब होते हुए भी हमारी स्वाधीनता की लड़ाई के लिए हमारे राष्ट्रीय आन्दोलन के नेताओं, कांग्रेस के महारथियों को देश की स्वाधीनता की लड़ाई के लिए सेना नहीं मिलती, स्वाधीनता के लिए मर मिटनेवाले नहीं मिलते!

देश तैयार नहीं! कांग्रेस में शक्ति नहीं। नित्य दोहराये जानेवाले इन शब्दों का अर्थ क्या है? जो जीवन के अधिकारों से वंचित होकर नित्य मृत्यु के हाथों अपना गला दबोचा जाता हुआ अनुभव कर रहे हैं, वही देशवासी स्वाधीनता की लड़ाई के लिए तैयार नहीं। तैयार हैं वे लोग जो लम्बे-लम्बे दुर्बोध वाक्यों में स्वाधीनता की माँग के ऐसे प्रस्ताव तैयार करते हैं; जिन्हें वे ही लोग सबसे कम समझ पाते हैं जिन्हें उन प्रस्तावों को पूर्ण करने के लिए अहिंसात्मक सत्याग्रह के सिपाही बन, स्वयं अपने ही ख़ून में डूब मरना है।

भूखे को रोटी दिखाइये और वह उसे लेने को तैयार न हो! यह एक अस्वाभाविक-सी बात है। हो सकता है आप उसे बिस्कुटों का बन्द डिब्बा दिखाते हों, जिसके रंग-बिरंगे काग़ज़ों को वह केवल खिलौना समझकर उसमें अपनी भूख का इलाज न समझकर निराशा से आँखें ही ऊपर न उठाता हो! हमारी कांग्रेस के

एक के बाद एक पास किये गये राजनैतिक तत्त्वज्ञान से पूर्ण प्रस्ताव ऐसे ही बिस्कुटों के डिब्बे हैं जिनके भीतर के तथ्य को या तो इस देश की अट्ठानबे फ़ीसदी पीड़ित जनता समझ ही नहीं पाती और यदि समझ पाती है तो उसे 'बड़े आदमियों' के मतलब की बात समझकर उससे अपना कोई मतलब नहीं समझ सकती। औपनिवेशिक स्वराज्य, वैधानिक सभा, निर्विकार स्वतन्त्रता (Un adulterated Independence) का वायदा और केन्द्रों में राष्ट्रीय सरकार यह बड़े सुन्दर और अर्थपूर्ण शब्द हैं। यूरोप के राजनीतिज्ञ इन शब्दों की तारीफ़ करते होंगे परन्तु अनाज उत्पन्न कर उसे लगान और मालगुजारी में चुका स्वयं पेट पर पत्थर रख आकाश की ओर देख दिन बितानेवाला किसान इन्हें क्या समझता है? बड़ी-बड़ी इमारतें खड़ी कर, बड़े-बड़े गोदामों को अपने परिश्रम द्वारा क़ीमती मालों से भरकर छत की छाया, चीथड़े और अनाज के दाने के लिए तरसनेवाला मजदूर इन्हें क्या समझता है? और तनख़्वाह और कर्ज़ खाकर भी अपने और अपने परिवार के खाली पेट को साहब और बड़े बाबू की घुड़कियों से भरनेवाला मुन्शी ही इन्हें क्या समझता है? यह सब-कुछ उनके लिए बड़े आदमियों की बड़ी बातें हैं। और उनकी अपनी बात है, ख़ाली पेट, उम्र भर की गुलामी और हुकूमत का पीड़न जिससे बड़े आदमियों को वास्ता नहीं। न वे बड़े आदमियों की बात को समझें न बड़े आदमी उनकी बात को। कांग्रेस और सरकार के झगड़े हैं, बड़े आदमियों की बातें, अख़बारों और लेक्चरों की बातें, जो कुचले हुए, तड़पते हुए अट्ठानबे फ़ीसदी से बहुत ऊपर रह जाती हैं।

कांग्रेस देश के किसानों और मज़दूरों की प्रतिनिधि है, पर किस नाते? कांग्रेस वह कौन-सी बात कहती है जिसे किसान और मज़दूर अपने नित्य के जीवन की तड़प में अनुभव करते हैं? कांग्रेस स्वराज्य की बात करती है। वह स्वराज्य कैसा होगा— अभी से क्या कहा जाय? पहले उसके लिए प्राण दो। स्वराज्य जब मिल जायेगा तो उसे गढ़ा जायेगा फिर देखना स्वराज्य कैसा होता है! देखकर हैरान रह जाओगे। वह तो होगा स्वर्ग! स्वर्ग की कल्पना ज़िन्दा रहते कैसे की जा सकती है और न स्वर्ग ज़िन्दा रहते मिल ही सकता है।

हम कांग्रेस विरोधी बातें करते हैं? कांग्रेस विरोधी बातें कर हम जायेंगे कहाँ? कांग्रेस से पृथक् न तो हमारी हस्ती है और न हमसे पृथक् उसकी हस्ती। हम तो सिर्फ कहते हैं भारत की अट्ठानबे फ़ीसदी जनता के लिए कांग्रेस को जरा सुबोध बना देने के लिए। स्वराज्य को छठी इन्द्रिय के अनुभव की वस्तु न बनाकर जरा मोटी समझ और अनुभव के आदमियों की चीज़ बना देने के

लिए, जिसे भारत के अट्ठानबे फ़ीसदी अपनी बात समझ सकें, अपना सवाल समझ सकें।

उस अट्ठानबे फ़ीसदी के लिए तो स्वाधीनता का केवल एक अर्थ है—ज़िन्दा रहने का अधिकार। और ज़िन्दा रहने के अधिकार का मतलब है, पेट में रोटी और तन पर कपड़ा। इस पेट में रोटी और तन पर कपड़े की बात भी ज़रा स्वराज्य में स्पष्ट हो जाय तो अच्छा है। और फिर रोटी, कपड़ा भीख में नहीं माँगा जाता। माँगा जाता है सिर्फ इस बात का अधिकार कि इन्हें उत्पन्न करने के बाद इसका आवश्यक हिस्सा पैदा करनेवाले के भी पास रह जाय। हम यह नहीं कहते कि कांग्रेस के स्वराज्य में यह बातें हैं नहीं। हैं ज़रूर, उसमें तो व्यंजन के थालों और क़ीमख़ाब के कपड़ों की बातें हैं परन्तु किसके लिए? जो उसे समझ सकें, जो विधान के क़ानून और जिरह को समझ सकें, बस उन्हीं के लिए!

अगर यह कहते डर लगता है कि ज़मीन उसी की होगी जो उसे जोते-बोयेगा या कारख़ानें, मिलें उन्हीं की होंगी जो इन्हें अपने परिश्रम से बनाकर खड़ा करेंगे, तो इतना तो कहिये कि ज़मीन जोतकर अन्न पैदा करनेवाले को लगान और मालगुजारी में सर्वस्व स्वाहा कर देने से पहले कम-से-कम पेट भरने लायक रखने का अधिकार होगा। अपनी मेहनत से हज़ारों गज कपड़ा तैयार करनेवाले और महल खड़े करनेवाले को कम-से-कम धूप और बरफ़ में, आँधी और पानी में कहीं सिर छिपाने की जगह होगी। उसके पीसे जाने की कोई तो हद होगी! स्वराज्य के इतने प्रस्ताव पास कर चुकने के बाद भी कांग्रेस ने इतना न कहा कि एक किसान को कम-से-कम 'इतनी पैदावार' घर में रखने के बाद ही लगान और मालगुजारी के वसूले से छीला जाय। कभी कांग्रेस ने इतना न कहा कि दिन, महीने और बरसों मेहनत करने के बाद मज़दूर को 'इतने भर' अनाज के लिए तो पैसे मिलने ही चाहिए। अगर कांग्रेस ने इतनी मोटी और इतनी सीधी बातों में से कोई भी कही होती तो कांग्रेस देखती कि उसे अपने मेम्बरों की रोज़-रोज़ कम होती हुई संख्या की फ़िक्र न करनी पड़ती। उस समय कांग्रेस को देश के अनेक राजनैतिक दलों की तरह 'एक दल' न कहा जा सकता। वह होती वास्तव में ही सम्पूर्ण देश की आवाज़! वह होता देश के शोषितों का संगठन, न कि देश के आसूदा हाल लोगों का मेला! आज भी क्या समय नहीं आया कि कांग्रेस जीवन के अधिकार का कम-से-कम एक दर्जा तो इस देश के शोषितों के लिए मंजूर किया जाने की आवाज़ उठाये! इस देश के शोषित अनुभव करने लगें कि उनकी भी कोई आवाज़ है और उस आवाज़ को पहचानकर समझकर अपनी संख्या का बल कांग्रेस के साथ लगा दें।

यदि कांग्रेस की कठिन राजनीति को मज़दूरों और किसानों को समझने योग्य बनाने में उसका सौन्दर्य और आब घटती है तो इन शोषित श्रेणियों को उनके श्रेणी संगठनों की मार्फत ही कांग्रेस का अंग स्वीकार किया जाय! कांग्रेस यदि भारतवासियों की संस्था है तो किसान किसान-सभा के मेम्बर हो जाने पर और मज़दूर मज़दूर-सभा के मेम्बर हो जाने पर भारतीयता के पद से गिर नहीं जाते। कांग्रेस को स्पष्ट रूप से देश के शोषितों की संस्था बनाने के लिए क्या यह सीधा और सरल उपाय नहीं कि शोषितों के सचेत श्रेणी संगठनों का उसके अन्दर स्थान हो!

कांग्रेस हमारे लिये राष्ट्रीय सरकार से कम नहीं। उसे अपनी सरकार समझकर हम यह ज़रूरी समझते हैं कि देश की सभी श्रेणियों के हितों का प्रतिनिधित्व उसमें हो। और वह प्रतिनिधित्व केवल सिरों के गिनने से नहीं बल्कि श्रेणी-श्रेणी के सचेत संगठनों के प्रतिनिधित्व के रूप में हो। तभी कांग्रेस इस देश के वासियों के जीवन के प्रश्न को हल करनेवाला संगठन बन सकेगा। वर्ना वह केवल भावुकता और जोश को फेटने से पैदा हुई झाग ही बना रहेगा जो देखने में विशालकाय मालूम हो सकता है परन्तु जिसकी वास्तविकता स्वयं उसके नेताओं और कर्णधारों से छिपी नहीं है।

पूज्य गाँधी जी वन्दे!

हरिजन के चार अगस्त के अंक में प्रकाशित आपके वक्तव्य में कुछ ऐसे अंश हैं जिनके शब्दों का अर्थ यद्यपि कठिन नहीं परन्तु उनकी भावना कुछ इस ढंग की निकलती है कि आप-जैसे महापुरुष के मुख से उस प्रकार की बात सुनने से आश्चर्य होता है। हरिजन में आपके इस लेख के उद्धरण देश के प्राय: सभी समाचार-पत्रों में विशेष महत्त्व से छापे गये हैं। कुछ खास बातें जिनकी ओर ध्यान जाता है, यह हैं—मुझे पूर्ण विश्वास है कि सरदार पटेल ग़लत राह पर जा रहे हैं चाहे इसका कारण यह ही क्यों न हो कि मेरी राह पर चलना उनके लिए कठिन हो। जब वे अपनी शक्ति समझ जायेंगे—जिसका उन्हें अभी विश्वास नहीं है—तो वे स्वयं मेरे मार्ग पर आ जायेंगे और उस समय और लोग भी जो उनके साथ जा रहे हैं स्वयं मेरे मार्ग पर आ जायेंगे...। जिनके मन में सन्देह नहीं है, जो अहिंसा को ही परम

मार्ग समझते हैं उन्हें कांग्रेस से चुपचाप अलग हो जाना चाहिए...ऐसे लोग यदि पूर्णतः अहिंसात्मक बने रहेंगे तो वे कांग्रेस में फूट न पड़ने देंगे...।

यदि हम समझने में भूल नहीं करते तो आपके इस वक्तव्य का स्पष्ट अर्थ यह है कि कांग्रेस का सम्पूर्ण संगठन प्रजातन्त्र ढंग से और बहुमत से जिस निर्णय पर पहुँचा है वह निर्णय आपकी राय में ग़लत है और कांग्रेस के उन मेम्बरों को जो आप में और आपके सिद्धान्तों में विश्वास रखते हैं आप कांग्रेस छोड़कर बाहर आ जाने की राय देते हैं। हमें यहाँ आपके वक्तव्य के दो पहलुओं पर रोशनी डालनी है। पहली बात तो यह है कि आप सदा प्रजातन्त्र में अपना विश्वास प्रकट करते आये हैं। ऐसी अवस्था में आप बहुमत की अपेक्षा अपनी राय को अधिक महत्त्व दें यह आपके अब तक के वक्तव्यों के विरुद्ध है। यदि आपके उदाहरण को सामने रख अन्य व्यक्ति भी बहुमत या समाज की राय को अपनी राय के सामने तुच्छ समझने लगें तो समाज में या किसी भी संगठन में अनुशासन या डिसिप्लिन किस तरह क़ायम रह सकता है? यदि कांग्रेस के बहुमत की राय आपकी राय के अनुकूल नहीं थी उस अवस्था में भी आप कांग्रेस के सदस्य बने रहते और कांग्रेस के फ़ैसले, आपकी राय के विरुद्ध होने के बावजूद आप उस पर अमल करते हुए अनुशासन के भीतर रहकर कांग्रेस के मेम्बरों को अपनी राय की सच्चाई समझाने का प्रयत्न करते तो दूसरी बात थी। परन्तु आप कांग्रेस के फ़ैसले को कांग्रेस द्वारा निश्चित किये गये सिद्धान्त के विरुद्ध बताकर अपने अनुयायियों को कांग्रेस छोड़कर चुपचाप बाहर आ जाने की सलाह देकर कांग्रेस के विरुद्ध बग़ावत का प्रचार कर रहे हैं। इसमें सन्देह नहीं कि कांग्रेस के विरुद्ध आपकी यह बग़ावत उतनी ही अहिंसापूर्ण है जितनी की आपकी ब्रिटिश सरकार के विरुद्ध बग़ावत अहिंसापूर्ण रही है। ब्रिटिश सरकार के प्रति बग़ावत करने का उपदेश देते समय भी आपने अहिंसात्मक असहयोग का ही उपदेश दिया था। आज आप अनुयायियों को कांग्रेस के प्रति भी इसी प्रकार का अहिंसात्मक असहयोग करने का उपदेश दे रहे हैं। इसके सिवा आपके पास और हथियार ही कौन-सा है जिसे आप कांग्रेस के ख़िलाफ़ व्यवहार कर सकते हैं? आपने अपने वक्तव्य में कहा है कि सरदार (वास्तव में इसका अर्थ है सरदार के नेतृत्व में जानेवाला कांग्रेस का दल) ग़लत मार्ग पर जा रहे हैं। इससे पहले आप कांग्रेस वर्किंग कमेटी को यह ताना दे चुके हैं कि उनके सामने भयंकर प्रलोभन है—शासन के अधिकारों के अनुभव को, करोड़ों रुपया उनकी राय से ख़र्च होने के प्रलोभन को रोकना कठिन काम है। हम यह जानना चाहते हैं कि वर्किंग कमेटी के सदस्यों के विषय में जिनकी राय आपसे नहीं मिलती, इसके सिवा आप और कह क्या सकते हैं?

आप यह कहते हैं कि आपकी अहिंसा के सच्चे अनुयायी कांग्रेस में फूट न डालेंगे। परन्तु जब वे कांग्रेस को छोड़कर चुपचाप अलग हो जायेंगे और अपने अहिंसात्मक कार्यक्रम में पृथक् रूप से लगे रहेंगे तो हमें यह समझ में नहीं आता कि फूट और होगी क्या चीज़? इस बात का तो हमें विश्वास है कि आपके अनुयायी लाठी लेकर कांग्रेस के मेम्बरों का सिर फोड़ने नहीं आयेंगे। वे चुपचाप अलग हो जायेंगे और आपके नाम और व्यक्तित्व के प्रभाव को लेकर अहिंसात्मक कार्यक्रम को चलाने के लिए अपने अलग संगठन बनायेंगे। और आप भी अपनी ओर से लगातार कहते जायेंगे कि कांग्रेस पटरी से गिर गयी, पटेल रास्ता भूल गये, तो फिर बताइये कांग्रेस में फूट पड़ने में कसर क्या रह जायेगी? हम तो आपके इस व्यवहार की अपेक्षा कांग्रेस समाजवादियों और कांग्रेस में मौजूद कम्युनिस्ट कहलानेवाले लोगों का ही व्यवहार अनुशासन के कहीं अधिक अनुकूल दिखायी पड़ा, जिन्होंने कांग्रेस के सामने आपके नेतृत्व में लायी गयी तजवीज़ों का विरोध अनेक बार किया परन्तु कांग्रेस द्वारा उन तजवीज़ों के स्वीकार कर लेने पर अपने अनुयायियों से कांग्रेस को छोड़कर अपना कार्यक्रम अलग चलाने की अपील नहीं की।

हमारी तुच्छ सम्मति में एक व्यक्ति चाहे वह कितना ही महान् क्यों न हो उसकी राय की अपेक्षा समाज और संगठन की राय का महत्त्व अधिक है। व्यक्ति और समाज की राय में मुकाबिला आ पड़ने पर समाज के कल्याण के लिए हितकर है समाज की राय को महत्त्व देना। यदि प्रत्येक मनुष्य अपनी राय पर समाज को कुर्बान करने लगे और यह असम्भव नहीं कि अपने दृढ़ विश्वास के कारण अपनी राय को सत्य प्रमाणित करनेवाले अनेक ऐसे व्यक्ति निकल आयें—इस अवस्था में समाज का क्रम और अनुशासन बहुत जल्दी समाप्त हो जायेगा। माना कि आप जो कुछ कहते या करते हैं आत्म अभिमान को छोड़कर ईश्वर प्रेरणा से ही परन्तु वे सभी मनुष्य जो यह समझते हैं कि उनका ईश्वर पर अखण्ड विश्वास है और जो अपने-आप को निस्स्वार्थ और ईमानदार समझते हैं, अपने मन में उठनेवाली प्रेरणा को ईश्वर की प्रेरणा समझ सकते हैं। ऐसी अवस्था में सामाजिक रूप से उठनेवाली ईश्वर की प्रेरणा के मुक़ाबिले में क्या व्यक्तिगत रूप से उठनेवाली। प्रेरणा को अधिक महत्त्व दिया जायेगा? यदि ऐसा होगा तो फिर अनुशासन या डिसिप्लिन का अर्थ क्या होगा और समाज का संगठन किस आधार पर होगा?

हमारा विचार है कि आपका कांग्रेस को स्वयं छोड़ देना और अपने अनुयायियों को भी कांग्रेस छोड़कर बाहर आ जाने का रवैया समाज-हित की भावना में अनुशासन को स्वीकार करने की भावना के अनुकूल नहीं है। यदि आपके विचार में कांग्रेस वर्किंग कमेटी की नीति इस समय ठीक नहीं है, तो आपसे यह छिपा नहीं कि कांग्रेस के विशाल संगठन में अनेक ऐसे दल जो कांग्रेस की इस नीति के विरुद्ध उचित तरीक़े से आवाज़ उठा रहे हैं, क्या वजह कि उन्हें आपका सहयोग प्राप्त न हो?

क्या यह उचित न होगा कि आप एक दफ़े फिर अपने रवैये पर विचार करें।

कांग्रेस का रुख़

जब कांग्रेस अहिंसा की नीति और उद्देश्य को आज भी पहले ही की तरह स्वीकार कर रही है तो वर्तमान परिस्थितियों में उसका गाँधी जी के अहिंसा के पूर्ण आदर्श पर न चल सकने का अर्थ क्या? यह बात हम वर्किंग कमेटी के पूना अधिवेशन के बाद ही ठीक-ठीक रूप में समझ सके हैं।

वर्तमान स्थिति में कांग्रेस का गाँधी जी के अहिंसा के मार्ग पर न चल सकने का अर्थ आम जनता ने यह समझा था कि यद्यपि महात्मा जी देश को अहिंसा के आदर्श की दृष्टि से तैयार नहीं समझते परन्तु कांग्रेस ख़ास तरह की परिस्थितियाँ पैदा हो जाने के कारण राष्ट्रीय स्वतन्त्रता के अपने आन्दोलन को अधिक नहीं रोक सकती। परन्तु पूना अधिवेशन में देहली के प्रस्ताव की जो व्याख्या की गयी उसने इस उलझन को स्पष्ट कर दिया है।

कांग्रेस वर्किंग कमेटी के देहली प्रस्ताव में सरकार से माँग की गयी है कि ब्रिटिश सरकार भारत के लिए पूर्ण स्वतन्त्रता के उद्देश्य को स्पष्ट शब्दों में घोषित कर दे और तुरन्त ही केन्द्र में राष्ट्रीय सरकार की स्थापना कर दे। यदि सरकार ऐसा कर दे तो वर्किंग कमेटी इस योग्य हो जायेगी कि वह अपनी पूर्ण शक्ति देश की रक्षा की आयोजना में सरकार की सहायता के साथ लगा दे।

कांग्रेस के अपनी पूर्ण शक्ति देश की रक्षा में सरकार की आयोजना के साथ लगा देने का अर्थ स्पष्ट न हो सकता यदि पूना में इकट्ठे हुए आल इण्डिया कांग्रेस कमेटी के मेम्बर इस प्रस्ताव पर जिरह के रूप में अपने संशोधन पेश न करते। जो संशोधन पेश किये गये उनका अभिप्राय मुख्यत: यह था—

कांग्रेस समझौते की आशा छोड़कर स्वतन्त्रता संग्राम को आरम्भ कर दे।

कांग्रेस ने गवर्नमेण्ट के सामने जो माँग रखी है उसके लिए समय की एक मियाद निश्चित कर दी जाये।

कांग्रेस भारत के जन-धन के भारत के बाहर युद्ध में खर्च करने का विरोध करे।

यह सब संशोधन रद्द हो गये क्योंकि कांग्रेस के भाग्य विधाता लीडरों ने इनका विरोध किया। इन तीनों भागों को जब कांग्रेस के नेता स्वीकार करने के लिए तैयार नहीं तो इसका स्पष्ट अर्थ है कि उनके दिमाग़ में कांग्रेस के लिए उचित मार्ग ठीक दूसरी ओर है। जिसमें समझौते की गुंजाइश है और वह सरकार के आराम से माँग पर विचार करने या उसे ठुकरा देने के लिए अनियमित समय तक प्रतीक्षा कर सकती है। सरकार के कांग्रेस की माँग को पूरा कर देने पर—अर्थात् पूर्ण स्वतन्त्रता का वायदा कर देने या केन्द्र में राष्ट्रीय सरकार क़ायम कर देने पर या कांग्रेस को सन्तुष्ट कर देने पर—कांग्रेस सरकार को युद्ध सम्बन्धी जिस आयोजना में भाग लेगी उसमें भारत के जन-धन को भारत के बाहर युद्ध में लगाने में भी उसे एतराज न होगा।

महात्मा जी के कांग्रेस के प्रति असन्तोष को यदि हम अब तक नहीं समझ सके, तो पूना में देहली प्रस्ताव पर होनेवाली जिरह के बाद तो समझ ही सकते हैं। महात्मा जी के हृदय में ब्रिटेन के प्रति सहानुभूति है परन्तु केवल आध्यात्मिक। वे उसे युद्ध में विजयी होने का आशीर्वाद देकर सन्तुष्ट होना चाहते हैं। कांग्रेस के नेता इस प्रश्न पर सांसारिकता की नीति से विचार करते हैं। वे जानते हैं आशीर्वाद का मूल्य ब्रिटिश सरकार की दृष्टि में अधिक नहीं है। वे सरकार की केवल आध्यात्मिक सहायता ही नहीं बल्कि अपनी माँगों के मूल्य में सांसारिक सहायता—धन-जन की सहायता भी देने के लिए तैयार हैं। युद्ध की हिंसा में कांग्रेस को धन-जन की सहायता देना महात्मा जी की दृष्टि में हिंसा में सहयोग देना है। इसलिए वे अपना चरखा लेकर एक ओर जा बैठे हैं। कांग्रेस के नेताओं के बार-बार यह कहने पर भी कि देहली प्रस्ताव वर्धा प्रस्ताव से और वर्धा प्रस्ताव रामगढ़ प्रस्ताव से जुदा नहीं, हमें उनमें फ़र्क़ ज़रूर दिखायी देता है। वह फ़र्क़ यह है—

पहले कांग्रेस का रुख़ था यदि सरकार हमारी शर्तें पूरी करे तो हम सरकार के लिए कुछ करने को तैयार। हम तो सरकार के लिए यह करने को तैयार हैं सरकार भी हमारे लिये कुछ करेगी या नहीं?

कांग्रेस का यह रुख़ श्री राजगोपालाचार्य के उस उत्तर से स्पष्ट है जो उन्होंने पण्डित नेहरू के इस प्रश्न पर दिया है कि यदि कांग्रेस की बात पर सरकार अनियमित काल तक कोई विचार नहीं करती तो नया रुख़ यह है—कांग्रेस क्या करेगी?

राजा जी कहते हैं—हमें अपने शत्रु पर विश्वास रखना चाहिए और जो कुछ हमारे विचार में ठीक जँचे उस पर आचरण करना चाहिए।...लगाने की कोई ज़रूरत नहीं। इस बारे में वर्किंग कमेटी ख़ुद ही सोच लेगी।

कांग्रेस के देहली प्रस्ताव और उस पर होनेवाली ज़िरह के बाद यह तो स्पष्ट हो जाता है कि इस समय कांग्रेस अपना आन्दोलन चलाकर सरकार से झंझट लेने नहीं जा रही है। पण्डित नेहरू के शब्दों में इस समय सिद्धान्तों के झमेले में न पड़कर कांग्रेस में आये हुए अवसर से लाभ उठाकर अपने हाथ में शक्ति लेना चाहती है। लेकिन कांग्रेस के हाथ में शक्ति आयेगी किस तरह?—शक्ति जिसके हाथ में है, वह सरकार क्योंकर कांग्रेस को शक्ति सौंप देगी? शक्ति के लिए ही तो सब झगड़े और झंझट उठते रहे हैं।

इस प्रश्न का उत्तर हमें मिलता है गाँधी जी के शब्दों में—जब वे कहते हैं, कांग्रेस के सामने बड़े भारी प्रलोभन आ रहे हैं, उनके सामने सरकार के सहयोग से युद्ध चलाने के अनुभव प्राप्त करने का, करोड़ों रुपया ख़र्च करने की शक्ति का प्रलोभन है।

कांग्रेस अवसर आया देख पण्डित नेहरू के मुख से जिस शक्ति को हाथ में लेने की बात कह रही है वह शक्ति महात्मा जी के शब्दों में कांग्रेस ब्रिटिश सरकार के साथ सहयोग करके ही पा सकती है। आज जब कांग्रेस ब्रिटिश सरकार के साथ सहयोग कर शक्ति प्राप्त करने का इरादा कर रही है, उस समय भी पण्डित नेहरू जनता को युद्ध के लिए ललकारने और तैयार रहने का ही सन्देश दे रहे हैं। प्राय: पिछले दस मास से कांग्रेस का हम वही रवैया देख रहे हैं कि एक तरफ देश की जनता को युद्ध के लिए तैयार होने के लिए कहा जाता है और दूसरी ओर सहयोग और भावतोल की बातें होती रहती हैं। आख़िर जनता के साथ इस तमाशे और दिल्लगी का प्रयोजन? कांग्रेस के इस ताल ठोकने, ललकारने और

हुंकारने में ही कांग्रेस के हज़ारों अच्छे कार्यकर्त्ता जेल जाकर चुप और निष्क्रिय हो गये।

हम अपने उत्साही कार्यकर्त्ता साथियों से ही पूछते हैं, आख़िर इस सबका फ़ायदा क्या हुआ? क्या यह कहीं अधिक अच्छा न होता कि नौजवान राजनैतिक बवण्डर की इस परिस्थिति में स्वयं अपनी बुद्धि से काम लेकर, बजाय शहादत के जोश में जेल जाकर सन्तुष्ट होने के, देश की जनता के सामने उनकी असली समस्याओं को रख, इन समस्याओं पर ठीक दृष्टिकोण से विचार करने को कहते?

आत्म-रक्षा का मार्ग

जब बच्चे चाकू, लकड़ी या और इसी क़िस्म की चीज़ लेकर खेलना शुरू करते हैं तो बुज़ुर्ग उन्हें ऐसी चीज़ों को न छूने के लिए समझाते हैं। उन्हें समझाया जाता है कि ऐसी चीज़ों से हाथ कट जाता है, आँख फूट जाती है और स्वयं उन्हीं को नुकसान पहुँचता है। बच्चों के हित के लिए आवश्यक समझा जाता है कि वे ख़तरनाक चीज़ों से न खेलें। हिन्दुस्तान भी राजनैतिक दृष्टि से अबोध है, बच्चा है। इसलिए ब्रिटिश सरकार ने इस प्रकार की बड़ी चीज़ों, शस्त्रार्थ और सेना आदि को भारतवासियों के हाथ में देना उचित नहीं समझा। भारतवासियों की रक्षा के लिए इन चीज़ों को ब्रिटिश सरकार अपने ही हाथ में रखती आयी है। परन्तु यह सब ख़तरनाक चीज़ें ऐसी हैं कि जीवन में इनकी ज़रूरत पड़ती ही है और प्राय: इनके बिना काम नहीं चलता। ऐसा ही एक समय अब भारत के राजनैतिक जीवन में भी आया है जब यूरोप में होनेवाले युद्ध का प्रभाव यहाँ भी पड़ रहा है और विदेशी शत्रु के आक्रमण से कहिये या स्वयं इस देश में गड़बड़ पैदा हो जाने की आशंका के कारण भारत में भी चाकू, लकड़ी, शस्त्रार्थ और सेना सम्मेलन की ज़रूरत महसूस हो रही है।

परिस्थिति ऐसी मालूम होती है कि उसके लिए बहुत सावधानी और तैयारी की ज़रूरत है तभी तो भारत सरकार ने अपने पुराने चले आये रवैये के ख़िलाफ़ भारतवासियों को आनेवाले ख़तरों का सामना करने के लिए तैयार हो जाने के लिए कहा। स्वयं वाइसराय साहब ने रेडियो पर अपीलें कर लोगों को बाहर से आनेवाली

और भीतर से उठ खड़ी होनेवाली आपत्ति के विरुद्ध संगठित रूप से तैयार हो जाने के लिए कहा और जब लोग संगठित होने लगे उन्होंने सिपाही-सिपाही का खेल खेलना शुरू किया, फ़ौज की नक़ल करनी शुरू की तो सरकार को ख़याल हुआ—यह भी तो आख़िर आदमी की शक्ल के जानवर हैं कहीं सचमुच ही इन्हें आदमी बन जाने का ख़याल पैदा हो गया तो फिर क्या होगा?

अब तक जब कभी राष्ट्रों के लिए प्रजातन्त्र और आत्मनिर्णय के अधिकारों की रक्षा का दावा करनेवाली सरकार के सामने भारत के लिए भी इन अधिकारों के दिये जाने की माँग पेश की गयी, सरकार ने सदा नेकनीयती से यह वजह पेश की कि रिआया को शत्रुओं के हमलों से बचाना उसका कर्त्तव्य है और भारतवासी इतने अबोध और निर्बल हैं, अपने पैरों पर खड़ा हो सकने में इतने असमर्थ हैं कि उनकी रक्षा का बोझ दूसरों को सम्हालना ही होगा। जब भारत में विदेशी आक्रमण का भय दिखायी देने लगा और स्वयं देश में शान्ति विरोधी शक्तियों के सिर उठाने की आशंका हुई तब भी भारत के सैनिक रूप से तैयार न होने के कारण हमें भय दिखाया गया परन्तु जब दूसरे देश के रहनेवालों को सैनिकों की पोशाक पहनने और उनकी नक़ल करने का शौक़ चराया तो यह सब शान्ति और जनता के हित के विरुद्ध हो गया और भारत की रक्षा के लिए फिर यही आवश्यक हो गया कि भारतवासी ऐसे ख़तरनाक खेल न खेलें।

कारण बताया जाता है कि इससे साम्प्रदायिक वैमनस्य के भड़क उठने की गुंजाइश है। परन्तु सैनिक रूप लिये साम्प्रदायिक संगठन तो एक मुद्दत से इस देश में मौजूद है, इस वक़्त तक तो उस ओर से सरकार को शंका नहीं हुई थी। इस प्रकार के सशस्त्र संगठनों पर प्रतिबन्ध लगाने का तो अर्थ एक हद तक हमें समझ आता है परन्तु जो संगठन बिलकुल निःशस्त्र है बल्कि जिन्होंने शस्त्र न छूने की ही क़सम खायी हुई है। इन लोगों केवालण्टियर बनने या सैनिक सजने का अभिप्राय यही हो सकता है कि उनमें किसी क़द्र क़ायदे क़ानून से चलने का किसी कद्र अनुशासन का भाव आ जाये। वे बजाय कमर झुकाकर चलने के ज़रा पीठ सीधी करके चलने लगे परन्तु सरकार को यह भी मंजूर नहीं। यही तो उपाय है भारतवासियों को आत्मरक्षा के योग्य बनाने का!

◈

सितम्बर

१९४०

आस्तिकता का मार्ग

भगवान् के भक्त प्राय: विश्वास करते हैं कि संसार का यह संघर्ष, छीना-झपटी और मार-पीट सब भगवान् की इच्छा के विरुद्ध चलने के कारण ही है। मुश्किल यह है कि भगवान् सर्वशक्तिमान् होते हुए भी, उनकी इच्छा क्या है। सर्वसाधारण को यह बता देने का कोई प्रबन्ध नहीं कर देते। इससे तो अच्छी हमारी सरकार है जो ऐलान निकालकर या रेडियो पर सूचना देकर अपना हुकुम सुना देती है कि हमें क्या विश्वास करना चाहिए और मुँह से क्या कहना चाहिए। अपनी इच्छा भगवान् बहुत ही कम आदमियों के मन में प्रकट करते हैं और फिर दूसरे आदमियों के पास ऐसा कोई ज़रिया नहीं कि भगवान् की जो इच्छा महात्मा लोगों के मन में प्रकट होती है, उसकी बाबत तहक़ीक़ात कर सकें। दलील, तर्क या विवेक बुद्धि से भगवान् की इच्छा को समझने की कोशिश करना फ़िजूल है, क्योंकि महात्मा जी ने चार सितम्बर सन्' ४० के हरिजन में भगवान् के भक्तों को दलील द्वारा नास्तिकों को भगवान् पर विश्वास दिलाने की कोशिश करने से मना कर दिया है। महात्मा जी की आत्मा को भगवान् की ओर से जो प्रेरणा होती है उसके बारे में हमें बिलकुल सन्देह न होता परन्तु मि. जिन्ना अपने-आपको ख़ुदा का किसी से कम भक्त स्वीकार करने के लिए तैयार नहीं और भगवान् उन्हें इस देश के भाग्य के सम्बन्ध में और ही किस्म की प्रेरणा दिया करते हैं। फिर हिटलर तक भगवान् की इच्छा को समझने का दावा करता है? भगवान् की इच्छा शायद जल की तरह कोई वस्तु है जिसे जिस रंग या शक्ल के बर्तन में भरकर देखा जाता है, वह उसी रंग और शक्ल की दिखायी देने लगती है।

महात्मा जी भक्तों को उपदेश देते हैं कि नास्तिकों पर प्रभाव डाला जाना चाहिए केवल आचरण द्वारा। इसका अर्थ यह समझा जाना चाहिए कि महात्मा जी की दृष्टि में आस्तिकों का आचरण नास्तिकों के आचरण की अपेक्षा अधिक अच्छा होता है। परन्तु यहाँ यह प्रश्न उठना भी स्वाभाविक है कि ईश्वर पर विश्वास करनेवाले यदि जिस बात को उचित समझते हैं उस पर आचरण करते हैं तो ईश्वर पर विश्वास

न करनेवाले जिस बात को उचित समझेंगे उस पर आचरण न करेंगे यह मान लेने का कोई कारण नहीं। आस्तिकों के अच्छे आचरण को देखकर यदि नास्तिकों से यह आशा की जाय कि वे भी ईश्वर पर विश्वास करने लगें तो क्या नास्तिकों का यह आशा करना अनुचित होगा कि यदि नास्तिकों का आचरण आस्तिकों की अपेक्षा अधिक अच्छा पाया जाये तो आस्तिक लोग ईश्वर में विश्वास करने का प्रपंच छोड़कर अपने आचरण को ईश्वर के नाम पर स्थापित प्राचीन संस्कारों से हटाकर मौजूदा परिस्थितियों के मुताबिक़ और समाज के कल्याण की भावना के अनुसार चलाने का यत्न करेंगे। यदि आस्तिकों के उचित और अच्छे आचरण का कारण उनका ईश्वर के प्रति विश्वास है तो यह अस्वीकार करने का कोई आधार नहीं कि नास्तिकों के उचित आचरण का आधार उनका ईश्वर के विश्वास से मुक्त होना ही है। मनुष्य के आचरण पर उसके विश्वासों का प्रभाव अवश्य पड़ता है इसे हम अस्वीकार नहीं कर सकते। ईश्वर पर विश्वास रखना मनुष्य को कहाँ तक सीधी राह पर क़ायम रख सकता है? यह जानना हो तो इतिहास को देखिये या अपने चारों ओर के समाज को ही देख लीजिये। जितने अपराधी या दुराचारी आपको दिखायी देंगे उनमें से कितने ऐसे हैं जो अपने-आपको नास्तिक कहते हैं। जिन्हें जेल में अपराधियों से मिलने-जुलने का अवसर मिला है उन लोगों का यह अनुभव है कि जेल में घृणित-से-घृणित अपराध करनेवालों में भी आपको कोई नास्तिक न मिलेगा। और अपने-आपको नास्तिक कहने का साहस करनेवालों में आपको कितने व्यक्ति आचारहीन और दुराचारी मिले हैं, इसे आप ही याद करके बताइये। किसी व्यक्ति को नास्तिक समझकर ही यदि आप उससे घृणा करने लगें तो उसका उपाय नहीं परन्तु सवाल तो यह है कि नास्तिक कहलानेवाले व्यक्ति का आचरण समाज के लिए कहाँ तक हानिकारक है? एक दफ़े मौलाना शौक़तअली साहब ने कहा था कि एक दुराचारी मुसलमान दूसरे सम्प्रदाय के महात्मा से भी कहीं अधिक ऊँचा है क्योंकि वह मुसलमान है। इस प्रकार यदि आस्तिक का आचरण इसलिए अच्छा समझा जाये कि वह आस्तिक है और नास्तिक का आचरण इसलिए बुरा समझा जाये कि वह नास्तिक है तो सत्य-असत्य की खोज की स्वतन्त्रता मनुष्य की कभी नहीं हो सकेगी।

दलील का यह तरीक़ा विचित्र है कि जो लोग ईश्वर में विश्वास करने का दम भरते हैं, यदि उनका आचरण अच्छा नहीं तो वे पाखण्डी हैं, वे वास्तव में ईश्वर में विश्वास नहीं करते और जो लोग नास्तिक होने का दम भरते हैं, यदि उनका आचरण अच्छा है तो वास्तव में आस्तिक ही हैं, चाहे वे अपने-आपको हज़ार

नास्तिक कहा करें। इस प्रकार के तर्क को दलील न कहकर ज़बरदस्ती ही कहा जायेगा और वह हमें कभी सत्य मार्ग पर नहीं ले जा सकती।

आख़िर हम ही आस्तिकता और नास्तिकता के झंझट में क्यों फँस रहे हैं? इसका उत्तर हमें आस्तिकों के व्यवहार में ही मिलता है। जब हम देखते हैं कि आस्तिकों की दृष्टि में किसी मनुष्य के सदाचारी होने का उतना महत्त्व नहीं जितना कि उसके आस्तिक होने का है। स्वयं महात्मा जी को दुराचारियों को सदाचारी बनाने की उतनी फ़िक्र नहीं जितनी कि नास्तिकों को आस्तिक बनाने की है। आख़िर यह सब क्यों? इसका कारण है कि मनुष्य की विचारधारा पर ही उसके समाज का निर्माण हुआ है इस निर्माण को ईश्वर विश्वास का चौखटा लगाकर दृढ़ बनाया गया है। आज जब हम समाज के नये विधान के लिए प्रयत्न करना चाहते हैं तो उसमें ईश्वर की इच्छा और आज्ञा के विरोध की दुहाई दी जाती है। ईश्वर विश्वास और आध्यात्मिकता प्रचीन समाज व्यवस्था की रक्षक हैं। इसी उद्देश्य से इनकी रचना हुई है। यदि नवीन समाज की रचना हम पूर्ण स्वतन्त्र होकर करना चाहते हैं तो हमें विश्वास और आदर्श की ग़ुलामी से भी छुटकारा पाना होगा जो सब पुराने विश्वास और ईश्वर के नाम से हमारे सामने पेश किये जाते हैं। इसलिए नये और स्वतन्त्र समाज की रचना के लिए किसी भी विश्वास को केवल महापुरुषों की आज्ञा होने के कारण स्वीकार नहीं किया जा सकता और न किसी महात्मा के कहने से तर्क और दलील को अस्वीकार किया जा सकता है।

भगवान् से पाये जानेवाले सन्देशों के बारे में शंका की कितनी गुंजाइश हो सकती है इसका एक अच्छा उदाहरण मोहमन्द इलाक़े से मिलनेवाले इस समाचार से मिल सकता है कि उस इलाक़े के धार्मिक और आध्यात्मिक नेता अली नगर के फकीर के विचार में रेडियो शैतान का उपहार है और उससे बचना चाहिए। मनुष्य के मस्तिष्क और शक्तियों के प्रयत्न से पैदा किये गये वे सब साधन जो मनुष्य को विकास और उन्नत का मार्ग दिखाते हैं जो मनुष्य को सामाजिक रूप से उनकी शक्ति दिखाकर उसे अज्ञात और अलौकिक शक्तियों की दया पर, उनकी प्रार्थना पर भरोसा रखने के मिथ्या विश्वास से छुड़ाते हैं, ईश्वर का नाम लेकर अपनी शक्ति का जाल क़ायम रखनेवालों की राय में शैतान का ही उपहार है। इसी प्रकार नास्तिकता के नये विचार जो मनुष्य की शक्ति और उन्नति के लिए अधिक-से-अधिक मौक़ा देते हैं, मनुष्य को अपनी परिस्थितियों को समझकर अपने लिये मार्ग निश्चित करने का अवसर देते हैं, उन सब लोगों की दृष्टि से नास्तिकता और महापाप है जो मनुष्य समाज की बदल जानेवाली परिस्थितियों के कारण समाज के लिए नयी व्यवस्था तैयार करने के प्रयत्नों से घबराते हैं। जिन्हें आनेवाले परिवर्तन से डर लगता है।

सर्वसाधारण जनता के इनके अधिकारों को क़ायम रखनेवाले नियमों को स्वीकार किये चले जाने के कारण ही इनकी शक्ति क़ायम है जब सर्वसाधारण जनता अपने जीवन की आवश्यकताओं से विवश होकर नयी व्यवस्था और विधान के लिए यत्न आरम्भ करती है तो उँगली उठाकर उन्हें डराया जाता है यह क्या कर रहे हो? भगवान् ने जो व्यवस्था और तरीक़ा क़ायम किया है उसे तुम बदल देना चाहते हो? यह पाप है! भगवान् पर विश्वास रखो! भगवान् ने जो व्यवस्था क़ायम की है उसी में तुम्हारा कल्याण है तुम क्षुद्र मनुष्य होकर सर्वशक्तिमान भगवान् की आज्ञा में ग़लती निकालते हो? यह भगवान् में अविश्वास और पाप है, नास्तिकता है। इसका तुम्हें भयंकर दण्ड मिलेगा। और यह दण्ड प्राय: मिलता है मृत्यु के बाद! जहाँ से दण्ड पानेवाला यह बताने नहीं आ सकता कि उसे क्या दण्ड मिला; दरअसल भगवान् नास्तिकता से नाराज़ हुए या ख़ुश? और वे हैं या नहीं? यही आस्तिकता और ईश्वर पर विश्वास का प्रयोजन है।

श्री राय पर अनुशासन

यू.पी. कांग्रेस की प्रान्तीय कार्यकारिणी ने निश्चय किया है कि श्री राय कांग्रेस के निर्णय के विरुद्ध विचारों का प्रचार कर कांग्रेस के अनुशासन (Discipline) को तोड़ रहे हैं। इसलिए उन्हें कांग्रेस के सभी निर्वाचित संस्थाओं की सदस्यता से अलग कर दिया जाय!

जहाँ तक अनुशासन का प्रश्न है, वह क़ायम रहना ही चाहिए। परन्तु राय साहब किस प्रकार अनुशासन भंग कर रहे थे यह प्रश्न भी विचार के लायक़ है। राय साहब का कांग्रेस की कार्यकारिणी से मतभेद है युद्ध के सम्बन्ध में, कांग्रेस की नीति के सम्बन्ध में। युद्ध के सम्बन्ध में राय साहब की नीति क्या है यह इसी अंक में प्रकाशित 'फैसिज़्म और भारत' सम्बन्धी लेख से स्पष्ट हो जाता है। इस लेख का स्पष्ट अभिप्राय यह है कि ब्रिटिश साम्राज्यशाही इस समय फैसिज़्म की नादिरशाही का मुक़ाबिला करने में लगी हुई है इसलिए भारत को चाहिए कि इस युद्ध में ब्रिटिश साम्राज्यशाही की पूर्ण रूप से सहायता दे। कांग्रेस की नीति युद्ध के सम्बन्ध में बिलकुल स्पष्ट है। त्रिपुरी और रामगढ़ कांग्रेस में जिस प्रकार साम्राज्यशाही युद्धों का विरोध कांग्रेस ने किया था वह बात अब बीत चुकी है। आज कांग्रेस का कहना यह है कि ब्रिटिश सरकार इस युद्ध के लड़ने का उद्देश्य यदि दूसरे देशों की

आत्मनिर्णय प्रजातन्त्र अधिकारों की रक्षा बताती है तो वह भारत को भी प्रजातन्त्र द्वारा आत्मनिर्णय के अधिकार क्यों नहीं दे देती। यदि ब्रिटिश सरकार भारत को यह अधिकार दे दे तो भारत इस युद्ध में सरकार की पूरी सहायता करने के लिए तैयार है। फैसिज़्म को कांग्रेस भी अत्याचार और दमन का गढ़ समझती है और उसका विरोध करना चाहती है परन्तु इस विरोध में ब्रिटिश साम्राज्यशाही की सहायता करने से पहले अपनी स्वाधीनता के रूप पाकर वह निश्चय कर लेना चाहती है कि कहीं ब्रिटिश सरकार स्वयं भी तो किसी हद तक फैसिस्ट नहीं है। ब्रिटिश सरकार के फैसिस्ट न होने का प्रमाण कांग्रेस की नज़रों में आजकल बहुत कठिन भी नहीं है। वह है केवल कांग्रेस को वाइसराय की एक्ज़ीक्यूटिव व काउन्सिल में कांग्रेस की राजनैतिक शक्ति के अनुसार स्थान देना और प्रान्तों के शासन का अधिकार दे देना, जिसे कांग्रेस मन्त्रिमण्डलों ने ग्यारह मास स्वयं इसीलिए त्याग दिया था कि जब ब्रिटिश सरकार की सहायता सच्चे दिल से नहीं कर सकते तो उनकी यह गद्दी क्यों सम्हाले रहें।

राय साहब का अपराध है कि वे ब्रिटिश सरकार द्वारा कांग्रेस की शर्तें मान लेने से पहले ही ब्रिटिश सरकार की सहायता करने का प्रचार कर रहे हैं। ब्रिटेन को कोई असली सहायता तो राय साहब दे नहीं रहे सिर्फ ज़बानी सहानुभूति है और अगर ग़लती नहीं करते तो राय साहब की सहानुभूति मूल्य ब्रिटिश सरकार की नज़रों में उससे कहीं कम है जितना कि महात्मा गाँधी, पण्डित नेहरू और राजाजी की सहानुभूति का है। महात्मा जी की सहानुभूति ब्रिटेन के प्रति है ही। राजा भी यह बीसियों मर्तबे कह चुके हैं कि ब्रिटेन का यह युद्ध साम्राज्यवादी युद्ध नहीं बल्कि आत्मरक्षा का युद्ध है। पण्डित नेहरू भी ब्रिटेन और फ्रांस की सभ्यता की रक्षा की दुहाई दे रहे हैं। यह सब भी ब्रिटेन की सहायता ही है। ब्रिटेन की दृष्टि में या संसार की दृष्टि में इस सहायता का विशेष मूल्य नहीं यह दूसरी बात है परन्तु सवाल यह है कि राय साहब किस प्रकार अनुशासन भंग कर रहे थे। राय साहब की ग़लती है तो यह कि वे ठीक वही बात उन्हीं शब्दों और उसी स्वर में नहीं कह रहे जिन शब्दों और स्वर में कांग्रेस कह रही है।

राय साहब का फ़तवा

राय साहब पर कांग्रेस द्वारा अनुशासन की कार्रवाई किये जाने पर कांग्रेस में अग्रसर नीति के पक्षपातियों को दुःख ही होगा परन्तु वे लोग राय साहब से इतना

पूछे बिना नहीं रह सकते कि कांग्रेस द्वारा उनके फैसिज़्म विरोध के लिए युद्ध में सहायता देने के प्रचार पर अनुशासन की कार्रवाई करने पर तो उन्होंने कांग्रेस को फैसिस्ट होने का फ़तवा दे दिया परन्तु एक सितम्बर को जब राय साहब के अनुयायियों ने कलकत्ते में फैसिस्ट विरोधी दिन मनाने के लिए जुलूस निकाला था और जिस ब्रिटिश सरकार की सहायता के लिए वे लोगों को समझाने का यत्न कर रहे थे, उसी सरकार ने उनके विरोधी जुलूस को भगाकर उन्हें शक्ति प्रयोग से तितर-बितर कर दिया। और इतना करके ही सरकार शान्त नहीं हो गयी बल्कि राय साहब के फैसिस्ट विरोधियों पर सरकार ने मुक़दमे भी क़ायम कर दिये। मतलब यह है कि राय साहब के फैसिस्ट विरोध और ब्रिटिश साम्राज्य की सहायता के ऐलान पर ब्रिटिश सरकार को भरोसा नहीं। कांग्रेस ने मौजूदा समस्याओं पर उनके रवैये के कारण उन पर अनुशासन की कार्रवाई कर यह स्पष्ट कर दिया कि कांग्रेस राय साहब पर भरोसा नहीं कर सकती।

राय साहब अपने-आपको समाजवादी और कम्युनिस्ट कहते हैं। इस देश के समाजवादियों की अपनी कोई स्वतन्त्र नीति नहीं है। कांग्रेस की नीति का अक्षरश: पालन ही वे अपना कर्त्तव्य समझते हैं। रही कम्युनिस्टों की बात! सो इस देश में कम्युनिस्ट पार्टी नहीं है। व्यक्तिगत रूप से कम्युनिस्ट विचार रखनेवाले लोग ज़रूर हैं परन्तु उनकी नीति या तो जनता के सामने आ नहीं रही या वे भी कांग्रेस के साथ संयुक्त मोर्चा क़ायम करने के पक्ष में हैं। कम्युनिस्ट राय साहब पर भरोसा कर सकते हैं या नहीं? यदि इस बात को समझना हो, हमें राय साहब की नीति की तुलना कम्युनिस्टों के गढ़ रूस के विचारों से करनी होगी। रूस के विचारों को सही-सही समझने का दावा हम नहीं कर सकते परन्तु सिद्धान्त रूप से इतना ज़रूर समझते हैं कि कम्युनिस्ट लोग सिद्धान्त रूप से फैसिज़्म को पूँजीवाद का उग्र रूप ही समझते हैं इससे भिन्न कोई दूसरी वस्तु नहीं। फैसिज़्म पूँजीवाद की रक्षा का ही एक प्रयत्न है। एक देश अपने पूँजीवादी अधिकारों की रक्षा फैसिज़्म की राह से करने का उपाय करता है तो दूसरा देश अपने पूँजीवादी अधिकारों की रक्षा दूसरे तरीक़े से कर सकता है। कम्युनिस्टों के विचार में इन दोनों तरीक़ों में कोई भेद नहीं। लेकिन राय साहब कम्युनिस्ट होने का दम भी भरते हैं और फैसिज़्म और पूँजीवाद में भेद निकालने का दम भी भरते हैं। अर्थात् वे कम्युनिस्टों के भरोसे के लायक भी नहीं।

राय साहब को नये-नये विचार और सिद्धान्त निकालने की आख़िर इतनी ज़रूरत क्या है कांग्रेस भी तो फैसिज़्म को गालियाँ दिये ही जा रही है और ब्रिटिश सरकार को सहायता देने की बात भी सोच रही है। आख़िर इस देश में शान्ति रक्षा की फिक्र तो कांग्रेस को करनी ही है और उसके लिए युद्ध में ब्रिटिश सरकार की

सहायता की बात यह दबे शब्दों में कह भी रही है परन्तु राय साहब को सबसे अनोखी बात कह जाने का शौक़ जो है? उसका इलाज क्या हो? इस हालत में कौन उनकी प्रतिभा की क़द्र कर सकता है और कौन उनकी राय से लाभ उठा सकता है और कौन उनके फ़तवों पर ग़ौर कर सकता है।

राष्ट्रीय कार्यक्रम निर्धारिणी कमेटी

पण्डित जवाहरलाल नेहरू कार्यक्रम निर्धारिणी कमेटी के सभापित हैं इसलिए इस कमेटी की तजवीज़ो को सोशलिस्टिक (समाजवादी ढंग की) तजवीज़ें कहा जाता है। और लोग इन तजवीज़ों को क्या कहते हैं सो नहीं मालूम परन्तु पण्डित जवाहरलाल जी इन्हें ज़रूर सोशलिस्टिक कहते हैं। ग़नीमत यही है कि वे इन्हें सोशलिस्ट नहीं कहते ऐसा होने से सोशलिज़्म को ठीक-ठीक समझनेवाले लोगों और सोशलिज़्म का विरोध करनेवाले दोनों का ही विरोध हो जाता और पण्डित जी को अपने विचारों को स्पष्ट करना पड़ता परन्तु सोशलिस्टिक (सोशलिज़्म की रंगत लिये हुए) कहने से वे दोनों ही अपने बने रह सकते हैं।

राष्ट्रीय कार्यक्रम निर्धारिणी कमेटी की तजवीज़ों में क्या सोशलिस्टपना है इसे समझाते हुए पण्डित जी कहते हैं कि इस कमेटी की तजवीज़ों के अनुसार राष्ट्र के बड़े-बड़े उद्योग-धन्धों का नियन्त्रण सरकार की ओर से समाज के उपयोग के लिए होगा और पैदावार के आधारभूत उद्योग-धन्धे (Industries) भी राष्ट्र के ही नियन्त्रण में चलाये जायेंगे। परन्तु उद्योग-धन्धों के राष्ट्रीय नियन्त्रण में होने ही से अगर समाजवाद हो जाता है तो आज जर्मनी और इटली में भी समाजवाद क़ायम समझना चाहिए और युद्ध की वजह से इंग्लैण्ड के भी बहुत से बड़े-बड़े उद्योग-धन्धे जिनका युद्ध से किसी प्रकार का सम्बन्ध है, इस समय राष्ट्रीय नियन्त्रण में चल रहे हैं। लेकिन क्या इससे यह समझा जाय कि यूरोप में आज दिन सभी जगह समाजवाद क़ायम हो गया है।

पैदावार के साधनों के राष्ट्र के नियन्त्रण में आ जाने से ही समाजवाद स्थापित नहीं हो सकता। राष्ट्र के नियन्त्रण का अर्थ क्या? राष्ट्र का नियन्त्रण तो आज भी भारतवर्ष में रेलवे पर है। परन्तु इससे सार्वजनिक हित कहाँ तक पूरा होता है? राष्ट्र का नियन्त्रण पैदावार के साधनों पर क़ायम करने से पहले आवश्यक यह है कि राष्ट्र

पर जनता का नियन्त्रण हो। यदि राष्ट्र या सरकार पर केवल पूँजीपति श्रेणी का ही नियन्त्रण रहता है, जैसा कि आज जर्मनी में है तो जिन साधनों पर राष्ट्र का नियन्त्रण होगा वे सार्वजनिक लाभ के विचार से न चलाये जाकर राष्ट्र का नियन्त्रण करनेवाली शक्ति के लाभ के लिए ही चलाये जायेंगे।

यदि राष्ट्र या सरकार पर सर्वसाधारण का अधिकार हो जाता है तो फिर पैदावार के साधनों या सार्वजनिक उपयोग की दूसरी वस्तुओं पर उनका अधिकार होते देर नहीं लगेगी। पण्डित नेहरू जी के सभापतित्व में जो सोशलिस्टिक तजवीज़ें तैयार हो रही हैं उनका अभी कुछ उपयोग हो नहीं सकता। जब तक कांग्रेस का राज नहीं हो जाता नेहरू जी की यह तजवीज़ें 'पाल' में डालकर रखी रहनी पड़ेगी और जिस दिन स्वराज्य मिल जायेगा उस दिन यह अनुभव हो सकता है इन तजवीज़ों के अनुकूल न बैठें और उस दिन फिर नयी तजवीज़ें तैयार करनी पड़ें। इसलिए हमारे विचार में क्या यह बेहतर न होगा कि अपनी शक्ति को कभी आनेवाले समय के लिए तजवीज़ें बनाने की अपेक्षा सर्वसाधारण जनता को यही समझाने में खर्च किया जाये कि सोशलिज़्म और समाजवाद है क्या चीज़! समाज के पैदावार के साधनों के व्यक्तिगत लाभ के उद्देश्य से व्यक्तियों की निजी सम्पत्ति बने रहने में और उनके समाज की सम्पत्ति बन जाने में क्या अन्तर आ जाता है और समाज का उससे कितना लाभ हो जाता है।

राष्ट्रीयकरण को देश की जनता पर लादने की अपेक्षा यह कहीं अच्छा होगा कि जनता स्वयं उसकी उपयोगिता समझकर समय आने पर जारी कर सके।

◈

का. ज़करिया और नित्यानन्द

जिस देश में सरकार और जनता का मत न मिलता हो वहाँ आये दिन राजनैतिक आन्दोलनों का चलना ज़रूरी है। राजनैतिक आन्दोलन के क्रियात्मक और उग्र रूप धारण करने पर राजनैतिक कार्यकर्त्ताओं का जेल जाना भी ज़रूरी हो जाता है।

यदि कुछ आदमियों का काम सरकार की दृष्टि में सार्वजनिक शान्ति के लिए ख़तरनाक है तो सरकार उन्हें अपने कार्यक्षेत्र से हटाकर जेल में नज़रबन्दी की हालत में रखेगी ही। परन्तु ऐसे आदमियों के सरकार द्वारा जेल भेजे जाने पर या नज़रबन्द

किये जाने पर यह नहीं भूल जाना चाहिए कि उन लोगों का जीवन जनता की दृष्टि में उतना ही मूल्यवान् है जितना कि सरकार की दृष्टि में सरकारी अफ़सरों का जीवन है। इस प्रकार के सार्वजनिक कार्यकर्त्ताओं को बन्धन में डालते समय सरकार द्वारा उनके कामकाज के क्षेत्र पर रुकावट लगाना तो समझ में आता है परन्तु उनके प्रति वैर-विरोध की भावना समझ में नहीं आती। अनेक जजों ने अनेक अवसरों पर राजनैतिक बन्दियों के बारे में यह स्पष्ट कहा है कि वे लोग आचार-व्यवहार की दृष्टि से अपराधी नहीं हैं। उन्हें जेल भेजा जा रहा है केवल उनके विचारों पर प्रतिबन्ध लगाने के लिए परन्तु यह उदारता कचहरी के दरवाज़े पर ही ख़त्म हो जाती है। जेल के दरवाज़े के भीतर वही पुरानी दुनिया बसती है जिसमें किसी मनुष्य के अपराधी होने या अपराधी न होने का कोई सवाल नहीं उठता। उद्देश्य रहता है केवल यह कि जेल के भीतर पैर रखते ही क़ैदी को छठी का दूध याद आ जाय! उसे उसके अपराधों का वह मज़ा चखाया जाय कि फिर कभी वह ऐसा काम न करे कि जेल की तरफ़ उसे ताकना पड़े।

मनोविज्ञान की दृष्टि से यह रवैया ग़लत समझा जाता है। संसार के सभ्य देशों में क़ैदी से बदला लेने की भावना को दूर कर क़ैदी का मानसिक सुधार करने का यत्न किया जाने लगा है। कांग्रेस सरकार के दौरान में इस प्रान्त में भी जेलों के सम्बन्ध में कुछ इसी प्रकार की बात की और कही गयी थी परन्तु अमली तौर पर उनका कुछ असर हुआ दिखायी नहीं देता।

राजनैतिक क़ैदियों के प्रति सरकार का क्या रुख़ है यह पिछले दो मास में ख़ूब स्पष्ट हो गया है। वही बदला लेने की भावना ही जेलों में प्रबल दिखायी देती है। का. ज़करिया इलाहाबाद जेल में और का. नित्यानन्द झाँसी जेल में क़ैदी के प्रति घृणा और प्रतिकार की भावना के कारण पैदा होनेवाली उपेक्षा और बेपरवाही का शिकार हो चुके हैं। का. लोहिया के प्रति जो अपमानजनक व्यवहार हुआ वह भी राजनैतिक कैदियों के प्रति सरकारी कर्मचारियों के मन में बसी घृणा का प्रमाण है। राजनैतिक क़ैदियों के जीवन के प्रति इस प्रकार की उदासीनता से राजनैतिक क़ैदियों के मन पर क्या प्रभाव पड़ता है, इसे वे लोग ख़ूब समझते हैं जिन्हें जेल काटने का अवसर मिला है। राजनैतिक कार्यकर्त्ता जेल और सज़ा के मार्ग पर क़दम रखने से पहले ही अपने-आपको सभी प्रकार के कष्टों के लिए तैयार कर लेते हैं। जेल के जीवन की सख़्तियाँ और बीमारी की अवस्था में उपेक्षा न केवल अपने दृढ़-निश्चय से हटा नहीं सकती बल्कि उनके विचार को और भी दृढ़ बना देती है और विशेषकर कांग्रेस कार्यकर्त्ताओं के सम्बन्ध में तो यह बात और भी अधिक लागू होती है जो कष्ट सहन करना ही अपनी सबसे बड़ी शक्ति समझते हैं।

ऊपर जो कुछ लिखा गया है वह राजनैतिक कार्यकर्त्ताओं के प्रति जेलों में रियायत का व्यवहार करने की अपील के तौर पर नहीं लिखा गया। इसका मंशा है केवल सरकार को यह याद दिलाना कि जब यह यूरोप में न्याय और मनुष्यता के नाम पर हिटलर की बर्बरता से लोहा ले रही है तो इस देश की जनता के सम्मुख भी उसे मनुष्यता के व्यवहार का नमूना रखना चाहिए। शक्ति के बल पर विचारों को दबाने की कोशिश करना स्वयं हिटलर के विचारों का समर्थन करना होगा।

अक्टूबर
१९४०

घोड़े के आगे गाड़ी

गाँधी जी अपनी बात प्राय: अनोखे शब्दों और अनोखे ढंग से कहा करते हैं और जनता को उनकी बात समझने के लिए काफ़ी उधेड़बुन करनी पड़ती है। गाँधी जी की ऐसी ही बातों में से एक बात 'स्वतन्त्रता के सार' (Substance of Independence) की माँग थी। स्वतन्त्रता के लिए ख़ास झगड़ा किये बिना स्वतन्त्रता के सार का क्या अर्थ हो सकता है यह समझने का बहुत दिन यत्न करने के बाद आख़िर उसका उदाहरण हमें गाँधी जी के नेतृत्व में पास किये गये कांग्रेस के इस प्रस्ताव में मिला। युद्ध के संकट में फँसी ब्रिटिश सरकार के प्रति गाँधी जी और कांग्रेस की सहानुभूति है। सरकार के इस संकट की आवश्यकता में फँसे रहने पर स्वराज्य की माँग पेशकर वह सरकार को परेशान भी नहीं करना चाहती। इस युद्ध में कांग्रेस सरकार की विजय भी चाहती है परन्तु इसके साथ ही वह सरकार से यह अधिकार भी चाहती है कि युद्ध के विरुद्ध प्रचार करने की स्वतन्त्रता उसे रहे। आज़ादी की माँग को स्थगित करके केवल बोलने की आज़ादी माँगने का अर्थ ही शायद आज़ादी का सार (Substance of Independence) है। अमली तौर पर यह बात कितनी सही है और कहाँ तक क्रियात्मक हो सकती है इस बारे में बहुत-कुछ शंका और एतराज़ हो सकते हैं परन्तु इस बात में कोई सन्देह नहीं हो सकता कि आज़ादी प्राप्त किये बिना आज़ादी से प्राप्त हो सकनेवाले अधिकारों की माँग करना और उस माँग की पूरे किये जाने की आशा करना राजनीति के इतिहास में एक नयी बात है। यह बहुत-कुछ उसी प्रकार है कि सम्पत्ति के स्वामित्व का अधिकार तो एक व्यक्ति के पास रहने दिया जाय परन्तु सम्पत्ति के व्यवहार करने का अधिकार माँग लिया जाय। आध्यात्मिक दृष्टिकोण से यह बात युक्तियुक्त जँचने पर भी व्यापारिक बुद्धि और क्रियात्मकता की दृष्टि से समस्याओं पर विचार करनेवाली अंग्रेज़ी सरकार को यह प्रस्ताव स्वीकृत नहीं हो सकता। हमें तो इस बात का निश्चय

था ही परन्तु इस बात का पता अब गाँधी जी और कांग्रेस की वर्किंग कमेटी को भी लग ही गया।

यदि ब्रिटिश सरकार भारत को युद्ध का विरोध करने की स्वतन्त्रता दे देती है तो इसका अर्थ होता है कि सरकार भारत के जन-धन के साधनों का उपयोग अपनी इच्छा के अनुसार और भारत की इच्छा के विरुद्ध करने के अधिकार को छोड़ देती है। इसके साथ ही युद्ध के विषय में भारत को अपनी नीति निश्चित करने का अधिकार भारत को दे देने का अर्थ होगा अन्तरराष्ट्रीय क्षेत्र में भारत को अपना मार्ग निश्चित करने की स्वतन्त्रता दे देना। यदि ब्रिटिश सरकार भारत को इतने अधिकार दे देती है तो फिर पूर्ण स्वतन्त्रता मिल जाने में शेष रह ही क्या जाता है? इसके बाद भी यदि ब्रिटिश सरकार भारत पर अपना अधिकार रखना चाहती है तो यह अधिकार केवल नाममात्र का होगा। शायद गाँधी जी और वर्किंग कमेटी के दिमाग़ में यही पैंतरा था कि स्वतन्त्रता न माँगकर स्वतन्त्रता का परिणाम या सार ही सरकार से माँग लिया जाय परन्तु स्वतन्त्रता प्राप्त किये बिना स्वतन्त्रता के अधिकार प्राप्त कर लेना एक स्वप्नमात्र है और शायद यह गाड़ी के आगे घोड़े को न लगाकर घोड़े के आगे गाड़ी को लगाकर चलाने की आशा करने के समान ही बुद्धिमत्ता है।

आगे क्या?

अब साधारण बुद्धि के लोग घोड़े के आगे गाड़ी लगाकर चलाने की आशा नहीं करते तो हमारे देश की नौका की पतवार थामनेवाले नेता ऐसी आशा किस प्रकार कर सकते हैं, यह अत्यन्त विस्मय की बात है। गवर्नमेण्ट के सामने स्वतन्त्रता की माँग न रखकर स्वतन्त्रता के अधिकारों की माँग रखने में हमें यह नीति दिखायी देती है कि सरकार और कांग्रेस में संघर्ष की अवस्था जितनी अधिक टाली जा सके टाली जाय। सरकार को अपनी सद्भावना और सहानुभूति का निश्चय दिला देने के बाद युद्ध का विरोध कर सकने के अधिकार की माँग करने का तात्पर्य शायद यह था कि सरकार समझ जाय कि जिस संस्था को हमारे संकट के प्रति सहानुभूति है वह युद्ध के विरोध का प्रचार कर हमारे संकट को क्यों बढ़ायेगी? कांग्रेस सरकार को

समझाना चाहती थी कि युद्ध के विरोध का अधिकार हम केवल अपने अधिकार और प्रतिष्ठा की रक्षा के लिए ही चाहते हैं तुम्हारे मार्ग में अड़चनें डालने के लिए नहीं। तुम हमारा मन रखने के लिए वह अधिकार दे दो ठीक उसी तरह जिस तरह बीमार बच्चे के फल के लिए हठ करने पर फल उसे खेलने के लिए दे दिया जाता है इस शर्त पर कि फल को खायेगा नहीं। वर्ना गाँधी जी के गिड़गिड़ा कर सरकार से यह प्रार्थना करने की क्या जरूरत थी कि आप ही बताइये कि ऐसी अवस्था में कांग्रेस क्या करे? कांग्रेस-जैसी संस्था जिसके जीवन का उद्देश्य ही रहा हो इस देश से विदेशी शासन को दूर करना और साम्राज्यवाद का नाश करना, स्वयं जाकर विदेशी शासन और साम्राज्यवाद के प्रतिनिधि से यह प्रार्थना करे कि आप ही बताइये कि किस तरह हमारा अस्तित्व क़ायम रहे और प्रतिष्ठा बनी रहे, एक पहेली है जिसे समझ सकना साधारण समझ के मनुष्यों के लिए कठिन है। परन्तु अब भी गाँधी जी निराश नहीं हैं। वे अब शायद अपनी माँग को दूसरे शब्दों में सरकार के सामने पेश करेंगे और इस माँग का अभिप्राय शायद यह होगा कि अहिंसा के प्रचारक के नाते सिद्धान्त रूप से कांग्रेस के वर्तमान युद्ध का विरोध करने के अधिकार को स्वीकार कर लिया जाय परन्तु ब्रिटिश सरकार की संकटमय अवस्था को ध्यान में रख और उसके प्रति अपनी सहानुभूति को याद कर कांग्रेस केवल व्यक्तिगत रूप से युद्ध से असहयोग करेगी परन्तु सरकार को संकट से बचाने के लिए इस प्रकार का प्रचार कर कोई अड़चन पेश न करेगी। हो सकता है ऐसी अवस्था में सरकार कांग्रेस की प्रतिष्ठा और अस्तित्व की रक्षा के लिए कोई सहूलियत देने की बात सोच सके।

हमारे उत्साही युवकों ने अपने समय का बहुत काफ़ी भाग सरकार और कांग्रेस में लड़ाई छिड़ने की प्रतीक्षा में गुज़ार दिया है। वे उमंग से जेल जाकर अपनी देशभक्ति का परिचय देने के लिए व्याकुल हैं। परन्तु हम पूछते हैं उनकी इस क़ुर्बानी से इस देश की जनता को क्या लाभ होगा? हम अनुभव करते हैं कि कांग्रेस के नेतृत्व में देश की जनता के जीवन के अधिकारों का आन्दोलन दिन-प्रतिदिन केवल एक वैधानिक होता जा रहा है जो केवल प्रस्ताव बनानेवालों और राजनैतिक बहस के पैंतरेबाजों की चीज़ है। जनता इससे प्रतिदिन दूर हटती जाती है। यदि हमारी इस लड़ाई का उद्देश्य वास्तव में ही जनता के जीवन के अधिकारों को प्राप्त करना है तो हमें अपना मुँह प्रस्तावों और जलसों के प्लेटफार्म से मोड़कर जनता की ओर करना चाहिए। सबसे पहले हमारा कर्त्तव्य होना चाहिए जनता के जीवन की आर्थिक कठिनाइयों को स्वयं समझने की कोशिश करना और उसके बाद जनता को उस मार्ग पर चलने के लिए तैयार करना। इसके लिए जलसा और प्लेटफार्म का मार्ग अनुकूल

नहीं। वह तो इस समय उन लोगों का अखाड़ा हो रहा है जो चुनाव के मैदान के पहलवान हैं। हमारे लिये ज़रूरी है कि व्यक्ति से व्यक्ति के रास्ते अपना सन्देश पहुँचाना। इसमें सन्देह नहीं कि यह रास्ता लम्बा और कठिन है परन्तु इसके सिवा और राह नहीं।

◈

नींबू कड़वा हो जाता है

मि. जिन्ना बड़े भारी राजनीतिज्ञ हैं। इसका सबूत यह है कि इस देश से भाग्य का फैसला करने के लिए विदेशी सरकार के प्रतिनिधि उन्हें हर बात में बुलाकर पूछते हैं। उनकी राजनीतिज्ञता का सबूत यह है कि एक दिन कांग्रेस के मामूली नेताओं में गिनती थी और आज वे अपने-आपको आधे हिन्दोस्तान का बेताज बादशाह ख़याल कर सकते हैं। उनकी राजनीतिज्ञता का सबूत यह है कि एक ओर वे आज़ादी चाहनेवाली मुस्लिम जनता को ख़ुश करने के लिए मुस्लिमलीग से देश की पूर्ण स्वतन्त्रता का प्रस्ताव पास करा देते हैं। दूसरी ओर सरकारी पदों और पक्षपात के भूखे कुछ अमीर उमरा मुसलमानों को यह दिलासा दिला देते हैं कि सरकार को मदद देने के नाम पर हम तुम्हें वे हक़ दिला देंगे जो देश की जनसंख्या के आधार पर तुम्हें कभी मिल नहीं सकते। तीसरी ओर वे सरकार को सुनाकर कह देते हैं कि हम मुसलमान सरकार की सहायता के लिए अपने ख़ून की एक-एक बूंद बहा देंगे। हिन्दू महासभा से वे बात ही नहीं करते। हिन्दू महासभा है क्या? एक सम्प्रदाय (Community) ही तो। जिन्ना साहब साम्प्रदायिक झगड़ों में नहीं फँसते। वे तो एक पूरी जाति के प्रतिनिधि हैं और जातीय संगठन के नेता हैं और यह जातीय संगठन है मुस्लिम लीग। मुस्लिम लीग का मक़ाबिला हिन्दू महासभा थोड़े ही है। इसीलिए वे हिन्दू महासभा से पैंतरा नहीं लेते। वे मुक़ाबिला करते हैं कांग्रेस का! क्योंकि सरकार की नज़रों में उनकी क़द्र हिन्दू महासभा का मक़ाबिला करने से नहीं हो सकती। सरकार की नज़रों में उनकी क़द्र हो सकती है कांग्रेस की राह में दीवार बनकर लेट जाने से। और कांग्रेस-जैसी राष्ट्रीय संस्था से झगड़ा करने से ही संसार की राजनीति में उनका ज़िक्र हो सकता है।

अब तक तो यह तूती बज गयी क्योंकि सरकार जो ताल दे रही थी उससे इसका मेल बैठता था परन्तु आगे क्या होगा? फ़र्ज़ यह कीजिये कि सरकार युद्ध के समय

के लिए देश में पूर्ण साम्प्रदायिक शान्ति रखकर हिन्दू-मुसलमानों से सम्मिलित सहयोग प्राप्त करने की कोशिश करे। यह भी फ़र्ज़ कर लीजिये कि कांग्रेस और सरकार की पटरी नहीं बैठती और कांग्रेस हुजूर वाइसराय की एक्ज़ीक्यूटिव काउन्सिल में या युद्ध चलानेवाली कमेटी से बाहर रह जाती है, उस समय जिन्ना साहब इस काउन्सिल में पूरी आधोआध जगह चाहते हैं हालाँकि देश की आबादी का चौथाई हिस्सा भी मुसलमान नहीं हैं और मुसलमानों की सम्पूर्ण संख्या के मुश्किल से पाँचवें हिस्से के भी वे प्रतिनिधि नहीं हैं। हम मान लेते हैं कि मुसलमानों को, सरकार की गोद में दिखावटी पक्षपात दिलाने की इस कोशिश में मि. जिन्ना का विरोध वे मुसलमान भी नहीं करेंगे जो साधारणत: उन पर विश्वास नहीं करते परन्तु मि. जिन्ना की इस चाल से क्या सरकार के लिए देश की हिन्दू जनता को जो देश का तीन-चौथाई भाग है सन्तुष्ट करना कठिन नहीं हो जायेगा? क्या सरकार को हिन्दू जनता के सहयोग की ज़रूरत नहीं है? क्या देश मुसलमानों के तमाम ख़ून की बूँदों से ही—हिन्दुओं का पसीना बहे बिना ही इस भयंकर युद्ध में सरकार की सफलता और देश की रक्षा का काम बन जायेगा?

फ़िरकापरस्ती के नाम पर लाभ उठानेवाले मुसलमानों के साथ सरकार के दरबार में क्या सुलूक हो, इस बात का फ़ैसला करने का तो हक़ जिन्ना साहब को है ही परन्तु इसके साथ ही फ़िरकापरस्ती के नाम पर लाभ उठाने की चाह रखनेवाले हिन्दुओं के साथ क्या सुलूक हो इस बात का फ़ैसला भी जिन्ना साहब ही करेंगे। सरकार के दस्तरख़ान से हिन्दुओं को क्या मिलेगा? वही जो जिन्ना साहब अपने लिये ग़ैर ज़रूरी समझकर या मेहरबानी के ख़याल से जूठा छोड़ देंगे। क्या ही अच्छा हो यदि जिन्ना साहब वाइसराय से साफ़-साफ़ कह दें "अपने सब हुक़ूक़ हमीं को सौंप दो हम जो मुनासिब समझेंगे वही करेंगे।"

जिन्ना साहब कहते हैं कि इस मुल्क की राजनीति के दो ही दावेदार हैं—एक कांग्रेस और दूसरी उनकी मुस्लिम लीग। हिन्दू कहीं है ही नहीं! मुस्लिम लीग का हक़ वे कांग्रेस के बराबर ही समझते हैं। ज़्यादा नहीं यही क्या कम मेहरबानी है! मुल्क की चौथाई आबादी के प्रतिनिधि होने के ज़ोर पर (यह दावा कितना सच है यह बात दूसरी है) वे देश में आधा ही हक़ माँगते हैं क्या यही उनकी कम मेहरबानी है। मि. जिन्ना की नज़र में हिन्दुओं को तो कुछ बोलने का हक़ है ही नहीं क्योंकि उनके फ़ैसले के अनुसार हिन्दुओं की प्रतिनिधि तो कांग्रेस है। डॉ. मुंजे और भाई परमानन्द कांग्रेस को हिन्दुओं का प्रतिनिधि मानें, या न मानें जिन्ना तो मानते हैं। हिन्दुओं का प्रतिनिधि कौन है इस बात का फैसला करने का हक़

हिन्दू होने का दम भरनेवालों को नहीं बल्कि जिन्ना साहब को है। इस बात का फ़ैसला करने का उतना हक़ शायद वाइसराय को भी नहीं जितना कि जिन्ना साहब को है।

हम यह कहते हैं कि जितने हक़ जिन्ना साहब अपनी मुस्लिम लीग के लिए माँगते हैं उतने ही हक़ यदि कांग्रेस और हिन्दू महासभा भी माँगने लगे और कोई वजह नहीं कि मुस्लिम लीग के सिवा दूसरी संस्था भी वे हक़ न माँगे, तो बेचारी सरकार कहाँ जायेगी? आज दिन की संकटमय परिस्थिति में तो सरकार को ज़रूरत है सभी सम्प्रदायों के सहयोग की और जिन्ना साहब और मुस्लिम लीग लाड़ से बिगड़े हुए बच्चे की तरह सबसे ज़्यादा खिलौने लेने का हठकर सरकार के लिए उस सहयोग को असम्भव बना दे रही है। हमें ताज़्जुब न होगा यदि आज दिन सरकार अपने मन में यह अनुभव करने लगे कि साम्प्रदायिक प्रतिनिधित्व की जिस साँचाबन्दी से देश को बाँटकर रखने में सफलता मिली थी वही साम्प्रदायिक साँचाबन्दी देश को विकट स्थिति में एक दीवार की तरह खड़े कर सकने में एक अड़चन बन रही है। जब तक सरकार देश में सहयोग और एकता के भाव की उपेक्षा कर सकती थी और बात थी परन्तु जब सरकार को इस सहयोग और एकता की आवश्यकता अनुभव होने लगी है तो बात दूसरी हो गयी है।

भारत मन्त्री मि. आमरी की अभी हाल में दी गयी लम्बी वक्तृता को चाहे केवल जंगल का विसूना ही समझा जाये परन्तु यदि हम उन्हें ईमानदारी का श्रेय देना चाहते हैं तो यह स्वीकार करना होगा कि वह भारत में किसी दिन राष्ट्रीय सरकार स्थापित होने की बात पर विश्वास करते हैं। यदि भारत में राष्ट्रीय सरकार की स्थापना होनी है तो वह एक ही राष्ट्र की सरकार होगी दो राष्ट्रों की नहीं होगी परन्तु मि. जिन्ना तो भारत में दो राष्ट्र या दो नेशन्स होने की रट लगाये जा रहे हैं। ब्रिटिश सरकार आज भारत को—चाहे वह कुछ समय के लिए क्यों न हो—एक राष्ट्र के रूप में अपनी सहायता के लिए खड़ा देखना चाहती है। परन्तु मि. जिन्ना भारत को न तो एक राष्ट्र मानने के लिए तैयार हैं और न उसे एक राष्ट्र समझने के लिए तैयार हैं। यदि हम आमरी साहब की बात पर विश्वास करना चाहते है तो हमें मानना पड़ेगा कि मौजूदा परिस्थिति में मि. जिन्ना ब्रिटिश सरकार की नीति की राह में रोड़ा अटका रहे हैं। उनकी अपेक्षा कांग्रेस की सहायता से ही भारत के एक राष्ट्र के रूप में सबल रूप से खड़े हो सकना सम्भव है। किसी समय अपनी करतूत से मि. जिन्ना ने ब्रिटिश सरकार का मतलब पूरा किया था इसलिए उनको राजनैतिक महत्त्व के रूप में

पुरस्कार भी कम नहीं मिला परन्तु यदि मि. जिन्ना अब भी उसी ढर्रे पर चलते चले जायेंगे तो वे ब्रिटिश सरकार को सबल बनाने की अपेक्षा निर्बल बनाने का कारण होंगे और परिणामस्वरूप ब्रिटिश सरकार की कृपा से प्राप्त अपने राजनैतिक महत्त्व को भी खो बैठेंगे। इसीलिए हम कहते हैं—समय आ गया है कि मि. जिन्ना अपनी नीति पर दुबारा ग़ौर करें क्योंकि नींबू को बहुत अधिक निचोड़ने से वह आख़िर कड़वा हो जाता है।

◈

राय साहब का इस्तीफा

आज हिन्दोस्तान के सरकारपरस्त और ऐंग्लो इण्डियन अख़बारों में श्री राय की शहादत की धूम है। उनकी दूरदर्शिता की चर्चा है। वास्तविक स्थिति को पहचान सकने की उनकी सूझ की तारीफ़ है। और यह सब इसलिए कि राय साहब सम्पूर्ण कांग्रेस का विरोध कर यह कहते हैं कि बिना किसी शर्त के इस समय अंग्रेज़ों की मदद यह देश करे। कांग्रेस राय साहब की बात मानने के लिए तैयार नहीं बल्कि वह कांग्रेस की स्वीकृत नीति का विरोध करने के कारण उनसे जवाब-तलब करना चाहती है। ऐसी अवस्था में राय साहब ने कांग्रेस की मेम्बरी से इस्तीफा दे देना ही उचित समझा। कांग्रेस से इस्तीफा दे देना कोई नयी बात नहीं है। कांग्रेस की पूजा और श्रद्धा के आदर्श महात्मा गाँधी ने कांग्रेस से इस्तीफा देकर अपने व्यक्तित्व को कांग्रेस से स्वतन्त्र और बड़ा समझने की चाल चलायी है। गाँधी जी जब कांग्रेस को ठुकराते हैं तब अपने अहिंसात्मक और आध्यात्मिक सिद्धान्तों की दुहाई देकर। इस बात में राय साहब भी गाँधी जी से पीछे नहीं रहे। उन्होंने भी फैसिज़्म के विरोध की दुहाई देकर ही ऐसा किया है। जनता के सामने वे फैसिज़्म के शिकार बनकर और अपने सिद्धान्तों के लिए शहीद होकर आये हैं, और उनके यह सिद्धान्त हैं समाजवाद और कम्युनिज़्म के सिद्धान्त पर आश्रित हैं।

हम 'विप्लवी ट्रेक्ट' के सितम्बर मास के अंक में राय साहब के रवैये पर आलोचना करते हुए यह बात प्रकट कर चुके हैं कि भारत में कम्युनिस्टों की नीति पर चलनेवाला कोई संगठन नहीं। सरकार द्वारा कम्युनिस्ट पार्टी ग़ैर क़ानूनी क़रार दी जा चुकी है इसलिए प्रामाणिक तौर पर कम्युनिस्ट नीति पर चलने का दम कोई

संस्था भर नहीं सकती। व्यक्तिगत तौर पर अपने-आपको कम्युनिस्ट कहनेवाले कुछ दुस्साहसी जहाँ-तहाँ ज़रूर देखे-सुने जाते हैं। आज कम्युनिस्टों पर सरकार की ख़ास नाराज़गी होने के कारण कम्युनिस्टों की स्थिति कुछ-कुछ वैसी ही हो रही है जैसी कि कुछ वर्ष पूर्व आतंकवादी समझे जानेवाले क्रान्तिकारियों की थी। उनके प्रति सरकार की नाराज़गी और दमन के कारण जनता की दया और सहानुभूति उनकी ओर हो जाती है। राय साहब का और उनके साथियों का दावा है कि कम्युनिस्ट सिद्धान्तों पर दृढ़ विश्वास होने के कारण ही राय साहब अंग्रेज़ों को बिना शर्त सहायता देकर फैसिज़्म का विरोध करना चाहते हैं। हम यह देखना चाहते हैं कि कम्युनिस्ट होने के नाते फैसिज़्म का विरोध करने के लिए क्या कांग्रेस की नीति का विरोध करना ज़रूरी है?

राय साहब और उनके साथी हमें क्षमा करेंगे यदि हम कहें कि आज वे और उनकी पार्टी सरकार की सहायक होने का दम भरने के कारण एक सुरक्षित स्थान पर खड़े होकर अपने विचारों से भेद रखनेवालों पर आक्रमण कर रहे हैं आज कोई यदि उन्हें मुँहतोड़ जवाब देता है तो उसे सरकार से मार खानी पड़ेगी। हम न तो बहुत बहादुर होने का ही दावा करते हैं और न कम्युनिज़्म के प्रचारक और पण्डित होने का। परन्तु इतना देखना तो हमारे लिये निहायत ज़रूरी है कि आजा कम्युनिज़्म के जिस दावे पर राय साहब शहीद होने का दम्भ भर रहे हैं, वह कहाँ तक सच्चा है। क्या राय साहब और उनके कम्युनिस्ट इस बात से इनकार कर सकते हैं कि यूरोप का वर्तमान युद्ध पूँजीवाद के कारण उत्पन्न होनेवाली स्पर्द्धा और होड़ के कारण ही हो रहा है? क्या वे यह कह सकते हैं कि जर्मनी के हार जाने के कारण समाजवाद का प्रचार हो जायेगा? यह हम मानते हैं कि जर्मनी, इटली के इस युद्ध में विजयी होने पर ब्रिटिश साम्राज्य निर्बल हो जायेगा और भारत के ब्रिटिश साम्राज्य का अंग होने के नाते जर्मनी और इटली के दमन और अत्याचार का असर यहाँ तक भी पहुँच सकता है। परन्तु ऐसी अवस्था में ईमानदारी का यह तकाज़ा है कि स्पष्ट तौर पर यह स्वीकार किया जाय कि अंग्रेजों की सहायता हम ब्रिटिश साम्राज्य की रक्षा के लिए करना चाहते हैं, इस देश में जो राजनैतिक और सामाजिक व्यवस्था मौजूद है, उसकी रक्षा के लिए नहीं करना चाहते हैं। उसके लिए कम्युनिज़्म के सिद्धान्तों का लबादा ओढ़ने की ज़रूरत क्या है? कम्युनिज़्म के नाम पर अंग्रेज़ों की सहायता की अपील करना उतनी दूरदर्शिता नहीं जितनी कि पूँजीवाद की रक्षा के नाम पर यह अपील करना है। क्योंकि कम्युनिज़्म के नाम पर जिन लोगों की सहानुभूति इस देश में प्राप्त की जा सकती है, उनकी संख्या ही कितनी है। और उनकी शक्ति का मूल्य ही कितना है। इसके विरुद्ध पूँजीवाद और साम्राज्य के नाम पर आपको मिलनेवाली

सहायता बहुत अधिक होगी। इसका स्पष्ट प्रमाण तो राय साहब को आज दिन ऐंग्लो इण्डियन पत्रों से मिलनेवाली सहायता है।

राय साहब ने जिस नाटकीय और शहीदी ढंग से अपने इस्तीफ़े का बयान दिया है वह भी एक ख़ास चीज़ है। आपका यह दावा है कि आपका राजनैतिक अनुभव और राजनैतिक कार्य कांग्रेस की शक्ति और गाँधीवाद से कहीं पुराना है, कहीं ऊँचा है। इसलिए वे कांग्रेस की और गाँधी जी के नेतृत्व की कोई परवाह नहीं करते। इस देश की राजनीति में राय साहब का जो स्थान है वह किसी से छिपा नहीं। वह जो भी रहा हो, उस पर बहस करने की आज ज़रूरत नहीं। ऐसा करने से केवल अप्रिय बातों की चर्चा होगी। परन्तु एक कम्युनिस्ट और मार्क्सवादी होने के नाते यदि राय साहब इस बात का दावा करें कि उनके सिद्धान्तों और कार्यक्रम को उनके व्यक्तित्व और उनकी पुरानी स्थिति के कारण महत्त्व दिया जाय तो हमें ताज़्ज़ुब ही होगा। मार्क्सवाद और कम्युनिज़्म व्यक्ति के कारण सिद्धान्तों की क़द्र नहीं करता बल्कि सिद्धान्तों और उससे अधिक कार्यक्रम के कारण व्यक्ति का मूल्य निश्चित करता है। यदि राय साहब के विद्वान् और पुराने नेता होने के कारण ही राय साहब के साथी हमसे यह आशा करें कि उनकी बात को आँख मूँदकर मान लिया जाय तो हम उनसे प्रार्थना करेंगे, समाजवाद और कम्युनिज़्म के पिछले बीस वर्ष के इतिहास को देखने की। प्लेखनेव अपने-आपको लेनिन का गुरु समझता था परन्तु उसके कार्यक्रम की अव्यावहारिकता के कारण कर्मशील कम्युनिस्टों को उसका नेतृत्व अस्वीकार करना पड़ा। इसके बाद इंग्लैण्ड के मज़दूर दल में रेम्ज़ेमैक्डोनाल्ड का उदाहरण हमारे सामने आता है अपने व्यक्तित्व के पीछे मज़दूर दल के कार्यक्रम को चलाना चाहता था और सबसे ज़बरदस्त उदाहरण हमारे सामने बुखारिन और ट्राट्स्की का है जिनकी विद्वत्ता और कम्युनिस्ट आन्दोलन में कार्य के प्रति किसी को भी शंका करने का साहस नहीं हो सकता परन्तु कम्युनिस्टों के उद्देश्य के प्रति कार्यक्रम के अनुकूल न होने के कारण कम्युनिस्टों को उन्हें त्याग देना पड़ा। इन विद्वानों और प्रतिभाशाली व्यक्तित्वों के कम्युनिस्ट आन्दोलन के प्रवाह से अलग होकर कम्युनिज़्म की सफलता के मार्ग में अड़चन बन जाने का कारण उनका अपने निजी व्यक्तित्व की योग्यता और शक्ति का अभिमान ही था। व्यक्तित्व का यह अति अभिमान समाज विरोधी भावना है जो व्यक्ति को समाज के कल्याण के अयोग्य बना देती है। हमें भय है राय साहब का अपने व्यक्तित्व के कारण विद्वानों का मूल्य निश्चित करने का तरीक़ा उन्हें उसी मार्ग पर ले जा रहा है जिस मार्ग पर प्लेखनेव, ट्राट्स्की और बुखारिन कम्युनिज़्म के लिए न केवल अनुपयोगी बल्कि हानिकारक व्यक्ति बन गये। यदि राय साहब की दृष्टि में कम्युनिज़्म द्वारा मनुष्य समाज के

कल्याण का अधिक महत्त्व है तो उन्हें अपने व्यक्तित्व को सिद्धान्तों से अधिक महत्त्व देना चाहिए।

◈

प्रजातन्त्र के शत्रु और मित्र

इस समय जर्मनी, जापान और इटली के परस्पर समझौते के कारण अन्तरराष्ट्रीय राजनीति में एक खलबली मची हुई है। इस समझौते के क्या-क्या परिणाम हो सकते हैं यह सवाल इंग्लैण्ड और इंग्लैण्ड से सम्बन्ध और सहानुभूति रखनेवाले राष्ट्रों को परेशान किये हैं। इस समझौते के जो भी परिणाम हों एक बात तो स्पष्ट है कि इस समझौते का अभिप्राय संसार में शान्ति की रक्षा और प्रचार नहीं है। इंग्लैण्ड के समाचार-पत्रों का कहना है कि इस समझौते का अर्थ है प्रजातन्त्र विरोधी मोर्चा तैयार करना। इस बात को सही मान लेने पर भी यह प्रश्न उठता है कि जर्मनी, इटली और जापान को प्रजातन्त्र विरोधी मोर्चा बनाने से लाभ क्या? किसी एक देश की सरकार किस प्रकार है, वह प्रजातन्त्र है या तानाशाही या राज सत्तात्मक इस बात से दूसरे देश को क्या मतलब? कोई दूसरे देश की सरकार अपने विचारों के अनुसार ठीक तरीके पर लाने के लिए ही उस पर आक्रमण कर अपनी शक्ति और सिपाहियों का नाश कर सकता है यह मानना कठिन है। इसमें सन्देह नहीं कि मौजूदा युद्ध की दलबन्दियों में एक ओर तीन तानाशाही देश हैं और दूसरी ओर इंग्लैण्ड और अमेरिका दो प्रजातन्त्रवादी देश। परन्तु जर्मनी, इटली और जापान का समझौता केवल प्रजातन्त्र का नाश ही है। यह बात हमारी समझ में आती है। तानाशाही के सिद्धान्त की पूजा की अपेक्षा इन तीनों देशों का अपना स्वार्थ ही अधिक है।

लगभग डेढ़ बरस हुआ जर्मनी, इटली और जापान में इसी प्रकार का समझौता हुआ था। उस समय इस समझौते का प्रयोजन बताया गया था संसार में कम्युनिज़्म को उखाड़ फेंकना। उस समय प्रजातन्त्र कहलानेवाले पूँजीवादी राष्ट्रों को इससे कोई आपत्ति न थी। क्या जर्मनी, इटली और जापान का प्रयोजन निस्स्वार्थ भाव से कभी कम्युनिज़्म को उखाड़ फेंकना और कभी प्रजातन्त्र को उखाड़ फेंकना हो और इसमें तीनों साम्राज्य के भूखे देशों का अपना स्वार्थ इसमें कुछ न हो यह मानने के लिए हम तैयार नहीं। वास्तव में इन तीनों देशों को न तो कम्युनिज़्म के विरोध से न प्रजातन्त्र साम्राज्य के विरोध से मतलब है। उन्हें मतलब है केवल अपने लिये दूसरे देशों की

भूमि और कच्चे माल को हड़पने के अधिकार को प्राप्त करना। जब तक इन लोगों की आँखें रूस के उपजाऊ मैदानों पर थीं तब तक इन्हें कम्युनिज़्म से विरोध था परन्तु रूस की बढ़ी हुई शक्ति के कारण यह इतना आसान नहीं था। इसलिए अपने स्वार्थ को सिद्ध करने के लिए जर्मनी और इटली को यूरोप के छोटे-छोटे प्रदेशों को निगलना पड़ा। जर्मनी, इटली और जापान के प्रजातन्त्र शासन-प्रणाली के विरोध का अर्थ है वास्तव में अपने साम्राज्यवाद को बढ़ाने की चाह और इन तीनों देशों का साम्राज्य बढ़ सकता है केवल उत्तरी अफ्रीका, चीन और भारत—जैसे निर्बल देशों को हड़पकर। जब तक निर्बल देशों के शोषण करने का तरीक़ा और अपने स्वार्थ के लिए निगल जाने का तरीक़ा जारी रहेगा सिद्धान्तों के नाम पर इस प्रकार के साम्राज्यवादी युद्ध चलते ही रहेंगे।

प्रजातन्त्र का दम भरनेवाले राष्ट्र इंग्लैण्ड और अमेरिका यदि वास्तव में ही इन लुटेरे देशों के अत्याचार का अन्त करना चाहते हैं तो उसका उपाय है एक वास्तविक प्रजातन्त्र शक्ति को इन देशों के मुक़ाबिले में खड़ा करना, जो इंग्लैण्ड और अमेरिका की तरह स्वयं भी दूसरों का शोषण करने को ही प्रजातन्त्र न समझे। इसके लिए आवश्यक है कि ऐसे देशों को सबल बनाया जाय जो अपनी निर्बलता के कारण दूसरों को उपद्रव करने का अक्सर प्रलोभन देते हैं। इसका उपाय है उत्तरी अफ्रीका, चीन और भारत को स्वतन्त्र और सबल प्रजातन्त्र राष्ट्र बनाकर संसार से प्रलोभन का कारण मिटा देना। तभी प्रजातन्त्र की शक्ति इन तानाशाही सरकारों के लिए दुर्जेय शक्ति बन सकेगी। वर्ना इन कोमल शिकारों को झपटने का काम सदा जारी रहेगा और उसके लिए सिद्धान्तों के अनेक बहाने भी निकलते आयेंगे।

नवम्बर

१९४०

एक चना भाड़ फोड़ेगा

जीवन के छोटे या बड़े कामों में हमारा एक उद्देश्य रहता है। उस उद्देश्य को प्राप्त करने के लिए ही हम साधनों का इस्तेमाल करते हैं। कोई भी साधन अच्छा है या बुरा, इस बात का निर्णय हम इसी ख़याल से करते हैं कि वह उद्देश्य को प्राप्त करने में कहाँ तक हमें सफल बना सकता है। यदि हमारे साधन देखने में बड़े भले मालूम होते हैं परन्तु मनुष्य समाज के कल्याण के उद्देश्य को हम उन साधनों से प्राप्त नहीं कर सकते तो उन साधनों की मनोहरता में अपने-आपको और जनता को फँसाये रखना स्वयं अपने-आपको और जनता को धोखा देना है। जिस कार्य और कार्यक्रम का परिणाम जनता को दुःख और शोषण में फँसाये रखना है उस कार्यक्रम की प्रशंसा में चाहे कितने ही बड़े-बड़े और भावुकता-भरे शब्दों का व्यवहार क्यों न किया जाय वे हमारे संकट को काटने में सफल नहीं हो सकते।

हमारे राजनैतिक आन्दोलन का उद्देश्य है, इस देश की जनता को पराधीनता और शोषण की उस अवस्था से छुटकारा दिलाना जिस अवस्था में उन्हें अपने जीवन की रक्षा के साधनों पर अधिकार नहीं। इसका साधन राजनैतिक स्वतन्त्रता है परन्तु राजनैतिक स्वतन्त्रता प्राप्त करने के लिए सबसे पहले ज़रूरत है हमारी जनता के सचेत होने की। सचेत होने से हमारा अर्थ है कि जनता दो बातों को पहचाने। प्रथम तो जनता यह पहचाने कि स्वतन्त्र जीवन क्या वस्तु है, इसके लिए उसे क्या प्राप्त करना है और फिर यह समझे और विश्वास करे कि इस स्वतन्त्र जीवन को प्राप्त करने की शक्ति उसमें है। स्वतन्त्रता और जीवन-अधिकार प्राप्त करने के लिए जनता में आत्मविश्वास होना सबसे पहली शर्त है। इस देश के निर्बल और पराधीन हो जाने का कारण यह था कि इस देश की जनता अपने अधिकारों और अपनी शक्ति से अपरिचित थी।

किसी भी देश या जाति का इतिहास देखने से हमें इस बात का विश्वास हो जायेगा कि अपने अधिकारों और कर्त्तव्य का ज्ञान और साहस की ज्योति देश और

जाति में पूर्ण रूप से कभी भी मिट नहीं जाती। जिस समय देश या राष्ट्र में प्रकट रूप से अधिकारों और कर्त्तव्य ज्ञान और साहस की ज्योति छिपी रहती है उस समय भी जनता को विराट् समूह में व्यक्तिगत रूप से यह सद्‌गुण जो मनुष्यता के विकास के बीज हैं थोड़ी-बहुत मात्रा में मौजूद रहते ही हैं। परन्तु कुछ एक व्यक्तियों के सद्‌गुणों से राष्ट्र नहीं उठा करते। राष्ट्रों के बनने और उन्नति करने के लिए इस बात की ज़रूरत होती है कि अधिकारों और कर्त्तव्य का ज्ञान तथा उसे पूरा करने का साहस देशवासियों की बड़ी संख्या में पैदा हो। देशों और जातियों को आगे बढ़ाने के लिए कुर्बानियों की ज़रूरत होती है। उसका अभिप्राय यही होता है कि अधिकारों और कर्त्तव्य का ज्ञान रखनेवाले और साहसी हृदयों के ख़ून के छीटे जनता में इन भावों के बीज फैला सके। देश और जातियाँ जनता की कुर्बानी से बनती और उन्नति करती हैं। करोड़ों में से एक-दो व्यक्तियों का जीवन उन्हें आगे नहीं ले जा सकता वे केवल उदाहरण बन सकते हैं।

स्वतन्त्रता-प्राप्ति का हमारा आन्दोलन आज तो शुरू नहीं हुआ। उसे शुरू हुए कम-से-कम एक-चौथाई सदी बीत चुकी है। आज हम केवल चेतना के ही युग में नहीं हैं। स्वतन्त्रता का अपना युद्ध हम आरम्भ कर चुके हैं। राष्ट्रीय रूप से उसके लिए हम कुर्बानियाँ भी कर चुके हैं। इस युद्ध को व्यक्तिगत कुर्बानी का रूप देना इस युद्ध को फिर पीछे ले जाने का प्रयत्न करना है। सभी देशों और जातियों की भाँति हमारी स्वतन्त्रता का युद्ध भी कर्त्तव्य और कुर्बानी की व्यक्तिगत भावना से ही शुरू हुआ था। उस समय देश और जनता में चेतना का अभाव होने पर हमारा वह युद्ध असंगठित भी था और जनता की शक्ति भी इसके पीछे नहीं थी, यह युद्ध शुरू हुआ था कुछ बड़े आदमियों द्वारा ब्रिटिश सरकार की चापलूसी से भरी भाषा में कुछ अधिकारों की माँग से, जिसे साधारण जनता न सुनती थी और कुछ साहस से पागल और जनता की नींद से व्याकुल आतंकवादी क्रान्तिकारियों की कुर्बानी के रूप में। और कुछ करने में असमर्थ या असफल होकर केवल गुलामी की भावना का विरोध कर ही इन्होंने अपने-आपको कुर्बान कर दिया।

उन कुर्बानियों की क़द्र करते हुए भी हमें यह मानना पड़ेगा कि वे लोग देश की जनता को स्वतन्त्रता के युद्ध के मैदान में नहीं ला सके। शस्त्रों और शक्ति का जो प्रयोग संसार में क्रान्ति और परिवर्तन का एकमात्र साधन रहा है, अपने अनुभव से हमने अपने-आपको उसका प्रयोग सफलतापूर्वक करने के अयोग्य पाया। इस असफलता का कारण या कसौटी यह थी कि जन-आन्दोलन के लिए जनता को हम साथ नहीं ले सकते थे। जनता को साथ लेकर चलने के लिए ज़रूरत थी जनता के हाथ में ऐसा शस्त्र देने की जिसे अपनी मौजूदा परिस्थितियों में जनता उपयोग में ला

सके, जिस शस्त्र की सहायता से जनता स्वयं आगे बढ़ने का विश्वास और साहस पा सके। इसके लिए ज़रूरत थी जनता के एक सार्वजनिक आन्दोलन की। गुप्त समितियों का क्रान्तिकारी आन्दोलन इस ज़रूरत को पूरा नहीं कर सकता था। परिस्थितियों ने इस देश का ध्यान सत्याग्रह द्वारा जन-आन्दोलन की ओर दिलाया और इस देश के राजनैतिक दृष्टि से सचेत लोगों ने उसकी उपयोगिता को स्वीकार कर लिया। हमने इस ऐतिहासिक सत्य को यह जाना कि एक शहीद के कुर्बानी के मार्ग पर सौ मील आगे बढ़ जाने की अपेक्षा यह कहीं अधिक अच्छा है कि सम्पूर्ण जनता अधिकारों और कर्त्तव्य के लिए कुर्बानी के मार्ग पर एक क़दम ही आगे बढ़ सके।

आतंकवादी क्रान्तिकारियों के विषय में चाहे जो कहा जाय परन्तु यह बात हमें माननी ही पड़ेगी कि उनका मार्ग सर्वसाधारण जनता के लिए नहीं था। इसलिए वह जनता का आन्दोलन नहीं था। हमारे राजनैतिक विचारकों और नेताओं ने कहा कि आतंकवादी क्रान्तिकारियों का आन्दोलन एक असमझ और असमर्थ उबाल मात्र था। इस बात को मान लेना पड़ा क्योंकि वह आन्दोलन जनता को अपने साथ नहीं ले सका। हिंसा और अहिंसा की आध्यात्मिक व्याख्या को एक तरफ़ रहने दीजिये, परन्तु देश की जनता के लिए निःशस्त्र आन्दोलन ही युक्ति का मार्ग था क्योंकि जनता इस मार्ग पर संगठित होकर आगे बढ़ सकती थी। हमारे पिछले दो आन्दोलनों के अनुभव ने यह सत्य हमारे सामने प्रकट कर दिया कि इस देश और जनता की मुक्ति का मार्ग व्यक्तिगत साहस और कुर्बानी का मार्ग नहीं बल्कि जनता का संगठित प्रयत्न है। एक व्यक्ति की कुर्बानी और साहस हमें सफल नहीं बना सकता—ठीक उसी तरह जैसे एक चना भाड़ नहीं फोड़ सकता।

परन्तु पचीस वर्ष के राजनैतिक अनुभव को भुलाकर हम फिर एक चने से भाड़ फोड़ने की कोशिश करने लगे हैं। हमारे सत्याग्रह आन्दोलन की शक्ति का राज़ था उसमें हज़ारों, लाखों जनता की शक्ति का सहयोग। हमने देखा कि कुछ व्यक्तियों का रक्त में डूब जाना जो कुछ नहीं कर सकता, लाखों की दृढ़ पुकार उस बात को कर सकती है। निःशस्त्र आन्दोलन और सत्याग्रह की शक्ति का राज़ यही है। परन्तु हम फिर लौट रहे हैं व्यक्तिगत आन्दोलन की ओर।

व्यक्तिगत सत्याग्रह का अर्थ व्यक्तिगत कुर्बानी के अतिरिक्त और क्या हो सकता है? जिस समय एक व्यक्ति किसी नियम को भंग करता है वह अपराध होता है परन्तु जब जनता उसी काम को करती है तब संसार उसकी उपेक्षा नहीं कर सकता। क़ानून जनता के हितों के लिए है जब जनता किसी क़ानून को तोड़ना ज़रूरी

समझती है तो इसका अर्थ हो जाता है कि वह क़ानून जनता की राय में जनता के हितों का रक्षक नहीं और बदल जाना चाहिए।

एक व्यक्ति का जनता के प्रतिनिधि बनकर कुर्बानी करने का अर्थ है कि जनता अभी तक कुर्बानी की आवश्यकता को नहीं समझती। परन्तु हमारा पिछले २५ वर्ष का सार्वजनिक आन्दोलन क्या यही सिद्ध करता है? और जब जनता न केवल सचेत हो चुकी है बल्कि स्वतन्त्रता के लिए अपने कर्त्तव्य को पूरा करने के लिए आतुर है, उस समय सब को मैदान से बाहर कर एक पहलवान की कलाबाज़ी दिखाने का अर्थ है जनता को यह विश्वास दिलाने की कोशिश करना कि वे अपनी लड़ाई लड़ने के अयोग्य हैं। इस प्रकार के आध्यात्मिक शक्ति-सम्पन्न और अवतारी व्यक्तियों द्वारा जनता के लिए जो अधिकार प्राप्त किये जायेंगे, उनकी रक्षा करने के लिए भी लगातार आध्यात्मिक गुरुओं और अवतारी पुरुषों की ही आवश्यकता बनी रहेगी।

जनता के स्वतन्त्रता-संग्राम को वैयक्तिक रूप देने का अर्थ ही होगा, जनता को अपनी लड़ाई से दूर कर दर्शक बना देना और फिर उसी राजनैतिक अज्ञान और उदासीनता को पैदा कर देना जिसके कारण यह देश पराधीनता और शोषण का शिकार बन गया। वैयक्तिक सत्याग्रह उसी प्रकार की राजनैतिक भूल है जिसका कि शिकार आतंकवादी क्रान्तिकारी बनते रहे हैं। सम्पूर्ण देश को बार-बार यह कहना कि केवल एक ही व्यक्ति या दस-पाँच व्यक्ति ही देश की लड़ाई के लिए आदर्श योद्धा हैं, सम्पूर्ण देश को यह विश्वास दिलाने का यत्न करना है कि वह सभी स्वतन्त्रता-प्राप्ति के प्रयत्न के अयोग्य हैं और जो स्वतन्त्रता प्राप्त करने के योग्य नहीं, वह स्वतन्त्र होने का अधिकार नहीं रखता। न वह अपनी स्वतन्त्रता की रक्षा ही कर सकता है। क्या हमें यह विश्वास करना होगा कि इस देश में स्वतन्त्रता की लड़ाई लड़ने योग्य और स्वतन्त्र होने योग्य व्यक्ति केवल गाँधी जी, उनके लेफ्टीनेण्ट विनोबा भावे और दूसरे दस-बीस चेले ही हैं? क्या पिछले दो सत्याग्रह आन्दोलनों में कुर्बानियाँ करनेवाले भारतवासी स्वतन्त्रता-संग्राम के निकम्मे सिपाही थे?

इस व्यक्तिगत सत्याग्रह का अगला कदम जिसकी ओर महात्मा जी संकेत कर चुके हैं, शायद होगा उनका उपवास पर बैठना। महात्मा जी का दावा है कि उनके उपवास सदा ईश्वर प्रेरणा से होते हैं और वे सदा ही देश को आगे ले गये हैं। परन्तु जो लोग देश की राजनैतिक प्रगति को देखते आये हैं, उनका ख़याल कुछ दूसरा हो सकता है। राजकोट में महात्मा जी के अनशन से रियासती प्रजा को कितनी सहायता मिली, यह हम भूले नहीं हैं। महात्मा जी को प्राप्त होनेवाली ईश्वरीय प्रेरणा उनकी व्यक्तिगत मानसिक अवस्था पर निर्भर करती है। उस व्यक्तिगत मानसिक

प्रेरणा के लिए देश के पैंतीस करोड़ आदमियों को खिलौना बना देना कहाँ तक उचित है? और फिर ईश्वरीय प्रेरणा एक ऐसी चीज़ है जिसका कोई ठिकाना निश्चय नहीं। मि. जिन्ना अपने ख़ुदा के सामने सुख़रू हैं, हिटलर को भी ख़ुदा इनसानियत का भला करने की जिम्मेदारी दिये हुए है। मि. चर्चिल और लार्ड लिनलिथगो पर भी ईश्वरीय प्रेरणा न मानने का इलजाम नहीं लगाया जा सकता। ईश्वरीय प्रेरणा के नाम पर इस देश की जनता को बेशक चुप कराया जा सकता है परन्तु संसार की राजनीति में यह जादू नहीं चल सकता।

एक चने से भाड़ फोड़ने के इस वैयक्तिक सत्याग्रह के आन्दोलन को यदि हम राजनैतिक दृष्टिकोण से देखें तो इसमें देश के आन्दोलन पर तानाशाही अधिकार क़ायम करने के सिवा और कुछ नहीं दिखायी देता।

भेड़िया-बकरी और पान की राजनीति

बच्चों की समझ की परीक्षा लेने के लिए प्राय: यह प्रश्न पूछा जाता है कि एक आदमी के पास एक भेड़िया, एक बकरी और एक गठरा पान है। एक नाव में उसे इन तीनों चीज़ों को पार ले जाना है। एक साथ तीनों चीज़ें वह नहीं ले जा सकता। जिन दो चीज़ों को वह एक साथ छोड़ देता है, उनमें से एक के खाये जाने का भय है तो फिर वह इन चीज़ों को नाव में पार करे तो किस तरह? कुछ इसी क़िस्म की राजनीति इस समय गाँधी जी के भी सामने पेश हुई है। नाज़ीवाद के विरुद्ध युद्ध में फँसी हुई ब्रिटिश सरकार के विरुद्ध सत्याग्रह आन्दोलन चला-कर वे उसे परेशान नहीं करना चाहते। कांग्रेस के डिक्टेटर होने के नाते कांग्रेस की आन भी उन्हें रखनी ही है। और कांग्रेस भी यदि अपने सत्याग्रह आन्दोलन को न चलाये तो उसका अन्त हो जाता है। तीसरी बात यह है अहिंसा के नाम की पूजा। यदि कांग्रेस का आन्दोलन चलता है तो सरकार के सामने संकट पेश होने का डर है। यदि नहीं चलता तो कांग्रेस फिर करे क्या और फिर युद्ध विरोध के नाम पर अहिंसा का आन्दोलन भी चलना ज़रूर चाहिए।

राजनीति में यह सीधी बात है कि जहाँ हितों का विरोध होगा वहाँ संघर्ष होगा ही। ऐसी अवस्था में हितों के विरोध के रूप में हिंसा प्रकट ज़रूर होगी। परन्तु आध्यात्मिकता ऐसी चीज़ है कि जिसे जिस तरफ़ चाहे तोड़ा या मरोड़ा जा सकता है और महात्मा जी की राजनीति के आध्यात्मिक राजनीति होने के कारण उसके लिए

भी काफ़ी लचीली होने की गुंजाइश है। इसलिए महात्मा जी ब्रिटिश सरकार को उलझन से बचाने, कांग्रेस का आन्दोलन चलाने और युद्ध विरोध द्वारा अहिंसा के उद्देश्य को पूरा करने के तीनों उद्देश्यों को एक साथ मिला सके हैं। तरीक़ा यह है कि बोलने की स्वतन्त्रता के नाम पर और अहिंसा के लबादे के नीचे युद्ध का विरोध किया जाय और फ़िलहाल कांग्रेस का उद्देश्य इस देश के लिए स्वराज्य-प्राप्ति पीछे छोड़कर बोलने की स्वतन्त्रता और अहिंसा के नाम पर युद्ध का विरोध बना लिया जाय और इस काम के लिए सत्याग्रह किया जाय। यह सत्याग्रह जहाँ गाँधी जी के जीवन के उद्देश्य अहिंसा का डंका बजाने का काम करेगा वहाँ कांग्रेस के नाम को भी ज़िन्दा रखने में सफल होगा। कांग्रेस का नाम ज़िन्दा रखने और अहिंसा का डंका बजाने के इन दोनों कामों को एक में मिला देने पर भी अभी ब्रिटिश सरकार की सहानुभूति दिखाकर उलझने से बचाने की बात का पूरा करना भी शेष था जो दो आपस में विरोधी बातें हैं। परन्तु आध्यात्मिक राजनीति में उसके लिए भी गुंजाइश है। ब्रिटिश सरकार को उलझन से बचाते हुए युद्ध विरोध में और अहिंसा के लिए बोलने की आज़ादी का आन्दोलन तभी चल सकता है जब वह इस ढंग से चले कि उसका कुछ भी असर न हो। महात्मा जी ने भी ऐसा ही तरीक़ा ढूँढ़ निकाला है। बोलने की आज़ादी का सत्याग्रह केवल एक आदमी करेगा जिससे असर होने का कोई खतरा न होगा। महात्मा जी के स्वयं इसमें कूदने से उलझन पैदा हो सकती है। इसलिए ऐसा भी नहीं किया जायेगा। बोलने की आज़ादी का सत्याग्रह एक आदमी के करने का अर्थ क्या यह नहीं कि इस अधिकार की आवश्यकता केवल उसी आदमी का है जो इसे कर रहा है। परन्तु इस तरह की दलीलों के लिए तो गुंजाइश तब हो जब वास्तव में आन्दोलन चलाने का सवाल हो। यहाँ तो सवाल है नाम क़ायम रखने का। ठीक उसी तरह जिस तरह हिन्दुओं में किसी अपवित्र चीज़ को छू लेने से भ्रष्ट हो जाने पर छींटा मार लेने से नहा लेने का विश्वास कर लिया जाता है। कांग्रेस के अन्तिम उद्देश्य स्वतन्त्रता-प्राप्ति में इस आन्दोलन से कोई लाभ होता हमें दिखायी नहीं देता। अहिंसा धर्म इससे कहाँ तक पूरा होता है, यह तो सिवा महात्मा जी के और कोई बता नहीं सकता क्योंकि अहिंसा को उनके सिवा असली अर्थों में कोई दूसरा आदमी समझ ही नहीं सकता। शेष रहा सवाल ब्रिटिश सरकार को उलझन से बचाने और सहानुभूति का सवाल सो हम नहीं समझते कि इस सहानुभूति से ब्रिटिश सरकार को भी कोई लाभ हो रहा है। ब्रिटिश सरकार वास्तविक आन्दोलन की उलझने से तो ज़रूर बच रही है परन्तु एक क़िस्म का खिजलाहट उसे ज़रूर अनुभव होती ही रहेगी। संसार की राजनीति में इस आन्दोलन का प्रभाव क्या होगा—इस प्रश्न का उत्तर महात्मा जी स्वयं दे चुके हैं कि वे खूब जानते हैं कि सरकार इसकी हवा तक कहीं फटकने न देगी।

क्या हम पूछ सकते हैं कि आख़िर तिमुँहा आन्दोलन है किस मर्ज़ की दवा? हमें तो इसमें एक रस्म पूरी करने के सिवा और कुछ नज़र नहीं आता। परन्तु इतना तो स्पष्ट है कि व्यक्तिगत सत्याग्रहियों पर इससे शहादत के छत्र ज़रूर खड़े होंगे। हम यह नहीं कहते कि व्यक्तिगत सत्याग्रह करनेवाले वीर कुर्बानी नहीं कर रहे या उन्हें शहीद कहना नहीं चाहिए। ये कुर्बानी ज़रूर कर रहे हैं, वे वीर भी हैं। आख़िर तीन माह की क़ैद क़ोई मामूली चीज तो नहीं? लेकिन हमें इस शहादत और वीरता से कोई लाभ दिखायी नहीं देता।

शहादत और वीरता में एक आकर्षण है। यह आकर्षण समय-समय पर हमें कर्त्तव्य के मार्ग पर आगे बढ़ाता है परन्तु कर्त्तव्य तो उद्देश्य के विचार से निश्चित होता है। जिस सत्याग्रह में रस्म अदा करने के सिवा कोई उद्देश्य नहीं, उस सत्याग्रह की कुर्बानी और वीरता भी केवल रस्म की ही चीज़ है। उसमें असलियत कुछ नहीं। सुनते हैं सत्याग्रह के इस चिराग़ पर जल मरने के लिए-बल्कि यह कहना ठीक होगा कि अपने पर सेंकने के लिए शहादत के परवानों के पत्र उनका नाम शहीदों की पंक्ति में लिखने के लिए महात्मा जी के पास पहुँच रहे हैं। जिन लोगों ने गाँधी जी के डिक्टेटर होने का अर्थ यह समझ लिया है कि उन्हें स्वयं कुछ सोचना ही नहीं चाहिए, उनसे तो कुछ कहने की बेअदबी हम करेंगे नहीं परन्तु जो लोग सोचने का अधिकार अपने पास रखे हुए हैं, उनसे हम इतना तो ज़रूर कहेंगे कि शहादत का सेंक लेने के लिए कुछ महीने के लिए जेल में बन्द हो जाने से पहले इतना सोच लें कि इससे उनके देश और जनता को क्या लाभ होगा?

जब यह आन्दोलन जनता की इच्छा और शक्ति को प्रकट करने के लिए नहीं, बल्कि व्यक्तिगत अहिंसात्मक निष्ठा को प्रकट करने के लिए ही है तो क्या यह बेहतर नहीं कि वे अपने समय के कुछ महीने जनता को उनके जीवन के अधिकारों के प्रश्न समझाने में ही व्यय करें। हम जानते है मौजूदा राजनैतिक परिस्थितियाँ इस बात का भी अवसर नहीं देतीं परन्तु तीन या छह मास तक जेल के कपड़े और रोटी व्यवहार कर लेने से यह कहीं अच्छा है कि तीन-चार व्यक्तियों को ही राजनैतिक रूप से इतना सचेत बना दिया जाय कि वे स्वयं विचारों की ज्योति बन जायँ।

कहिये राय साहब?

अख़बारों में ख़बर गरम है कि राय साहब लखनऊ तशरीफ़ लाये हैं और उनका अभिप्राय है मन्त्रिमण्डल क़ायम कर स्थगित प्रान्तीय शासन चालू करना।

इधर कुछ दिन से राय साहब की राजनीति रही है कि ब्रिटिश सरकार को इस युद्ध में बिना किसी शर्त के पूरी सहायता दी जाय। आज मन्त्रिमण्डल क़ायम कर प्रान्तीय शासन को चालू करने का उनका विचार उनकी इस राजनीति के अनुकूल ही है। मन्त्रिमण्डल क़ायम कर प्रान्तीय शासन को चला सकने में उन्हें सफलता मिलेगी या नहीं, यह तो निर्भर करता है इस बात पर कि असेम्बली में वे कितने मेम्बरों को अपना समर्थक बना सकते हैं। यू. पी. की असेम्बली में यदि कांग्रेस की मुख़ालफ़त के बावजूद भी मन्त्रिमण्डल क़ायम हो सकना सम्भव होता तो इसके लिए सरकार को राय साहब की प्रतीक्षा न करनी पड़ती। वह बहुत पहले ही क़ायम हो गया होता। कांग्रेस के ख़िलाफ़ होते हुए प्रजातन्त्रात्मक शासन तो यू. पी. में क़ायम हो ही नहीं सकता। जनता की राय को समझकर सर ज्वाला, नवाब छतारी, राजा सलीमपुर-जैसे सरकारपरस्तों की भी यह हिम्मत नहीं हुई कि वे (Interim Ministry) अस्थायी मन्त्रिमण्डल, जैसा कि यू. पी. में कांग्रेसी सरकार क़ायम होने से पहले बना था, क़ायम करने की हिम्मत करते परन्तु राय साहब की हिम्मत मामूली नहीं है। उन्हें कई क्रान्तियों का अनुभव है। सुनते हैं चीन और रूस में शासन का जो कुछ अनुभव वे प्राप्त कर चुके हैं। इस अनुभव की बाबत राय साहब की जो राय है बहुत-से लोगों की राय उनसे नहीं मिलती। अप्रिय बातों का हम यहाँ ज़िक्र नहीं करेंगे उससे कुछ फ़ायदा भी नहीं। हम तो केवल यह समझना चाहते हैं कि आख़िर राय साहब पहुँचना कहाँ चाहते हैं। ब्रिटिश सरकार के प्रति राय साहब की हमदर्दी का कारण है ब्रिटेन का नाज़ीज़्म के विरुद्ध प्रजातन्त्र की रक्षा के लिए लड़ना। ब्रिटने का पूँजीवादी प्रजातन्त्र मार्क्सवाद की दृष्टि से प्रजातन्त्र कहा जा सकता है या नहीं, इस बात पर हमारा राय साहब से भेद है। हम यह समझते हैं कि जब तक साधन न हो अधिकारों का उपयोग नहीं हो सकता। ऐसे प्रजातन्त्र में जहाँ ९०% लोग साधनहीन हों अधिकारों की समानता का कोई अर्थ नहीं। ऐसे राजनैतिक अधिकार जिनके उपयोग में लाने के लिए साधन न हों, केवल धोखा मात्र हैं। ख़ैर जाने दीजिये। यदि राय साहब को प्रजातन्त्र के नाम से ही प्रेम है, वे उसकी असलियत में नहीं जाना चाहते तो उन्हें वही मुबारक हो। हम न उनके तानाशाही के विरोध पर सन्देह करते हैं और न उनके प्रजातन्त्र प्रेम पर। लेकिन हम यह पूछना चाहते हैं कि यू. पी. सूबे की जनता ने जब बहुत बड़ी तादाद में कांग्रेस को अपना प्रतिनिधि मंजूर किया है और कांग्रेस की नीति पर अपना विश्वास प्रकट किया है और कांग्रेस मौजूदा परिस्थितियों में प्रान्तीय स्वायत्त शासन को चलाना प्रजातन्त्र भावना के अनुकूल नहीं समझती तो ऐसी अवस्था में क्या आप नौकरशाही के कुछ पिट्ठूओं के बल पर प्रान्त में तानाशाही क़ायम करने में सरकार को मदद देना ही अपना कर्त्तव्य समझते हैं

और शायद इसी को आप प्रजातन्त्र की रक्षा के लिए प्रयत्न करना समझते हैं।

साधारण अवस्था में अर्थात् असेम्बली के बाक़ायदा इजलास क़ायम रहते या कहिये प्रान्त की प्रजा के प्रतिनिधियों के प्रजा की राय को असेम्बलियों में पेश करने के लिए मौजूद रहते थे। राय साहब को इस प्रकार का नौकरशाही का खिलौना मन्त्रिमण्डल क़ायम करने में सफलता की आशा हो नहीं सकती थी परन्तु आज जब असेम्बलियाँ गवर्नर के हुकुम से बरखास्त हो चुकी हैं और प्रजा की राय प्रकट होने का कोई उपाय नहीं, जब प्रजा के प्रतिनिधि असेम्बली के कांग्रेस मेम्बर कुछ तो जेलों में पहुँच चुके हैं और कुछ के जल्दी ही जेल पहुँच जाने की आशा है, मन्त्रिमण्डल क़ायम करना क्या प्रजातन्त्र की भावना के अनुकूल है?

और फिर इस काम के लिए जो दल प्रान्त के मुख्य शोषकों का और सदा प्रजा के अधिकारों के दमन करनेवालों का राय साहब तैयार कर रहे हैं, उसका नाम तजवीज़ किया जा रहा है राष्ट्रीय प्रजातन्त्र दल (National Democratic Block)। इस राष्ट्रीय प्रजातन्त्र दल की राष्ट्रीयता का इतिहास तो यह है कि दल में भाग लेनेवाले लोगों ने देश में राष्ट्रीयता का विरोध कर सदा ही नौकरशाही की भक्ति निभायी है और इस दल का प्रजातन्त्र से यह सम्बन्ध है कि प्रजा का दमन और शोषण करना इसके सदस्यों ने अपना अधिकार और कर्त्तव्य समझा है। शायद इस दल का नाम राष्ट्रीय प्रजातन्त्र दल रखने का अभिप्राय यह है कि इसे इन दो चीज़ों से ख़ास तौर पर वैर है और वह सदा ही इनका विरोध करने के लिए तैयार रहेगा।

हम राय साहब से यह पूछना चाहते हैं कि क्या नाज़ीवादी तानाशाही के विरोध और प्रजातन्त्र की भावना की रक्षा का यही तरीक़ा है?

◈

नया पाकिस्तान

हिन्दुस्तान को पाकिस्तान और क़ाफ़िरिस्तान में बाँट देने की तजवीज़ ने कुछ दिन के लिए अच्छी हलचल मचा दी थी। ख़याल था हिन्दुस्तान के उन सूबों के मुसलमान जहाँ हिन्दुओं की संख्या ज़्यादा होने के कारण वातावरण दीने-इस्लाम के लिए मुआफ़िक़ नहीं, अपना-अपना बोरिया-बिस्तरा बाँधकर हिन्दुस्तान के उन सूबों को चल देंगे जहाँ मुसलमानों की संख्या ज़्यादा है और जहाँ मन्दिरों की आरती

के घण्टों से नमाज़ में गड़बड़ पड़ने का डर नहीं। जिस जगह के पाक माहौल में सिर्फ अजान की सदा ही हर वक़्त गूँजती रहेगी। हिन्दू सभा के पहलवानों को भी मुस्लिम लीग के विरोध में प्रस्ताव पास करने और जोशीले लेक्चर देने का एक बहाना मिल गया। ख़ैर बेमतलब की यह सनसनी ख़ुद ही दबने लगी थी। यह तो साफ़ था कि पाकिस्तान की आवाज़ उठानेवाले आसूदा हाल और ओहदों की तलाश करनेवाले मुसलमानों के लिए अपनी कारोबार की गृहस्थी उठाकर पाकिस्तान बसाने चल देना मज़ाक़ नहीं था। पाकिस्तान के सवाल को खड़ा करने की ज़रूरत तो इसलिए थी कि झगड़े के लिए और कोई सवाल ही नहीं था। किसी हद तक इस सवाल से मतलब पूरा हुआ भी। हिन्दू-मुसलमानों ने एक-दूसरे को गालियाँ दीं और एक-दूसरे के दिल आपस में और दूर हुए और बदगुमानी भी बढ़ी। परन्तु इधर जिन्ना साहब को झगड़ने के लिए वाइसराय साहब की बननेवाली बार काउन्सिल का सवाल मिल गया। शुरू में ही उन्होंने ऐसा सवाल पेश कर दिया जो हल न हो सके। उन्होंने माँग पेश कर दी कि मुस्लिम लीग, जिसकी ताक़त का यह हाल है कि हिन्दुस्तान के ग्यारह सूबों से एक सूबे में भी वह अपना मन्त्रिमण्डल क़ायम नहीं कर सकी, को बार काउन्सिल में उतने ही प्रतिनिधि भेजने का हक़ मिले जितने कि कांग्रेस को, जो कि हिन्दुस्तान की सभी जातियों की प्रतिनिधि है और जिसकी संख्या और शक्ति का यह हाल है कि हिन्दुस्तान के ग्यारह प्रान्तों में से नौ प्रान्तों में सरकार जिसकी स्वीकृति के बिना नहीं चल सकती। और यदि कांग्रेस वाइसराय की काउन्सिल में हिस्सा लेना मंजूर न करे, तो अपने-आपको सात करोड़ मुसलमानों की प्रतिनिधि कहलनेवाली लीग को पचीस करोड़ हिन्दुस्तानियों, जो कि मुसलमान नहीं हैं, के प्रतिनिधियों से अधिक स्थान मिले!

यह मानना मुश्किल है कि जिन्ना साहब इस माँग के स्वीकार किये जाने की आशा रखते थे। इस स्वीकार न हो सकनेवाली माँग के पेश करने का मतलब यही जान पड़ता है कि मुसलमानों में आन्दोलन करने और इस्लामी क़ौमियत को भड़काने का एक मौक़ा मिल जाय। कुटिल राजनीतिज्ञ होते हुए भी मि. जिन्ना यहाँ चूक गये। वे यह नहीं समझ सके कि किसी सवाल को लेकर हिन्दुओं और कांग्रेस से तो महीनों बरसों झगड़ा किया जा सकता है परन्तु ब्रिटिश सरकार को इतनी फुर्सत नहीं है कि लखनऊ की कुँजड़ियों की तरह आपसे भाव-तोल करती रहे। मुस्लिम लीग की बहकी हुई और ख़्वाबी बातों का जब कोई उत्तर सरकार की तरफ़ से न मिला और झगड़े का सवाल मिटता हुआ नज़र आया तो लीग को फिर से पाकिस्तान की याद आयी। परन्तु अबकी उसका रूप कुछ और हो गया है।

पाकिस्तान की पहली तजवीज़ के मुताबिक अगर सच्चे मुसलमान हिन्दू इलाकों को छोड़-छाड़कर मुस्लिम इलाकों को चल देते तो इसमें किसी को क्या एतराज़ था? सरकार पर इस बारे में कोई ज़ोर डालने की गुंजाइश ही न थी। इस तजवीज़ को मानते तो मुसलमान और न मानते तो मुसलमान। परन्तु अब जो नयी तजवीज़ लीग की पाकिस्तानी कमेटी ने पेश की है वह लीग का अभिप्राय पूरा करने अर्थात् झगड़े की बुनियाद खड़ी करने में अधिक सफल होगी। तजवीज़ यह है कि जिन प्रान्तों में जहाँ मुसलमानों की संख्या अधिक है उनके समीप के दूसरे प्रान्तों के जिले जिनमें मुसलमानों की संख्या अधिक है मुस्लिम प्रान्तों के साथ मिला दिये जायँ! इस तजवीज़ को पूरा करने या न करने की स्वतन्त्रता केवल मुसलमानों को ही नहीं इसके लिए उन ग़ैर मुस्लिम प्रान्तों की सरकारों की रज़ामन्दी की ज़रूरत होगी जिनके अधिकार में वे जिले हैं और भारत सरकार को भी इसमें दख़ल देना होगा। हिन्दू सभा तो ऐसे मामले में चुप रह ही नहीं सकती इसलिए लफ़्ज़ी लड़ाई का एक नया दंगल शुरू होगा और यदि इन ज़िलों की मुस्लिम जनता को भड़का सकने में लीग और कट्टरपन्थी मुल्ला सफल हो सके तो फिर वहाँ शायद साम्प्रदायिक दंगे होने की भी गुंजाइश हो जाय परन्तु सवाल तो यह है कि इन जिलों के इधर से टूटकर उधर जा मिलने में इन ज़िलों की मुस्लिम जनता को क्या लाभ होगा? कम-से-कम कांग्रेसी प्रान्तों के ऐसे ज़िलों को जो मुस्लिम मन्त्रिमण्डल के प्रान्तों के पड़ोसी हैं और कांग्रेसी मन्त्रिमण्डलों के कारण जिन्हें ज़मीन लगान आदि के मामले में सहूलियतें मिल चुकी हैं अपने पुराने प्रान्तों को छोड़कर मुस्लिम प्रान्तों में जाने से उन सहूलियतों से हाथ धोना ही पड़ेगा जो उन्हें कांग्रेसी मन्त्रिमण्डलों की वजह से मिली हैं। यदि इन ज़िलों को फ़ुसलाने के लिए मुस्लिम प्रान्तों के मन्त्रिमण्डल उन सहूलियतों को बरकरार रखने के लिए तैयार हैं तो भी कोई लाभ इन ज़िलों को होने की गुंजाइश नहीं। इतना अलबत्ता हो सकता है कि आगे आनेवाले पब्लिक के फ़ायदे के कुछ कानूनों जिनकी कि कांग्रेसी मन्त्रिमण्डलों से उम्मीद की जा सकती है—से यह बरी रह जायेंगे। और हिन्दू मुस्लिम झगड़ा तो शहरों की चीज़ है देहात की नहीं। ज़िलों का कितना भाग शहर होता है और कितना देहात यह भी सभी लोग जानते हैं। शहर के रहनेवाले कुछ मुसलमानों के शौक़ के लिए देहाती मुस्लिम आबादी के लाभ का ख़याल न करना क्या उचित होगा?

दिसम्बर

१९४०

वामपक्ष का दोष

यू. पी. सरकार की १९३७ से १९३८ तक के शासन-प्रबन्ध की रिपोर्ट नवम्बर में प्रकाशित हुई है। यद्यपि सरकार और शासन क़ायम करने का ज़ाहिरा उद्देश्य जनता की भलाई और देश में व्यवस्था क़ायम रखना ही है परन्तु इस देश की परिस्थितियाँ कुछ ऐसी हैं कि जनता के कल्याण और व्यवस्था के सम्बन्ध में सरकार और जनता के अधिकांश भाग के विचारों में फ़र्क़ है। अधिकांश जनता के विचारों और दृष्टिकोण को प्रकट करती है जनता का सबसे बड़ा राजनैतिक संगठन कांग्रेस और यहाँ की सरकार प्रतिनिधि है इस देश पर शासन करनेवाली एक विदेशी शक्ति की। दोनों शक्तियों में उद्देश्य का विरोध है और एक संघर्ष उनमें निरन्तर चलता रहता है। इस संघर्ष में कौन कितना आगे बढ़ता है यह देखने का एक उपाय तो है कि दोनों शक्तियाँ अपनी-अपनी सफलता के बारे में क्या कहती हैं इसे देखा जाय परन्तु इससे अच्छा उपाय है यह देखना कि विरोधी शक्ति क्या कहती है। स्वयं अपनी शक्ति और सफलता का अन्दाजा करने की अपेक्षा उसे विरोधी की दृष्टि से देखना अधिक लाभदायक होता है। इसलिए यह देखना कि सरकार कांग्रेस के एक वर्ष के काम की बाबत क्या कहती है, बहुत ज़रूरी है।

सरकार का कहना है सन् १९३७ में कांग्रेस के पद स्वीकार कर लेने के बाद उसके रवैये में परिवर्तन आ गया और कांग्रेस ने अपनी शक्ति और ध्यान विनाश कामों से हटाकर रचनात्मक कार्यों की ओर लगाना आरम्भ किया। सरकार कांग्रेस द्वारा किये जानेवाले रचनात्मक कार्यक्रम का श्रेय सम्पूर्ण कांग्रेस को नहीं देती। सरकार का कहना है कि कांग्रेस में दो भाग हैं—एक दक्षिण पक्ष और दूसरे वामपक्ष के लोग। सरकार की शिकायत है कि जब कांग्रेस के दक्षिण पक्ष के लोग व्यवस्था क़ायम करने में लगे हुए थे उस समय भी वामपक्ष के लोग प्रान्त में अशान्ति फैलाने का काम कर रहे थे। यू. पी. को हम सम्पूर्ण देश की समस्या के उदाहरण

के तौर पर ले सकते हैं क्योंकि सरकार और कांग्रेस के बीच का तनाव केवल यू. पी. की ही समस्या नहीं यह सारे देश की समस्या है। यह देख लेने के बाद हमें सरकार के दृष्टिकोण से यह समझने का यत्न करना होगा कि व्यवस्था और अशान्ति का अर्थ क्या है?

यों तो व्यवस्था एक अच्छा शब्द है और अशान्ति से किसी भी भले आदमी को भय लगना चाहिए परन्तु व्यवस्था क्या है और अशान्ति क्या है? इस प्रश्न पर अपनी स्थिति और उद्देश्य से मतभेद हो सकता है। एक चोर के लिहाज़ से रात के समय बेपरवाही से सो जानेवाला आदमी भला है और अपने मुहल्ले में खटके से चौक जानेवाला आदमी अशान्ति पैदा करनेवाला व्यक्ति है। सरकार की दृष्टि में व्यवस्था का अर्थ है ब्रिटिश सरकार द्वारा भारत के शोषण के लिए क़ायम किये हुए अमल को क़ायम रखना। इस अमल या व्यवस्था का परिणाम सर्वसाधारण जनता के लिए क्या है इसे जनता स्वयं ही जानती है। यदि यह चालू क़ायदा, अमल और व्यवस्था इस देश की अधिकांश जनता के लिए सन्तोषजनक होती तो इस व्यवस्था को बदलकर स्वराज्य के नाम से दूसरी व्यवस्था क़ायम करने के लिए इस देश की जनता व्याकुल न हो जाती। इस व्यवस्था जिससे कि देश की अधिकांश जनता असन्तुष्ट है इसे क़ायम रखना ही सरकार का उद्देश्य है। और इस व्यवस्था को बदल देने के लिए जितने भी प्रयत्न होंगे सरकार की दृष्टि में वे सब प्रयत्न अशान्ति पैदा करनेवाले होंगे। केवल ब्रिटिश सरकार का ही यह रुख़ हो सो बात नहीं। संसार भर की सभी सरकारों का यही रुख़ होता है। ब्रिटिश सरकार के मौजूदा केन्द्र पार्लियामेण्ट को क़ायम करने के प्रयत्न भी एक दिन अशान्ति फैलाने का प्रयत्न समझा जाता था। इस देश में क़ायम शासन को इंग्लैण्ड के हितों के अनुकूल रखकर उसे इस देश की जनता के हितों के अनुकूल करने का प्रयत्न एक परिवर्तन का प्रयत्न है जिसका दूसरा नाम अशान्ति है। सरकार की दृष्टि में १९३७ के मध्य से पूर्व कांग्रेस केवल अशान्ति फैलाने का ही प्रयत्न कर रही थी। कांग्रेस के अहिंसा और शान्ति का दम भरनेवाले नेता क्या सरकार के इस विश्वास से सहमत नहीं हो सकते हैं? यदि नहीं तो सरकार द्वारा कांग्रेस के दक्षिण पक्ष को रचनात्मक काम का श्रेय देने और वामपक्ष को अशान्ति फैलाने का दोष दे देने से ही वामपक्ष नैतिकता की दृष्टि से अपराधी साबित नहीं हो जाता। बल्कि कांग्रेस के दक्षिण पक्ष की सरकार द्वारा इस प्रशंसा का अर्थ यह निकलता है कि कांग्रेस द्वारा पद स्वीकार कर लेने के बाद कांग्रेस के दक्षिण पक्ष और वामपक्ष में यदि कोई भेद पैदा हो गया तो वह यह कि दक्षिण पक्ष इस देश में क़ायम उसी व्यवस्था की रक्षा करने का यत्न करने लगा

जो कि इस देश की जनता के कष्ट का कारण है और वामपक्ष उस व्यवस्था को बदलने की आवाज बुलन्द किये है! यों तो कांग्रेस के दक्षिण पक्ष का भी दावा यही है कि वे भी इस देश से शोषण की व्यवस्था का अन्त कर इस देश में जनता का ही राज्य क़ायम करना चाहते हैं। उद्देश्य ठीक होने पर भी उनके प्रयत्न किस ओर जा रहे हैं, इसे वह दूसरी की आँखों से देखने का प्रयत्न करें तो अधिक अच्छा होगा। रेल में सफर करते समय प्राय: मालूम होता है कि किनारे के वृक्ष और दूसरे स्थिर पदार्थ चल रहे हैं और हम स्थिर हैं। यही बात किसी आन्दोलन की जाति में भी हो सकती है।

अपनी रिपोर्ट में सरकार ने किसानों और मज़दूरों में प्रकट होनेवाले आन्दोलनों का दोष ख़ास तौर पर वामपक्ष के माथे मढ़ा है। किसानों और मज़दूरों में पैदा हो जानेवाले आन्दोलनों के विषय में सवाल यह उठता है कि क्या यह आन्दोलन सर्वथा निरर्थक है? क्या किसानों और मज़दूरों की अवस्था पूर्ण सन्तोषजनक है? यदि उनकी अवस्था सन्तोषजनक नहीं तो उन्हें अपनी अवस्था का ज्ञान कराने का प्रयत्न और उस अवस्था को सुधारने के लिए उन्हें उत्साहित करने का प्रयत्न इन्सानियत की दृष्टि से अनुचित नहीं हो सकता। यदि क़ायम व्यवस्था और अमल को इस प्रकार के प्रयत्नों से शिकायत होती है, उन्हें इससे अपने क़ायम तरीके में गड़बड़ मालूम होती है तो इसका स्पष्ट अर्थ यह है कि मौजूदा तरीके और व्यवस्था में किसानों और मज़दूरों की अवस्था के सुधार के लिए गुंजाइश नहीं है। इस देश की जनता का या कहिये सम्पूर्ण संसार की जनता का ९० फ़ीसदी से अधिक भाग किसान और मज़दूर ही हैं। जो व्यवस्था या तरीक़ा जनता के ९० फ़ीसदी को सन्तोष से जीवन बिताने की सुविधा नहीं दे सकती क्या उसका बदल दिया जाना आवश्यक नहीं। इस अशान्ति के कारण व्यवस्था को बदल देने के प्रयत्न से यदि किसी को अशान्ति की शिकायत हो तो उस ओर ध्यान नहीं दिया जा सकता। यदि शान्ति का अर्थ हो ९० फ़ीसदी जनता का असन्तुष्ट और दु:खी रहना और उनके जीवन में सुधार के प्रयत्न से अशान्ति की शिकायत हो तो हमें निरुपाय होकर कहना पड़ेगा कि इस शान्ति से अशान्ति भली।

अपनी इसी रिपोर्ट में आगे चलकर सरकार ने इस बात की शिकायत की है कि आतंकवादी राजनैतिक क़ैदियों की समय से पूर्व रिहाई के कारण भी प्रान्त में राजनैतिक अशान्ति में बढ़ती हुई समय से पूर्व जेल से छूटे हुए आतंकवादी राजनैतिक क़ैदी किस दोष के अपराधी हैं? सरकार ने इन लोगों पर दोबारा आतंकवादी कार्यों में भाग लेने का दोष नहीं लगाया। उन पर दोष लगाया है किसानों,

विद्यार्थियों, मज़दूरों और युवकों में आन्दोलन चलाने का। जनता के भिन्न-भिन्न अंगों में राजनैतिक चेतना फैलाना या उन्हें अपनी अवस्था और अपने अधिकारों के प्रति सचेत करना भी क्या अपराध है? समय से पूर्व जेल से रिहा हो जानेवाले राजनैतिक क़ैदियों से सरकार क्या यह आशा करती थी कि वे जनता और समाज के प्रति अपने कर्त्तव्य को तिलांजलि देकर घर में मुँह छिपाकर बैठ जायेंगे? यदि यह क़ैदी समय से पूर्व रिहा न होकर अपनी क़ैद काट लेने के बाद रिहा होते और उस समय इन क़ैदियों को समय से पूर्व रिहा करनेवाले कांग्रेस सरकार के स्थान में नौकरशाही सरकार होती तो शायद वह इन क़ैदियों पर रिहाई के बाद भी मुँह न खोलने का प्रतिबन्ध लगा देती! और यह विचार है उस सरकारी नौकरशाही के जो संसार से दमन और अत्याचार की शक्ति नाज़ीवाद को मिटाकर प्रजातन्त्र की रक्षा के लिए लड़ने का दम भर रहे हैं और इस युद्ध में पूरी सहायता देकर प्रजातन्त्र की रक्षा के लिए आगे बढ़ने का निमन्त्रण भारत को दे रहे हैं।

अख़बारों के मुँह पर ताला

युद्ध के संकट के समय भारत में व्यवस्था और शान्ति की रक्षा के लिए सरकार ने अख़बारों पर जो रोक समाचारों के प्रकाशित न करने के सम्बन्ध में लगायी है उसका समर्थन न तो नैतिकता की दृष्टि से किया जा सकता है और न दूरदर्शिता की दृष्टि से। किन्हीं खास विचारों या समाचारों को प्रकाशित करना एक बात है और जनता को किसी बात के लिए भड़काना दूसरी बात है। किसी आन्दोलन के लिए रोक लगाने का अर्थ जनता के कार्यों पर रोक लगाना है परन्तु संसार या उनके अपने देश में क्या हो रहा है, यह भी उन्हें जानने न देना उनके दिमाग़ पर ताला लगाना है। देश के सभी समाचार-पत्रों ने यहाँ तक कि सरकार के ज़बरदस्त समर्थक इस देश के ऐंग्लो इण्डियन पत्रों ने भी सरकार की इस नीति का विरोध किया। अख़बारों के इस जायज़ विरोध को सरकार को भी स्वीकार करना पड़ा और सरकार ने दिल्ली में होनेवाली अख़बारों की कान्फ्रेन्स को यह विश्वास भी दिला दिया कि समाचार-पत्र यदि स्वयं अपने पर नियन्त्रण रखें और अशान्ति पैदा करनेवाली प्रवृत्तियों को रोक रखें तो सरकार उन पर अनावश्यक नियन्त्रण लगाने की अनावश्यकता नहीं समझेगी। समाचार-पत्रों के यह निश्चय दिला देने पर भी सरकार का रवैया न केवल

दमन का प्रत्युत भयंकर दमन का है। समाचार-पत्रों की कान्फ्रेन्स के काग़ज़ों की स्याही भी अभी न सूखी थी कि यू. पी. सरकार ने 'नेशनल हैराल्ड' से ६ हज़ार की ज़मानत तलब कर ली और बंगाल सरकार के साप्ताहिक 'फारवर्ड' की दो हज़ार की ज़मानत ज़ब्त कर उसे यदि पत्र जारी रखना हो तो पाँच हज़ार की ज़मानत और जमा करने का हुकुम दे दिया। इन ज़मानतों के अलावा बंगाल सरकार की यह आज्ञा कि राजनैतिक क़ैदियों की भूख हड़ताल के विषय में कोई समाचार प्रकाशित न किया जाय और भी भयानक है। यहाँ प्रश्न यह नहीं कि इन कैदियों की माँगें उचित हैं या नहीं। और उन माँगों के लिए उनका भूख हड़ताल करना उचित है या नहीं सवाल यह है कि जनता को यह अधिकार है या नहीं कि वे इन क़ैदियों की अवस्था को जान सकें? और प्रश्न केवल भूख हड़ताल ही नहीं है। सवाल तो यह है कि देश में होनेवाले वाकियात को जानने का अधिकार जनता को है या नहीं? यों तो आये दिन सरकार यही आज्ञा जारी कर दे सकती है जनता से सम्बन्ध रखनेवाले किसी भी मामले को, मिसाल के तौर पर सत्याग्रह आन्दोलन के समाचारों को भी, बिलकुल प्रकाशित न किया जाय! ऐसी अवस्था में फिर समाचार-पत्रों की आवश्यकता ही क्या रह जाती है?

◈

बड़ों की भूल

'हिन्दुस्तान टाइम्स' के लन्दन के संवाददाता मि. टी. ए. रमन ने इंग्लैण्ड के प्रसिद्ध पत्र स्पेक्टेटर (Spactator) में भारत की राजनैतिक अवस्था पर एक लेख लिखा है और इंग्लैण्ड की ख़बर भेजनेवाली एजेन्सी रायटर ने उसे तार द्वारा भारत में प्रकाशित होने के लिए भेजा है। इस लेख पर ध्यान देना वास्तव में ज़्यादती होगी। मि. रमन का कहना है कि ब्रिटिश सरकार द्वारा ८ अगस्त को जो ऐलान किया गया था, उसे भारत के राजनैतिक नेताओं ने ठीक तौर पर समझा नहीं और इसीलिए भारत और इंग्लैण्ड में परस्पर समझौता नहीं हो सका। मि. रमन के विचार में इस ऐलान द्वारा भारत को अपना शासन स्वयं करने के अधिकार की भेंट देने का इरादा प्रकट किया था परन्तु भारत ने इसे ग़लत समझा। अगर मि. रमन का विचार ठीक है तो हमें कहना पड़ेगा कि इसमें भूल न केवल भारत के राजनैतिक नेताओं की है बल्कि इस देश में ब्रिटिश शासन की बागडोर सम्हालनेवालों की भी है। उस ऐलान के बाद भारतीय नेताओं ने उत्तर के रूप में जो कुछ वे समझ सके थे उसे प्रकट किया और

फिर उस उत्तर के प्रत्युत्तर में भी भारत में वाइसराय साहब ने और इंग्लैण्ड के भारत मन्त्री मि. एमरी ने ऐलान किये। इन ऐलानों में उन्होंने और जो कुछ इन्होंने कहा हो, यह कभी नहीं कहा कि उनकी बात ठीक तौर से समझी नहीं गयी। ख़ैर, जो भी हो इस परस्पर बात को न समझने का परिणाम अच्छा नहीं हुआ यह तो स्पष्ट ही है।

इस देश में ब्रिटिश सरकार के प्रति विश्वास रखनेवाले और वैधानिक उपायों में विश्वास रखनेवाले उदार राजनीतिज्ञों की भी कमी नहीं जिन्होंने ब्रिटिश सरकार द्वारा भारत को अपने शासन का अधिकार स्वयं देने से इनकार कर देने पर भी किसी प्रकार की सरगरमी दिखाने की ज़रूरत नहीं समझी। मज़ा यह है कि इन लोगों ने भी कभी यह नहीं सोचा कि कांग्रेस ने सरकार के ऐलान को ग़लत समझा है। इन सब बातों के बावजूद मि. रमन का ख़याल है कि ग़लती ऐलान को समझने में ही हुई है। हालाँकि ग़लती से प्रसन्न होने की कोई वजह नहीं परन्तु शान्ति चाहनेवाले सभी लोग यह आशा करेंगे कि इस मामले में ग़लती ही हुई हो और जल्दी-से-जल्दी वह गल़ती दूर होकर कांग्रेस और सरकार एक दूसरे के इरादे को समझ जायँ! मि. रमन को इस ग़लती का इलहाम हुआ इंग्लैण्ड में और असम्भव नहीं कि इलहाम में उन्हें इंग्लैण्ड के राजनीतिज्ञों से काफ़ी सहायता मिली हो! ऐसी आशा करने के लिए काफ़ी गुंजाइश है क्योंकि रमन अपने पेशे से ही लेखक और रेडियो पर बोलनेवाले प्रचारक हैं और ज़माने में प्रचार का काफ़ी महत्त्व है। भारत की सहानुभूति प्राप्त करने के लिए मि. रमन अंग्रेज़ राजनीतिज्ञों की काफ़ी सहायता कर सकते हैं। और यदि अंग्रेज़ राजनीतिज्ञ फिर से समझौते का प्रयत्न करना चाहते हैं तो उन्हें रोकनेवाली केवल इनकी अपनी हिचकिचाहट ही है। इंग्लैण्ड को भारत की सबसे बड़ी राजनैतिक शक्ति कांग्रेस की पूर्ण सहानुभूति और सहायता की आवश्यकता है। इसमें सन्देह नहीं। भारत सरकार इस बात को भली प्रकार अनुभव कर रही है यह भारत सरकार के सबसे बड़े वकील 'स्टेट्समैन' के सम्पादकीय लेखों से स्पष्ट है।

यदि भारत सरकार इस बात की आवश्यकता अनुभव कर रही है और इस बात के लिए इच्छुक है तो फिर दुबारा पीटी हुई लकीर को पीटने से तो कोई लाभ होगा नहीं। भारत को अनन्तकाल तक के लिए कामधेनु बनाने का लोभ उन्हें छोड़ना ही होगा और भारत की सहायता के मूल्य में उन्हें कम-से-कम भारत को उतना राजनैतिक अधिकार तो देना ही होगा जितने से कि कांग्रेस का दक्षिण पक्ष सन्तुष्ट हो सके। कांग्रेस स्वयं समझौते के लिए आतुर है यह बात जानने के लिए स्वयं कांग्रेस के ऐलान काफ़ी हैं परन्तु समझौते के लिए कोई सम्मानजनक गुंजाइश तो हो।

इसमें सन्देह नहीं कि महात्मा जी के युद्ध विरोधी नारे राजनैतिक माँग नहीं बल्कि एक आध्यात्मिक स्वप्न हैं। वे इस समय ब्रिटिश सरकार से भारत के लिए राजनैतिक अधिकारों की माँग नहीं कर रहे बल्कि अहिंसा की प्रतिष्ठा क़ायम करने की चेष्टा कर रहे हैं। परन्तु युद्ध विरोधी सत्याग्रह में भाग लेनेवाले ९९ फ़ीसदी नहीं बल्कि ९९९ फ़ीसदी हज़ार लोगों की दृष्टि में युद्ध विरोधी सत्याग्रह का कारण भारत की राजनैतिक माँगें ही हैं और यदि ब्रिटिश सरकार इन माँगों को किसी उचित सीमा तक पूर्ण करने के लिए तैयार हो तो कांग्रेस की ओर से जिद का कोई भय नहीं किया जा सकता परन्तु ज़रूरत तो है इस बात की कि ब्रिटिश सरकार भारत के शोषण के मोह से किसी तरह छुट्टी पा सके! यह तो नहीं कहा जा सकता कि होगा क्या? परन्तु इतना ज़रूर प्रकट है कि समझौते के एक और प्रयत्न के लिए वातावरण तैयार किया जा रहा है और हम यह भी आशा करना चाहते हैं कि ब्रिटिश सरकार अबकी दफे अपनी पिछली भूल को समझकर कांग्रेस को सन्तुष्ट करने की चेष्टा करेगी चाहे बाद में इसे मि. रमन के अनुसार कांग्रेस की भूल का ही नाम दे दिया जाय।

मि. एमरी और नौकरशाही

इस समय भारत के राजनैतिक दृष्टि से सचेत लोगों के शीघ्र ही जेल पहुँच जाने की सम्भावना सभी ओर दिखायी दे रही है। इसके साथ ही जेल की चारदीवारी से अनेक रुकावटों को पार कर राजनैतिक क़ैदियों के साथ दुर्व्यवहार की शिकायत आ रही है और बंगाल में तो दुर्व्यवहार की यह शिकायत इस हद तक असह्य हो गयी कि भूख हड़ताल की नौबत पहुँच गयी है। बंगाल सरकार ने बंगाल के समाचार-पत्रों को इस भूख हड़ताल के सम्बन्ध में किसी प्रकार का समाचार प्रकाशित करने की मनाही कर दी है और जनता को भी इस भूख हड़ताल के सम्बन्ध में अपनी सम्मति प्रकट न करने की चेतावनी दे दी है। इसका स्पष्ट अर्थ है कि बंगाल की जेल में दुर्व्यवहार के कारण राजनैतिक क़ैदियों की भूख हड़ताल खूब उग्र रूप धारण कर चुकी है। राजनैतिक क़ैदियों के प्रति यह कठोरता केवल बंगाल तक ही सीमित नहीं है। सी. पी. में कांग्रेस मन्त्रिमण्डल ने राजनैतिक क़ैदियों को सुविधा देने के लिए जो संशोधन क़ानून में किये थे वे रद्द कर दिये गये हैं। यू. पी. में कांग्रेस

सरकार की आज्ञाओं और भावना को समझकर राजनैतिक क़ैदियों को अपने स्वास्थ्य की रक्षा और मानसिक स्थिति को ठीक रखने के लिए जो अवसर दिया गया था वह भी गवर्नर के हाथ में शासन की बागडोर चले जाने पर समाप्त हो गया। कांग्रेस सरकारों द्वारा राजनैतिक क़ैदियों की सहूलियत के लिए की गयी व्यवस्था को गवर्नरों की सरकार ने रद्द कर देने में इतनी जल्दी दिखायी है मानों कांग्रेस सरकार ने जेल सुधार की व्यवस्था केवल अपने स्वार्थ के लिए ही की थी। गवर्नरों की सरकारें आज कांग्रेसियों को जेलों में बन्द कर रही हैं। इसलिए उन्हें ख़याल आ सकता है कि कांग्रेस सरकारों ने अपने हाथ में शक्ति आने पर यह चमड़े का सिक्का चला दिया था इसे रोक देना ही उचित है परन्तु मौजूदा सरकार को यह बात ध्यान में रखना चाहिए कि जिस समय कांग्रेसी सरकारों ने जेल सुधार की व्यवस्था की थी उस समय उन्हें स्वयं राजनैतिक क़ैदी बनकर जेल जाने का भय नहीं था बल्कि अपने राजनैतिक विरोधियों को ही जेल भेजने की समस्या उनके सामने थी। इस परिस्थिति को ख़याल में रखकर कांग्रेसी सरकारों के जेल सुधार को चमड़े के सिक्के के रूप में स्वार्थ के विचार से बनाया हुआ क़ानून नहीं कहा जा सकता और गवर्नर की वर्तमान सरकारों से भी इन जेल सुधारकों को क़ायम रखने की आशा की जानी चाहिए।

जेलों में राजनैतिक कैदियों के प्रति व्यवहार के सम्बन्ध में विचार करते समय हमें पार्लियामेण्ट में मि. एमरी द्वारा दिया गया उत्तर भी याद आ जाता है। मि. एमरी ने कहा था जेल जानेवाले राजनैतिक नेताओं के लिए सब प्रकार की सुविधा का ख़याल रखा जायेगा। वे जेल में स्वाध्याय कर सकेंगे, राजनैतिक समस्याओं पर विचार कर सकेंगे और अपने साथियों से इस विषय में पत्र-व्यवहार भी कर सकेंगे। इसके बाद बम्बई में कांग्रेसी मन्त्री मि. खरे के जेल जाने के समय बम्बई के गवर्नर की यह चेतावनी भी अख़बारों में प्रकाशित हुई थी कि मि. खरे के प्रति व्यवहार करते समय उनकी सम्मानजनक स्थिति तथा उनकी सुविधा का सब प्रकार से ध्यान रखा जाय। इन सान्त्वनाओं का एक अर्थ यह निकल सकता है कि नेताओं के प्रति व्यवहार के लिए तथा सर्वसाधारण राजनैतिक कैदियों के प्रति व्यवहार के लिए सरकार का अलग-अलग रुख़ है? यह कोई नयी बात नहीं है सरकार इससे पहले भी इस प्रकार का भेद करती आयी है परन्तु प्रश्न यह है कि क्या न्याय और नैतिकता की दृष्टि से ऐसा भेद उचित है? जब कि नेता और सर्वसाधारण एक ही राजनैतिक अपराध के लिए सज़ा पाये हैं तो केवल कुछ लोगों की आर्थिक स्थिति के अधिक अच्छा होने या उनके प्रति दुर्व्यवहार पर जनता में शोर मच जाने के भय के कारण उनके प्रति तो अच्छा व्यवहार किया जाये और जिन लोगों की

आर्थिक स्थिति अच्छी नहीं या जो जनता में काफ़ी मशहूर नहीं उनकी सामाजिक स्थिति की कमज़ोरी के कारण उनके साथ राजनैतिक वैमनस्य को पूरा करने के लिए बदला लिया जाये।

◈

अपनी बाबत

इस भय और आतंक के युग में भी 'विप्लवी ट्रैक्ट' जिस प्रकार राजनैतिक चेतना को जागृत रखने का प्रयत्न कर रहा है यह आपके सामने है और इस प्रयत्न का मूल्य भी विप्लवी ट्रैक्ट को कम नहीं चुकाना पड़ रहा। अनेक रियासतों में विप्लवी ट्रैक्ट को हौवा समझा जाता है। कुछ रियासतों में रियासती सरकार के हुकुम के बिना भी पुलिस विप्लवी ट्रैक्ट पर रोक लगा देती है। रियासत रतलाम में इस बात पर प्रजा की ओर से आन्दोलन भी चल रहा है। ब्रिटिश इण्डिया में विप्लवी ट्रैक्ट के प्रति नौकरशाही की नाराज़ी का दूसरा ही रुख़ है। पुलिस ट्रैक्ट को ज़ब्त नहीं कर सकती परन्तु भोली जनता को धमकाया जाता है और विप्लवी ट्रैक्ट पढ़नेवालों का नाम राजनैतिक दृष्टि से सन्दिग्ध लोगों की लिस्ट में लिख लेने की धमकी दी जाती है।

हम अपने पाठकों को यह बता देना चाहते हैं कि अभी तक विप्लवी ट्रैक्ट की न तो कोई संख्या ही ज़ब्त है और न इसके पढ़ने या रखने पर कोई रुकावट सरकार की ओर से लगायी गयी है। हम स्वयं इस बात का पूरा ध्यान रखते हैं कि राजनैतिक चेतना के प्रचार का कार्य हम अधिक-से-अधिक देर तक कर सकें और बात को ध्यान में रख पत्र को बन्द किये बिना जितना कर सकना सम्भव है उससे आगे नहीं बढ़ते। हम अपने पाठकों को यह बता देना चाहते हैं कि विप्लवी ट्रेक्ट के विरुद्ध नौकरशाही के निचले दर्जे के लोगों की किसी प्रकार की धमकी में आना उचित नहीं। जिस दिन सरकार 'विप्लवी ट्रैक्ट' को गैर क़ानूनी करार दे देगी हम स्वयं ही पत्रिका का प्रकाशन कुछ समय के लिए स्थगित कर देंगे। जब तक ट्रैक्ट प्रकाशित हो रहा है आप न केवल उसे निर्भय पढ़ और पढ़ा सकते हैं बल्कि उसका प्रचार करना भी आपका एक राजनैतिक कर्त्तव्य है। हमें याद रखना चाहिए कि राजनैतिक चेतना ही हमारी सबसे बड़ी शक्ति है।

◈

जनवरी

१९४१

बलिदान का मूल्य

इस समय देश में स्वतन्त्रता के लिए एक ही आन्दोलन चल रहा है और वह है महात्मा गाँधी के नेतृत्व में कांग्रेस का सत्याग्रह। यह आन्दोलन चाहे कितना ही निस्तेज और उत्साहहीन क्यों न हो, इसकी बुनियाद राष्ट्रीय भावना पर है, हमारी सहानुभूति अवश्य इसके साथ है। आन्दोलन का उद्देश्य महात्मा जी की आध्यात्मिक और क़ानूनी भाषा में चाहे देश की आज़ादी न होकर केवल युद्धविरोधी व्याख्यान देने की ही स्वतन्त्रता हो परन्तु देश और इस आन्दोलन में आगे बढ़कर अपना बलिदान करनेवाले (चाहे वह बलिदान केवल नाममात्र को ही क्यों न हो) देश की स्वतन्त्रता की भावना से ही इसमें भाग ले रहे हैं। इसलिए इस आन्दोलन को केवल महात्मा जी द्वारा सत्य का एक अनुभव मात्र (Experiment with truth) समझकर इससे हम बेपरवाह नहीं हो सकते। जनता और देश के नाम पर किये जानेवाले इस प्रयत्न को हमें राष्ट्रीय दृष्टिकोण से देखना ही होगा। ऐसा करने में हमारा उद्देश्य किसी दूसरे की निन्दा करना या भूल दिखाना नहीं बल्कि अपने प्रयत्नों का परिणाम जाँचना ही है।

हमारे इस आन्दोलन का बाहरी रूप है युद्धविरोधी व्याख्यान देकर जेल चले जाना! इस प्रकार युद्धविरोधी नारे लगाकर, पत्र लिखकर या व्याख्यान देकर हमारे कितने ही नेता जेल जा चुके हैं। यद्यपि इन जेल जानेवालों की संख्या अधिक नहीं परन्तु फिर भी इस देश की जनता के प्रतिनिधि के रूप में जेल गये हैं और हमें उनके बलिदान के परिणाम की जाँच करनी ही होगी। सवाल यह है कि युद्ध का विरोध करने के अपने उद्देश्य में वे कहाँ तक सफल हुए? कहाँ तक उनके इस उद्देश्य से सफल होने की आशा की जा सकती है? भारत की जन और धन शक्ति का उपयोग युद्ध के लिए जिस प्रकार हो रहा है ब्रिटिश सरकार उससे पूर्णतः सन्तुष्ट

है, यह बात पार्लमेण्ट में मि. एमरी कह चुके हैं। यदि भारत से युद्ध में दी जा चुकी सहायता के हिसाब की ओर देखें तो उनकी यह बात ठीक ही जान पड़ती है। मि. एमरी ने पार्लमेण्ट में भारत से मिली सहायता पर सन्तोष प्रकट करते हुए कहा है भारत में एक लाख साठ हज़ार भारतीय सैनिक साधारणत: रहते हैं। भारतीय सेना में पाँच लाख सिपाही और भरती करना चाहते हैं। युद्ध शुरू होने के बाद से वे एक लाख सिपाही भरती कर चुके हैं। भारत के प्राय: साठ हज़ार सिपाही विदेश भेजे जा चुके हैं। भारत प्राय: दस करोड़ गोली गट्टा और चार लाख तोपों के गोले, एक अरब बोरा, तीस हज़ार तम्बू युद्ध के लिए बाहर भेज चुका है। यह हिसाब था नवम्बर के मध्य तक का। उसके बाद से इस हिसाब में बढ़ती ही हुई है। इस अवस्था को देखकर हम इस परिणाम पर पहुँचते हैं कि कांग्रेस का सत्याग्रह बहुत हद तक केवल अपने सन्तोष मात्र के लिए ही है। देश के बड़े आदमी, कांग्रेस के सम्मानित लोग उसमें भाग ले रहे हैं, आम जनता का स्थान इस आन्दोलन में केवल दर्शक का है। कांग्रेस के सत्याग्रह का उद्देश्य जो भी हो, चाहे वह गाँधी जी के सिद्धान्त के अनुसार केवल अहिंसा की प्रतिष्ठा के लिए युद्ध के विरुद्ध भाषण दे देना हो या कांग्रेस हाई कमान के पूना के प्रस्ताव के अनुसार सरकार द्वारा अपनी शर्तें मनवाकर इस युद्ध में नाज़ीवाद के विरुद्ध हार्दिक सहयोग देना हो या आम जनता के विश्वास के अनुसार स्वराज्य-प्राप्ति हो, कोई भी उद्देश्य इससे पूरा नहीं हो रहा! थोड़ा या बहुत जो कुछ भी बलिदान कांग्रेस कार्यकर्त्ताओं के जेल जाने के रूप में किया जा रहा है वह व्यर्थ जा रहा है। जनता की शक्ति के इस प्रकार नष्ट करने से न केवल कोई लाभ हमें नहीं दिखायी देता बल्कि एक वास्तविक आन्दोलन की सम्भावना और अवसर को हम हाथ से खो देते हैं।

समय-समय पर हम महात्मा गाँधी और कांग्रेस के प्रधान के मुख से इस आन्दोलन को बढ़ाने की बात सुन पाते हैं परन्तु आन्दोलन को बढ़ाने की तजवीज़ों में सदा ही सत्याग्रह के व्यक्तिगत बनाये रखने पर ज़ोर दिया जाता है। कोई भी सामाजिक या राजनैतिक कार्य कभी व्यक्तिगत रूप से सम्पन्न किया जा सकता है, इतिहास इस बात की गवाही नहीं देता। जिन बातों का सम्बन्ध समाज और जनता से है उन्हें व्यक्तिगत बनाना सामाजिक नियम के विरुद्ध जाना है। हम इस बात को भूल जाते हैं कि कुछ आदमियों की व्यक्तिगत शक्ति कितनी ही महान् क्यों न हो, जनता की सम्मिलित शक्ति के छोटे-से-छोटे अंश की भी वह तुलना नहीं कर

सकती। इसके अलावा हमें यह भी याद रखना चाहिए कि अपने प्रयत्नों को हमें भावुकता की नींव पर खड़ा न कर जनता के जीवन की ठोस आवश्यकताओं पर खड़ा करना है। आन्दोलन यदि जनता के जीवन की कठिनाइयों को दूर करने के लिए है तो यह आन्दोलन जनता के द्वारा उसमें भाग लेने से ही वास्तविक और सबल बन सकेगा। इस आन्दोलन में जनता के उसी भाग का बलिदान आवश्यक है जो जीवन की कठिनाइयों को वस्तुत: अनुभव करती है। परन्तु हमारा आन्दोलन चल रहा है ठीक इससे उल्टी राह पर। आज इस आन्दोलन में सबसे पहले भाग वे लोग ले रहे हैं जो जीवन की कठिनाइयों को किसी प्रकार भी अनुभव नहीं करते। जिनके लिए राजनैतिक आन्दोलन का अर्थ है केवल सरकार के रूप में उथला परिवर्तन। जिन लोगों के जीवन वर्तमान परिस्थिति के कारण संकट में नहीं, जिन लोगों के लिए वर्तमान परिस्थिति को बदलना जीवन और मृत्यु का प्रश्न है, वे इस आन्दोलन से दूर हैं क्योंकि वे लोग हिंसा, अहिंसा, नागरिक अधिकारों और भाषण की स्वतन्त्रता की बारीक़ियों को नहीं समझते। न उन्हें इस बात की फुर्सत है कि जीवन निर्वाह की चिन्ता कुछ दिन के लिए छोड़कर त्याग करने के लिए जेल चले जायें!

यदि इस आन्दोलन का उद्‌देश्य वास्तव में ही जनता के जीवन की कठिनाइयों को दूर करना है तो इसका रूप इस प्रकार का होना चाहिए कि जनता अपनी परिस्थितियों से इसका सम्बन्ध प्रत्यक्ष देखे और अपने में इस आन्दोलन में भाग लेने की सामर्थ्य समझे। आन्दोलन का उद्‌देश्य केवल त्याग करना ही नहीं बल्कि कुछ प्राप्त करना होना चाहिए। असमर्थ जनता के सामने त्याग की एक बड़ी भारी परीक्षा रखकर उसे आन्दोलन से दूर कर देने के बजाय जनता को इस बात का अवसर दिया जाना चाहिए कि वे अपनी सामर्थ्य भर इस आन्दोलन के लिए जो कुछ कर सकते हों करें। तभी इस आन्दोलन का और इस आन्दोलन में किये जानेवाले बलिदान का कुछ मूल्य होगा। जब तक जनता की मुक्ति के लिए केवल वे ही लोग प्रयत्न करेंगे जिन्हें जनता के जीवन की कठिनाइयों का कुछ अनुभव नहीं तब तक इस आन्दोलन का रूप केवल मन्दिर में की जानेवाली पूजा की ही भाँति रहेगा जिसमें एक पुजारी सम्पूर्ण गाँव भर की ओर से देवता के सामने वकालत कर आता है। हमारा यह सत्याग्रह केवल एक रीति और रस्म को पूरा करना मात्र रहेगा जिसका वास्तविक परिस्थिति पर कुछ भी प्रभाव न पड़ सकेगा और इस आन्दोलन

में किये जानेवाले बलिदानों का मूल्य भी केवल उन्हीं चुने हुए आदमियों को मिलेगा जिन्हें बलिदान का अधिकार या सम्मान दिया जा रहा है। हो सकता है इस बलिदान से इन लोगों का राजनैतिक भविष्य कांग्रेस के क्षेत्र में या कांग्रेस के हाथ में फिर से राजनैतिक शक्ति आने पर असेम्बलियों के क्षेत्र में चमक उठे परन्तु सर्वसाधारण जनता को इससे क्या लाभ होगा?

सत्याग्रह की छुट्टियाँ

हमारे मौजूदा सत्याग्रह आन्दोलन में अनेक अनोखी बातें हो रही हैं जिनके लिए सब श्रेय महात्मा जी को ही है। इन अनोखी बातों में गाँधी जी द्वारा सत्याग्रह के आन्दोलन के लिए मुक़र्रर की गयी छुट्टियों का भी ख़ास मतलब है। बड़े दिन के त्योहार में उससे कुछ दिन आगे-पीछे और बाद में प्रत्येक रविवार को सत्याग्रह बन्द रहेगा। इसका कारण बताया गया है सरकारी अफ़सरों को सत्याग्रह के कारण होनेवाली तवालत से बचाना। छुट्टी के दिनों में सरकारी अफ़सरों के आराम और शौक़ में गाँधी जी विघ्न नहीं डालना चाहते। इससे सरकारी अफ़सरों के प्रति गाँधी जी की भावना, उनकी अहिंसा और युद्ध के समय ब्रिटिश सरकार के मार्ग में अड़चनें न डालने के महात्मा जी के इरादे की पुष्टि हो जाती है परन्तु इसके साथ ही यह भी सवाल एक साधारण दिमाग़ के मनुष्य के सामने पेश हो जाता है कि सत्याग्रह आन्दोलन द्वारा जिस उद्‌देश्य को प्राप्त करने की कोशिश की जा रही है, वह अधिक महत्त्वपूर्ण है या सरकारी अफ़सरों की छुट्टी के दिनों का आराम और शौक़? यदि सरकारी अफ़सरों को झंझट से बचाना ही ज़रूरी है तो सप्ताह के छह दिन ही क्यों सत्याग्रह किया जाय?

सत्याग्रह में भाग लेने से पहले चेतावनी देते हुए महात्मा जी ने कहा है कि सत्याग्रह में भाग लेने के लिए विद्यार्थियों को तभी आगे बढ़ना चाहिए जब वे अपना सम्पूर्ण जीवन बलिदान करने के लिए तैयार हों। यह सत्याग्रह जिसके लिए भारतीय जनता को अपना जीवन बलिदान करने के लिए तैयार रहना चाहिए दूसरी ओर जाकर इतनी बेमतलब चीज़ बन जाती है कि उसकी अपेक्षा सरकारी

अफ़सरों का आराम और शौक़ भी अधिक क़द्र की चीज़ हो जाता है। यह है क़द्र उस आन्दोलन की जो देश के जीवन-मरण का प्रश्न हल करने के लिए चल रहा है।

साक्षरता का प्रश्न

इसमें सन्देह नहीं कि वास्तविक और स्थायी राजनैतिक जागृति समाज में उस समय तक सम्भव नहीं जब तक कि जनसाधारण सार्वजनिक प्रश्नों को स्वयं न सोचने लगें। इस देश की जनता राजनैतिक, सामाजिक और सार्वजनिक प्रश्नों से इतनी उदासीन और बेपरवाह रही है कि उनमें से सामाजिकता और मनुष्यता का गुण मिटकर बहुत हद तक पशुओं की-सी वैयक्तिक स्वार्थपरता ने घर कर लिया है और इसीलिए इस देश में बुद्धिमानी इस बात में समझी जाने लगी कि नितान्त स्वार्थ की बात को छोड़कर किसी बात से सम्बन्ध ही न रखा जाय! उपदेश दिया गया 'कोउ नृप होय हमें का हानी' या 'तुझे परायी क्या पड़ी अपनी निबेड़ तू'। आज हम लोग अपने जनसाधारण में यदि सामाजिक भावना और राजनैतिक चेतना लाना चाहते हैं तो इस मनोवृत्ति को बदलना ज़रूरी है। यह मनोवृत्ति तभी बदली जा सकती है जब हम वैयक्तिक जीवन और सामाजिक जीवन के अटूट सम्बन्ध को समझें। इस प्रकार की जागृति लाने के जहाँ और साधन हैं, वहाँ एक कारगर साधन है जनता को साक्षर बनाना। साक्षरता का अर्थ है मनुष्य का उन सब प्रश्नों और समस्याओं से सम्बन्ध बना देना जो जनता के सामने मौजूद हैं। साक्षरता का अर्थ है मनुष्य को पशु की-सी वैयक्तिक स्वार्थ चिन्ता से निकालकर मानसिक रूप से समाज का अंग बना देना।

हमारे देश के सार्वजनिक जीवन और जनसाधारण के हित की चिन्ता करनेवालों का ध्यान इस देश में साक्षरता की कमी की ओर न गया हो सो बात नहीं। परोपकार की भावना से साक्षरता का प्रयत्न भी समय से हो रहा है। कांग्रेस द्वारा सरकार का बोझ लेने पर सरकारी तौर पर भी इस देश में काफ़ी कोशिश होती दिखायी दी। साक्षरता दिवस मनाये गये, जुलूस निकले, साक्षरता फैलाने के प्रण भी लोगों ने किये, जगह-जगह इसके लिए स्वयंसेवक भरती हुए परन्तु परिणाम विशेष नहीं

निकला। जो कुछ हुआ भी वह और सरकारी कामों की तरह बिलकुल सतह पर और दिखावटी ढंग से। इसका कारण है कि इस कार्य में जनता के उस अंग का सहयोग नहीं मिला जिसका उपकार करने के लिए, जिसे साक्षर बनाने के लिए यह सब प्रयत्न किये जा रहे थे। साक्षरता फैलाने के लिए ऊँचे तबके के लोगों में तो उत्साह काफ़ी दिखायी दिया परन्तु साक्षर बनने का उत्साह जनता में नहीं है। इसका मुख्य कारण है कि जनता साक्षर बनने का उपयोग ही नहीं समझ पायी। जो लोग साक्षर बनने की उपयोगिता उन्हें समझाने गये थे उनमें और आम जनता में इतना अधिक भेद था कि उनकी बात को आम जनता अपनी बात ही नहीं समझ सकी। ग़रीब निरक्षर आम जनता ने इसे केवल बड़े आदमियों का शौक़ मात्र समझा और इसके प्रति कुछ सहनशीलता मिली उदासीनता दिखाकर वे बेपरवाह हो गये। इस उदासीनता और बेपरवाही का कारण था कि जनता को यह विश्वास न हुआ कि उन्हें साक्षर बनाने का प्रयत्न वास्तव में उनके भले के लिए था। यह प्रयत्न उनके लिए उन लोगों द्वारा किया गया था जिनके हितों और जनता के हितों में कोई समानता न थी। जिन लोगों को जनता अपना अंग नहीं समझती थी। जनता की इस सशंक भावना के कारण होनेवाली उदासीनता हम अनेक दूसरे क्षेत्रों में भी देखते हैं। उदाहरणत: जनता के स्वास्थ्य की रक्षा के लिए जो सफ़ाई के नियम सरकार या म्युनिसिपल कमेटी की ओर से बनाये जाते हैं जनता उन्हें केवल अपने तरीक़े में बेजा दख़ल और अन्याय ही समझती है। यही हाल साक्षरता के लिए किये गये प्रयत्नों का भी हुआ। परन्तु जिन प्रश्नों में जनता सामाजिक या राजनैतिक अपना स्वार्थ सिद्ध होता देख पाती है उनसे वे कभी बेपरवाह नहीं रह सकती। उदाहरण के लिए राजनैतिक क्षेत्र में हम देख पाते हैं कि चर्ख़े और खद्दर से बिलकुल बेपरवाह रहकर भी जब मज़दूरों के सामने मज़दूरी का या किसानों के सामने लगान का प्रश्न आता है उनकी उदासीनता मिटकर प्रबल जागृति उनमें दिखायी देने लगती है। इसी प्रकार यदि साक्षरता के आन्दोलन को ग़रीब जनता के हितों को सिद्ध करने के साधन के रूप में उनमें फैलाया जाय और इस काम को करनेवाले भी स्वयं ग़रीब जनता के लोग हों जो अपनी श्रेणी को यह विश्वास दिला सके कि साक्षरता उनके राजनैतिक और आर्थिक दृष्टि से सबल और उन्नत बनने का उपाय है तभी जनता का साक्षरता के प्रति अनुराग हो सकेगा। आम जनता में साक्षरता यदि फैल सकती है तो केवल उसी श्रेणी के अपने प्रयत्न से। आम जनता में यदि श्रेणी चेतना का भाव जाग सके और वे लोग श्रेणी रूप से सबल होने के लिए साक्षरता को साधन समझने लगें तो वह उनमें आश्चर्यजनक तेज़ी से घर कर जायगी। इसके अतिरिक्त

दूसरे प्रयत्न भद्र श्रेणी द्वारा सद्भावना और दया से किये गये जनता को साक्षर बनाने के प्रयत्न केवल उलटे और दिखावटी रहेंगे।

◈

स्त्रियों की माँग

आल इण्डिया वीमेन्स लीग के प्रस्तावों के सम्बन्ध में श्रीमती क्रान्ति देवी दिनेश ने जो आलोचना की है उसके कारण समाचार-पत्रों में स्त्रियों की वास्तविक माँगों के सम्बन्ध में एक विवाद खड़ा हो गया है। स्त्रियों की ओर से तलाक तथा सम्पत्ति पर समान अधिकार के सम्बन्ध में उठायी गयी वीमेन्स लीग की माँगों का मज़ाक उड़ाकर श्रीमती दिनेश ने कहा है कि यह माँगें केवल देश की आसूदा हाल फैशनेबिल और अंग्रेज़ी पढ़ी-लिखी स्त्रियों के चोंचले हैं जिन्हें देश की ९९ फ़ीसदी स्त्रियों की अवस्था का न तो परिचय है और न उनसे सहानुभूति। देश की ९९ फ़ीसदी स्त्रियों को इन माँगों से कोई वास्ता नहीं। उन्हें तो पेट भरने और तन ढाँपने की समस्या से ही छुट्टी नहीं मिलती। देश की स्त्रियों का प्रश्न देश के दलित और पीड़ित पुरुष समाज के प्रश्न से भिन्न नहीं। देश की स्त्रियों की समस्या सर्वसाधारण जनता की अवस्था सुधर जाने से स्वयं ही हल हो जायगी।

क्रान्ति देवी जी ने जो कुछ कहा, वह ठीक है परन्तु उनके इस कथन में आवेग और आवेश का वह भाव काफ़ी मौजूद है जो हमें दूसरी सच्चाइयों की ओर से बेपरवाह कर देता है। भारत की ९९ फ़ीसदी स्त्रियों के सामने वे सभी समस्याएँ तो हैं ही जो पुरुषों के सामने हैं परन्तु इसके अलावा उनकी अपनी विशेष समस्यायें भी हैं। इसका कारण है भारत के स्त्री-समाज का दोहरा शोषण और पीड़न। भारत का पुरुष-समाज विदेशी शासन और अन्यायपूर्ण आर्थिक व्यवस्था से पिस रहा है और यहाँ का स्त्री-समाज इन व्यवस्थाओं में पिसने के साथ-साथ इस देश के रीति-रिवाज और पुराने जमाने के अनुकूल सामाजिक व्यवस्था का भी शिकार हो रहा है।

इस देश की स्त्रियों की स्थिति इस देश के पुरुषों के समान नहीं और न वे विदेशी शासन और अन्यायपूर्ण आर्थिक व्यवस्था से मुक्ति प्राप्त करने के आन्दोलन में पुरुषों के समान आगे बढ़ सकती हैं। हम इस बात से इनकार नहीं कर सकते कि इस देश के पुरुष स्वयं पीड़ित और दलित होते हुए भी इस देश की स्त्रियों का पीड़न और शोषण करने से नहीं चूकते! इस देश की स्त्रियाँ दोहरी ग़ुलाम हैं। एक तो यहां के पुरुष समाज की और फिर इस देश के पुरुषों को ग़ुलामी में बाँधे रखनेवालों की। इसमें स्त्री की स्वतन्त्र रूप से कोई वैयक्तिक स्थिति नहीं है। गृहस्थ के क्षेत्र में या आर्थिक क्षेत्र में स्वतन्त्र व्यक्ति की हैसियत से खड़ी नहीं हो सकती, अपने लिये जीवन के कार्यक्रम और स्थान का निश्चय नहीं कर सकती। ऐसी अवस्था में वह देश की राष्ट्रीय शक्ति में सहायक और सबल अंग न बनकर केवल बोझमात्र बन रही है। देश के पुरुष अपने अधिकार के लोभ में उन्हें अपने समान बनाने की अपेक्षा उन्हें अपने उपयोग का साधन बनाये रखने का ही प्रयत्न करते हैं। इस देश के समाज के परम्परागत चले आये रस्मोरिवाज़ उनके पक्ष में हैं। यदि स्त्रियाँ स्वतन्त्र व्यक्तित्व के अधिकार चाहती हैं तो यह माँग राष्ट्रीय उत्थान के कार्य में किस प्रकार बाधक हो सकती है? स्वतन्त्र स्थिति और व्यक्तित्व की प्राप्ति के लिए समाज में स्त्रियों की आर्थिक और सामाजिक स्थिति होना ज़रूरी है। ऐसा होने से राष्ट्रीय और सामाजिक चेतना के आगे बढ़ने में सहायता ही मिलेगी। स्त्रियों का केवल पुरुषों के उपयोग का साधन बने रहना देश के सबल होने में सहायक नहीं हो सकता। यदि स्त्रियाँ तलाक और पारिवारिक सम्पत्ति पर पुरुषों के समान अधिकार माँगती हैं, वे अपने जीवन की जिम्मेदारी लेना चाहती हैं तो इससे पुरुषों को आपत्ति क्यों? और क्रान्ति देवी जी जैसी 'क्रान्ति' की उपासक का नाराज़ होना तो बिलकुल ही समझ में न आनेवाली बात है।

क्रान्ति देवी जी को यदि एतराज़ इस बात से हो कि इस माँग को उठानेवाली स्त्रियों को स्वयं जीवन की कठिनाइयों से कोई वास्ता नहीं तो भी इससे नाराज़ होने की कोई बात नहीं। समृद्ध श्रेणी की आसूदा हाल स्त्रियों का असन्तोष यदि समाज की पुरानी व्यवस्थाओं के बन्धनों को काटने में हमारा सहायक होता है तो इससे कतराने की कोई जरूरत नहीं। यदि यह स्त्रियाँ जोखिम और कठिनाई के कामों को न कर अपेक्षाकृत सरल काम को ही करना चाहती हैं तो उन्हें इतना ही करने दीजिये। अपनी स्थिति से लाभ उठाकर यदि वह स्त्रियाँ देश की स्त्रियों के मार्ग की कुछ रुकावट को दूर करने में सहायक हो सकती हैं तो हानि क्या?

यदि ऐसा करने से फ़ैशनेबिल और आसूदा हाल स्त्रियों का मनोविनोद ही हो जाता है तो भी कोई हर्ज़ नहीं। हमें तो प्रश्न को सामाजिक उन्नति के दृष्टिकोण से ही देखना है।

◈

सुभाष बाबू की रिहाई का राज

कलकत्ते के अंग्रेज़ी साप्ताहिक 'फारवर्ड' ने अपने १९ दिसम्बर के अंक में सुभाष बाबू की रिहाई के सम्बन्ध में जो विचार प्रकट किये हैं हम उन्हें जनता के परिचय के लिए ज्यों-का-त्यों नीचे देते हैं—

"यह देखकर आश्चर्य होता है कि किसी अपराध को प्रोत्साहन देनेवाले व्यक्ति को सरकार ऐसे समय जेल से रिहाकर दे जब वह अपराध बहुत अधिक बढ़ रहा हो। यह युद्ध शुरू होने के समय सुभाष बाबू ने युद्ध के विरोध पर सबसे अधिक ज़ोर दिया। उन्होंने कांग्रेस को हरिपुरा कांग्रेस के अपने युद्धविरोधी प्रस्ताव पर अमल करने के लिए बार-बार ललकारा और स्वयं उस पर अमल करना शुरू किया। आज इसी अपराध के कारण अनेक बड़े आदमी रोज़ जेल जा रहे हैं। युद्ध के विरोध में कोई कार्य या प्रचार आज सरकार की दृष्टि में सबसे भयंकर अपराध है। इसे वे किसी भी प्रकार सहन नहीं कर सकती। ऐसी अवस्था में युद्ध का विरोध करनेवाले सुभाष बाबू का जेल से रिहा कर दिया ज़ाना एक आश्चर्यजनक घटना है। कहा यह जाता है कि स्वास्थ्य ख़राब हो जाने की वजह से सुभाष बाबू को रिहा कर दिया गया। हममें से अनेक व्यक्तियों को भूख हड़ताल का अनुभव है। सप्ताह भर या दस दिन की भूख हड़ताल चाहे जिस रूप में की जाय स्वास्थ्य की ऐसी भयंकर स्थिति नहीं कर दे सकती कि मृत्यु का भय हो जाय! और फिर सरकार बार-बार यह ऐलान कर चुकी है कि भूख हड़ताल द्वारा आत्महत्या की धमकियों की वह कोई परवाह करने के लिए तैयार नहीं। भूख हड़ताल के कारण अनेक लोग मर भी गये परन्तु उनकी रिहाई नहीं हुई। हममें से अनेक साथियों ने साठ-सत्तर दिन तक भूख हड़ताल की है। जब सरकार ने हड़तालियों के प्राणों पर संकट देखा तो बजाय उन्हें रिहा करने के भोजन जबरदस्ती पेट में पहुँचाने का यत्न किया गया। भूख हड़ताल के बावजूद राजनैतिक क़ैदियों के शरीर की रिहाई केवल मृत्यु के बाद

ही हो सकी। स्वयं सुभाष बाबू इससे पूर्व भूख हड़ताल कर चुके हैं परन्तु उनकी रिहाई इतनी आसानी से कभी नहीं हुई। इस मौके पर युद्ध के इस विरोधी का रिहाई इतनी सरलता से हो जाने का कारण क्या है?

"क्या सरकार ने भूल से सुभाष बाबू को रिहा कर दिया? सरकार ऐसी भोली नहीं है। सुभाष बाबू की रिहाई के बाद की घटनाओं ने सरकार की भूल नहीं बल्कि समझदारी ही प्रमाणित की है। सुभाष कब क्या करेंगे इस बारे में कल्पना का सहारा नहीं लिया जा सकता! परन्तु सुभाष बाबू या बोस या बोस भाइयों के कार्यों का अनुमान उनकी बदला लेने की आदत से बहुत-कुछ किया जा सकता है। जब ये बदला लेने चलते हैं उस समय उद्देश्य या उचित-अनुचित का विचार इसके मार्ग में रुकावट नहीं डाल सकता। इस मामले में सरकार ने अन्दाज़े से काम न लेकर वास्तविक घटनाओं का सहारा लिया है।

"कुछ समय पहले हिन्दू सभा के एक नेता ने एक सरकारी अफ़सर के सम्मान में एक दावत दी थी। हिन्दू सभा के यह नेता आज सुभाष बाबू के विशेष सहायक हैं। इस दावत में इन सरकारी अफ़सर का यह विश्वास दिलाया गया था कि इस समय सुभाष बाबू की रिहाई से सरकार को युद्ध के लिए तैयारी में काफ़ी सहायता मिलेगी। इस बात के प्रमाण में 'सुभाष बाबू १९३९-१९४९ तक नामक पुस्तक का हवाला दिया गया और कांग्रेस वर्किंग कमेटी के प्रति सुभाष बाबू के रुख़ का भी इशारा किया गया। सुभाष बाबू बदला लेने के प्रयत्न में किस प्रकार पागल हो जाते हैं यह भी सरकार से छिपा नहीं। सरकार का यह समझ लेना कठिन न था कि सुभाष बाबू इस समय युद्ध का विरोध न कर कांग्रेस का ही विरोध करेंगे। इतना ही नहीं सरकार के सामने कुछ और भी घटनाएँ हैं। युद्ध का विरोध कर सुभाष बाबू जेल गये परन्तु कांग्रेस द्वारा युद्ध का विरोध शुरू करने पर सुभाष बाबू ने जो पत्र जेल से लिखा और जो सरकारी अफ़सरों की दृष्टि से गुज़रकर बाहर आया, उसमें उन्होंने अपने साथियों को कांग्रेस के इस प्रयत्न का विरोध करने की ही सलाह दी गयी थी। इस पत्र में उन्होंने अलग से अपना आन्दोलन चलाने का वायदा किया था और यह वायदा उन्होंने कांग्रेस वर्किंग कमेटी के विरुद्ध आन्दोलन चलाकर पूरा कर दिया। इस आंदोलन का परिणाम होगा कि बंगाल का ध्यान कांग्रेस के युद्धविरोधी आन्दोलन से बँट जायगा। सुभाष बाबू जेल से रिहा होकर क्या करेंगे यह सरकार से छिपा नहीं था।

"ऐसी अवस्था में इस अफ़वाह को हम बिलकुल निराधार नहीं ठहरा सकते कि देहरादून के एक यूरोपियन शिक्षा विशेषज्ञ और बंगाल के एक प्रसिद्ध राजभक्त

ज़मींदार जो बहुत समय तक सरकार की मशीन के ज़बरदस्त पुर्जे रहे हैं, उनकी सहायता से सुभाष बाबू चुपचाप वाइसराय की काउन्सिल में भी जगह पाने की कोशिश करते रहे हैं। सुभाष बाबू और हक़ मन्त्रिमण्डल में जो लेन-देन की बातें होती रही हैं उन्हें भी हम सहज में नहीं भुला दे सकते! रिहाई के बाद सुभाष बाबू ने कांग्रेस के विरुद्ध जिस प्रकार ज़हर उगलना शुरू किया है उससे कांग्रेस विरोधियों और सरकार के निराश होने का कोई कारण नहीं। इसके अलावा देहली के एक प्रसिद्ध फारवर्ड ब्लकिस्ट की मार्फत सुभाष बाबू भारत से बाहर जो तिकड़म रच रहे हैं और दूसरी ओर वाइसराय की काउन्सिल में घुसने की उनकी चेष्टा इन सब बातों को देखकर आज न तो सरकार न कांग्रेस ही सहज में उन पर विश्वास कर सकते हैं। अलबत्ता यह दूसरी बात है कि सरकार अवसर देखकर सुभाष बाबू की करतूतों से अपना मतलब निकालकर अलग हो जाय! कांग्रेस इस समय सरकार से युद्ध कर रही थी। सुभाष बाबू ने रिहा होकर कांग्रेस के ख़िलाफ़ जिहाद छोड़ दिया है। जेल में सुभाष बाबू के स्वास्थ्य की अवस्था इतनी चिन्ताजनक थी कि उनकी प्राणरक्षा के लिए सरकार को उन्हें तुरन्त रिहा कर देना पड़ा परन्तु जेल से बाहर आते ही कांग्रेस के विरुद्ध आन्दोलन चलने की शक्ति और स्वास्थ्य उनमें तुरन्त आ गयी।''

लेख का केवल वही अंश हम यहाँ दे रहे हैं जिसका सम्बन्ध सुभाष बाबू के राजनैतिक कार्यों से है। लेख के उस अंश को जो सुभाष बाबू के वैयक्तिक जीवन और जेल जाते ही उनके सदा बीमार हो जाने के सम्बन्ध में है हमने अनावश्यक समझकर छोड़ दिया है। हमारा प्रयोजन सुभाष बाबू की निन्दा करना नहीं है। हमारा उद्देश्य है कि राजनैतिक क्षेत्र में जनता को अवसरवादियों की कूटनीति का शिकार नहीं होना चाहिए। सब परिस्थितियाँ उनके सामने आ जानी चाहिए।

◈

फरवरी
१९४१

आत्म प्रवंचना

फिर एक बार कांग्रेस और सरकार में सुलह के प्रयत्न शुरू हुए हैं। सुलह का प्रयत्न करनेवाले वे लोग हैं जो कांग्रेस और सरकार के सहयोग से मौजूदा युद्ध के ज़माने में देश को शत्रु की सम्भावना के विरुद्ध सबल और सुरक्षित बनाना चाहते हैं। इस उद्‌देश्य से विरोध किसे है? सरकार शत्रु के मुक़ाबिले के लिए देश को मज़बूत बनाना चाहती है और इस उद्‌देश्य में कांग्रेस भी सरकार से सहमत है। कांग्रेस के नेताओं में महात्मा गाँधी के सिवा और सभी इस बात से सहमत हैं कि यदि भारत पर शत्रु का आक्रमण होने का भय है तो वे अपने अहिंसा के तजुर्बे को एक ओर छोड़ हथियार लेकर शत्रु का मुक़ाबिला करने के लिए बढ़ आयेंगे। उस समय अहिंसा की रक्षा का प्रश्न न रहेगा? अहिंसा के मार्ग का प्रश्न उसी समय तक है जब तक झगड़ा ब्रिटिश सरकार से है।

और फिर यह झगड़ा या आन्दोलन है किसलिए? यदि महात्मा गाँधी को कांग्रेस के इस आन्दोलन का वकील समझा जा सकता है तो इस आन्दोलन का उद्‌देश्य स्वराज्य की माँग नहीं इसका उद्‌देश्य है केवल युद्धविरोधी प्रचार करने की स्वतन्त्रता? कांग्रेस युद्ध में भाग लेने से इनकार कर रही थी क्योंकि उसे एतराज़ था कि भारत की इच्छा के विरुद्ध उसे इस युद्ध में धकेल दिया गया है। जिस समय कांग्रेस ने अपनी इस युद्धविरोधी नीति का ऐलान किया था, उस समय महात्मा जी अभी कांग्रेस की बाग़डोर सँभालकर उसके एकमात्र डिक्टेटर नहीं बने थे। कांग्रेस के डिक्टेटर बनकर महात्मा जी ने कांग्रेस की युद्ध विरोधी नीति को दुबारा स्पष्ट किया। अब युद्ध के विरोध का कारण बताया गया अहिंसा के प्रचार का अधिकार और इस प्रचार को करने की स्वतन्त्रता का अधिकार! इस परिवर्तन का अर्थ है कि युद्धविरोध की माँग राजनैतिक न रहकर धार्मिक हो गयी। इसीलिए इस आन्दोलन में भाग लेने की शर्त भी राजनैतिक सिद्धान्त की जगह धार्मिक सिद्धान्त हो गया। भारत की स्वतन्त्रता के लिए सर्वस्व न्योछावर करने के लिए तैयार होकर भी आप इस आन्दोलन में भाग लेने के लिए अभी तभी योग्य समझे जायेंगे जब

आप अहिंसा के मार्ग में विश्वास करने का निश्चय दिला सकें! गोया यह आन्दोलन राजनैतिक नहीं धार्मिक है। इसका उद्देश्य इस देश की जनता के लिए आत्मशासन का अधिकार प्राप्त करना नहीं बल्कि गाँधीवाद और अहिंसा के सिद्धान्तों का प्रचार करना है? इस अहिंसा के सिद्धान्त में महात्मा जी के विश्वास की कोई सीमा नहीं। वे पोलैण्ड को अहिंसा के उपाय की शिक्षा देते रहे! उन्होंने इंग्लैण्ड को भी नसीहत की कि हिटलर को पराजित करने का सबसे अच्छा उपाय उसके सामने हथियार डालकर सिर झुका देना ही है। इन देशों को महात्मा जी की बात पर विश्वास नहीं हुआ! हमारे अपने ही देश में स्वयं कांग्रेस के भीतर ही महात्मा जी के इस उपदेश पर कितने लोगों को विश्वास है? स्वयं कांग्रेस के प्रधान मौलाना साहब कहते हैं यदि भारत पर सशस्त्र आक्रमण होगा तो वे उसका मुक़ाबला हथियारों से ही करना चाहेंगे। पण्डित जवाहरलाल फर्माते हैं यदि वे अंग्रेज़ होते तो महात्मा जी के अहिंसा के उपदेश को मानने के लिए तैयार नहीं होते। परन्तु यह सब नेता आज महात्मा जी के अहिंसात्मक आन्दोलन का समर्थन कर रहे हैं। क्योंकि आन्दोलन होना चाहिए ज़रूर और आन्दोलन का दूसरा कोई मार्ग उन्हें दिखाई नहीं पड़ता!

गाँधी जी के नेतृत्व में चलनेवाले इस आन्दोलन का विश्लेषण यही है कि यह आन्दोलन महज आन्दोलन की ख़ातिर चलाया जा रहा है। आन्दोलन की ज़रूरत नेता महसूस कर रहे हैं क्योंकि जनता आतुर है, व्याकुल है वह छटपटा रही है। जनता आन्दोलन चाहती है बेशक परन्तु जनता आन्दोलन के लिए आन्दोलन नहीं चाहती। जनता आन्दोलन इसलिए नहीं चाहती कि उसके पास बहुत अधिक शक्ति इकट्ठी हो गयी है और अपनी इस शक्ति को सँभालकर रखने या सहन करने की गुंजाइश नहीं है। जनता तो छटपटा रही है उस अवस्था को प्राप्त करने के लिए जिसमें वह मृत्यु के मुख में जाने से बच जाय, उसे जीवन के कुछ अधिकार मिल जायं? इसी उद्देश्य को प्राप्त करने के लिए जनता आन्दोलन चाहती है। कांग्रेस के नेता जनता को आन्दोलन तो दे रहे हैं परन्तु अपने उद्देश्यों को प्राप्त करने के मार्ग पर नहीं, केवल आन्दोलन की तमन्ना और हवस को पूरा करने के लिए! कुछ ख़ास नेताओं को छोड़कर जो इस आन्दोलन को चलाने की जिम्मेदारी अपने कन्धों पर समझते हैं, जेल जानेवाले, या जेल जाने के लिए उत्सुक बैठे किसी कांग्रेस कार्यकर्त्ता से आप पूछ देखिये वह इस आन्दोलन का सिर-पैर कुछ नहीं समझता। वह नहीं जानता इस आन्दोलन में भाल लेकर जेल जाने से क्या लाभ होगा? वह नहीं समझता कि यह आन्दोलन चल भी सकेगा या नहीं? परन्तु जेल जाने के लिए तैयार है। क्योंकि ऐसा करना वह अनुशासन या डिसिप्लिन का अंग समझता है?

परन्तु जिस डिसिप्लिन या अनुशासन की रक्षा के लिए कांग्रेस के कार्यकर्त्ता अपने-आपको कुर्बान कर देने के लिए बेचैन हो रहे हैं उसका उद्देश्य क्या है, इसे न वे समझते हैं न शायद उसे समझने का उन्हें अधिकार ही है।

इस आन्दोलन का सिद्धान्त, कार्यक्रम और नीति सब-कुछ गाँधी जी की आज्ञा है। हम इससे आगे एक और बात देखते हैं। इस आन्दोलन की शक्ति भी गाँधी जी की वैयक्तिक शक्ति है। जनता को इस आन्दोलन में भाग लेने की आज्ञा नहीं अवसर नहीं। यह आन्दोलन केवल परम गाँधी भक्तों का ठेका है या उन लोगों का इसमें प्रवेश हो सकता है जो समझ और बुद्धि होते हुए भी इस बात की कसम खा लें कि गाँधी जी की आज्ञा के आगे वे अपनी बुद्धि या तर्क का इस्तेमाल नहीं करेंगे। और गाँधी जी इस आन्दोलन को शुरू से ही इस ढंग से चला रहे हैं कि जनता के जोश और शक्ति का इससे कोई सम्बन्ध न हो सके। आन्दोलन में कोई ऐसा अवसर न आ जाय जब जनता की भावना गाँधी जी की आज्ञा की अपेक्षा अधिक बलवान् होकर इस आन्दोलन को जनता की माँगों का आन्दोलन बना दे!

इस आन्दोलन में हमें केवल स्थूल और प्रकट बात दिखायी देती है और वह है कांग्रेस के कार्यकर्त्ताओं का या अग्रसर राजनैतिक विचार रखनेवालों का जेलों में भरते चले जाना—बिना किसी उद्देश्य के! इतिहास में हम इस प्रकार का उदाहरण केवल रूस की ज़ारशाही के ज़माने में देखते हैं, जबकि असन्तुष्ट सेनाओं को शत्रु के सामने लड़ाई के मैदान में भेज दिया जाता था केवल इसलिए कि उनसे किसी प्रकार पीछा छुड़ाया जाय! इस चाल से ज़ारशाही का यह मतलब पूरा हो जाता था कि असन्तुष्ट लोगों के सिर पीटने से उसके शासन के विरुद्ध बग़ावत या क्रान्ति की ज्वाला भड़कने की सम्भावना कुछ देर के लिए रुक जाती थी! आज उत्साही और अग्रसर कांग्रेस कार्यकर्त्ताओं के जेल चले जाने से भी यही लाभ होगा कि कांग्रेस में जनता के हितों की पुकार मचाकर आन्दोलन के लिए प्रयत्न करनेवालों को कुछ समय के लिए जेलों में बन्द हो जाना पड़ेगा। इसका परिणाम यह होगा कि जनता की कठिनाइयों और असन्तोषस्वरूप जिस ठोस आन्दोलन के चलने की सम्भावना है वह कुछ समय के लिए रुक जायगा।

जो लोग संजीदगी से आन्दोलन द्वारा जनता की माँगों को पूरा करने के उद्देश्य को लेकर आगे बढ़ना चाहते हैं उनका यह कर्त्तव्य है कि एक दफ़े गम्भीरता और साहस से यह सोचने की चेष्टा करें कि क्या वास्तव में इस आन्दोलन द्वारा जनता की पुकार प्रकट हो रही है? किसी भी आन्दोलन का सबसे मामूली लाभ होना चाहिए कम-से-कम जनता में जागृति के भाव पैदा होना परन्तु इस आन्दोलन से

तो वह भी नहीं हो रहा क्योंकि इस आन्दोलन को जनता का आन्दोलन बनने ही नहीं दिया गया?

यदि कोई आन्दोलन जनता की भावना प्रकट कर जनता के हितों को प्राप्त करने के लिए चलता है तो उसमें चाहे सफलता की आशा हो या न हो, हम उसके पक्ष में ही होंगे क्योंकि वह कम-से-कम जागृति तो पैदा करता है, उससे जनता की शक्ति बढ़ती है। परन्तु जब आन्दोलन जनता की शक्ति को बढ़ाने की अपेक्षा उसे कम करने के लिए चले तो उस आन्दोलन का समर्थन करना हम जनता के हित के विरुद्ध और जनता के प्रति विश्वासघात समझते हैं। ऐसी अवस्था में जनता का व्यर्थ के आन्दोलन के धोखे से निकलकर स्वयं अपनी अवस्था पर विचार करने योग्य स्थिति में आ जाना ही अच्छा है। इसलिए हम चाहते हैं सुलह के यह प्रयत्न सफल हों ताकि जनता आत्म प्रवंचना से बचकर अपनी अवस्था को समझने की हालत में आ सके। उसे यह देखने का अवसर मिल जाय कि आन्दोलन द्वारा अपनी शक्ति व्यय करनेवाले इस व्यर्थ आन्दोलन से उसने क्या पाया। इस आन्दोलन को हम आत्म प्रवंचना के सिवा और क्या कह सकते हैं।

जुर्माना भरो!

अहिंसा के प्रचार का अधिकार प्राप्त करने के लिए जारी किये गये इस नये सत्याग्रह में कुछ ख़ास विशेषताएँ हैं। यों तो सत्याग्रह का आन्दोलन ही संसार-भर के राजनैतिक आन्दोलनों से निराला है तिस पर आज दिन चलनेवाला सत्याग्रह पिछले सभी सत्याग्रहों से अद्‌भुत है। इस सत्याग्रह के सिद्धान्तों का निरालापन, जो जनता की समझ में नहीं आ सकता, उसे आप एक ओर रहने दीजिये परन्तु जितनी बातें प्रत्यक्ष तौर पर जनता के सामने आती हैं उन्हीं को देखिये तो भी आम जनता की बुद्धि चकराये बिना नहीं रह सकती। पहली अद्‌भुत वस्तु थी गाँधी जी की यह आज्ञा कि रविवार तथा दूसरे छुट्टी के दिनों में सत्याग्रह न किया जाय ताकि सरकारी अफ़सरों के मनोविनोद और आराम में खलल न पड़े। इसका अर्थ साधारण बुद्धि के लोगों की समझ में यही आया था कि भारत की जनता के कष्टों और उन्हें दूर करने के लिए जारी किये जानेवाले सत्याग्रह की अपेक्षा उस सरकार के अफ़सरों

की चिन्ता जो सरकार, गाँधी जी और कांग्रेस के विचारों के अनुसार केवल अन्याय के अधिकार से भारत पर शासन कर रही है, अधिक महत्त्वपूर्ण है। गाँधी जी की इस आज्ञा को अहिंसा और सहृदयता की अन्तिम सीमा मानकर ही शायद सत्याग्रही जनता सह गयी।

इसके बाद गाँधी जी की दूसरी आज्ञा सत्याग्रहियों के लिए सामने आती है। यह आज्ञा है कि सरकारी अदालत द्वारा जुर्माना होने पर सत्याग्रहियों का उस समय तक जुर्माना भरते चले जाना चाहिए जिस समय तक उनके पास सम्पत्ति या जायदाद के रूप में एक पाई भी शेष है। इससे पहले किये गये सत्याग्रह आन्दोलन में जुर्माना न भरकर जेल जाने की आज्ञा थी। इस बात को समझाने की ज़रूरत नहीं कि किसी भी सत्याग्रही के पास जुर्माना अदा करने योग्य धन या दूसरी सम्पत्ति होने पर सरकार जुर्माना वसूल किये बिना नहीं रह सकती। परन्तु फिर भी स्वयं अपनी इच्छा से जुर्माना न देने और उसके स्थान पर जेल जाना बेहतर समझने का हक़ राजनैतिक प्रयोजन था। इसका अर्थ था असहयोग की भावना! परन्तु गाँधी जी आज जुर्माना न देकर असहयोग की भावना प्रकट करने की आज्ञा भी नहीं देते। आज वे आज्ञा देते हैं पहले सरकार के कानून को तोड़कर असहयोग करने की और फिर उसके साथ ही जुर्माना अदा कर सहयोग करने की। यह एक अच्छा खासा मज़ाक़ है। अहिंसा और असहयोग के सिद्धान्तों से इसका क्या सम्बन्ध है हम समझ नहीं सकते?

अहिंसा और असहयोग की गहराइयों को न समझ सकने पर भी हम गाँधी जी की इस नयी आज्ञा की असंगति को तो समझ पाते हैं। पहली बात तो यह है कि युद्धविरोधी नारे लगाकर या युद्ध का विरोध करने का इरादा सरकारी अफ़सरों के सामने प्रकट कर आप जुर्माना कराइये और फिर जुर्माना भरकर युद्ध में सहायता कीजिये! मतलब यह है कि युद्ध के लिए चन्दा देने में आपको शर्म आती है इसलिए आप जुर्माना कराकर सरकार को आर्थिक सहायता पहुँचाने का ढंग निकालिए।

यहीं तक नहीं! जुर्माना भरने की आज्ञा का क्रियात्मक प्रभाव और भी दूर तक जाता है। वास्तव में जुर्माना भरने की यह आज्ञा कांग्रेस के इस सत्याग्रह को जड़ से ही समाप्त करने में सफल होगी! गाँधी जी की इस सूझ की हमें दाद देनी ही पड़ेगी! आरम्भ से ही वे जनता को इस आन्दोलन से दूर रखने की फ़िक्र में थे और जुर्माना भरने की आज्ञा उनके इस उद्देश्य को पूर्ण रूप से सफल कर सकेगी! जब तक भी एक पाई सत्याग्रही की सम्पत्ति की शेष है उसके जुर्माना भरते जाने का अर्थ यह है कि वह अपने-आपको अपने परिवार को जीवन के साधनों से सर्वथा शून्य

कर ले! जिस समय कोई सत्याग्रही छह मास, साल या दो साल के लिए जेल जाता है तो वह अपने जीवन का कुछ समय न्योछावर कर देता है। उसे आशा यह रहती है कि लौटकर फिर ज्यों-त्यों अपने जीवन के क्रम जारी कर सकेगा परन्तु जुर्माने में अन्तिम पाई तक समाप्त कर देने का अर्थ है अपने-आपको और अपने परिवार को जीवन के सब साधनों से वंचित कर देना और वह भी बेकारी और आर्थिक संकट के इस ज़माने में!

सरकार को गाँधी जी के प्रति विशेष कृतज्ञ होना चाहिए कि सत्याग्रह आन्दोलन को समाप्त करने का उन्होंने एक अचूक उपाय स्वयं बता दिया है। जिस समय तक सरकार इस सत्याग्रह को केवल जनता की शक्ति व्यय होने का एक उपाय समझती रहेगी, वह इस आन्दोलन को निरर्थक बल्कि अपने हित की रक्षा में लाभदायक समझकर चलने देगी परन्तु जिस दिन वह इस आन्दोलन को वास्तव में भय का कारण समझेगी, गाँधी जी द्वारा बताये गये इस उपाय से इसे तुरन्त समाप्त कर डालने में उन्हें कोई कठिनाई अनुभव न होगी!

गाँधी जी की इस नयी आज्ञा से हमे स्वर्गीय लाला लाजपत राय जी की एक बात याद आ जाती है। एक समय उन्होंने कहा था—जान दे देना शायद आसान है परन्तु जायदाद दे देना बहुत मुश्किल! निजी सम्पत्ति और पूँजीवाद के इस दौर में यह बात अक्षरशः सत्य है। जान पड़ता है गाँधी जी ने इस सत्याग्रह आन्दोलन से जनता को दूर रखने के लिए यह अमोघ उपाय बहुत सोच-विचार और चिन्ता के बाद ढूँढ़ निकाला है।

सुभाष बोस?

पिछले दो सप्ताह से भारतीय राजनीति में सबसे अधिक चर्चा है श्री. बोस के अन्तर्धान हो जाने का! श्री बोस के अन्तर्धान हो जाने के कारण और ढंग के बारे में कल्पना की लगाम को खुली छोड़ दिया गया! वे कहाँ जा छिपे हैं? इस बारे में लोग विस्मय प्रकट कर रहे हैं। कुछ लोगों की दृष्टि में यह बड़े भारी चमत्कार से कम नहीं है कि इतना प्रसिद्ध व्यक्ति जिसे उसके सैकड़ों मील आस-पास का प्रत्येक व्यक्ति पहचानता हो किस प्रकार सबकी नज़र बचाकर ग़ायब हो गया! जिन्हें

जासूसी उपन्यासों का कुछ परिचय है या जिन्हें जीवन में कभी किसी काम को छिपकर करने का अवसर आया है वे समझ सकते हैं, इस घटना में कोई ऐसी बात नहीं जिसके लिए दाँतों तले उँगली दबानी पड़े! श्री बोस की स्थिति के व्यक्ति के लिए जिसे साधनों की कमी न हो, परिचय का क्षेत्र बड़ा हो और जिसके लिए वैयक्तिक सहानुभूति और मित्रता की कमी न हो, अन्तर्धान हो जाना कोई बड़ी समस्या नहीं। दिन भर वुडवन पार्क के विशाल भवन के सामने आकर खड़ी होने और लौट जानेवाली पचासों बन्द मोटरों में से किसी एक में बैठकर उनका पचास क़दम निकल जाना अन्तर्धान हो जाने के लिए काफ़ी है। कलकत्ते में ही अपने मकान के तीसरे या चौथे मकान में उनका शान्ति से बैठे रहना जनता की नज़रों से बचे रहने के लिए पर्याप्त है परन्तु यह बातें ऐसी नहीं जिनसे हमें या आम जनता को दखल देने की ज़रूरत हो। यदि कोई व्यक्ति कुछ समय के लिए शान्तिपूर्वक विश्राम लेना चाहता हो तो उसको खोज निकालकर उसकी निजी शान्ति में विघ्न डालना न तो सहृदयता ही कही जा सकती है और न यह व्यक्तिगत स्वतन्त्रता के सिद्धान्तों के ही अनुकूल है।

परन्तु अपने जीवन का बड़ा भाग सुभाष बाबू ने राजनैतिक कार्य में बिताया है। उनका व्यक्तित्व देश की राजनीति से जुड़ चुका था। ऐसी अवस्था में उनके अन्तर्धान हो जाने या शान्ति प्राप्त करने की चेष्टा के कारण को जानने की इच्छा जनता में होना बहुत-कुछ स्वाभाविक ही है। ऐसी अवस्था में कारण जानने की इच्छा का अर्थ उनकी शान्ति में विघ्न डालने की चेष्टा होना ज़रूरी नहीं है। इस कारण के विषय में कल्पना के घोड़े दौड़ाये बिना इसे हम सुभाष बाबू के ही शब्दों में जान सकते हैं। त्रिपुरी कांग्रेस में अहिंसा और सज्जनता के ठेकेदार गाँधीवादी दल की ओर से जो व्यवहार हुआ, उसके परिणामस्वरूप जिस निराशा को सुभाष बाबू ने अपने एक लेख 'अजीब रोग' (The strange illness) में प्रकट किया था, वह उनके अन्तर्धान हो जाने को पर्याप्त रूप से स्पष्ट कर देती है। इस लेख के शब्द यों हैं—

"...स्वभावत: ही मेरे विचार अपने जीवन की आरम्भिक प्रवृत्तियों की ओर जाने लगे!...वही निर्जन प्रदेश की पुकार मुझे सुनायी देने लगी।... परन्तु क्या हमारे देश में राजनीति का यही मार्ग है, मैं सोचने लगा। विचार आया, ऋषि अरविन्द द्वारा बताये गये आध्यात्मिक जीवन के मार्ग को ही मैंने क्यों न स्वीकार किया? क्या अब मेरे जीवन में समय आ गया है कि माया के पर्दे को फाड़कर सत्य जीवन के स्रोत की ओर क़दम बढ़ाऊँ? अनेक दिन और अनेक रातें सन्देह और शंका में मैंने बिता दीं अनेक बार मेरे मन में निर्जन हिमालय की पुकार प्रबल हो उठती है। कई दिन और रात तक मैं सत्य और ज्ञान की प्राप्ति के लिए प्रार्थना करता रहा। शनैः-शनैः

मेरा मस्तिष्क स्पष्ट होने लगा और अपने देश तथा देशवासियों के प्रति मेरे हृदय का विश्वास दृढ़ होने लगा। आख़िर त्रिपुरी हो तो सब-कुछ नहीं है, त्रिपुरी ही तो सम्पूर्ण देश नहीं है।''

सुभाष बाबू के यह शब्द उनके मन की डावाँडोल अस्थिर अवस्था पर प्रकाश डालते हैं। हमारे देश की जनता के संस्कारों में बैठे हुए आध्यात्मिक विश्वास से सुभाष बाबू भी मुक्त नहीं हुए। राजनैतिक क्षेत्र में असफलता पाकर किसी अलौकिक शक्ति से सहायता प्राप्त करना चाहते हैं। महात्मा गाँधी सदा ईश्वरीय प्रेरणा और अन्तर-ज्योति की राह चलते हैं। सुभाष बाबू भी उसी अन्तर ज्योति के लिए प्रार्थना करते रहे। संस्कारों की इस निर्बलता पर विजय पाने की चेष्टा उन्होंने की परन्तु परिस्थितियों और राजनैतिक रूप की कमी के कारण होनेवाली असफलता के सन्मुख उनका साहस क़ायम न रह सका।

यह हमारे देश का दुर्भाग्य है कि हमारे यहाँ राजनीति की बुनियाद ईश्वर की सहायता और आध्यात्मिक शक्ति पर रखी जाती है। इस धारणा के कारण हमारी राजनीति सदा लँगड़ी बनी रहती है। आज सुभाष बाबू भी इसी मिथ्या संस्कार के शिकार हो रहे हैं।

◈

विद्यार्थियों की फूट

किसी भी राजनैतिक आन्दोलन का सबसे बड़ा दुर्भाग्य होता है जब आन्दोलन के उद्देश्य को प्राप्त किये बिना उसे आगे बढ़ने से रोका जाता है। उस समय आन्दोलन के लिए संचित शक्ति और उत्साह परस्पर की फूट के रूप में प्रकट होने लगती है। ऐसे ही समय आन्दोलन के उद्देश्य की अपेक्षा व्यक्तित्व को प्रधानता दी जाती है। हमारे कांग्रेस के आन्दोलन में यह बात ख़ूब स्पष्ट हो चुकी है। जब कांग्रेस के आन्दोलन को जनता के प्राणों की पुकार में प्रकट न होने देकर रोकने और वैधानिक रूप देने की चेष्टा की गयी तो आन्दोलन जनता के लिए जीवन के अधिकारों को प्राप्त करने के मार्ग पर बढ़ने की बजाय गाँधीवाद, सुभाषवाद और रायवाद में फटकर जनता की शक्ति नष्ट होने लगी। यही अवस्था आज विद्यार्थियों के आन्दोलन के सामने भी आ रही है। बजाय इसके कि विद्यार्थी सामूहिक रूप से

राष्ट्रीय जागृति फैलाने और राष्ट्रीय संगठन क़ायम करने में अपनी ताक़त लगायें, वे फेडरेशन और ऐड-हॉक कमेटी के झंझटों में फँस रहे हैं।

विद्यार्थियों का आन्दोलन हमारे राजनैतिक आन्दोलन का ही अंग है। वह कोई स्वतन्त्र वस्तु नहीं। इसलिए हमारे राजनैतिक आन्दोलन में पैदा होनेवाली अड़चनों का प्रभाव विद्यार्थियों के आन्दोलन पर पड़ना स्वाभाविक ही था! यदि ऐसा न होता तो शायद यह इस देश का विशेष सौभाग्य होता परन्तु हमारा देश भाग्यवान् नहीं, अभागा ही है यह किसी से छिपा नहीं। हमारे राष्ट्रीय आन्दोलन में प्रकट होनेवाले अनेक भेदों की जड़ में व्यक्तियों की महत्त्वाकांक्षा का काफ़ी हाथ रहा है। विद्यार्थियों के संगठन में पड़नेवाली फूट की जड़ में व्यक्तिगत महत्त्वाकांक्षा की मुसीबत न हो सो बात नहीं। परन्तु इन व्यक्तिगत भेदो को प्रकट करने में आदर्श और कार्यक्रम के भेद का नाम दिया जा रहा है। हम भी नहीं चाहते कि व्यक्तिगत ईर्ष्या और को महत्त्व दिया जाय इसलिए हम भी उस ओर कोई संकेत न कर आदर्श और कार्यक्रम की बात पर ही ध्यान देने की कोशिश करेंगे।

हम ऊपर कह आये हैं, विद्यार्थियों का आन्दोलन कोई स्वतन्त्र आन्दोलन नहीं वह हमारे व्यापक राष्ट्रीय आन्दोलन के साथ जुड़ा हुआ है। इस अशिक्षित देश में विद्यार्थियों की स्थिति का ख़ास महत्त्व है और फिर वे ही कल के नागरिक हैं। इसलिए हमारे भिन्न-भिन्न राजनैतिक दल विद्यार्थियों को अपने-अपने राजनैतिक संगठनों में समेटने के लिए विशेष चिन्तित रहते हैं। विद्यार्थियों को अपने-अपने दल में समेटने की चिन्ता के कारण आज भी विद्यार्थियों को स्वतन्त्र राजनैतिक विकास की ओर प्रोत्साहन न देकर चेला बना लेने की ही चेष्टा अधिक दिखायी देती है।

विद्यार्थियों के दो दलों में, आदर्श और कार्यक्रम का भेद है किस बात पर? दोनों दलों के दावों की बात जाने दीजिए। जो कुछ हो रहा था वह तो किसी से छिपा नहीं। विद्यार्थी अधिकांश में देश के राजनैतिक अवरोध (stagnation) को अनुभव कर रहे थे। वर्तमान आन्दोलन के चलने पर वे अपनी सामूहिक संगठित शक्ति इस आन्दोलन के साथ जोड़ प्रदर्शनों और प्रतिवादों द्वारा जनता की सहानुभूति इस आन्दोलन की ओर लाकर इसे सार्वजनिक भावना के साथ मिला देना चाहते थे। विद्यार्थी संगठन का ही दूसरा दल विद्यार्थियों के संगठन को जनता के आन्दोलन का हरावल (vanguard) न बनाकर इसे मौजूदा आन्दोलन की दुम में लगाये रहना चाहता था। विद्यार्थियों को आगे न बढ़ने देने के लिए महात्मा गाँधी के सन्देशों का ढिंढोरा पीटा गया और आगे बढ़ने के लिए तैयार साथियों से विद्यार्थियों को दूर रखने के लिए आगे बढ़नेवालों को कम्यूनिस्ट बताया गया।

गाँधी-जी के सन्देशों से विद्यार्थियों को रोकने का स्पष्ट अर्थ होता है विद्यार्थियों की इस अवस्था में जबकि वे अभी विकास के मार्ग पर बढ़ रहे हैं, जिस समय उन्हें विचारों के अनुशीलन और विकास की पूर्ण स्वाधीनता होनी चाहिए, उन्हें गाँधीवाद के अवैज्ञानिक और मिथ्या संस्कारों की बुनियाद पर क़ायम सिद्धान्तों को मानने के लिए विवश करना! और मज़ा यह है कि कई जगह यह सब किया जा रहा है उन्नति और प्रगति के नाम पर और कई जगह तो समाजवाद के नाम का दुरुपयोग भी इस काम के करने में अवसरवादियों को झिझक अनुभव नहीं हुई।

किसी को कम्युनिस्ट बताकर ही उसे जनता की नज़रों में नहीं गिराया जा सकता परन्तु इस चाल का घातक असर इस समय यह हुआ कि कुछ गम्भीर विद्यार्थी कार्यकर्त्ताओं को कम्युनिस्ट बताकर स्वयं उनके साथियों ने उन्हें उस सरकार की नज़रों में भयंकर बना दिया जो आजकल कम्युनिस्टों का सर्वनाश करने के लिए बौखलायी हुई है। हमें आश्चर्य न होगा कि यदि किसी दिन यह प्रमाणित हो कि अनेक विद्यार्थियों की गिरफ्तारी का कारण स्वयं उनके ही साथियों द्वारा उन्हें कम्युनिस्ट बताकर भयंकर जीव बना देना ही था। जो लोग विद्यार्थियों के आन्दोलन की ओर निरन्तर दृष्टि रखते आये हैं उनसे छिपा नहीं कि विद्यार्थी आन्दोलन में दिखायी देनेवाली अव्यवस्था का प्रधान कारण उन उत्साही विद्यार्थियों का जेल में बन्द होना ही है जिन्होंने अपना कीमती समय और परिश्रम लगाकर इस आन्दोलन को खड़ा किया था। यदि आज वे बाहर होते तो अवस्था को यों बिगड़ने न देते। परन्तु क्या हम विद्यार्थियों से आशा नहीं रख सकते कि वे अपने जेल गये सहयोगियों की लाज रखेंगे।

मार्च

१९४१

कौन बतावे राह

महात्मा गाँधी की ओर से कांग्रेस कमेटियों और सत्याग्रहियों के नाम समय-समय पर निकलनेवाले ऐलानों में बताया जाता है कि इस सत्याग्रह युद्ध में असफलता हो ही नहीं सकती, इसकी विजय निश्चित है। इस सत्याग्रह युद्ध की विजय का अर्थ क्या है? साधारणत: जनता इसका अर्थ समझ लेती है, भारत के लिए स्वराज्य! परन्तु जो लोग महात्मा जी के ऐलानों की ओर ध्यान देते रहते हैं उनसे यह छिपा नहीं कि कांग्रेस का आज दिन का सत्याग्रह भारत के लिए स्वराज्य की माँग पर नहीं। इस सत्याग्रह का प्रकट उद्‌देश्य है, केवल युद्धविरोधी नारे लगाने और युद्ध विरोधी व्याख्यान देने की स्वतन्त्रता। इस आन्दोलन या महात्मा गाँधी की अनुमति से चुने हुए सत्याग्रहियों के जेल जाने का स्वराज्य या जनता द्वारा स्वयं अपना शासन करने की माँग से कोई सम्बन्ध नहीं है। इस आन्दोलन से युद्ध का विरोध कितना हो रहा है? यह भी एक प्रश्न है! कांग्रेस के इस सत्याग्रह का सरकार के युद्ध के प्रयत्नों पर कहीं कोई प्रभाव हो रहा हो सो तो दिखायी नहीं देता। सेना में भरती करने के लिए सरकार को जितने सिपाहियों की आवश्यकता है, उससे कहीं अधिक उन्हें मिल रहे हैं। सरकारी ऐलान के अनुसार इस समय तक सरकार पाँच लाख सिपाही भरती कर चुकी है। इसका कारण चाहे सर सिकन्दर के शब्दों में भारतवासियों की राजभक्ति हो, उसका अंग्रेज़ी सरकार पर अटूट विश्वास हो गया कांग्रेसियों की राय के अनुसार देश की ग़रीबी और बेकारी हो! परिणाम स्पष्ट है, कि कांग्रेस के सत्याग्रहियों का युद्धविरोधी नारे लगाने या युद्ध विरोधी व्याख्यान देने का इरादा मात्र प्रकट करके जेल चले जाने का असर युद्ध की तैयारियों पर बिलकुल नहीं हुआ। ऐसी अवस्था में कांग्रेस के सत्याग्रह का प्रयोजन युद्ध का विरोध नहीं दिखायी देता। सत्याग्रही कभी इस बात पर विचार करते देखे नहीं गये कि उनके सत्याग्रह का प्रभाव युद्ध के विरोध में क्या होता है? उनके सामने प्रश्न रहता है केवल जेल जाने का! इस बात को हम और स्पष्ट रूप में यों देख सकते हैं कि सत्याग्रही लोग गाँधी जी या कांग्रेस से युद्ध विरोध करने की आज्ञा नहीं माँगते। वे

आज्ञा माँगते हैं केवल जेल जाने की! उनका उद्देश्य युद्ध का विरोध नहीं बल्कि जेल जाना ही रहता है। जिस समय सत्याग्रहियों का चुनाव होता है उस समय यह प्रश्न नहीं किया जाता, तुम युद्ध का विरोध क्यों करना चाहते हो? किस प्रकार करना चाहते हो? सवाल यही होता है, जेल जाओगे? और लगातार जेल जाओगे? अपने-आपको धोखा देने का प्रयत्न न कर यदि विवेक से काम लिया जाय तो मानना पड़ेगा कि इस सत्याग्रह का आदि अन्त, उद्देश्य और परिणाम केवल जेल चले जाना है।

इस जेल चले जाने का परिणाम क्या होता है? जेल चले जाने से युद्ध का विरोध बेशक न हो परन्तु इसका कुछ परिणाम तो होता ही है। इस परिणाम को हम दो दृष्टिकोणों से देख सकते हैं, सरकार के और कांग्रेस के दृष्टिकोण से! सरकार के दृष्टिकोण से यह सत्याग्रह एक तरह से अच्छा ही है। सरकार की सम्पूर्ण शक्ति इस समय बड़े भारी युद्ध में लगी हुई है। देश में किसी प्रकार का झंझट या गड़बड़ उन्हें इस समय मंजूर नहीं। गड़बड़ और झंझट पैदा करते हैं सदा राजनैतिक माँगों के लिए आन्दोलन चलानेवाले लोग। यही लोग हैं जो युद्ध के विरोध की बात करते हैं। यही लोग हैं जो जनता के लम्बे-चौड़े शिथिल शरीर को किसी आन्दोलन के माँर्ग पर चला सकते हैं। अंग्रेज़ी सरकार जो इस समय सभी प्रकार के झगड़ों की आशंका से बचना चाहती है यदि ऐसी कोई वजह पा जाय जिसके नाम पर भारत की जनता के राजनैतिक दृष्टि से सचेत अंग के कार्यों पर बन्धन लगाकर उन्हें कहीं सुरक्षित तौर पर ढककर रख दिया जा सके तो इससे उसे बेफिक्री ही होगी। रही कांग्रेस की बात! कांग्रेस की नीति निश्चय करना कांग्रेस के लाखों चार आना मेम्बरों के हाथ की बात नहीं है। यह अधिकार है, केवल उन व्यक्तियों के हाथ में, जो साधनसम्पन्न हैं और अपने हाथ में मौजूद साधनों के ज़ोर पर चुनाव के मैदान में सफल होकर कांग्रेस की बाग़डोर अपने हाथ में लिये हुए हैं। जिन आदमियों के हाथों में यह लोग अपने स्वार्थों को सुरक्षित देखते हैं, उनके हाथ में ही यह कांग्रेस के संचालन की शक्ति सौंप देते हैं। इस श्रेणी के सबसे अधिक विश्वासपात्र साधन आज हैं, महात्मा गाँधी। इस श्रेणी द्वारा मुहैया किये गये साधनों द्वारा जिन्हें हम बड़े-बड़े जलसों, जलूसों, भारी-भारी रैलियों और समाचार-पत्रों के रूप में देखते हैं, इस देश की राजनैतिक और आर्थिक दृष्टि से अचेत जनता पर गाँधी जी का सम्मेलन ख़ूब क़ायम है। राजनैतिक दृष्टि से अचेत जनता पर क़ायम गाँधी जी के महात्मापन का सम्मोहन साधनसम्पन्न श्रेणी के हितों के लिए लाभदायक है। इस सम्मोहन के ज़रिये जहाँ साधनहीनों और साधनसम्पन्नों के हितों में विरोध पैदा

होता है, वहाँ साधनसम्पन्न साधनहीनों को महात्मा जी की आज्ञा और समर्थन के बल पर अपने हितों के अनुकूल चलने के लिए विवश कर सकते हैं और कर रहे हैं।

इस बात का प्रमाण हम कांग्रेस की नीति और कार्यक्रम में सदा ही देख पाते हैं। कांग्रेस के विचित्र ढंग से युद्ध का विरोध करने की नीति का कारण क्या है? कांग्रेस युद्ध का विरोध क्यों करना चाहती है? प्रारम्भ में कांग्रेस युद्ध का विरोध इसलिए करना चाहती थी कि ब्रिटिश सरकार ने इस देश को इस युद्ध में जनता के प्रतिनिधियों की राय के बिना घसीट लिया। इसका अर्थ था कि कांग्रेस युद्ध लड़ना पाप नहीं समझती परन्तु दूसरे के स्वार्थ के लिए अपने देश के जन-धन को बलिदान करने के लिए तैयार नहीं। नाज़ीवाद और फ़ैसिज़्म की कांग्रेस ने भी दिल खोलकर निन्दा की। नाज़ीवाद और फ़ैसिज़्म के भय का मुक़ाबिला करने के लिए कांग्रेस ब्रिटिश सरकार को सहायता देने के लिए तैयार थी यदि ब्रिटिश सरकार इस देश की जनता को अपने शासन का अधिकार या स्वराज्य दे दे। जब सरकार कांग्रेस की इस बात को मानने के लिए तैयार नहीं हुई, जब ब्रिटिश सरकार अपनी इच्छा से इस देश को स्वराज्य या अपने शासन का अधिकार देने के लिए तैयार नहीं होती तो कांग्रेस इस अधिकार को या स्वराज्य को प्राप्त करने के लिए स्वयं आन्दोलन चलाने के लिए मज़बूर हो गयी। इस आन्दोलन का मुख्य मोर्चा था—भारत के जन-धन का इस देश की जनता की इच्छा के विरुद्ध युद्ध में प्रयोग नहीं हो। सरकार जनता की माँग को पूरा कर युद्ध में भारत की शक्ति का प्रयोग करे।

कांग्रेस की यह नीति और यह ऐलान कांग्रेस के सर्वसाधारण जनसमूह की इच्छा और भावना को प्रकट करते थे। स्वराज्य तो इस देश के सभी लोग चाहते हैं, सभी को उससे लाभ होने की आशा है; इस देश के ग़रीब किसान मज़दूरों को भी और अमीरों को भी! परन्तु इस स्वराज्य का रूप क्या होगा और वह किस प्रकार लिया जायगा, यह बात भिन्न-भिन्न श्रेणियों के भावों में भेद पैदा कर देती है। प्राय: यह कहा जाता है स्वराज्य ले तो लो, उसका रूप और ढंग बाद में देखा जायगा! यह बात केवल कही ही जाती है परन्तु जिस समय इस देश की पूँजीपति और साधनसम्पन्न श्रेणियाँ देखती हैं कि स्वराज्य का अर्थ होगा जनता का राज्य, जिसे दूसरे शब्दों में कहा जा सकता है, किसान मज़दूर का राज्य, तो वे स्वयं ही स्वराज्य के लिए किये जानेवाले प्रयत्नों और आन्दोलन की राह रोककर खड़े हो जाते हैं। इसका सबसे ताज़ा उदाहरण है महात्मा जी के ज़रिये कांग्रेस के स्वराज्य आन्दोलन का युद्धविरोधी आन्दोलन में बदल जाना। मज़ा यह है कि युद्ध के विरोध का कारण आज स्वराज्य की माँग नहीं, वह है केवल अहिंसा की पूजा! इसका अर्थ होता है

कि फिलहाल कांग्रेस का उद्देश्य बदल गया है। उसका उद्देश्य भारत के लिए स्वराज्य-प्राप्ति न होकर अहिंसा धर्म का प्रचार करना हो गया है। और वह इसलिए नहीं कि कांग्रेस की सम्पूर्ण जनता अहिंसा को स्वराज्य से अधिक महत्त्व देती है परन्तु इसलिए कि गाँधी जी ने ऐसा फतवा दे दिया है।

यदि कोई संस्था या संगठन अपना सिद्धान्त या उद्देश्य बदल देना चाहे तो उसे कौन रोक सकता है? कांग्रेस ऐसा करना चाहे तो उसे भी कोई नहीं रोक सकता। गाँधी जी भी बार-बार कहते हैं यदि अहिंसा में तुम्हारा पूर्ण विश्वास नहीं तो मेहरबानी कर कांग्रेस से बाहर हो जाइये, देश के लिए यही आपकी सेवा होगी! परन्तु सवाल यह है क्या कांग्रेस ने अपना उद्देश्य और सिद्धान्त बदल दिये हैं? हम पूछते हैं किस प्रस्ताव के आधार पर? कांग्रेस के प्रधान मौलाना आज़ाद तो कुछ और ही कहते हैं। वे तो कहते हैं यदि भारत पर विदेशी आक्रमण होगा तो वे तलवार लेकर उसका सामना करेंगे! फिर हम कैसे मान सकते हैं कि कांग्रेस का उद्देश्य बदल गया है। हालाँकि किसी वैधानिक ढंग से कांग्रेस का उद्देश्य नहीं बदला परन्तु महात्मा जी कहते हैं और कांग्रेस मानती है कि यह आन्दोलन मौजूदा परिस्थितियों में स्वराज्य लेने के लिए नहीं परन्तु अहिंसा के नाम पर युद्ध का विरोध करने के लिए ही है। और इस आन्दोलन में सब लोगों के दखल की न तो ज़रूरत है; और न गुंजाइश, केवल गाँधी जी के विश्वासपात्र और प्यारे ही इसमें शामिल हो सकते हैं?

सवाल यह होता है कि कांग्रेस के इस सत्याग्रह आन्दोलन का उद्देश्य स्वराज्य न रखकर युद्ध का विरोध क्यों बना दिया गया? और यहाँ भी एक बारी है—युद्ध का विरोध कहना ग़लती होगी, आन्दोलन का उद्देश्य है केवल युद्धविरोधी नारे लगाने और व्याख्यान देने की स्वतन्त्रता! अर्थात् ऐसे नारे लगाने और व्याख्यान देने की ज़रूरत नहीं, केवल सरकार से यह स्वीकार करवा लेना है कि हमें ऐसा अधिकार है। इसीलिए ऐसे नारे लगाने या ऐसे व्याख्यान देने के बजाय केवल ऐसा करने के इरादे का ऐलान कर जेल जाया जाता है।

यदि कांग्रेस की माँग स्वराज्य ही समझा जाय तो यह तो दो प्रकार से प्राप्त हो सकती है। एक ढंग तो यह है कि ब्रिटिश सरकार समझौता करके भारत के सरकारी दफ़्तरों और खजाने की चाबी कांग्रेस के प्रतिनिधियों को दे दे। इस ढंग के लिए कांग्रेस तैयार है। लिनलिथगो साहब चाहें तो गाँधी जी को बुलाकर आज चाबियाँ सौंप सकते हैं। इसी मतलब से गाँधी जी सदा कहते हैं दरवाज़ा खुला है। दूसरा ढंग है भारत की जनता अपनी शक्ति से स्वराज्य लेना चाहे! इस ढंग से

सरकार और जनता की शक्ति में तनातनी होगी। जनता की शक्ति का अर्थ सरमायादार और साधनसम्पन्न श्रेणियाँ नहीं हैं। जनता का अर्थ तो जनता का ९९ फ़ीसदी अंश, ग़रीब किसान और मज़दूर हैं। जनता की शक्ति का अर्थ है इन लोगों का सशक्त होकर अपने हाथ में अधिकार ले लेना। यदि किसान मज़दूर श्रेणी अपने हितों को न समझती होती तो बात दूसरी थी परन्तु जब यह श्रेणी अपने संकट और दुरवस्था के कारण समझकर जीवन रक्षा के साधनों या पैदावार के साधनों को अपने हाथ में लेना चाहती है तो इनके हाथ में अधिकार जाने का मतलब सरमायादार और सम्पत्तिशाली श्रेणी का अस्तित्व ख़तरे में होना है। ऐसा होने की सम्भावना महात्मा जी की दृष्टि में हिंसा की सम्भावना है और ऐसे आन्दोलन की आज्ञा नहीं दी जा सकती। ऐसे आन्दोलन की आज्ञा न केवल आज नहीं दी जा सकती, परन्तु उस समय तक नहीं दी जा सकेगी जब तक कांग्रेस में उसी श्रेणी का प्राधान्य और नेतृत्व रहेगा जिसका कि आज है। उस समय तक कांग्रेस स्वराज्य प्राप्त कर सकती है तो केवल ब्रिटिश सरकार से समझौता करके।

कांग्रेस के युद्ध विरोध का ज़िक्र करते हुए हमने वास्तव में युद्ध का विरोध करने और केवल युद्धविरोधी नारे लगाने और व्याख्यान देने के अधिकार की बात कही है। यह स्पष्ट है कि कांग्रेस का ज़ोर पहली बात की अपेक्षा पिछली बात पर ही है। कारण इसका है, कांग्रेस की व्यावहारिक राजनीति! वास्तव में युद्ध के विरोध का मतलब है, ब्रिटिश सरकार से झगड़ा या लड़ाई। सरकार से यह झगड़ा या लड़ाई सन्त समाज के कुछ महात्मा नहीं कर सकते, इसे कर सकती है केवल जनता। और जनता के एक दफ़े के मोर्चे पर आ डटने पर वह अपने अधिकार लिये बिना न रहेगी, यह बात कांग्रेस पर नियन्त्रण रखनेवाली श्रेणी और उनके प्रतिर्निधि महात्मा गाँधी इसको ख़ूब अच्छी तरह समझते हैं। इसीलिए वे किसी भी सार्वजनिक आन्दोलन की इज़ाज़त देने के लिए तैयार नहीं, चाहे वह युद्ध विरोधी हो या स्वराज्य प्राप्ति के लिए। कुछ लोग इस ग़लतफ़हमी में थे कि व्यक्तिगत सत्याग्रह स्वयं सार्वजनिक सत्याग्रह का रूप धारण कर लेगा परन्तु महात्मा जी ने उनके कान खोलकर इस बात को स्पष्ट कर दिया है कि ऐसा नहीं हो सकता है।

लेकिन जब युद्ध का विरोध गाँधी या कांग्रेस करना नहीं चाहते तो व्यक्तिगत सत्याग्रह का यह पचड़ा जारी क्यों किया गया है? यह पचड़ा ज़रूरी है, महात्मा जी के शब्दों में कांग्रेस का अस्तित्व क़ायम रखने के लिए ही। आख़िर कांग्रेस ज़िन्दा किस बात पर रहे? कुछ-न-कुछ शग़ल तो होना ही चाहिए। यदि कांग्रेस इतना भी नहीं करती तो स्वयं कांग्रेस में और देश में अपनी अवस्था से असन्तोष अनुभव

करनेवाली जनता स्वयं आन्दोलन जारी करने के लिए तैयार हो जाती और इस प्रकार कांग्रेस का नियन्त्रण और प्रभाव जनता पर से मिट जायगा। ऐसी अवस्था में कांग्रेस की प्रतिष्ठा रखने के लिए एक निरर्थक आन्दोलन आवश्यक हो जाता है जिससे कांग्रेस के सरमायादार मेम्बर अपनी सहानुभूति रख सकते हैं। दूसरी ओर वे सरकार के युद्ध के प्रयत्नों के लिए चुपचाप क़िस्म-क़िस्म के टैक्स दे सकते हैं। इतना ही नहीं सरकार को युद्ध का सामान बेचकर मुनाफ़े की लम्बी रक़में भी कमा सकते हैं।

इस दृष्टि से युद्धविरोधी प्रचार के अधिकार के लिए व्यक्तिगत सत्याग्रह के एक नहीं अनेक लाभ हैं। इससे वास्तविक सार्वजनिक आन्दोलन को रोका जा रहा है, इससे सरमायादार पूँजीपति श्रेणी की स्थिति पर आनेवाले संकट को दूर रखा जा रहा है और जनता को यह विश्वास दिलाया जा रहा है कि कांग्रेस सरकार से लड़ रही है, तुम अखाड़े के किनारे बैठकर चुपचाप तमाशा देखो, हो हल्ला न करो।

परन्तु इस नीति से या स्पष्ट शब्दों में कहिये इस कुटिलता से जिसे अहिंसा और सत्याग्रह का नाम दिया जा रहा है, देश की उस जनता का कौन दुःख और संकट दूर होगा जो वास्तव में साम्राज्यवाद के संकटों को झेल रही है? जिसे भरपेट अन्न नहीं मिलता, जिसके तन पर वस्त्र नहीं! पैदावार के लिए मेहनत कर जिसकी सभी ज़रूरतें अपूर्ण रह जाती हैं, जिनकी मेहनत पर साम्राज्यवादी और पूँजीवादी शासन की साझेदार इस देश की सम्पन्न श्रेणी गुलछर्रें उड़ाती हुई अपने-आपको इस देश की जनता का प्रतिनिधि या स्वामी समझती है। इस नीति से उन लोगों का कौन कर्त्तव्य पूरा होता है जो अपने राजनैतिक और आर्थिक हितों के प्रति सचेत हो चुके हैं और जो अपना हित जनता के हित के साथ समझते हैं।

इस कूट चक्र के जाल को समझनेवाले आज हमारे देश में काफ़ी लोग हैं परन्तु उनके सामने सवाल यह पेश हो जाता है कि फिर राह कौन बताये? यह एक अद्‌भुत प्रश्न है। राह कौन बतायेगा? क्या ईश्वर की प्रेरणा आपको राह बताने आयेगी? क्या आप किसी पैग़म्बर के फ़तवे की प्रतीक्षा करना चाहते हैं? जो संकट को अनुभव करता है मुक्ति की राह भी उसी को ढूँढ़नी है। और यदि हमें आत्मप्रवंचना कर अपने-आपको समाप्त नहीं कर देना, व्यर्थ में जेल जाकर सत्याग्रही शहीद की निरर्थक कुर्बानी का सेहरा अपने सिर नहीं बाँधना, तो राह हमारे सामने स्पष्ट ही है। जिस वास्तविकता को हम समझ सके हैं उसे दूसरे भी समझें और जनता में अपने भरोसे अपने कष्ट को दूर करने की भावना और निश्चय पैदा हो, सबसे पहले तो यही हमारा मुख्य काम है।

जिस आन्दोलन से न तो हम जनता को अपने उद्देश्य की ओर बढ़ता देखते हैं और न जनता को सबल होते देखते हैं, बल्कि जिस आन्दोलन को किसी भी अर्थ में जनता का आन्दोलन नहीं कहा जा सकता, उस आन्दोलन में शहीद बनने से क्या लाभ? कुछ समय के लिए अपनी शक्ति को जेल के सीखचों में बन्द कर अपने-आपको जनता से दूर करने में क्या लाभ? ऐसा कर हम पूँजीवाद और साम्राज्यवाद की रक्षा के लिए फैलाये गये जाल में फँसकर अपने उद्देश्य, जनता के लिए आत्म- निर्णय का अधिकार प्राप्त करने के मार्ग से दूर हट जाते हैं। चाहे हम समझें या न समझें, वास्तव में है यह सार्वजनिक हित और जनता के प्रति विश्वासघात ही।

यदि हम सही मार्ग में कठिनाइयाँ देखते हैं, वहाँ दरवाज़ा बन्द पाते हैं, तो इसका अर्थ यह नहीं कि ग़लत मार्ग पर खुला दरवाज़ा देखकर उसी पर चल निकलें। यदि राष्ट्रीय आन्दोलन के मार्ग में हम ऐसी भूल करेंगे तो काफ़ी समय और शक्ति हमें ग़लत मार्ग से लौटने में ख़र्च करनी होगी! यदि हम वास्तव में ही कुछ भी करने में असमर्थ हैं, हममें इतना साहस नहीं कि सही मार्ग के बन्द दरवाज़ों को तोड़ सकें या उसे लाँघ सकें, तो बजाय शक्ति को नष्ट करने के उसकी रक्षा करना ही बुद्धिमानी है और चाहे परिणाम कितना ही सूक्ष्म क्यों न हो इस शक्ति को हमें उस जनता को, जो वास्तव में शोषित और पीड़ित है, सचेत करने और संगठित करने में ही लगाना चाहिए।

अप्रैल

१९४१

जनता की सरकार

युद्ध आरम्भ हुए पौने दो बरस होने को आये और अभी तक इस प्रश्न का उत्तर स्पष्ट नहीं हो सका कि इस युद्ध में ब्रिटेन किस उद्देश्य से भाग ले रहा है? न केवल भारतवासी यह प्रश्न बार-बार ब्रिटिश साम्राज्यशाही से पूछ रहे हैं बल्कि स्वयं ब्रिटेन की जनता जिसे इस युद्ध के लिए निरन्तर कुर्बानियाँ करनी पड़ रही हैं और पीड़न सहना पड़ रहा है यह प्रश्न अपनी सरकार से लगातार पूछ रही है।

मि. चेम्बरलेन ने युद्ध का उद्देश्य बहुत ही सुहावना बताया था—संसार के निर्बल राष्ट्रों की स्वतन्त्रता और आत्मनिर्णय के अधिकार की रक्षा करना। परन्तु उनका यह उत्तर ब्रिटिश सरकार के अपने व्यवहार के कारण न केवल संसार को ठीक नहीं जँचा बल्कि स्वयं ब्रिटेन की अधिकांश जनता को भी सन्तुष्ट नहीं कर सका। मि. चर्चिल इस प्रकार वाग्जाल की अपेक्षा शस्त्रों की शक्ति में ही विश्वास रखते हैं इसलिए वे स्पष्ट कह चुके हैं कि युद्ध का उद्देश्य है युद्ध जीतना और ब्रिटेन की शक्ति को क़ायम रखना। परन्तु ब्रिटेन की शक्ति के क़ायम रखने का भी तो कोई उद्देश्य होना चाहिए!

ब्रिटेन की शक्ति और साम्राज्य की रक्षा का क्या उद्देश्य है? माना कि हमें यह प्रश्न पूछने का अधिकार नहीं। परन्तु जब स्वयं ब्रिटेन की प्रजा ही यह प्रश्न पूछती है तब तो ब्रिटिश सरकार को इसका उत्तर देना ही होगा? ब्रिटिश प्रजा को यह प्रश्न पूछना इस बात का प्रमाण है कि ब्रिटिश जनता अनुभव कर रही है कि युद्ध के लिए जो कुर्बानियों का मूल्य वह दे रहे हैं उसका बदला उन्हें नहीं मिल रहा और न इसकी उन्हें आशा ही दिखायी देती है। इस असन्तुष्ट जनता को उत्तर दिया जाता है, ब्रिटेन इस युद्ध का संकट झेल रहा है संसार से नाज़ीवाद और फैसिस्टवाद का अत्याचार दूर करने के लिए।

नाज़ीवाद और फ़ैसिस्टवाद क्या है? यदि हम सिद्धान्तों की गहराई और तर्क-भूल-भुलैया में न फँसें और केवल नाज़ियों और फ़ैसिस्टों के कार्यक्रम को देखकर नाज़ीवाद और फ़ैसिस्टवाद को समझना चाहें तो हम समझेंगे युद्ध द्वारा दूसरे राष्ट्रों पर आधिपत्य जमाने के लिए अपने देश की प्रजा का शोषण करना और उनके नागरिक अधिकारों को छीनकर उन्हें केवल तानशाहों के हाथ में हिंसा, हत्या और अत्याचार का साधन बना देना। ऐसा करने के लिए नाज़ियों और फ़ैसिस्टों ने अपने देश में नागरिकों के विचार प्रकट करने और संगठन करने की स्वतन्त्रता छीन ली। मज़दूरों और किसानों के परिश्रम के मूल्य को घटाकर उनकी मज़दूरी को कम कर युद्ध के सामान सस्ते और अधिक बनाने की कोशिश की और संसार को संकट में डाल दिया।

नाज़ियों और फैसिस्टों के इस सभ्यताविरोधी कार्यक्रम का इंग्लैण्ड विरोध कर रहा है। युद्ध द्वारा और युद्ध के साधन उसी मात्रा में या उससे भी अधिक मात्रा में तैयार करने के लिए इंग्लैण्ड को भी वही नीति बरतनी पड़ रही है, जिस नीति का व्यवहार कर नाजियों ने अपने देश की जनता के शोषण और पीड़न का कार्यक्रम जारी किया था। इस विध्वंसक और लम्बे युद्ध के दौरान में इंग्लैण्ड की जनता क्या अनुभव कर रही है यह इंग्लैण्ड की प्रजा के प्रजापरिषद् (Convention of people) के ऐलानों से स्पष्ट ज़ाहिर है।

इंग्लैण्ड की यह प्रजापरिषद् जिसे उस देश के मज़दूरों, किसानों और परिश्रम करनेवाली श्रेणियों की प्रतिनिधि कहा जा सकता है, अपने ऐलान में कहती है— युद्ध का बोझ सर्वसाधारण जनता पर बुरी तरह पड़ रहा है। जीवन के लिए अत्यन्त आवश्यक पदार्थों के मूल्य बढ़ते चले जा रहे हैं परन्तु मज़दूरी या नौकरी करनेवाली श्रेणियों की आमदनी नहीं बढ़ रही। मज़दूरों और सर्वसाधारण जनता की नागरिक स्वतन्त्रता पर नित्य नये प्रतिबन्ध लगाये जा रहे हैं। नाज़ीवाद और फ़ैसिस्टवाद के जिन अत्याचारों, दमन और शोषण को दूर करने के लिए यह युद्ध लड़ा जा रहा है उन्हीं सब मुसीबतों का शिकार इंग्लैण्ड की परिश्रम करनेवाली सर्वसाधारण प्रजा बनती जा रही है।

परन्तु यह सब तो युद्ध के दौरान में आवश्यक है। युद्ध के समय नित्य व्यवहार की वस्तुओं की अपेक्षा युद्ध का सामान तैयार करना अधिक आवश्यक है इसलिए आवश्यक वस्तुओं की क़ीमत तो बढ़ेगी ही। परन्तु युद्ध के समय में मज़दूरी नहीं बढ़ायी जा सकती क्योंकि मज़दूरी की दर बढ़ जाने से युद्ध का सामान महँगा पड़ेगा। नागरिक स्वतन्त्रता पर भी बन्धन लगाना आवश्यक है क्योंकि संकट के समय राष्ट्र

के सामने अड़चनें आने देना उचित नहीं। राष्ट्र में अनुशासन क़ायम रखना ज़रूरी है।

इंग्लैण्ड की प्रजापरिषद का कहना है कि युद्ध के इस ढंग से हम नाज़ीवाद और फ़ैसिस्टवाद के कार्यक्रम को समाप्त नहीं कर सकते बल्कि हम स्वयं उसका शिकार बन रहे हैं। इस ढंग से ब्रिटेन की सरकार भले ही जर्मन सरकार से लड़ ले परन्तु वह नाज़ीवाद और फ़ैसिस्टवाद के ढंग का नाश नहीं कर सकेगी। नाज़ीवाद के अनुसार जर्मनी की शासक श्रेणी अपने देश के साधनों और परिश्रम करनेवाली श्रेणी के परिश्रम का शोषण कर दूसरे देशों पर आक्रमण कर रही है। यदि दूसरे देशों की शासक श्रेणियाँ भी इसी ढंग पर अपने देश के साधनों और परिश्रम करनेवाली श्रेणी का शोषण कर उनका मुक़ाबला करती जायेंगी तो अत्याचार और शोषण कभी समाप्त न होगा। इस संघर्ष में यदि कोई नष्ट होगा तो केवल परिश्रम करनेवाली श्रेणी ही।

इंग्लैण्ड की प्रजापरिषद् का कहना है कि इस संघर्ष को समाप्त करने का केवल एक उपाय है और वह यह कि शासन को युद्ध करनेवाली शासक श्रेणी के हित के लिए जारी न रखकर परिश्रम करनेवाली श्रेणी के हितों के अनुकूल जारी किया जाय। मनुष्य का परिश्रम मनुष्य के संहार के साधन तैयार करने में व्यय न कर मनुष्यों की आवश्यकता पूर्ति के लिए और उनके कल्याण के साधन तैयार करने में किया जाय तभी युद्ध की इस संहारक बड़वानल से मनुष्य समाज की रक्षा हो सकेगी। यदि सर्वसाधारण प्रजा एक-दूसरे पर युद्ध और अत्याचार करने का साधन बनती रहेगी तो यह युद्ध कभी समाप्त न होंगे।

इस उद्देश्य को पूरा करने के लिए इंग्लैण्ड की परिश्रम करनेवाली श्रेणियों की प्रतिनिधि प्रजापरिषद् चाहती है, इंग्लैण्ड में जनता की सरकार क़ायम करना जो उस देश के साधनों और उस देश की जनता के परिश्रम को लगाये उस देश की जनता की आवश्यकता में पूर्ण करने के काम में। यह सरकार सभी राष्ट्रों की स्वाधीनता और आत्मनिर्णय के अधिकार को स्वीकार करे। स्वयं इंग्लैण्ड और दूसरे देशों में विचारों को प्रकट करने की स्वाधीनता जारी करे। भारतवर्ष, आयरलैण्ड, दूसरे देशों का शासन इंग्लैण्ड की पूँजीपति श्रेणी के हित के लिए न होकर उन देशों की जनता के हित के अनुकूल हो।

भारतवर्ष की स्थिति के विषय में इस प्रजापरिषद् का कहना है कि भारत में नागरिक स्वतन्त्रता का संहार अत्यन्त भयानक रूप से हो रहा है। यों भी भारत में

प्रजातन्त्र अधिकार कभी नहीं रहे परन्तु इस समय भारत की जनता की प्रतिनिधि कांग्रेस, जिसे पिछले चुनाव में दो तिहाई से अधिक वोट मिले थे, के नेता और किसानों और मज़दूरों के हज़ारों प्रतिनिधि जेलों में इसलिए बन्द कर दिये जा रहे हैं कि उनकी राय सरकार से नहीं मिलती।

इस परिषद् का कहना है कि जनता से आज युद्ध के लिए त्याग करने के लिए कहा जा रहा है। उन्हें विश्वास दिलाया जा रहा है कि इस त्याग से उन्हें सुख शान्ति मिलेगी परन्तु यह सम्भव नहीं। जब तक संसार में पूँजीवाद क़ायम है युद्ध के कारण मौजूद रहेंगे और युद्ध होते रहेंगे। युद्ध के बाद युद्ध के लिए लिये गये क़र्ज़ों को पूरा करने के लिए जनता का शोषण होगा और यह क़र्ज़े का रुपया जायगा पूँजीपतियों की जेब में। यह पूँजीपति अपने शोषण की सीमा बढ़ाने के लिए दूसरे युद्ध की तैयारी आरम्भ कर देंगे।

शान्ति क़ायम करने का उपाय केवल एक है और वह है पूँजीवाद को समाप्त कर देना और शासन जनता के हित के लिए जनता के हाथ में देना। युद्ध को समाप्त करने का उपाय है इंग्लैण्ड में शोषक श्रेणी का शासन समाप्त कर जनता का राज्य स्थापित कर देना और ब्रिटेन के अधीन देशों को स्वतन्त्र कर जर्मनी की जनता को यह दिखा देना कि हम वास्तव में न्याय और मनुष्यता के समर्थक हैं। उस समय जर्मन जनता की आँखें खुलेंगी और वह जर्मनी की उस शासक और शोषक श्रेणी की सरकार का जुआ अपने गले से उतार फेंकेगी जो नाज़ीवाद क़ायम कर उन्हें युद्ध का साधन बना, संसार-भर पर अपना आतंक क़ायम करना चाहती है। यही है एकमात्र उपाय संसार से युद्ध समाप्त कर शान्ति क़ायम करने का। यदि इतने पर भी जर्मनी की जनता की आँखें नहीं खुलतीं तो संसार भर की परिश्रम करनेवाली श्रेणियाँ इंग्लैण्ड की जनता की सहायक होंगी। और वर्तमान समय की संसार की सबसे बड़ी सैनिक शक्ति रूस हमारे साथ होगा और हम अत्याचारियों को शस्त्र शक्ति से दबा सकने के योग्य होंगे।

निस्सन्देह इंग्लैण्ड की प्रजापरिषद् का यह विचार ही वास्तव में संसारव्यापी शान्ति का मार्ग है। इंग्लैण्ड को इस बात का गर्व है कि विकास के युग में वह आगे रहा है। औद्योगिक विकास में सबसे पहले क़दम रख उसने पूँजीवाद का विकास किया और पूँजीवादी संस्था प्रजातन्त्र का उदाहरण उसने संसार के सामने रखा। ऐतिहासिक विकास के आधार पर इंग्लैण्ड की जनता का ही आज कर्त्तव्य है कि वह पूँजीवाद के युग को समाप्त कर जनता के शासन के युग को आरम्भ करे। यद्यपि

रूस का समाजवादी प्रजातन्त्र अपने देश में इस कार्य को आरम्भ कर चुका है परन्तु इंग्लैण्ड की जनता का सहयोग इस कार्य को अन्तरराष्ट्रीय और संसारव्यापी रूप देने में सहायक होगा।

◈

मज़दूरों की माँग

इस बात से कोई व्यक्ति इनकार नहीं कर सकता कि युद्ध के कारण होनेवाली महँगाई का संकट सबसे अधिक मज़दूर, नौकरी पेशा और किसानों पर पड़ रहा है। बड़ी तनखाह पानेवालों को महँगाई के कारण शायद अपने ऐश और आराम में कुछ कमी करनी पड़ी हो परन्तु मज़दूरों के तो पेट पर बीत रहा है। ऐसी अवस्था में यदि मज़दूर अपनी मज़दूरी बढ़ाने की पुकार उठाते हैं तो बेबसी की हालत में जनता की सहानुभूति उनकी ओर होना भी और स्वाभाविक है।

३० मार्च को कानपुर में २५,००० हज़ार मज़दूरों ने सभा कर सरकार और जनता के सामने अपनी माँगें पेश की हैं। उनकी पन्द्रह माँगों में मुख्य माँगें यही हैं, मिलों में मज़दूरों के घण्टे न बढ़ाये जायें, उनको मज़दूरी में काम बढ़ाने की कोशिश न की जाय, नाजायज़, ज़ुर्माने और कटौतियाँ न की जायें, उत्साही मज़दूर संगठन कार्यकर्त्ताओं को बहाने बनाकर उनकी रोज़ी से बर्खास्त न किया जाय और युद्ध के कारण महँगाई और मिलों के बढ़े हुए मुनाफ़े को ध्यान में रखकर मज़दूरी में चालीस फ़ीसदी बढ़ती की जाय!

मज़दूरों की इन माँगों में से किस माँग को नाजायज़ बताया जा सकता है? सबसे मुख्य प्रश्न है मज़दूरी बढ़ाने का। अपने मुनाफ़े के ख़याल से मिलमालिक मज़दूरों की मज़दूरी बढ़ाने की माँग का और मज़दूरों पर अपना कठोर नियन्त्रण क़ायम रखने के लिए, उनकी दूसरी माँगों का भी विरोध मिलमालिक ज़रूर करेंगे और युद्ध के दौरान में उन्हें यह भी भरोसा रहेगा कि युद्ध की ज़रूरतों को पूरा करने के लिए, उनकी मिलों में काम जारी रखने के लिए सरकार उनकी सहायता के लिए आगे बढ़ेगी परन्तु उन्हें भूल नहीं जाना चाहिए कि पाशविक बल ही सब-कुछ नहीं, न्याय और मनुष्यता भी कुछ चीज़ है।

इससे पूर्व भी कानपुर के मज़दूर इस प्रकार की माँगें उठा चुके हैं और उन माँगों का मालिकों द्वारा विरोध होने पर परिणाम में बड़ी-बड़ी और महीनों चलनेवाली

हड़तालें हुईं। हड़तालों में जितना नुकसान मिलमालिकों को होता है उससे कहीं अधिक कष्ट और संकट सहना पड़ता है मज़दूरों को परन्तु मरता क्या न करता की कहावत के अनुसार अपने और अपने परिवार को ज्यों-त्यों ज़िन्दा रखने के लिए मज़दूरों को हड़तालें करनी ही पड़ती हैं। और यह हड़तालें उस समय तक होती रहेंगी जब मज़दूरों को मनुष्यों की भाँति जीवित रहने के अधिकार प्राप्त नहीं हो जाते।

यदि इन हड़तालों ने पिछली हड़तालों का-सा विराट् रूप धारण किया तो इससे सरकार के युद्ध के प्रयत्नों पर भी निश्चय ही असर पड़ेगा और सरकार को इस कार्य में हस्तक्षेप करना ही पड़ेगा। परन्तु सरकार को हस्तक्षेप करते समय यह स्मरण रखना चाहिए कि सरकार का बल मुट्ठी भर मिलमालिकों को सन्तुष्ट रखने में नहीं बल्कि हज़ारों लाखों ग़रीब जनता को सन्तुष्ट रखने में है।

युद्ध के लिए प्रयत्नों को जारी रखना सरकार का कर्त्तव्य है परन्तु यह प्रयत्न मनुष्यता के नाते न्यायोचित ढंग से ही जारी रखे जाने चाहिए। अन्याय का आश्रय ले शोषण को सहायता दे युद्ध की तैयारी करना उसी नाजीज़्म का अनुकरण होगा जिसका विरोध करने के लिए यह भयंकर युद्ध लड़ा जा रहा है।

इस संकट के समय हड़तालों द्वारा अपने कार्य में विघ्न पड़ने की आशंका देखकर सरकार के लिए सबसे अधिक बुद्धिमत्ता का मार्ग यही होगा कि वह मज़दूरों की माँगों की निष्पक्ष जाँच कराकर उन माँगों को पूरा करने के लिए मिलमालिकों पर अपना प्रभाव डाले ताकि हड़तालों का संकट ऐसे समय पेश न आये। हम यह जानते हैं कि सरकार के पास इतनी शक्ति है कि वह इन हड़तालों का दमन अपनी शक्ति से कर सकती है। मज़दूरों के विरोध का दमन शायद कुछ समय के लिए किया जा सके परन्तु इससे असन्तोष का कारण तो दूर न होगा और न दमन करने की यह सफलता ही प्रजातन्त्र की हामी भारत सरकार के लिए अभिमान की वस्तु हो सकती है।

स्वराज्य की राह में अड़चन

जब-जब भी कांग्रेस की ओर से भारत के लिए शासन विधान के सम्बन्ध में कोई बात कही गयी या हिन्दू का मुस्लिम एकता चर्चा उठाया गया मि. जिन्ना ने सख़्त नाराज़गी ज़ाहिर की और अब जब कांग्रेस सिवा जेल जाने के कुछ नहीं कर

रही है और एक तरह से लीग की ओर से आँख बन्द कर बैठी है तब भी मि. जिन्ना की नाराज़गी कांग्रेस से हटी नहीं। आजकल वे शायद इसलिए नाराज़ हैं कि उन्हें कुछ एतराज़ करने का मौका कांग्रेस क्यों नहीं देती?

कानपुर आकर मि. जिन्ना ने यू.पी. के मुसलमानों को अपना सन्देश सुनाया! उनके इस सन्देश को समझ पाना आसान काम नहीं। मि. जिन्ना ने समझाया जब तक मुसलमानों को पाकिस्तान नहीं मिल जाता हिन्दुस्तान को स्वराज्य नहीं मिल सकता। जब मि. जिन्ना-जैसे बुद्धिमान व्यक्ति यह बात कहते हैं तो हमें इसे मान ही लेना चाहिए परन्तु प्रश्न यह है कि मि. जिन्ना पाकिस्तान माँग किससे रहे हैं?

हिन्दुस्तानी स्वराज्य माँगते हैं अंग्रेज़ों से। जिन्ना साहब पाकिस्तान अंग्रेज़ों से माँगते हैं या हिन्दुओं से, यह अभी तक उन्होंने स्पष्ट नहीं किया। इस बारे में वे सिर्फ कांग्रेस को ही धौंस देते हैं। शायद मि. जिन्ना पाकिस्तान कांग्रेस से माँग रहे हैं। कांग्रेस की जेब में पाकिस्तान धरा हो यह हमें मालूम नहीं। हिन्दुस्तानियों का अंग्रेज़ों से स्वराज्य मागना तो युक्तियुक्त बात है क्योंकि हिन्दुस्तानी अंग्रेज़ों के ग़ुलाम हैं। स्वराज्य का अर्थ है हिन्दुस्तानियों का राज्य, पाकिस्तान का क्या अर्थ है? यह भी जिन्ना साहब ने कभी स्पष्ट नहीं किया। शायद इसका अर्थ मुस्लिम राज हो। अगर इसका अर्थ सचमुच मुस्लिम राज ही है तो पाकिस्तान कांग्रेस या हिन्दुओं से माँगने का अर्थ है कि मि. जिन्ना अपने-आपको या अपने-जैसे मुसलमानों को कांग्रेस या हिन्दुओं का ग़ुलाम समझते हैं। लेकिन यह उनकी ग़लतफ़हमी है। कम-से-कम कांग्रेस मि. जिन्ना और उनके साथी मुसलमानों को अपना ग़ुलाम नहीं समझती लेकिन हमें याद है कि मुस्लिम लीग अपना उद्देश्य स्वीकार कर चुकी है हिन्दुस्तान की पूर्ण स्वाधीनता। यदि हिन्दुस्तान की पूर्ण स्वाधीनता की राह में पाकिस्तान की माँग ही अटकी हुई है तो मि. जिन्ना को ब्रिटिश सरकार से ज़रूर और जल्दी ही पूरी करानी चाहिए। कांग्रेस जिस प्रकार के स्वराज्य की माँग कर रही है। मि. जिन्ना की राय में वह केवल हिन्दू राज है और बीसियों दफ़े वे ऐलान कर चुके हैं कि इस प्रकार का स्वराज्य भारत के सात करोड़ मुसलमानों के ज़िन्दा रहते क़ायम नहीं हो सकता। इसमें सन्देह नहीं जिस स्वराज्य का विरोध करने के लिए इस देश की सात करोड़ जनता कमर बाँधे बैठी हो वह इस देश में आसानी से क़ायम नहीं हो सकता। परन्तु यदि मि. जिन्ना थोड़ा-बहुत हिसाब जानते हों तो भारत की पैंतीस करोड़ आबादी में से सात करोड़ मुसलमानों को निकाल देने के बाद अट्ठाईस करोड़ ग़ैर-मुस्लिम जनता शेष रह जाती है। जिस पाकिस्तान या मुस्लिम राज को मि. जिन्ना क़ायम करना चाहते हैं उसकी बाबत इस ग़ैर-मुस्लिम जनता की क्या राय होगी?

यदि भारत के सात करोड़ मुसलमानों की इच्छा के विरुद्ध अट्ठाईस करोड़ जनता स्वराज्य क़ायम नहीं कर सकती तो अट्ठाईस करोड़ जनता के विरोध में सात करोड़ के लिए मुस्लिम राज्य क़ायम कर लेना भी आसान न होगा।

आखिर मि. जिन्ना चाहते क्या हैं? क्यों वे कांग्रेस से इतने नाराज़ हैं? वे बराबर कहते हैं कांग्रेस के नेता राजनीति नहीं समझते। किस प्रकार की राजनीति की आशा मि. जिन्ना कांग्रेस से करते हैं? क्या वे यही चाहते हैं कि कांग्रेस उनकी प्रत्येक बात का उत्तर देकर विवाद खड़ा किया करे और फिर वाइसराय को पंच बनाकर समझौते की बातें हों और उसके लिए उन्हें वाइसराय के महल से नियन्त्रण मिलता रहा करे?

मज़ा यह है कि मि. जिन्ना को हिन्दू सभा और मि. सावरकर से कभी कोई शिकायत नहीं होती और न वे उनसे कोई बात ही करना पसन्द करते हैं, वे झगड़ा करना चाहते हैं केवल कांग्रेस से। मि. जिन्ना का ख़याल है हिन्दू सभा हिन्दू राज्य के लिए मना नहीं करती और न वह हिन्दुओं की प्रतिनिधि ही है। उन्हें झगड़ना चाहिए केवल कांग्रेस से। मि. जिन्ना का ख़याल है भी ठीक ही। हिन्दू सभा से झगड़ा कर सरकार की नजरों में उनका वह महत्त्व कहाँ हो सकता था जो कांग्रेस से झगड़ा कर बन गया!

कानपुर में मि. जिन्ना ने मुसलमानों की बढ़ती ग़रीबी पर भी दो आँसू बहाये। परन्तु इस ग़रीबी को दूर करने के लिए लीग ने कब और कौन-सा आर्थिक कार्यक्रम तजवीज़ किया है? लीग का नुस्ख़ा तो है पाकिस्तान! शायद पाकिस्तान बनते ही शहद और दूध की नदियाँ बहने लगेंगी और उनके किनारे खजूर के कुंजों में हूरों के मुजरे शुरू हो जायेंगे इसलिए लीग का किसी आर्थिक कार्यक्रम की बाबत माथापच्ची करना फिजूल है।

मज़दूरों के प्रश्न पर लीग की ओर से पहली बेर ही एक बात हमें सुनने को मिली है और वह याद रहेगी अपने बेतुकेपन के कारण! केन्द्रीय असेम्बलि में लीग की ओर से प्रस्ताव पेश हुआ कि भिन्न देशों में मज़दूरों की साम्प्रदायिक यूनियनों (मज़दूर सभाओं) को स्वीकार किया जाय। मुस्लिम मज़दूर सभा और हिन्दू मज़दूर सभा का अभिप्राय क्या होगा यह हम समझ नहीं सके। मज़दूरों की शिकायतें उनके हिन्दू या मुसलमान होने के कारण नहीं होतीं। फिर इन सभाओं का संगठन साम्प्रदायिक आधार पर होने से उन्हें क्या लाभ होगा? शायद इसका अभिप्राय यह होगा कि हिन्दू मज़दूर केवल मुसलमान मालिकों से और मुसलमान मज़दूर हिन्दू मालिकों से अपने अधिकारों की माँग करेंगे। और इसके बाद यह होगा कि हिन्दू मिलमालिक केवल हिन्दू मज़दूर रखेंगे और मुसलमान मिलमालिक मुसलमान मज़दूर रख सकेंगे। अर्थात् प्रत्येक सम्प्रदाय को केवल अपने ही सम्प्रदाय के लोगों

का शोषण करने का अधिकार होगा। यह शायद मि. जिन्ना के पाकिस्तान का पहला कदम था जिसे केन्द्रीय असेम्बली ने ठुकरा दिया। लेकिन अच्छा होता अगर जिन्ना साहब और उनके साथियों को अपने गले में फाँसी लगाने के लिए यह रस्सी मिल जाती। इसके सिवा उन्हें अक्ल आने की दूसरी राह भी तो नहीं।

नजरबन्द

हमारे देश में नाज़ी अत्याचारों के जो वीभत्स वर्णन पहुँचते हैं उन्हें सुन कुछ लोग आश्चर्य से सोचने लगते हैं, क्या यह सच हो सकता है, क्या मनुष्य में इतनी नीचता सम्भव है कि वह अपनी जाति के जीवों से हिंसक पशुओं से भी बढ़कर निर्दयता करे? कुछ लोगों ने इन अत्याचारों को सुना और अपनी ग़ुलामी के कालिख को कुछ समय के लिए भुला वे इस अत्याचार और बर्बरता का विरोध करने के लिए ब्रिटिश सरकार की सहायता के लिए कमर बाँधकर तैयार हो गये। नाज़ियों और फ़ैसिस्टों के अत्याचार से लोहा लेनेवाली सरकार उनकी दृष्टि में मनुष्यता और न्याय की रक्षक बन गयी।

एक ओर थी नाज़ी नज़रबन्द कैम्पों की दारुण कहानी और दूसरी ओर सामने आये भारत सचिव मि. ऐमरी के सहृदयता और मनुष्यत्त्व से भरे ऐलान, जिनमें भारत के राजनैतिक क़ैदियों के लिए अध्ययन और विचार परिवर्तन के अवसर की पूर्ण स्वतन्त्रता देकर उन्हें केवल उनके राजनैतिक कार्यक्षेत्र से अलग कर देने की चर्चा था। इसके बाद भारत के गवर्नरों की हिदायतें सुनायी पड़ीं जिनमें जेल गये हुए कांग्रेस मन्त्रियों के साथ उनके सम्मान की रक्षा करते हुए व्यवहार करने की आज्ञा थी। भारतवासियों ने सोचा क्यों न हो, यह है ब्रिटिश सरकार का व्यवहार जो प्रजातन्त्र और न्याय की रक्षा के लिए हज़ार जोखिम जान पर ले रही है।

अधिक समय नहीं बीत पाया कि ज्यों-ज्यों गवर्नर के राज में नौकरशाही का सूर्य मध्याकाश में पहुँचा मनुष्यता और सहृदयता की यह छाया विलीन होने लगी। युद्ध की तैयारी के जोश में राजनैतिक मतभेद को कुचल डालने के लिए नौकरशाही के पुराने हथकण्डे नज़र आने लगे। अब समाचार आते हैं अमुक कांग्रेसी मन्त्री अमुक जेल में दाँत की पीड़ा और ज्वर से तड़प रहे हैं। दूसरे एक मन्त्री दिल की

बीमारी में दम रोके दिल पर हाथ धरे बैठे हैं। बड़े आदमियों के कष्ट से बड़ों के हृदय पिघले। एक सर खिताबधारी, बड़े भारी वकील, जिन्हें कांग्रेस से ख़ास सहानुभूति नहीं, परन्तु बड़े आदमी का दर्द दिल में है, उन्होंने सरकार के यहाँ पुकार मचायी की कुछ होना चाहिए, यह ज़ुल्म हो रहा है। सरकारी उत्तर मिला 'हो क्या सकता है, 'जब क़ैदी हैं तो क़ैदी की तरह रहना होगा।'

इसके बाद समाचार आने लगे उस महापुरुष की बाबत जिसकी सेहत और आराम की सुविधा के लिए पार्लमेण्ट में एमरी साहब को भरोसा दिलाना पड़ा था कि उन्हें घर और मित्रों द्वारा भेजी हुई फल की टोकरी नहीं पहुँच पाती। और समाचार आये कि एक ओर सम्मानित प्रतिष्ठित केन्द्रीय असेम्बली के मेम्बर को सी क्लास में रख दिया गया। अगर आप पूछिये यह सब क्यों? तो उत्तर मिलेगा, "जब क़ैदी हैं तो क़ैदी की तरह रहना होगा।"

परन्तु जेल जानेवाले हज़ारों-लाखों क़ैदियों में से कितने ऐसे हैं, जिनकी बाबत ऐसे ख़िताबधारी बड़े आदमियों के दिल में दर्द उठता है जो सरकार तक पहुँच सकते हैं? माना कि जेल जानेवालों में से ९९% के लिए बड़े आदमियों के कान पर जूँ नहीं रेंगती परन्तु इन ग़रीबों के भी दिल होता है और इनके शरीर को भी पीड़ा अनुभव होती है। और फिर इनमें से एक श्रेणी ख़ास अलग छाँट ली जाती है जिन्हें क़ैदी नहीं नजरबन्द कहा जाता है। इनकी सज़ा बेमियाद है और ज़ुर्म लापता। अदालत इन पर सरकार को परेशान करने के लिए सत्याग्रह करने तक का ज़ुर्म नहीं लगा सकी तो क्या भारत रक्षा क़ानून से भारत की रक्षा करना तो ज़रूरी है और भारत की रक्षा तभी हो सकती है जब यह लोग पिंजरों में बन्द कर दिये जायें। जेल के ज़रिये हज़ारों कुर्बान किये जानेवालों में से इन नज़रबन्दों को छाँट लिया गया है और इन्हें पहुँचाया गया है देवली। —जनता की बस्ती से दूर जहाँ से इनकी चीखोपुकार किसी के कानों तक न पहुँच सके। यह है नज़रबन्द कैम्प जहाँ नाज़ियों के तरीक़े आज़माये जाते हैं।

देवली क्या है? रेज़ीनाल्ड मैक्सवेल साहब कहते हैं देवली में सब आराम-ही-आराम हैं। इस स्वर्ग में दिन के समय तपती रेत के अन्धड़ चलते हैं और रात के समय मच्छरों के बादल उड़ते हैं। क़ैदी शिकायत करते हैं उनकी सेहत और दूसरी ज़रूरतों का ख़याल सरकार नहीं करती! पर सरकार क्या करे? सरकार को इससे ज़रूरी और काम हैं। उसके सामने इससे बड़े सवाल हैं। वह लड़ रही है नाज़ीज़्म और कम्युनिज़्म से जो मलेरिया और तपेदिक से कहीं भयंकर रोग है।

भारत रक्षा कानून के अनुसार भारत की रक्षा के लिए कम्युनिज़्म के रोगियों को देवली के क्वारण्टीन में बन्द कर दिया गया है जहाँ उनका शारीरिक और

मानसिक इलाज हो रहा है। मानसिक इलाज का उपाय यह है कि वे जो चिट्ठी-पत्री लिखें वह सेन्सर करके भेजी जाती हैं ताकि रोग के कीटाणु बाहर स्वस्थ भारतवासियों में न पहुँच जायें। यदि आपका कोई परिचित देवली की क्वारण्टीन में है तो उसका पत्र आपके पास आधा काला होकर पहुँचेगा। कोई भेद वहाँ का आप पा नहीं सकते। आख़िर वह स्वर्ग है न! भगवान् भी तो स्वर्ग पहुँचे हुए किसी आदमी को अपने घर पत्र या संदेश नहीं भेजने देते। कहीं जनता में स्वर्ग पहुँचने का प्रलोभन न फैल जाय। और फिर भारतवासी तो यों भी बात-बात पर अर्ज़ी देने के आदी हैं। यदि उन्हें देवली के सुख और आनन्द के हाल का भेद मालूम हो गया तो सरकार के पास अर्जी रखने भर को स्थान न रहेगा।

इसके अलावा बाहर से भीतर जानेवाले काग़ज़, पत्र, पुस्तक और अख़बार की जाँच-पड़ताल होती है। महापण्डित सेन्सर जी जिस पुस्तक को उचित समझें वही जेल में जा सकती है शेष नहीं। क्या पढ़ना उचित है और क्या अनुचित यह आप क्या जानें; यह बात पुलिस के विद्वान् ही जानते हैं। उनकी विद्वत्ता में सन्देह की गुंजाइश कैसे हो सकती है जिन्होंने तमाम उम्र चोर-डाकुओं के हथकण्डे समझने में गुजारी हो।

क्या मज़े की बात है, अर्थशास्त्र और मज़दूर आन्दोलन के इतिहास की बाबत क्या पढ़ना ठीक होगा यह बात डॉक्टर अधिकारी और भारद्वाज को सी. आई. डी. बतायेगी। संसार के इतिहास पर कौन पुस्तक पढ़ना चाहिए और कौन नहीं यह बात पण्डित नेहरू और आचार्य नरेन्द्रदेव जी को पुलिस बतायेगी और धर्म के विषय में कौन पुस्तक उपयोगी है यह भी मौलाना आज़ाद को पुलिस ही बतायेगी।

भारत रक्षा कानून के अनुसार भारत को विपत्ति से बचाने के लिए अपने परिवार और जीविका के साधनों से दूरकर सैकड़ों जवानों को देवली में बन्दकर दिया गया है कि यदि उन्हें स्वास्थ्य रक्षा के लिए आवश्यक वस्तुओं की ज़रूरत भी पड़े तो उसके लिए वे दूसरों के मोहताज हों। और फिर इनके उन परिवारों की बात तो सोचना ही बेकार है जो इन पर निर्भर करते थे। कौन कह सकता है किस दिन कितने वृद्ध माता—पिता या निराश स्त्री-बच्चों को घर से बाहर निकल आते-जाते के आगे सहायता के लिए यह दुआ देकर हाथ पसारना पड़ेगा, "भाई सरकार तुम्हारा भला करे, एक पैसा मोहताज को रोटी के वास्ते, हमारा आदमी तुम्हारे देश की रक्षा के लिए नज़रबन्द है।"

मई

१९४१

मुस्लिम लीग का एहसान

हिन्दुस्तान के क़ौमपरस्त चिल्ला-चिल्लाकर कह रहे हैं—हमें आज़ादी चाहिए, अपने देश में हम ख़ुद हुकूमत करना चाहते हैं। भारतसचिव मि. एमरी कहते हैं, बेशक कीजिये हमें क्या एतराज़ है! लेकिन सब हिन्दुस्तानी मिलकर ऐसा करें, बस यही शर्त है! अपनी इस उदारता पर दुनिया से तालियाँ बजवाने के लिए उन्होंने पार्लमेण्ट में ऐलान कर दिया कि हिन्दुस्तान पर शासन चलाने का नया क़ानून अब इंग्लैण्ड में नहीं स्वयं भारत में ही बनेगा। शर्त यह है कि सब भारतवासी मिलकर समझौते से ऐसा क़ानून बना लें।

मि. एमरी की इस उदारता की क़द्र भारतवासी नहीं कर सके। एमरी साहब के ऐलान से यदि कोई खुश हुआ है तो जिन्ना साहब! क्योंकि जिन्ना साहब को अब अपनी क़द्र होने का भरोसा हो गया। अगर भारतवासी सचमुच मिल-जुलकर ऐसा कोई समझौता करना चाहते हैं तो उसमें बाग़डोर जिन्ना साहब के हाथ होनी चाहिए! ऐसा समझौता हो जाने के बाद जिन्ना साहब क्या करेंगे? उनकी क़द्र किस बात से होगी? या जिन्ना साहब की-सी करतूत करनेवाले दूसरे उन महापुरुषों की क़द्र किस बात से होगी जिनकी क़द्र केवल इसी कारण होती है कि वे अपने-अपने सम्प्रदाय के लोगों को यह विश्वास दिला सके हैं कि इस देश के दूसरे लोग तुम्हारे दुश्मन हैं और इन दुश्मनों से बचने की एक ही राह है कि आँख बन्द कर हमारी जय के नारे लगाते चलो! इस तरह के लोग हिन्दुस्तानी कौम या राष्ट्र को चीरकर फाँक में फँस अपना सिर ऊँचा किये हुए हैं, अगर यह फाँक नहीं रहती तो उनके लिए कोई जगह नहीं रहेगी। फाँक को बनाये रखने में ही उनकी कद्र है।

मि. एमरी के इस उदार ऐलान से कि हिन्दुस्तानी मिलकर स्वराज्य के लिए ढाँचा तैयार कर लें एक राज़ है और वह है पाकिस्तान! सन् ३०-३१ में भारत के लिए शासन सुधार का क़ानून बनाने के लिए जब भारतीय नेताओं को इंग्लैण्ड बुलाया गया था उस समय भारतीय नेताओं ने यही माँग ब्रिटिश सरकार के सामने

रखी थी परन्तु इस माँग को स्वीकार नहीं किया गया क्योंकि उस समय ब्रिटिश सरकार को यह भरोसा नहीं था कि भारतवासियों में मेल हो ही नहीं सकता। आज मुस्लिम लीग की पाकिस्तान की माँग की बदौलत वे यह भरोसा कर सकते हैं।

मुस्लिम लीग की पाकिस्तान बनाने की माँग का अर्थ है हिन्दुस्तान में हिन्दुस्तान को दो हिस्सों में बाँट देना। हिन्दुस्तान या हिन्दुस्तानियों को बाँट देने के बाद मि. एमरी की हिन्दुस्तानियों के मिलकर समझौता कर लेने की शर्त के पूरा हो जाने का कोई मौक़ा नहीं रह जाता। जब हिन्दुस्तान को दो अलग-अलग हिस्सों में बाँट दिया जायगा तब फिर वे 'एक' किस तरह हो सकेंगे? उस समय हिन्दुस्तान दो हिस्सों में दिखायी देगा, एक हिन्दू राज और दूसरा मुस्लिम राज। हिन्दू राज या मुस्लिम राज के स्वराज्य पाने का कोई सवाल ही नहीं। मि. एमरी की मार्फत ब्रिटिश सरकार का वायदा स्वराज्य देने का है हिन्दुस्तान को! हिन्दुस्तान है एक देश! जब वह दो देशों में बँट जायगा तो वह हिन्दुस्तान नहीं रहेगा और उस हालत में हिन्दुस्तान के प्रति ब्रिटिश साम्राज्यशाही के किसी वायदे को पूरा करने की जिम्मेदारी न रहेगी। जब मुद्दई ही मर गया तो मुकदमा कैसे चले?

पाकिस्तान की माँग मुस्लिम लीग का ब्रिटिश सरकार पर वह एहसान है जिसके लिए ब्रिटिश सरकार मुस्मिल लीग की जितनी पूजा करे कम है। मुसलमानों से ब्रिटिश सरकार को कोई ख़ास प्रेम हो सो कोई बात नहीं। पिछले यूरोपीय महायुद्ध में मुसलमान देशों ने ब्रिटिश सरकार के विरुद्ध सिर उठाकर उसका मज़ा देख लिया है। भारत की उत्तर-पश्चिमी सरहद पर भी यह तमाशा हम आये दिन देखते रहते हैं। और अभी-अभी ब्रिटिश साम्राज्य के हितों के विरुद्ध सिर उठाकर इराक़ के रशीदअली ने जो मज़ा चखा वह भी किसी से छिपा नहीं। हिन्दू सभा से ब्रिटिश सरकार को कोई वैर हो सो बात भी नहीं। परन्तु ब्रिटिश को ख़ुश करने की हज़ार कोशिशों के बावजूद हिन्दू महासभा ऐसा कोई नुस्ख़ा नहीं तैयार कर सकी जिससे वह मुसलमान से हमेशा के लिए फूट की बुनियाद तैयार कर लेती। यह सेहरा मुस्लिम लीग को ही हासिल हुआ क्योंकि पाकिस्तान का नारा लगाकर उन्होंने कह दिया कि हिन्दुस्तानी एक क़ौम नहीं, हिन्दू-मुसलमान दो अलग-अलग राज क़ायम होने चाहिए, क्योंकि वे कभी एक नहीं हो सकते और कभी ब्रिटिश साम्राज्यशाही से आज़ादी का दावा नहीं कर सकते।

मुस्लिम लीग का दावा है कि हमारी माँग पूरी किये बिना हिन्दुस्तान की हालत में कोई तबदीली नहीं की जा सकती, हिन्दुस्तान को कोई नये हक़ नहीं दिये जा सकते

और हमारी माँग है पाकिस्तान! ब्रिटिश सरकार हिन्दुस्तान के आज़ादी माँगनेवालों से कहती है पहले मुस्लिम लीग की तसल्ली कीजिये! इसका मतलब होता है कि ब्रिटिश सरकार की नज़रों में मुस्लिम लीग की पाकिस्तान की माँग वाजिब और मुनासिब है। अगर ब्रिटिश सरकार मुस्लिम लीग की माँग को वाजिब समझती है तो वह इसे पूरा क्यों नहीं करती? मुल्क को बाँटने की माँग मुल्क के मालिक या हाकिम से ही की जा सकती है। कांग्रेस या हिन्दू सभा न हिन्दुस्तान की हाकिम हैं न मालिक लेकिन अजब तमाशा यह है कि पाकिस्तान की माँग मुस्लिम लीग करती है कांग्रेस और हिन्दूसभा से। हिन्दूसभा और कांग्रेस भी मुस्लिम लीग का विरोध कर अपना झूठा बड़प्पन दिखाना चाहती है, मानो पाकिस्तान का बनना या न बनना इनकी ही मेहरबानी पर निर्भर करता है। जब सरहद और सिन्ध के सूबे बनाये गये तब भी तो हिन्दू सभा ने चीं-चपड़ मचायी थी लेकिन ब्रिटिश सरकार ने जो चाहा सो कर दिया। आज भी अगर ब्रिटिश सरकार मुसलमानों की माँग को वाजिब समझे तो उसे न कांग्रेस और न हिन्दूसभा ही रोक सकती है? लेकिन ब्रिटिश सरकार तो अपने भाग सराह रही है कि शुक्र है कि यह कमबख़्त हमें परेशान करना छोड़ हमेशा के लिए आपस में उलझ गये।

और फिर पाकिस्तान है क्या? एक हवाई गोला! पाकिस्तान के सम्बन्ध में अगर एक सौ नारे लगते हैं तो पचास होते हैं, पाकिस्तान ज़िन्दाबाद और दूसरे पचास होते हैं पाकिस्तान मुर्दाबाद! ज़िन्दाबाद के जवाब में मुर्दाबाद और मुर्दाबाद के जवाब में ज़िन्दाबाद का नारा लगता है और फिर घूँसे, लाठी और छुरी से सवाल-जवाब होता है। हम पूछते हैं, दरअसल कितने मुसलमान संजीदगी से पाकिस्तान चाहते हैं? क्यों नहीं वे ग़ैर मुस्लिम प्रान्तों को छोड़कर मुस्लिम प्रान्तों में अब तक गये हैं। इस बात पर कोई रोक न सरकार, न हिन्दूसभा और कांग्रेस ही लगा सकती है। मुसलमान जब ऐसा कर नहीं रहे तो हिन्दुओं को ही इससे बुख़ार क्यों चढ़ता है? बकने दीजिये! जंगल में जब दो तरफ़ से गीदड़ चिल्लाते हैं तभी शोर होता है। जब दूसरी तरफ़ से चिल्लानेवाला न हो तो चिल्लाहट ख़ुद ही ख़तम हो जाती है।

हिन्दूसभा के राजनीतिज्ञ हमसे कहेंगे हम आनेवाले भय को समझते नहीं। अगर भारत के उत्तर में पाकिस्तान बन गया तो इराक़, अफ़गानिस्तान से लेकर दिल्ली तक एक मुस्लिम राज क़ायम हो जायगा। भारत के दूसरे हिस्सों उदाहरणत: बंगाल वगैरह में भी मुस्लिम राज क़ायम हो जायेंगे। इन मुस्लिम राज्यों में हिन्दू पिस-पिसकर मरेंगे। फिलहाल सरहद के मारे जान आफ़त में है।

ठीक है साहब! राजनीति तो सब हिन्दूसभा के ही पल्ले पड़ी है न! अंग्रेज़ भला इतनी बात समझ सकते हैं? ईराक से लेकर दिल्ली तक मुस्लिम साम्राज्य क़ायम हो जाने से भला ब्रिटिश साम्राज्य को कोई ख़तरा थोड़े ही है? और वे इसे ज़रूर ही क़ायम होने देंगे? ऐसा होने से भारत पर ब्रिटिश राज को शायद कोई ख़तरा हिन्दुओं को दिखायी नहीं देता और दिखायी देता है तो वे ब्रिटिश सरकार को इस ख़तरे से अपनी रक्षा के अयोग्य पाकर उनकी रक्षा करने के लिए आगे बढ़ना चाहते हैं। यदि ब्रिटिश सरकार पाकिस्तान की मार्फ़त मध्य एशिया से दिल्ली तक एक स्वतन्त्र और शक्तिशाली मुस्लिम साम्राज्य क़ायम होने की सम्भावना देखेगी तो स्वयं इसका उपाय कर लेगी।

रही ब्रिटिश साम्राज्य की छत्रच्छाया में पाकिस्तान बसाने की बात! सो तो जहाँ-जहाँ लीग का मन्त्रिमण्डल क़ायम है, पाकिस्तान मौजूद है ही। मुस्लिम रियासतों में भी पाकिस्तान चल रहा है और यदि यह कामयाब नहीं हो पाता तो इसमें किसी दूसरे का क्या कुसूर है।

रही एमरी साहब की यह शर्त कि पहले भारत में राजनैतिक एकता क़ायम हो जाय तभी वह अपना शासन स्वयं करने योग्य होगा। हमें उनसे यह पूछना है, क्या इंग्लैण्ड में राजनैतिक विचारों की एकता है? या वहाँ ऐसी एकता सदा रही है? यदि वहाँ ऐसी राजनैतिक एकता है तो फिर वहाँ पार्टी सरकार का क्या मतलब? इंग्लैण्ड में आज इस पार्टी की सरकार है तो कल दूसरी की! भिन्न दलों के लोग अपने-अपने विचार और नीति के अनुसार सरकार चलाना पसन्द करते हैं और चलाते भी हैं। यदि भारत में राजनैतिक मतभेद है तो इसकी वजह से भारत के शासन की जिम्मेदारी, इच्छा न होने पर ब्रिटिश सरकार को लेने की ज़रूरत नहीं। भारतवासी ज्यों-त्यों इन्तज़ाम कर ही लेंगे।

परन्तु ब्रिटिश सरकार इस राजनैतिक मतभेद की उपेक्षा कर कैसे सकती है। इसी का नक्काड़ा बजाने की ही तो उन्हें ज़रूरत थी! और उसका मौक़ा उन्हें दे रही है मुस्लिम लीग तो ब्रिटिश सरकार का जितना एहसान माने कम है।

यह मरें वे फलें

कुछ दिन से देश में एक अजीब गरमागरमी चल रही थी। देश के दो मुख्य सम्प्रदाय हिन्दू और मुसलमान एक-दूसरे के ख़िलाफ़ दाँत पीस रहे थे और इसका

परिणाम हुआ कि दोनों ओर के लोगों ने आपस में एक-दूसरे के पेट में छुरियाँ भोंकीं, घर जलाये और कुछ समय के लिए शान्त हो गये। दोनों ने यह समझ लिया कि दूसरे सम्प्रदाय के लोग उनके कट्टर दुश्मन हैं।

यह सब हो चुकने के बाद अब हम सोचना चाहते हैं यह सब क्यों हुआ? किस उद्देश्य से यह आपस का सिर फोड़ना, छुरी भोंकना और घर जलाना हुआ? वह उद्देश्य पूरा हो गया या नहीं? जब हिन्दू और मुसलमान एक-दूसरे के प्राण लेने के लिए लपके होंगे तो उन्होंने यही समझा होगा कि वे एक-दूसरे के दुश्मन हैं। परन्तु उनकी आपस की दुश्मनी है किस बात पर? किसी भी शहर या गाँव में पास-पड़ोस में रहनेवाले हिन्दुओं को मुसलमानों से और मुसलमानों को हिन्दुओं से उनकी रोज़मर्रा की ज़िन्दगी में कोई तकलीफ़ नहीं पहुँचती। यदि साधारण हिन्दुओं और मुसलमानों का आम तौर पर एक-दूसरे से तकलीफ़ पहुँचती रहती तो वे लोग एक मिनट भी एक साथ शान्ति से नहीं रह सकते। परन्तु यह बात नही होती। होता है यह कि हिन्द-मुसलमान महीनों चुपचाप एक साथ जीवन बिताते हैं और फिर किसी दिन उन्हें अचानक ध्यान आ जाता है कि उनके पड़ोसी तो उनके दुश्मन हैं और उन पर ज़ुल्म करते हैं, उनका मुक़ाबला न किया जायगा तो वे मटियामेट हो जायेंगे। उसी दिन हिन्दू भी और मुसलमान भी छुरी, लाठी और मशाल लेकर दुश्मन के मुक़ाबिले में अपनी रक्षा करने के लिए निकल पड़ते हैं। ख़ूब मारकाट और सर फुटव्वल होता है और बाद में कुछ समय के लिए दोनों चुप बैठ जाते हैं।

मामूली हैसियत के गँवार मज़दूर लोगों को मारकर और मार खाकर चुप बैठ जाने के बाद दंगे का सभ्य रूप आरम्भ होता है। दोनों सम्प्रदायों के भलेमानुस जो दंगे के समय कलक्टर साहब और पुलिस को दंगा समाप्त करने के लिए राय दे रहे थे अब कहना शुरू करते हैं कि दंगा होना तो बुराई है परन्तु दंगा तो तभी रुक सकता है जब हमारे सम्प्रदाय पर होनेवाली ज़्यादतियाँ हटायी जायँ? फिर इन ज़्यादतियों के किस्से शुरू होते हैं, उन्हें दूर करने की माँगें उठायी जाती हैं इन माँगों की शक्ल यह होती है—

मुसलमान कहते हैं—सरकारी नौकरियों में मुसलमानों को हिस्सा कम मिलता है। मुसलमानों को ज़बरदस्ती हिन्दी सिखाने की कोशिश की जाती है। सब रोज़गार हिन्दुओं के हाथ में हैं, मुसलमान ग़रीबी में मर रहे हैं! इस्लाम पर ज़ुल्म हो रहा है, इस्लाम ख़तरे में है। हमें अपनी रक्षा के लिए आगे बढ़ना होगा।

हिन्दू कहते हैं—सरकारी नौकरियों में मुसलमानों के साथ पक्षपात किया जाता है, उनकी संख्या के हिसाब से अधिक नौकरियाँ उन्हें दी जाती हैं। क़ानून ऐसे बनाये

जा रहे हैं कि हिन्दू साहूकार और दुकानदार बरबाद हो रहे हैं। हर बात में सरकार मुसलमानों का पक्षपात करती है। अब हमें अपनी रक्षा के लिए संगठित होना होगा।

यह शिकायतें सुनी जाती हैं मध्यम श्रेणी के लोगों के मुख से जो पेट पालने का और कोई उपाय न देख केवल सरकारी नौकरी का आसरा लगाये बैठे हैं। हिन्दू जब इन नौकरियों को मुसलमानों के हाथ में जाता देखते हैं तो वे समझते हैं उनके मुँह से रोटी का कौर छिन रहा है। अगर यह नौकरियाँ मुसलमानों को न मिल हिन्दुओं को ही मिलतीं तो वे काहे को बेकार रहते? इसी प्रकार हिन्दुओं के हाथ नौकरी जाती देख मुसलमानों को अपनी ग़रीबी का कारण हिन्दुओं के हाथ नौकरी चला जाना ही दिखायी देता है।

हिन्दू-मुसलमान का यह साम्प्रदायिक झगड़ा जब मध्यम श्रेणी से ऊपर उठकर बड़े लोगों में चला जाता है तो उसका रूप बदल जाता है। यहाँ सवाल आता है सरकार की नीति निश्चित करने में अधिकार की माँग का! असेम्बलियों और वाइसराय की काउन्सिल में सींटों का सवाल यहाँ उठता है। सरकार और देश की जनता की नज़रों में बड़ बनने की उमंग इन लोगों को पूरी करनी होती है। इस श्रेणी के लोगों के बड़प्पन की बुनियाद इस बात पर रहती है कि उनकी शक्ति कितनी है जिनके कारण सरकार और देश के दूसरे बड़े लोग उनकी कद्र करें। ऐसे किसी बड़े आदमी की शक्ति इस बात से निश्चित होती है कि उसके पीछे कितने आदमी हैं? उसका कहा न मानने से सरकार या देश के सामने क्या आफ़त आ सकती है? यह लोग बेताज बादशाह बनने का अरमान दिल में रखते हैं और यह बादशाही वे करना चाहते हैं जनता की उस सेना के बल पर जिसका वे अपने-आपको नेता समझते हैं।

हम सुनते हैं अंग्रेज़ी सरकार की नीति इस देश में फूट डालकर राज करने की है। परन्तु अंग्रेज़ या सरकारी अफ़सर तो गली-कूचों में जाकर लोगों को आपस में छुरी भोंकने, एक-दूसरे का सिर तोड़ने और आग लगाने की नसीहत देने नहीं आते। न गली-कूचों में रहनेवाली जनता का सम्बन्ध रहता है मध्यम श्रेणी के लोगों से और न मध्यम श्रेणी का सम्बन्ध रहता है बेताज के बादशाह बनने का अरमान रखनेवाली श्रेणी से।

साम्प्रदायिक शिकायतें और असन्तोष की आग शुरू होती है इसी लाट साहब की काउन्सिल में जगह पाने का अरमान रखनेवालों के घर से! अपनी ताक़त को अपने सम्प्रदाय के रूप में प्रकट करने के लिए वे अपने सम्प्रदाय के मध्यम श्रेणी के लोगों को समझाते हैं कि दूसरे सम्प्रदायों के लोगों के साथ पक्षपात हो रहा है

और वे लोग लुट रहे हैं। यदि वे लोग संगठित होकर आन्दोलन करेंगे तो उन्हें बहुत लाभ होगा, उनके सम्प्रदाय की स्थिति और शक्ति बढ़ेगी।

मध्यम श्रेणी के लोग दूसरे सम्प्रदाय के लोगों से लड़कर अपना काम बनाने के लिए ग़रीब लोगों तक यह सन्देश दूसरे रूप में पहुँचाते हैं। ग़रीब लोगों के सामने आर्थिक समस्याएँ नहीं पेश की जातीं। इन लोगों को समझाया जाता है कि तुम्हारा धर्म ख़तरे में है, दूसरे लोग तुम्हारी बेइज्जती कर रहे हैं, तुम पर ज़ुल्म ढा रहे हैं और तुम बेशर्मों और कायरों की तरह सब-कुछ बर्दाश्त कर रहे हो। इस ललकार का जो परिणाम होता है वह हमारे सामने है।

ख़ून ख़राबी का नाटक हो चुकने के बाद बड़े आदमी सरकार को समझाते हैं, जब तक हमारे सम्प्रदाय की जनता के अधिकारों का, अर्थात् हमारे तकाज़ों का खयाल न किया जायगा देश में कभी शान्ति नहीं हो सकेगी। हमारी बात न सुनने का परिणाम तुमने देख लिया।

सरकार कहती है हमें तुम्हारी बात सुनने से इनकार कब, तुम्हारे दूसरे भाई ही तुम्हें खाये जाते हैं। हम तो तुम्हारी रक्षा के लिए बैठे हैं वर्ना न जाने तुम पर क्या बीतती?

यह नाटक एक बार नहीं कई बार खेला जा चुका है और उस समय तक खेला जायगा जब तक अपने ख़ून की खाद देकर स्वयं अपना शोषण करनेवालों के बगीचे को ग़रीब लोग हरा करते रहेंगे।

सी. पी. प्रान्तीय राजनैतिक सम्मेलन

नागपुर में प्रान्तीय राजनैतिक सम्मेलन हुआ। नागपुर के लोगों का विचार है जनसमूह और जनता में उत्साह की दृष्टि से सम्मेलन बहुत क़ामयाब रहा। परन्तु नागपुर के बाहर उसकी चर्चा बहुत कम हुई। इसका कारण समझ पाना कुछ कठिन नहीं।

जिसे जनता की राय का नाम दिया जाता है और वास्तव में जो प्रचार या प्रयोगण्डा है, उसके साधन इस देश में दो दलों के हाथ में हैं। एक तो ब्रिटिश सरकार के प्यादे सरकारपरस्त ऐंग्लो इण्डियन समाचार-पत्र दूसरे पूँजीपतियों को

पूँजी पर चलानेवाले राष्ट्रीयता की चादर ओढ़, कांग्रेस की मोहर से पूँजीवादियों का मतलब सिद्ध करनेवाले समाचार-पत्र। नागपुर में होनेवाली प्रान्तीय राजनैतिक कान्फ्रेन्स में जो पुकार उठायी गयी वह इन दोनों को ही मंजूर नहीं।

नागपुर में उठायी गयी पुकार का अभिप्राय था कि अहिंसा के प्रचार के लिए चलाये गये व्यक्तिगत सत्याग्रह से जनता का कुछ लाभ नहीं। कांग्रेस का उद्देश्य देश की स्वतन्त्रता हैं। कांग्रेस का आन्दोलन देश की स्वतन्त्रता के लिए चलना चाहिए न कि अहिंसा के आध्यात्मिक सिद्धान्तों के लिए। देश की स्वतन्त्रता का प्रयोजन है देश की नंगी भूखी जनता के लिए रोटी कपड़ा। इसलिए कांग्रेस के आन्दोलन में आध्यात्मिकता की जगह आर्थिक माँगों का सवाल होना चाहिए। स्वराज्य से देश की जनता के हाथ में क्या अधिकार आयेंगे यह जनता को समझाना ज़रूरी है।

स्वराज्य और देश की भलाई का प्रश्न इस देश के निवासियों का व्यक्तिगत प्रश्न नहीं वह उनका सामूहिक और राष्ट्रीय प्रश्न है, इसलिए स्वराज्य की माँग का आन्दोलन व्यक्तिगत सत्याग्रह के रूप में न चलकर जनान्दोलन के रूप में चलना चाहिए। कान्फ्रेन्स में नारा लगाया जाता था—

व्यक्तिगत सत्याग्रह धोखा है, व्यक्तिगत सत्याग्रह बन्द करो! जनान्दोलन शुरू करो!

सरकारपरस्त समाचार-पत्रों ने कान्फ्रेन्स की कार्रवाई को इसलिए दबाया क्योंकि वह वास्तव में पूँजीवाद विरोधी और साम्राज्य विरोधी कार्यक्रम की माँग थी। कांग्रेस की मोहर लगाकर चलनेवाले समाचार-पत्रों ने इस कान्फ्रेन्स की बात इसलिए दबाना उचित समझा कि वह कांग्रेस का विरोध था। परन्तु उन्होंने यह भी ख़याल नहीं किया कि इस कांग्रेस का एक प्रमुख नारा था—'कांग्रेस को बचाओ।'

कांग्रेस को बचाने का नारा फारवर्ड ब्लाक या रायवादियों के कार्यक्रम की तरह कांग्रेस के नेतृत्व पर क़ब्ज़ा करने का नारा नहीं था। इस नारे का उद्देश्य था कि कांग्रेस का उद्देश्य तो है देश के लिए पूर्ण स्वराज्य और साधन अहिंसामय आन्दोलन परन्तु कांग्रेस आज आन्दोलन कर रही है अहिंसा के प्रचार का और स्वराज्य उसे भूल गया है। कांग्रेस यदि अपना उद्देश्य भुला देगी तो उसका अस्तित्व भी शेष न रह जायगा, कांग्रेस को अपने उद्देश्य पर क़ायम रखना ही उसे बचाना है।

कई पत्रों में इस कान्फ्रेन्स की आलोचना भी हुई। इसे समाजवादियों का जमघट बताया गया और शिकायत की गयी कि कांग्रेस की मैजूदा नीति के विरुद्ध कान्फ्रेन्स

ने असन्तोष तो प्रकट किया परन्तु कान्फ्रेन्स ने स्वयं देश के सामने कौन कार्यक्रम रखा? ऐसे महानुभावों से निवेदन है कि वे कान्फ्रेन्स में पास किये गये प्रस्तावों को देखें! आर्थिक माँगों पर जनान्दोलन चलानेवालों की तजवीज़ क्या ठोस कार्यक्रम का निर्देश नहीं है?

कुछ लोग शायद कान्फ्रेन्स से यह आशा करते थे कि एक नया संगठन जारी कर कान्फ्रेन्स कांग्रेस के मुक़ाबिले में अपना पृथक् आन्दोलन चला देती। परन्तु ऐसा करने का परिणाम वही होता जो राय साहब के रेडिकल कांग्रेसमैन की कान्फ्रेन्स का और सुभाष बाबू की समझौताविरोधी कान्फ्रेन्स का हुआ। कांग्रेस में एक और पृथक् दल का अस्तित्व क़ायम हो जाता और जनता की शक्ति का बचा हुआ भाग भी पार्टीबाज़ी के काम में ही व्यय होने लगता।

कान्फ्रेन्स ने यदि ऐसा नहीं किया तो इसे कान्फ्रेन्स की निर्बलता न समझकर दूरदर्शिता ही कहना होगा।

परन्तु कान्फ्रेन्स ने किया क्या? कान्फ्रेन्स में जनान्दोलन का तक़ाजा किया। जनान्दोलन के लिए यदि अलग संगठन बनाकर कांग्रेस में एक और पार्टी बनाना मंजूर नहीं तो एक ही उपाय है कि जनता के सामने प्रश्नों को स्पष्ट कर उन्हें स्वयं आगे बढ़ाने के लिए प्रेरणा दी जाय। कांग्रेस ने इस बात का ही प्रयत्न किया और इसी में कान्फ्रेन्स की सफलता समझी जानी चाहिए।

देवली का नरक

महाकवि दांते ने अपनी पुस्तक 'इनफर्नो' में नरक की अवस्था का वर्णन करते हुए लिखा है कि नरक निवासियों का जीवन इस हद तक असह्य रहता है कि वे किसी भी परिवर्तन के लिए व्याकुल रहते हैं, मृत्यु यदि उन्हें मिल जाय तो वे दौड़कर उसका आलिंगन कर लें। यही अवस्था आज देवली के राजबन्दियों की हो रही है। बीसियों दफ़े वे अपनी असह्य अवस्था की कहानी, जो किसी भी अवस्था में नाज़ियों के कैम्प जेलख़ानों से बेहतर नहीं है, जनता और सरकार के सम्मुख लाने की कोशिश कर चुके हैं। परन्तु असेम्बलियों में उनकी शिकायतों का मज़ाक़ उड़ा दिया जाता है। समाचार मिल रहे हैं कि वे निराश होकर भूख हड़ताल करने पर उतारू हुए हैं। इससे पहले जब-जब राजबन्दियों ने भूख हड़ताल की उनमें से कुछ

एक को प्राणों से हाथ धोना पड़ा और कुछेक जन्म भर के लिए रोगी हो गये। इन परिणामों को जानते हुए भी जब राजबन्दी भूख हड़ताल करने पर विवश हुए हैं तो उनकी अवस्था कितनी असह्य है इसका अनुमान कर सकना कठिन नहीं।

राजबन्दियों की माँगें क्या हैं—पहली माँग उनकी यह है कि वे राजबन्दियों से एक-सा व्यवहार चाहते हैं। वे चाहते हैं उन्हें भोजन के लिए इतना खर्च मिले जिससे स्वास्थ्य के लिए आवश्यक भोजन प्राप्त हो सके। आज उन्हें केवल छह आने दिये जाते हैं। देवली में ही इससे पहले रखे गये राजबन्दियों को भोजन के लिए आठ आने दिये जाते थे। अब वह आठ आने कर दिया गया है। कारण शायद यह कि अब दाम पहले से बढ़ गये हैं।

उनका कहना है जब उसका कोई भी अपराध प्रमाणित किये बिना जेल में बन्द कर दिया गया है तो उस परिवार के भूखे मरने की जिम्मेदारी किस पर है, जिसका आश्रय उनकी ही कमायी पर थां। सरकार यदि उन्हें जेल में रखना चाहती है तो उनके परिवार का पालन-पोषण करे। यह माँग भी निराली नहीं है। सरकार अब तक ऐसा करती आई है। परन्तु अब वह ऐसा करना नहीं चाहती।

उनकी माँग है कि उनके स्वास्थ्य के लिए चिकित्सा का उपयोगी प्रबन्ध नहीं है, न उन्हें उनकी स्वास्थ्य सम्बन्धी आवश्यकताओं को पूरा करने के लिए सरकार खर्च देती है। जब सरकार ने उनके हाथ-पैर बाँध दिये हैं तो सरकार का फ़र्ज़ है उनकी आवश्यकताओं को पूरा करे, उन्हें स्वाध्याय करने के लिए पुस्तकें मोल लेने का और यदि वे यूनिवर्सिटी की परीक्षा देना चाहें तो उसका अवसर होना चाहिए!

सरकार इन सब शिकायतों को अनुचित समझती है। सरकार का कहना है कि वह अत्याचारी नाज़ियों को युद्ध के मैदान में शिकस्त दे रही है। सो तो सरकार अच्छा कर रही है परन्तु हम देखते हैं कि अत्याचार के मैदान में सरकार किसी से पीछे नहीं है।

जून, १९४८

मुस्लिम लीग न तो कांग्रेस के साथ मिलकर सरकार चलाने के लिए तैयार है और न सरकारी कुर्सी छोड़ देने के लिए ही। लीग एक इस ढंग से परेशान होकर पण्डित नेहरू और सरदार पटेल ने १६ फरवरी के दिन ब्रिटिश सरकार को चुनौती दी कि या तो मुस्लिम लीग को इण्टेरिम सरकार से निकाल दिया जाय या हम कुर्सी छोड़कर अलग हो जायेंगे।

२० फरवरी को एटली साहब ने इस चुनौती का जवाब दे दिया कि हम तो १९४८ जून में भारत का शासन छोड़कर चले जायेंगे। यदि भारत में केन्द्रीय शासन की जिम्मेदारी लेनेवाला कोई संगठन न होगा तो ब्रिटिश सरकार सोचेगी कि शासन का अधिकार किसे सौंपे! किसी एक केन्द्रीय सरकार को या प्रान्तीय सरकारों को उनके अपने-अपने प्रान्तों के शासन की जिम्मेदारी और अधिकार दे दें। इस उत्तर से लीग को सरकार से निकाल देने की कांग्रेस की माँग कैसे पूरी हुई, यह जनता नहीं समझ सकी परन्तु पण्डित नेहरू और सरकार पटेल को इस उत्तर से सन्तोष है। जितना सन्तोष कांग्रेस को एटली साहब के उत्तर से हुआ उतना ही सन्तोष लीग को भी हुआ हालाँकि समझा यह जाता है कि कांग्रेस और लीग का उद्‌देश्य और कार्यक्रम एक-दूसरे के बिलकुल विरुद्ध है। परन्तु एटली के उत्तर से सन्तोष दोनों को है। कांग्रेस को सन्तोष है—जैसी व्यवस्था वे चला रहे हैं चलाते जायेंगे। लीग को सन्तोष है—कान्स्टीट्यूएण्ट असेम्बली से दूर रहने पर लीगी-प्रान्तों का शासन उन्हें मिल जायगा। पाकिस्तान बन जायगा। यह दोनों में से किसी को नहीं सूझता कि यदि ब्रिटिश साहब को कोई भी इस लायक न जंचा जिसे कि शासन का बोझ दे सके तो भारत के कल्याण के लिए—कांग्रेस से लीग की रक्षा के लिए और लीग से कांग्रेस की रक्षा के लिए उन्हें जहाँ-का-तहाँ बना रहना पड़ेगा।

नया आन्दोलन

जब सरदार पटेल और नेहरू ने एटली साहब को चुनौती दी, जनता के कुछ भागों में सनसनी-सी फैल गयी कि अब फिर आन्दोलन आरम्भ होने का समय आ गया है। इस आन्दोलन का आधार या माँग क्या होगी; इस प्रश्न का उत्तर था—आन्दोलन आधार और माँग महात्मा गाँधी निश्चय करेंगे।

प्रश्न यह है कि आन्दोलन के लिए आधार और माँगें मौजूद हैं या बनायी जायेंगी? यदि देश में जनता के हित की दृष्टि से आन्दोलन के लिए कारण मौजूद हैं तो उसके आरम्भ करने के लिए ब्रिटिश सरकार के सामने उन माँगों का रखा जाना ही उचित था, कांग्रेस और लीग के आपस के झगड़े की बात का रखना नहीं। ख़ैर, जो भी माँग थी पूरी हुई नहीं, फिर आन्दोलन की धमकी थोथे पटाखे की तरह चलाने का प्रयोजन क्या था? यदि गम्भीरता से आन्दोलन की बात सोची जाय, और ऐसे आन्दोलन की बात जो जनता की समस्याओं को सुलझाने के लिए जनता की प्राण-शक्ति से उठे और जनता की प्राण शक्ति से चले, तो वह कांग्रेस की इस समय की मानसिक दशा, महत्त्वाकांक्षा और आदर्शों के अनुकूल नहीं। नमक सत्याग्रह, झण्डा सत्याग्रह और व्यक्तिगत सत्याग्रह के रूप में चलनेवाले आन्दोलनों का परिणाम देखा जा चुका है। ख़ासकर ऐसे समय जनता के वास्तविक आन्दोलन—किसानों और मज़दूरों के आन्दोलन ही चल रहे हैं—इन संकेत मात्र के आन्दोलनों का प्रभाव होगा वास्तविक आन्दोलनों को गुमराह कर देना।

◈

स्वराज्य की कल्पना

आन्दोलन का सम्बन्ध है, उद्देश्य या लक्ष्य से। यदि स्वराज्य या आत्मनिर्णय के अधिकार के रूप में अपना लक्ष्य हम पा नहीं सके तो स्वराज्य या आत्मनिर्णय का आन्दोलन समाप्त हो नहीं सकता था और वह समाप्त हुआ भी नहीं। कांग्रेसी मन्त्रिमण्डलों के हाथ में शासन की बाग़डोर आ जाना एक बात है और जनता के हाथ में आत्मनिर्णय का अवसर और अधिकार आ जाना दूसरी बात। आत्मनिर्णय की आवश्यकता होती है जीवन की रक्षा और विकास कर सकने के लिए। जनता ने यदि अपने जीवन की रक्षा और विकास के लिए अवसर नहीं पाया तो उसने

स्वराज्य नहीं पाया। ऐसा स्वराज्य जनता किसी के देने से नहीं पा सकती और जनता इसे पाये बिना रह भी नहीं सकती। इस स्वराज्य को पाने के लिए ही आज किसान और मज़दूर आन्दोलन जमींदारी के नाश से, भूमि की माँग के रूप में और मज़दूरी और तनख़ाह की बढ़ती से अपने हाथ-पाँव की कमायी में मुनासिब भाग पाने के लिए उठ रहे हैं। प्रान्तीय शासन और इण्टेरिम सरकार के रूप में स्वराज्य पा जानेवाली नेताशाही की दृष्टि में किसान-मज़दूर के यह आन्दोलन स्वराज्य की मांग नहीं बग़ावत है। पूँजीपति और मध्यम श्रेणी की भावना में पली कांग्रेसी-नेताशाही की दृष्टि में भारत की नौकरशाही का नियन्त्रण अंग्रेज़ के हाथ से निकलकर हिन्दुस्तानी के हाथ में आ जाना ही स्वराज्य है परन्तु यह स्वराज्य जनता का स्वराज्य नहीं। जनता के लिए जो स्वराज्य की महत्त्वाकांक्षा है वह सरकार चलानेवाली लीग और कांग्रेसी नेताशाही के लिए उपद्रव है और इस उपद्रव का उपाय लीग और कांग्रेसी सरकारें कर रही हैं आर्डिनेन्सों से। लीगी और कांग्रेसी सरकारों की इसी बरखुर्दारी के आधार पर एटली साहब भारत का शासन अपने इन योग्य उत्तराधिकारियों के हाथ सौंप सकने का भरोसा कर सकते हैं। क्योंकि इस सौदे से हिन्दुस्तान की असन्तुष्ट और जागृत जनता को वश में रखने का काम भारतीय नौकरशाही करेगी और पूँजीवाद की व्यवस्था से जनता के शोषण का भाग ब्रिटिश पूँजीवादी श्रेणी सांझी बन कर पाती रहेगी।

आर्डिनेन्स राज

अपने इस आदर्श और उद्देश्य को पूरा करने के लिए कांग्रेस और लीगी सरकारों ने लिनलिथगो और हैलेट की नीति और भाषा को तुरन्त ही अपना लिया है। शान्तिरक्षा और व्यवस्था के लिए उन्हें जनता के सहयोग पर नहीं, नौकरशाही की व्यवस्था, पुलिस की लाठी, टियर गेस और मशीनगन का ही भरोसा है। दस मास के शासन में कांग्रेसी सरकारों ने अंग्रेज़ नौकरशाही का कोई भी शास्त्र अधूरा नहीं छोड़ा। मद्रास असेम्बली में श्रीप्रकाश ने ऐलान किया कि कम्युनिस्ट जनता की शान्ति भंग कर रहे हैं, निजी सम्पत्ति के अधिकारों पर हमला कर रहे हैं? शान्ति भंग किसकी हो रही है। शान्त है कौन? सम्पत्ति लूटी किसकी जा रही है? सम्पत्ति है किसके पास?

लीग को यदि प्रतिक्रियावादी कहकर छोड़ दिया जाय तो भी सभी कांग्रेसी प्रान्तों में, मद्रास, मध्यप्रान्त, यू. पी. सभी जगह एक हज़ार से अधिक ऐसे राजनैतिक कार्यकर्त्ता जेलों में बन्द हैं जो जनता की माँगों को स्वराज्य का आदर्श मानकर उसके लिए प्रयत्न कर रहे हैं। यदि जनता की माँगें कांग्रेसी सरकारों को आज उपद्रव मालूम होने लगी हैं तो वे जनता के प्रतिनिधि नहीं रहे। ब्रिटिश नौकरशाही के जिन अत्याचारों के प्रति वे स्वयं विरोध की पुकार उठाते थे, आज वे स्वयं वही सब-कुछ कर रहे हैं। कांग्रेसी सरकारें और कांग्रेसी इण्टेरिम सरकार आज इस हद तक अपने-आपको ब्रिटिश सरकार का साझीदार और उत्तराधिकारी समझने लगी है कि भारत की जनता को नियन्त्रण में बाँधे रखनेवाले ब्रिटिश षड्यन्त्रों का भण्डाफोड़ करने के कारण वह कम्युनिस्टों के ख़िलाफ़ कार्रवाई करना भी अपना कर्त्तव्य समझने लगी है। पण्डित नेहरू ने इस शर्मनाक घटना का उत्तरदायित्व लेने से इनकार कर दिया था परन्तु पटेल छाती ठोककर इसका श्रेय स्वीकार कर रहे हैं—उन्हें भूल गया, कि कल तक ब्रिटिश सरकार के ख़िलाफ़ बग़ावत उनका धर्म था और भारत छोड़ो उनका नारा। आज यह परिवर्तन क्यों? क्या इसलिए कि स्वराज्य मिल गया और अब जनता के दमन का अधिकार उनका अपना कर्त्तव्य हो गया।

◈

पार्टी या संयुक्त मोर्चा

इस समय कांग्रेस के पुनर्संगठन की बात विशेष रूप से उठ रही है। इसी प्रयोजन से अभी हाल में सभी प्रान्तीय कांग्रेसों के प्रधानों और मन्त्रियों की एक-एक सभा इलाहाबाद में हुई है। इस सभा में जिन विषयों पर विचार किया गया उनमें से जनता का ध्यान सबसे अधिक आकर्षित किया है एक प्रस्ताव ने जिसके द्वारा कांग्रेस की कार्यकारिणी से यह सिफ़ारिश की गयी है कि कांग्रेस के भीतर भिन्न-भिन्न पार्टियों का बनना या रहना अनियमित करार दे दिया जाय। प्रस्ताव का उद्देश्य है कांग्रेस के संगठन को सिद्धान्त और संगठन के आधार पर एक संगठित इकाई (Unit) बना देगा। उसे एक आन्दोलन न रहने देकर एक पार्टी या दल बना देना।

कांग्रेस को सुसंगठित इकाई बनाने का उद्देश्य सिद्धान्त रूप से जैसे दूसरी पार्टियों के लिए उचित है वैसे ही कांग्रेस के लिए भी उचित जान पड़ना चाहिए परन्तु

इस प्रश्न का निर्णय कांग्रेस के क्षेत्र, कांग्रेस के इतिहास और उद्‌देश्य को दृष्टि में रखकर ही किया जा सकता है। कांग्रेस का यह ऐतिहासिक दावा रहा है कि वह भारत की सम्पूर्ण जनता की प्रतिनिधि राजनैतिक संस्था है—कांग्रेस का यह दावा ही मुस्लिम लीग, अछूत संगठन और किसी हद तक हिन्दू महासभा के लिए भी विरोध का कारण बना रहा है। यहाँ तक कि एक समय अपने क्षेत्र के विस्तार के सम्बन्ध में कांग्रेस का यह दावा था कि औद्योगिक श्रेणियों के हितों की रक्षा के लिए भी कांग्रेस के बाहर संगठनों की आवश्यकता नहीं। आज कांग्रेस ऐसी ही पार्टियों के विरुद्ध अपने संगठन को दृढ़ करने की बात सोच रही है जो प्राय: कांग्रेस के भीतर ही पैदा हुई हैं। आज इन्हीं से कांग्रेस को अपने अस्तित्व के लिए भय क्यों अनुभव हो रहा है? क्या कांग्रेस अपने विकास से ही डर रही है?

पार्टीहीन कांग्रेस की कल्पना करते समय हम इस बात को नहीं भुला सकते कि कांग्रेस सम्पूर्ण देश की जनता की प्रतिनिधि है और देश में अनेक वर्गों और श्रेणियों के लोग हैं जिनके हित ब्रिटिश साम्राज्य से अपनी आज़ादी पाने के मोर्चे पर एक होकर भी आपस में एक-दूसरे के विरुद्ध हो सकते हैं। प्रत्येक संगठन निश्चय रूप से किसी-न-किसी श्रेणी के दृष्टिकोण को अवश्य ही प्रकट करता है। प्रश्न यह है कि किस श्रेणी के हित का प्रतिनिधित्व करनेवाले कांग्रेस में रह पायेंगे और किन श्रेणियों के दृष्टिकोण को प्रकट करनेवालों के लिए उसमें स्थान न रहेगा?

कांग्रेस यदि अपने-आपको आन्दोलन के रूप से बदलकर पार्टी के रूप में संकुचित कर देगी तो क्या इससे कांग्रेस की शक्ति बढ़ेगी या यह कांग्रेस के विकास का प्रमाण होगा! अब तक कांग्रेस वास्तव में ही एक आन्दोलन के रूप में रही है और इस आन्दोलन का लक्ष्य रहा है देश के लिए स्वराज्य या विदेशी साम्राज्यशाही शासन से मुक्ति पाने के लिए, देश की जनता के लिए आत्मनिर्णय का अधिकार पाने के लिए यत्न करना। देशभर की जनता इस लक्ष्य को प्राप्त करने के लिए राजनैतिक सिद्धान्तों, मतभेदों के बावजूद जनशक्ति को एकत्र कर स्वराज्य के मोर्चे पर, एक साथ संयुक्त मोर्चे के रूप में लगाने का प्रयत्न कांग्रेस करती रही है। परन्तु आज कांग्रेस संयुक्त जनशक्ति से संयुक्त मोर्चा बनाने की अपेक्षा एक संकुचित परन्तु सुसंगठित पार्टी बना लेने में ही अपना उद्‌देश्य पा लेने की आशा कर रही है, ऐसा क्यों?

यदि इस प्रश्न को क्रियात्मक रूप से जाँचें तो यह देखना होगा कि कांग्रेस के भीतर ऐसी कौन पार्टियाँ हैं जिनकी मौजूदगी से कांग्रेस अपने लिये आशंका अनुभव करती है और जिनके प्रभाव से बचना चाहती है। कांग्रेस के भीतर यह पार्टियाँ हैं—कांग्रेस-समाजवादी दल, फारवर्ड ब्लाक, किसान-मज़दूर प्रजा पार्टी या क्रान्तिकारी

समाजवादी पार्टी! इससे पूर्व कम्युनिस्टों और रैडिकल डेमोक्रेटिक पार्टी (राय पार्टी) को कांग्रेस अपने क्षेत्र से बाहर कर ही चुकी है। यह ठीक है कि समाजवाद की ओर प्रवृत्ति लिये इन पार्टियों के उद्देश्य केवल स्वराज्य शब्द से कुछ अधिक की आशा करते हैं। परन्तु भारत के लिए स्वराज्य के लक्ष्य को प्राप्त करने के कार्यक्रम का इनमें से कोई भी पार्टी न तो सिद्धान्त रूप से ही विरोध करती है और न इस संघर्ष में सहयोग देने से कतराती है। फिर इन पार्टियों से पीछा छुड़ाने की चिन्ता कांग्रेस को क्यों सता रही है?

यों कांग्रेस अपने प्रस्तावों और ऐलानों में अपना दृष्टिकोण समाजवादी आदर्श ही प्रकट करती रही है परन्तु क्रियात्मक रूप से समाजवाद के लिए सक्रिय प्रयत्न करनेवाली पार्टियों का अस्तित्व कांग्रेस को असह्य हो रहा है। समाजवादी आदर्श का ढिंढोरा पीटते रहने पर भी कांग्रेस के स्वराज्य का असली रूप ऐसा तो नहीं जिसे सक्रिय समाजवाद से भय हो—क्या यह जर्मनी के राष्ट्रीय समाजवाद (Nationalist socialism) का ही दूसरा संस्करण तो नहीं होने जा रहा? क्योंकि अमली क्षेत्र में कांग्रेस अपने संगठन से समाजवादियों को निकाल हिटलर के राष्ट्रीय समाजवाद के चरण चिह्नों पर चलने का ही यत्न कर रही है।

या यह समझा जाय कि समाजवादी विचारधारा में विश्वास रखनेवाली पार्टियों से मुक्ति पाना कांग्रेस इसलिए आवश्यक समझ रही है कि कांग्रेस अपने लक्ष्य पर पहुँच चुकी है और यह पार्टियाँ उसे आगे खींचने का यत्न कर उसके स्वप्न को चरितार्थ करने में विघ्न डाल रही हैं। क्या इसीलिए अब कांग्रेस एक आन्दोलन के रूप में न रहकर एक पार्टी या गुट्ट का रूप ले लेना चाहती है जिसका काम हो देश का शासन चलाना?

अप्रैल
१९४७

एक वर्ष का प्रान्तीय स्वराज्य

जनप्रिय सरकारों के राज की एक वर्ष की कारगुजारी हमारे सामने है। सरकार हाथ में लेने का अधिकार इन्होंने पाया है जनता के वोट से। जनता के वोट इन्होंने पाये थे जनता के सामने जनता की माँगें पूरी करने के वायदे देकर। जनता की माँगें उस समय क्या थीं, या आज जनता की माँगें क्या हैं? विदेशी साम्राज्यशाही और इस साम्राज्यशाही की करिन्दा नौकरशाही के शासन में जनता अपना भाग्यनिर्णय करने के अधिकार से वंचित थी। इस शासन का उद्‌देश्य था जनता का शोषण कर सकने के लिए उसे एक व्यवस्था और विधान में बाँधकर शोषण का उद्‌देश्य पूरा करते जाना। यह शोषण युद्ध के समय अपने उग्र रूप में ब्लैक मार्केट, सीमा से अधिक मुनाफ़ाखोरी और निरंकुश दमन के रूप में असह्य होने लगा। युद्ध के समय में शोषण का शिकंजा इतना कसा गया कि जनता एक सीमा! से अधिक न दब सकती थी और यह शिकंजा अपनी कसावट से कड़कने लगा। यह थी परिस्थिति जो जनता के जीवन को दूभर बनाये हुए थी। इस परिस्थिति को बदलना, संकटों से मुक्ति पाकर जीवन को मनुष्य की तरह अपने निर्णय से बिता और बढ़ा सकना ही जनता की मांग थी। हिन्दू और मुसलमान जनता ने इसी स्वप्न को स्वराज्य और पाकिस्तान का नाम दे दिया था।

ऐसी परिस्थिति में जनता की प्रतिनिधि सरकारों ने प्रान्तों का शासन सम्हाला। यह वचन और आशा देकर कि वे जनता के नुमाइन्दे हैं, जनता का हित उनका धर्म है, वे जनता की कठिनाइयों को दूर करेंगे, शासन जनता का होगा। उन वायदों की कसौटी पर जनता की सरकारों की पिछले एक वर्ष की कारगुज़ारी की जाँच कर यह देखना आवश्यक है कि जनता अपने लक्ष्य की ओर कहाँ तक बढ़ी; जनता की कठिनाइयाँ किस हद तक दूर हुईं; दमन दूर होकर जनता के जीवन में कितनी स्वतन्त्रता आयी; किस हद तक जनता ने अनुभव किया कि वे रस्सी में बंधे क़ैदी नहीं अपनी इच्छा से चलनेवाले स्वतन्त्र मनुष्य हैं? शासन या सरकार की व्यवस्था में पहले से क्या परिवर्तन आया?

जीवन के लिए ज़रूरी चीज़ों को पाने का जहाँ तक सवाल है अन्न और कपड़ा आज जिस कठिनाई से मिल रहा है वह युद्ध के समय और बेग़ानी सरकार के शासन

की अपेक्षा भी अधिक असह्य होती जा रही है। सरकार की व्यवस्था के सम्बन्ध में जनता के अधिकार की बात यह है कि अपने विचार और राय प्रकट करने का जितना अधिकार, नाममात्र नागरिक स्वतन्त्रता के नाम से जनता को गोरी सरकार के नौकरशाही के ज़माने में था अवस्था आज उससे बदतर है। अपनी राय सरकार के सामने प्रकट कर सकने के जितने साधन जनता के पास हो सकते हैं वे सब दफ़ा १४४ के ज़रिये छीने जा चुके हैं। जिन परिस्थितियों को हम गोरी नौकरशाही के शासनकाल में दमन कहते थे जनता के नुमाइन्दों के शासनकाल में उन सब बातों को शान्ति और जनरक्षा के उपाय बताया जाता है। जनप्रिय सरकारों के पास दो उत्तर हैं एक तो साम्प्रदायिक झगड़ों से जनता की रक्षा का कर्त्तव्य और दूसरा उत्तर है अभी एक वर्ष ही तो हुआ है; एक वर्ष होता ही कितना है?

हम मानते हैं कि एक वर्ष का समय बहुत अधिक नहीं होता परन्तु एक वर्ष कम भी नहीं होता और कम-से-कम किसी सरकार का रुख़ पहचानने के लिए तो बहुत काफ़ी होता है। न्याय और व्यवस्था की किस धारणा को लेकर और किन साधनों से यह जनप्रिय सरकारें व्यवस्था चलाना चाहती हैं यह देख लेने के लिए एक वर्ष का समय बहुत काफ़ी समय था। साम्प्रदायिक संकट है इस बात से भी इनकार नहीं किया जा सकता। यह संकट गोरी नौकरशाही के ज़माने में भी होता था। दूसरे संकट जनप्रिय सरकारों के सामने स्वयं जनता का ही उपद्रव है। पचास-पचास हज़ार की संख्या में मज़दूर कानपुर और बम्बई में अपनी असह्य अवस्था के प्रति प्रदर्शन करते हैं। दिहात असन्तुष्ट किसानों के आन्दोलनों से थर्रा रहे हैं; पूर्वी बंगाल, पंजाब और युक्त प्रान्त के दिहात सभी जगह असन्तोष है। जनप्रिय सरकारों से सहानुभूति रखनेवाले और राष्ट्रीयता का दम भरनेवाले पूँजीपतियों के पत्र इन समाचारों को दबाकर अपने विचार में राष्ट्रीयता का और जनप्रियता का दावा करनेवाली सरकारों की सहायता कर रहे हैं।

असन्तुष्ट जनता के इन उपद्रवों का सामना जनप्रिय सरकारें दमन के उन्हीं उपायों से कर रही हैं जिन्हें गोरी नौकरशाही उपयोग में लाती थी और शासन का साधन आज भी वही नौकरशाही है जो अंग्रेज़ के शासन के समय थी। न तो साम्प्रदायिक उपद्रवों का उपाय करने के लिए और न जनता के आर्थिक संकटों को दूर करने के लिए ही जनप्रिय सरकार जनता के सहयोग की आवश्यकता समझती है। उनका भरोसा है पुलिस, लाठी, राइफल, मशीनगन और सबसे अधिक गोरी फ़ौज पर। उस गोरी फ़ौज पर जिसे इस देश से निकालना ही जनता और स्वयं नेताओं की सबसे बड़ी माँग थी।

जनप्रिय सरकारें देश की परिस्थिति को देखती हैं नौकरशाही की आँखों से, जनता की बात सुनती हैं नौकरशाही के कानों से और उनका दिमाग़ भी

नौकरशाही की मुट्ठी में है। जनप्रिय सरकारों का विश्वास जनमत पर नहीं, पुलिस और नौकरशाही की दमन करने की शक्ति पर है। आर्डिनेन्स पास करके यह शक्ति पुलिस और नौकरशाही के हाथ दे देना भर ही इस सरकार का कर्त्तव्य है और जनप्रिय शासन का अर्थ है—दमन को जनप्रिय मन्त्रिमण्डलों की टट्टी की आड़ दे देना। इस सरकार की समझ से शान्ति रक्षा का उपाय असन्तोष के कारणों को दूर करना नहीं है बल्कि नौकरशाही के समय से चली आयी व्यवस्था को जारी रखना है। ज़मींदारी प्रथा का अन्त करने के लिए क़ानून बनाना या शोषित जनता की मज़दूरी बढ़ाने का क़ानून बनाना इन सरकारों को कठिन जान पड़ रहा है परन्तु दमन के लिए आर्डिनेन्स पास करना कुछ कठिन नहीं जँचा। ब्लैक मार्केटिंग और मुनाफ़ाख़ोरी के विरुद्ध दमन के समाचार हमें सुनने को नहीं मिले और न ऐसे प्रयत्नों का कोई परिणाम ही हमारे सामने आया। शान्ति रक्षा के लिए बनाये गये आर्डिनेन्स सभी जगह प्रयोग में आ रहे हैं। असन्तुष्ट किसानों और मज़दूरों के आन्दोलनों को कुचलने के लिए मद्रास से पंजाब तक सभी जगह एक ही कहानी है। यू.पी. कांग्रेसी सरकार ने फरवरी मास तक शान्ति रक्षा के लिए लगभग ४००० आदमियों को गिरफ़्तार किया। इसमें से १००० व्यक्ति साम्प्रदायिक दंगों या प्रदर्शनों के सिलसिले में गिरफ़्तार हुए। इनमें भी अधिक संख्या उन लोगों की है जिन्होंने दंगे नहीं किये बल्कि असेम्बली के सामने नये विधान के विरुद्ध प्रदर्शन किये थे। गिरफ्तार होनेवाले शेष तीन हज़ार व्यक्ति हैं किसान, मज़दूर, सोशलिस्ट, कम्युनिस्ट और कांग्रेस के लोग जिन्होंने किसान-मज़दूर जनता की आर्थिक माँगों में सहयोग दिया था। ये उदाहरण जनप्रिय सरकारों के रुख़ और जनहित के दृष्टिकोण को दिखाने के लिए पर्याप्त हैं।

और दुर्भाग्य यह है कि कांग्रेस और लीग की सम्पूर्ण शक्ति जन-आन्दोलन से हटकर साम्राज्यशाही द्वारा क़ायम की गयी शोषण की व्यवस्था में अपना अधिकार जमाने के लिए ही ख़र्च हो रही है। कांग्रेस और लीग जनता के राज के लिए प्रयत्न छोड़कर अपनी-अपनी सरकारों की कठपुतली बनती जा रही हैं। दोनों का ही उद्देश्य जनता का नहीं अपने-अपने गुट्ट का राज क़ायम करना होता जा रहा है। परन्तु जनता असन्तुष्ट है। दमन के उग्र उपायों का प्रयोग इस बात का प्रमाण है। क्या अब वह दिन आ गया है जब जनता के अपने राज के लिए संघर्ष का अर्थ कांग्रेसी और लीगी नौकरशाहियों से मोर्चा लेना ही होगा और इस संघर्ष में देश के पूँजीपति और विदेशी साम्राज्यशाही जनता के विरुद्ध, सरकारी कांग्रेस और सरकारी लीग की सहायक होगी?

मई

१९४७

पाकिस्तान का न्याय

जिन्ना साहब का कहना है कि पंजाब के पूर्वी भाग को और बंगाल के पश्चिमी भाग को शेष पंजाब और बंगाल से अलग करके स्वतन्त्र प्रान्त बना देने की माँग केवल कांग्रेस की शरारत है। कांग्रेस की इस माँग की बुनियाद में कोई सच्ची भावना या इन इलाक़ों की जनता के हित का विचार नहीं है। इस माँग का उद्देश्य पाकिस्तान की माँग के प्रति वैमनस्य और प्रतिहिंसा ही है।

जिस समय जिन्ना साहब और मुस्लिम लीग पाकिस्तान की माँग करते हैं ठीक ऐसा ही आरोप कांग्रेस और हिन्दू महासभा पाकिस्तान की माँग करनेवालों पर लगाती है। अपनी माँग और भावना को न्याय और उचित समझना और ठीक उसी प्रकार की माँग दूसरों द्वारा की जाने पर उसे अन्याय और अनुचित कह देना न्याय का आधार नहीं समझा जा सकता। खासकर ऐसी अवस्था में जबकि माँग, माँग का आधार और उसके लिए दी गयी दलीलें एक-सी हों।

हिन्दुस्तान के बँटवारे की माँग करते समय जिन्ना साहब का दावा है कि हिन्दुस्तान वास्तव में एक देश नहीं है। वह ब्रिटिश साम्राज्यसत्ता द्वारा, अपनी शासन सुविधा के लिए बनाया गया एक राजनैतिक संगठन है। हिन्दुस्तान में बसनेवाली जनता के दो मुख्य भाग हिन्दू और मुसलमान एक राष्ट्र या जाति के अंग नहीं, वे दो भिन्न-भिन्न जातियाँ हैं। ऐसी अवस्था में प्रजातन्त्र या बहुमत के शासन में हिन्दू जाति के बहुमत से होनेवाला शासन मुस्लिम जाति की राष्ट्रीय और सांस्कृतिक भावनाओं की क़द्र नहीं कर सकता बल्कि वह उन्हें कुचलकर समाप्त कर देगा। मुस्लिम जाति के राष्ट्रीय और सांस्कृतिक जीवन की रक्षा के लिए यह न्यायपूर्ण और उचित माँग है कि जिन प्रदेशों में मुसलमान जनता का बहुमत है वह दूसरे प्रान्तों की हिन्दू जनता के बहुमत द्वारा शासित न हों। ऐसे प्रान्तों में मुस्लिम जनता को अधिकार हो कि आत्मनिर्णय के अधिकार द्वारा अपनी राष्ट्रीय और सांस्कृतिक भावना के अनुकूल अपने बहुमत से अपने लिये शासन-व्यवस्था क़ायम करें। ऐसे प्रदेशों

की पूर्ण स्वतन्त्रता के लिए आत्मनिर्णय के अधिकार की कसौटी के तौर पर इन इलाक़ों की जनता यदि वह चाहे तो उसे शेष हिन्दुस्तान से सम्बन्ध रखने या न रखने का भी अधिकार रहे।

आत्मनिर्णय के अधिकार की बुनियाद पर सिद्धान्त रूप से उचित जान पड़नेवाली इस माँग के मुक़ाबिले में आज पूर्वी पंजाब और पश्चिमी बंगाल की जनता की आत्मनिर्णय के अधिकार की माँग है। जिन्ना साहब के दो राष्ट्र या जाति की नहीं। सम्पूर्ण हिन्दुस्तान के सवाल को लेकर यदि अल्पसंख्यक मुस्लिम जनता का हिन्दू बहुमत का शिकार होना ज़ुल्म है तो पंजाब और बंगाल के मुस्लिम बहुमत, के दबाव में पूर्वी-पंजाब और पश्चिमी बंगाल के हिन्दुओं का शिकार बनना भी उतना ही बड़ा ज़ुल्म है। और पूर्वी पंजाब और पश्चिमी बंगाल के हिन्दू बहुमत शेष पंजाब और शेष बंगाल के मुस्लिम बहुमत का शिकार बनें तो यह भी अत्याचार है। अपने बहुमत के इलाक़ों में अपनी राष्ट्रीय, सांस्कृतिक और साम्प्रदायिक भावना के अनुकूल शासन क़ायम करने के लिए इस भाग की जनता की इच्छा आत्मनिर्णय के सिद्धान्त के आधार पर उतनी ही उचित है जितनी की हिन्दुस्तान में पाकिस्तान की माँग।

आज जिन इलाक़ों को पंजाब और बंगाल का नाम दिया जाता है, वे भी कुदरत की गढ़ी हुई चीजें नहीं हैं बल्कि ब्रिटिश शासन द्वारा अपनी सुविधा के लिए बनायी शासन की योजनाएँ ही हैं। पूर्वी पंजाब पाँचों नदियों की सीमा से परे है, भाषा और व्यवहार की दृष्टि से पंजाब से भिन्न है। यही बात पंजाब के डगिरा प्रदेशों के विषय में कही जा सकती हैं जहाँ मुसलमानों की संख्या पाँच प्रति सैकड़ा से अधिक नहीं। यदि पंजाब में लीग के रूप में साम्प्रदायिक आधार पर शासन क़ायम होता है तो इन प्रदेशों की अवस्था वैसी ही होगी जिसकी कल्पना जिन्ना साहब पाकिस्तान बिना बने मुसलमानों के लिए करते हैं। पाकिस्तान की माँग को जिन्ना साहब ने आत्मनिर्णय के सिद्धान्त के जिस व्यावहारिक रूप में पेश किया है वही उन्हें अब अव्यावहारिक जान पड़ रहा है और उसी का पाठ जब दूसरे लोग पढ़ते हैं तो जिन्ना साहब के लिए असह्य हो जाता है?

जिन्ना साहब की माँग के अनुसार पंजाब, सिंध, बंगाल और पश्चिमोत्तर प्रान्तों का संयुक्त राष्ट्र पाकिस्तान क़ायम हो जाने के बाद भी हिन्दुस्तान में बहुत बड़ी संख्या ऐसे मुसलमानों की रह जायगी जो हिन्दू बहुमत के अत्याचार का शिकार होने की आशंका से काँपते रहें। ऐसे मुसलमानों के लिए और मुस्लिम बहुमत के प्रान्तों में अत्याचार की आशंका करनेवाले हिन्दुओं की रक्षा के लिए जिन्ना साहब की राय है कि वे अपने प्रान्त बदल लें। प्रान्त बदल लेने का व्यवहारिक अनुभव बिहार के

किसान पाकिस्तानी बंगाल में जाकर कर चुके हैं और फौरन ही वे वहाँ से लौट भी आये। जिन्ना साहब की प्रान्त बदल लेने की सीख में चाहे और सच्चाई न हो परन्तु इतना तो स्पष्ट हो जाता है कि जिन्ना साहब की सम्पूर्ण राजनीति असहिष्णुता और वैमनस्य की भावना पर है। उसका आधार मुस्लिम राष्ट्रीयता नहीं बल्कि मुस्लिम साम्प्रदायिकता है। और उसका प्रयोजन हिन्दू पूँजीवाद के मुक़ाबिले में कठिनाई अनुभव करते मुस्लिम पूँजीवाद के लिए पनपने की जगह बनाना है।

राष्ट्रीयता और जाति के आधार पर हिन्दुओं-मुसलमानों को दो पृथक् राष्ट्र या जातियाँ मान लेना वास्तविकता से बहुत दूर है। जाति का सम्बन्ध जन्म और परम्परा से है। यदि मुस्लिम बहुमत प्रदेश के हिन्दू पाकिस्तानी सरकार बन जाने के बाद अपनी ज़मीन-जायदाद छोड़कर हिन्दोस्तान में जाकर बसने की अपेक्षा इस्लाम को ही स्वीकार कर लें तो भी क्या उन्हें पाकिस्तान से निकाल दिया जायगा? हमें विश्वास है कि दीन-इस्लाम क़बूल कर लेनेवाले भाइयों को जिन्ना साहब और लीग गले से लगायेगी। परन्तु क्या ऐसे हिन्दुओं का साम्प्रदायिक आचरण बदल जाने से उनकी जाति बदल जायगी? ऐसे ही एक दिन जिन्ना साहब के पूर्वजों ने अपना साम्प्रदायिक विश्वास और व्यवहार बदल लिया था परन्तु ऐसा कर लेने पर भी जिन्ना साहब की नसों में गुजराती का ही ख़ून प्रवाहित है, पठान का नहीं और वे जातीय रूप से गुजराती ब्राह्मण, बनिये के अधिक निकट हैं और अफ़गानी-अफ़रीदी और अरब बद्दू से बहुत दूर।

और फिर हिन्दोस्तान की पच्चीस फी सैकड़ा मुस्लिम जाति के एक महत्त्वपूर्ण अल्प संख्यक होने की तुलना में पंजाब-बंगाल की अल्पसंख्यक हिन्दू जाति कहीं अधिक महत्त्वपूर्ण है। क्योंकि वे पच्चीस फ़ी सैकड़ा से बहुत अधिक यानी अपने प्रान्तों में चालीस फी सैकड़ा है। जिन्ना साहब स्वयं स्थापित आत्मनिर्णय के अधिकार के न्याय की माँग पूर्वी पंजाब और पश्चिमी बंगाल के हिन्दुओं द्वारा की जाने पर उपेक्षा ही नहीं बल्कि विरोध कैसे कर सकते हैं?

जिन्ना साहब मुस्लिम जनता की पाकिस्तान की माँग को आत्मनिर्णय के अधिकार के आधार पर न्याय समझते हैं और पूर्वी-पंजाब और पश्चिमी-बंगाल तथा आसाम के हिन्दुओं के आत्मनिर्णय के अधिकार की माँग को अव्यवहारिक बताते हैं। उन्हें भय है कि यदि आत्मनिर्णय के अधिकार की माँग इस प्रकार उठायी जायगी तो देश इतने-इतने छोटे-छोटे टुकड़ों में बँट जायगा कि उसके लिए शासन की व्यवस्था कठिन हो जायगी। परन्तु जिन्ना साहब भूल जाते हैं कि इस भावना के जन्मदाता वही हैं।

जैसे जिन्ना साहब की आत्मनिर्णय के अधिकार की माँग ठीक है वैसे ही आत्मनिर्णय के अधिकार के आधार पर देश को अनेक छोटे-छोटे भागों में बाँटकर शासन-व्यवस्था को असम्भव कर देने की उनकी बात भी सही है। बातें दोनों ही सही हैं परन्तु उनका प्रयोग संकीर्ण स्वार्थ और सम्प्रदायिक वैमनस्य की भावना से करना ही ग़लत है।

आत्मनिर्णय के अधिकार का उद्देश्य व्यक्तिगत, सामाजिक, जातीय और राष्ट्रीय स्वतन्त्रता है परन्तु यदि व्यक्ति आत्मनिर्णय के अधिकार का ग़लत मतलब लगाकर सामाजिक नियम और व्यवस्था को ही अस्वीकार कर दे तो समाज ही नहीं रहेगा और समाज के बिना व्यक्ति भी नहीं रहेगा। इस आत्मनिर्णय के अधिकार के ग़लत प्रयोग से व्यक्ति का विकास और उन्नति नहीं उसकी हत्या ही हो जायगी। यही बात व्यक्तियों के समूहों जातियों और प्रान्तों के लिए भी सत्य है। निस्सन्देह भिन्न-भिन्न इलाक़ों में रहनेवाले समाजों को अपनी शासन-व्यवस्था निश्चित करने का अधिकार होना चाहिए परन्तु यह बात व्यक्तिगत स्वतन्त्रता के सिद्धान्तों की तरह सम्पूर्ण देश की सामूहिक रक्षा और व्यवस्था के दृष्टिकोण से ही होनी चाहिए।

आत्मनिर्णय के अधिकार का आधार साम्प्रदायिक विश्वास की भावना को बनाना बहुत ग़लत है। साम्प्रदायिक विश्वास बदल सकनेवाली चीज़ है और फिर वह इस लोक की वस्तु नहीं परलोक की सिद्धि की वस्तु है। आत्मनिर्णय का अधिकार व्यक्तिगत जीवन रक्षा के उद्देश्य, समाज और राष्ट्र की रक्षा के मार्ग द्वारा होना चाहिए।

कुत्ते का नमक हलाली या कर्त्तव्य पालन

यू.पी. में कांग्रेसी सरकार की स्थापना के बाद से हड़तालों की समस्या परेशानी का कारण बनती रही है। हड़तालों के लिए जिम्मेदार हैं मज़दूरों तथा दूसरे काम करनेवाली श्रेणियों के संगठन या यूनियन। हड़तालों की आशंका के कारण मज़दूरों या सरकारी नौकरों की यूनियनों के प्रति भी कांग्रेसी सरकार की दृष्टि कृपापूर्ण नहीं है।

दूसरी यूनियनों के प्रति सरकार की सहानुभूति नहीं है परन्तु पुलिस की यूनियन की बात सुनकर तो कांग्रेसी सरकार एकदम बौखला ही उठी है। पुलिस के

कर्मचारियों को संगठित कर उनकी यूनियन बनानेवालों के प्रति सरकारी नाराज़गी के कारण के सम्बन्ध में असेम्बली में प्रश्न पूछे जाने पर एक पार्लियामेण्टरी सेक्रेटरी साहब ने यहाँ तक कह डाला कि पुलिस को संगठित करनेवाले सरकार की पीठ में छुरी भोंककर उसे असमर्थ कर देना चाहते हैं।

पुलिस के संगठन से कांग्रेसी सरकार का भय विशेष ध्यान देने की बात है। सभी लोग जानते हैं कि पुलिस सरकार के हाथ-पाँव हैं। और शासन के काम में सरकार को पुलिस पर ही निर्भर करना पड़ता है। सरकार या शासन का उद्देश्य पुलिस द्वारा ही पूरा किया जा सकता है और सरकार की नीति पुलिस के व्यवहार से ही प्रकट हो सकती है। कांग्रेसी सरकार ने जनता की सेवा का व्रत लेकर शासन की बाग़डोर सँभाली है। शासन की बाग़डोर हाथ में लेने पर इस सरकार के मन्त्रियों ने अनेक बार जनता को आश्वासन दिलाया कि इस सरकार के अहलकारों का काम जनता पर हुकूमत करना नहीं बल्कि जनता की सेवा करना है। सरकारी नौकरों के लिए इंग्लैण्ड के प्रजातन्त्र शासन की भावना के अनुसार पब्लिक-सर्वेण्ट या जनसेवक शब्द का व्यवहार किया जाता है। अब तक सरकारी नौकरों को जनसेवक कहना एक मज़ाक़ था परन्तु कांग्रेसी सरकार के शासन सँभालने पर जनता को आशा हुई थी कि जनसेवक शब्द का सही अर्थ अमल में आयेगा। मन्त्रियों ने पुलिस को भी, कम-से-कम जनता को सुनाकर, यही ताक़ीद की थी कि उनका काम जनता पर हुकूमत करना नहीं, जनता की सेवा करना है।

सवाल यह है कि पुलिस के कर्मचारियों का संगठित होना, अपने कर्त्तव्य और अधिकार को पहचानना जनता की सेवा के लिए उपयोगी है या हानिकर? पुलिस के संगठित होने से जनता की सेवा का व्रत लेनेवाली सरकार को भय किस बात से है?

अंग्रेज़ी नौकरशाही की अमलदारी में पुलिस और सेना के कर्मचारियों में जागृति फैलाकर उन्हें अपने कर्त्तव्य और अधिकारों का ज्ञान कराकर संगठन का प्रयत्न करना राजद्रोह का अपराध समझा जाता था। विदेशी नौकरशाही का यह रुख़ समझने में हमें कोई कठिनाई न होती थी। बात साफ़ थी, उस सरकार के लिए पुलिस जनता को वश में रखने का साधन थी। उस सरकार के समय यदि पुलिस और सेना अपने कर्त्तव्य को पहचानकर संगठित होने लगती तो पुलिस और सेना के कर्मचारियों के कर्त्तव्य ज्ञान का अर्थ यह होता कि विदेशी शासन की ग़ुलामी में अपने देश को जकड़े रखनेवाली ज़ंजीर न बनकर उन्हें देश की आज़ादी के प्रयत्न और आन्दोलन में साथ देना पड़ता। वह सरकार पुलिस से कर्त्तव्यज्ञान और कर्त्तव्यपालन की आशा नहीं बल्कि कुत्ते की नमक हलाली की आशा रखती थी।

परन्तु हमारी जनसेवक कांग्रेसी सरकार पुलिस की जागृति और कर्त्तव्यज्ञान से क्यों भयभीत है? यदि पुलिस अपने-आपको देश का अंग समझकर अपना अधिकार और कर्त्तव्य को पहचानकर सजगरूप से अपने लिये कर्त्तव्य की बात सोचती है तो इससे जनसेवक सरकार क्यों भयभीत होती है? स्पष्ट है कि यह जनसेवक सरकार पुलिस से कर्त्तव्य को पहचानकर उसका सहयोग नहीं चाहती बल्कि अन्धी नमक हलाली ही चाहती है। इस अन्धी नमक हलाली की आवश्यकता तभी होती है जब शासक जनता को वश में रखना चाहता है जनता को वश में रखने की ज़रूरत का मतलब जनता की सेवा नहीं समझा जा सकता।

इतना स्पष्ट है कि कांग्रेसी सरकार पुलिस को अपने हाथ में शस्त्र के तौर पर रखना चाहती है और यह भावना जनता के सहयोग की इच्छा और जनता के सहयोग की आशा का प्रमाण नहीं है बल्कि जनता से विरोध की आशंका की सूचक है। कांग्रेस के उद्देश्य चाहे जो रहे हों, शासन की गद्दी पर पहुँचकर कांग्रेसी सरकार अंग्रेज़ी नौकरशाही के चरणचिह्न पर हूबहू चलने का ही प्रयत्न कर रही है। जान पड़ता है जनसेवक का अर्थ अब भी जनता का शासक ही रहेगा। अंग्रेज़ी सरकार के ज़माने में प्राय: ही जनता की घृणा के पात्र पुलिस के कर्मचारी अधिक तरक़्क़ी पाते थे। वैसे ही इस अमलदारी में भी जनता का अधिक दमन करनेवाले अधिक योग्य समझे जायेंगे। इस प्रकार की सेवा के लिए कर्त्तव्य पालन की भावना के बदले कुत्ते की नमक हलाली की ही अधिक क़द्र होना स्वाभाविक है।

जून

१९४७

एकता और स्वतन्त्रता का आधार

बंगाल और पंजाब ने साम्प्रदायिक झगड़ों का काफ़ी फल पाया है। साम्प्रदायिक झगड़ों का उपाय इन प्रान्तों में हिन्दुओं और मुसलमानों को ज़मीन के दो टुकड़ों में बाँटकर परस्पर विरोधी शक्तियाँ बना देना नहीं है। इस उपाय से झगड़े के कारण उस समय तक बने रहेंगे जब तक कि इन प्रान्तों में हिन्दू और मुस्लिम साम्प्रदायिक भावना क़ायम रहेगी। बंगाल और पंजाब की आबादियाँ बहुत हद तक नस्ल, भाषा और जीवन के अभ्यास, संस्कृति और जीवन निर्वाह के हितों की दृष्टि से गठे और बँधे हुए जन सम्प्रदाय हैं जिन्हें बंगाली और पंजाबी जातियों के नाम से पुकारा जा सकता है। उन्हें एक-दूसरे से अलग करनेवाली और आपस में भिड़ा देनेवाली चीज़ केवल साम्प्रदायिक मतभेद ही है। इस साम्प्रदायिक मतभेद को जातीयता का आधार बना देने से इन प्रान्तों की हिन्दू मुसलमान जनता को साम्प्रदायिक भावना से अप्राकृतिक तौर पर एक-दूसरे का विरोधी बना देना है।

सम्भव है साम्प्रदायिक देश की शक्ति को साधन बनाकर अपने स्वार्थ और अपने स्वप्नों को पूरा कर सकने की आशा करनेवालों के मन दंगों से अभी न भरे हों परन्तु इन प्रान्तों में दोनों ही सम्प्रदायों की भुक्तभोगी जनता त्राहि-त्राहि चिल्ला उठी है। इन झगड़ों को रोकने और बंगाल तथा पंजाब की जनता को एक-दूसरे की हत्या कर स्वयं समाप्त हो जाने से रोकने के लिए दोनों प्रान्तों से पुकार उठने लगी है। मानवता और देश का भला चाहनेवाले प्रत्येक व्यक्ति की सहानुभूति और सहयोग इस पुकार के प्रति होगा। बंगाल से मोहम्मद अबुल हाशिम और श्री. शरत बोस ने और पंजाब से श्री. चमनलाल ने यह पुकार उठायी है। दोनों ही जगह से एक ही जैसी शर्तें झगड़ा समाप्त करने के लिए पेश हुई हैं। शर्तें यह है—

"१. बंगाल में समाजवादी व्यवस्था के अनुसार एक स्वतन्त्र राज्य बनाया जाय।

२. पूरे बंगाल की एक विधान परिषद् हो जो बालिग़ आबादी के वोट से हिन्दू-मुस्लिम जनता के संयुक्त निर्वाचन क्षेत्रों के आधार पर चुनी जाय।

३. यह विधान परिषद् पूरी तरह से स्वतन्त्र हो और बहुमत से निश्चय करे कि बंगाल हिन्दुस्तानी संघ में शामिल होगा या पाकिस्तानी संघ में या दोनों से अलग रहेगा।

४. फ़िलहाल वर्तमान परिस्थिति को सँभालने के लिए लीग और कांग्रेस का एक संयुक्त मन्त्रिमण्डल बनाया जाय। जिसमें प्रधानमन्त्री मुसलमान और गृहमन्त्री हिन्दू हो। यह मन्त्रिमण्डल संयुक्त जिम्मेदारी, समझौते और सहयोग से काम करे।

५. सरकारी नौकरियाँ हिन्दुओं और मुसलमानों को बराबर-बराबर दी जायँ।

६. यह संयुक्त मन्त्रिमण्डल ब्रिटिश सरकार से बंगाल को तुरन्त स्वतन्त्र कर देने की माँग करे।"

साम्प्रदायिक कलह आरम्भ होने के बाद से यह पहले प्रस्ताव हैं जो साम्प्रदायिक पक्षपात से रहित हैं। इन प्रस्तावों में साम्प्रदायिक कलह दूर करके बंगाल और पंजाब की रक्षा करने का ही माँर्ग नहीं बल्कि सम्पूर्ण देश की राजनैतिक समस्या और राजनैतिक मुक्ति का सूत्र है। देश के राष्ट्रीय आन्दोलन की यही वास्तविक माँगें थीं जिन्हें भारत की हिन्दु-मुस्लिम राष्ट्रीय जनता ने विदेशी ग़ुलामी के बन्धन तोड़ने के लिए उठाया था।

देश की राष्ट्रवादी जनता ने चुनाव के साम्प्रदायिक आधार का सदा ही विरोध किया था और दूसरी राष्ट्रीय माँग हमारी रही है बालिग़ जनता के वोट की। जनता के आत्मनिर्णय का केवल एक ही मार्ग है और वह है बालिग़ जनता मात्र को वोट का अधिकार। हमारे राजनैतिक और आर्थिक प्रश्नों का हल तभी सम्भव है जब हमारी जनता प्रश्नों को राजनैतिक और आर्थिक दृष्टिकोण से समझकर उन पर राय दे। इन प्रश्नों का हल ढूँढ़ने के लिए दृष्टिकोण को साम्प्रदायिक बनाने का अर्थ है इन प्रश्नों को हल करने का अवसर जनता को न देना। ब्रिटिश साम्राज्यशाही इस गुर को सदा से समझती रही है। सदा ही उसने इस देश के भाग्य के निर्णय के सम्बन्ध में राय देने का अधिकार कम-से-कम जनसंख्या को देने का प्रपंच रचा है और उसके लिऐ सम्पत्ति शिक्षा और कर की अदायगी की शर्तें रखी गयी ताकि देश की जनता का वास्तविक क्रान्तिकारी भाग राजनैतिक प्रभाव डालने के अवसर से दूर रहे। इसके साथ ही देश की जनता के आत्मनिर्णय के प्रश्न को ब्रिटिश साम्राज्यशाही ने साम्प्रदायिक आधार पर हल करने की योजना बनायी ताकि देश की

राजनीति का आधार परस्पर भेद बने और जनता सदा बँटी रहे। जिन राजनैतिक और आर्थिक प्रश्नों पर जनता का एक हो जाना स्वाभाविक है वे प्रश्न साम्प्रदायिक भेद के भँवर में डूब जायँ। अपनी इस देश की जनता ने राजनैतिक और आर्थिक राष्ट्रीय माँग को साम्प्रदायिक उत्तेजना का शिकार बनकर या ब्रिटिश साम्राज्यशाही की कूटनीति का शिकार बनकर भुला दिया और साम्प्रदायिक मतभेद को राजनीति पर साम्प्रदायिक राष्ट्रीयता से स्वतन्त्रता पाने का स्वप्न देखना आरम्भ कर दिया जिसका परिणाम हुआ स्वतन्त्र पाकिस्तान और हिन्दुस्तान की माँगें। और इन माँगों का परिणाम हुआ कि हमारा राष्ट्रीय संघर्ष विदेशी साम्राज्यशाही के विरुद्ध न रहकर हिन्दुओं का मुसलमानों के विरुद्ध और मुसलमानों का हिन्दुओं के विरुद्ध हो गया। जितनी जल्दी जनता का यह भ्रम दूर हो जाय उसी में हमारा कल्याण है और आपसी भेद और संघर्ष को छोड़कर ब्रिटिश साम्राज्यशाही से अपने देश का शासन लेने का संघर्ष ही हमारे कल्याण का मार्ग है।

इन छह शर्तों में से पहली शर्त हमारी वर्तमान परिस्थितियों का अच्छी तरह विश्लेषण कर हमारे राष्ट्रीय संकट का उपाय बताती है। पारस्परिक देश और स्पर्द्धा को दूर करने के लिए समाज की व्यवस्था समाजवादी ढंग पर होना आवश्यक है। इसलिए कि समाज में विरोध का मुख्य कारण शोषण करने की योजना, शोषण से बचने का प्रयत्न और शोषण के अधिकार के लिए शोषको में परस्पर होड़ ही होती है। हमारे इस साम्प्रदायिक संघर्ष की तह में कौन समाज-विरोधी शक्तियाँ और प्रवृत्तियाँ काम कर रही थीं यह बात इस शर्त में समाजवाद की आवश्यकता प्रमाणित कर रही है। संघर्ष का वास्तविक कारण समाज विरोधी अंगों के आर्थिक हितों का संघर्ष है। साम्प्रदायिकता इस स्वार्थ साधन की टही है और जनता को अपने स्वार्थों की सिद्धि के लिए उकसाने का बहाना है। शेष पाँचों शर्तों की उपयोगिता और शक्ति मूल रोग को दूर कर सकनेवाली इस शर्त के बिना प्राय: शून्य ही हो जाती है।

देश की इस बुनियादी राष्ट्रीय माँग बालिग़ मताधिकार और संयुक्त निर्वाचन का विरोध करनेवाले भी हमारे देश में पैदा हो गये हैं यह इस बात का प्रमाण है कि ब्रिटेन की फूट की कूटनीति कितनी गहराई तक हम लोगों के मन और मस्तिष्क पर प्रभाव डाल चुकी है। एक कसौटी है जिससे जनता के हित और शत्रुओं को पहचाना जाना चाहिए। यानी बंगाल के कांग्रेसी नेता और हिन्दू महासभा के नेता इन शर्तों पर संयुक्त बंगाल का विरोध करते हैं तथा यह उनकी अपनी राष्ट्रीय भावना की पराजय है और यही समझना होगा कि निराश होकर वे आत्महत्या को ही अपनी राष्ट्रीय

व्याधि का उपाय मान बैठे हैं। परन्तु बंगाल और पंजाब की अंग्रेज़ी ग़ुलामी से स्वतन्त्रता चाहनेवाली जनता अपने-अपने सर्वनाश को रोकने के इस अवसर से नहीं चूकेगी।

सेनाओं का बँटवारा

देश का बँटवारा करके स्वतन्त्रता का स्वप्न देखनेवाले लीगी, महासभाई और कांग्रेसी नेता बँटे हुए भागों को अपनी पूरी शक्ति और सत्ता अनुभव करने के लिए और प्रान्तों के बँटवारे के साथ सेना का भी बँटवारा आवश्यक समझते हैं क्योंकि बिना अपनी सेना के कोई देश या राष्ट्र आधुनिक अन्तरराष्ट्रीय जगह में पूर्ण नहीं समझा जा सकता। हमारी आन्तरिक सरकार के मेम्बर भी हिन्दुस्तान और पाकिस्तान बँटवारे की अवस्था में सेनाओं का बँटवारा अनिवार्य समझते हैं। ब्रिटिश सरकार इस विषय में अभी निर्णय नहीं कर पायी। इसके दो कारण हैं—

(१) ब्रिटिश साम्राज्यशाही भारत को छोटे-छोटे टुकड़ों में बाँट देना चाहती है जिससे कि यह भाग अपने पाँव पर खड़े रहने लायक़ न रहें। इन भागों को उनकी अपनी इच्छा से ब्रिटेन की छत्रछाया में बनाये रखने के लिए इनसे ऐसी सन्धियाँ कर लेना चाहती है जिनसे ब्रिटेन के स्वार्थ पूरे होते रहें। इस प्रकार भारत के टुकड़ों को निर्बल बना देने के लिए भारतीय सेना का टुकड़े-टुकड़े हो जाना ज़रूरी है।

(२) भारत को अपनी छत्रच्छाया में और अपना आश्रित बनाये रखकर ब्रिटेन साम्राज्य की रक्षा का साधन बनाये रखना चाहता है। ब्रिटेन के इस स्वार्थ के लिए भारत की सेना उपयोगी है। सेना को प्रान्तों में बाँट देने से इस सेना का ख़र्च चलाने लायक शक्ति प्रान्तों में न रह जायगी। ऐसी अवस्था में तीसरा युद्ध आरम्भ होने पर अथवा किसी दूसरी शक्ति के भारत पर अधिकार करने का प्रयत्न करने पर ब्रिटेन भारत की सेवा पर भरोसा न कर सकेगा।

ब्रिटेन इसी चक्कर में पड़ा है कि वह बँटे हुए भारत के भागों को निर्बल कर अपना आश्रित होने के लिए मज़बूर कर सके और भारत की सेना को अपने साम्राज्य की रक्षा के लिए सबल और समर्थ भी बनाये रख सके।

हमें भी सेना की समस्या को अपने हित के विचार से इन दोनों दृष्टिकोणों से देखना चाहिए।

हमारी भीतरी कलह कैसे-कैसे अनर्थ कर सकती है, इसके कुछ उदाहरण हमें बंगाल और पंजाब में दिखायी दे रहे हैं! जब इस कलह के नेताओं को सशस्त्र और अन्तरराष्ट्रीय युद्धों के पूरे हथियार इस्तेमाल करने का अवसर होगा तो यह अनर्थ कैसा रूप और क्या परिणाम धारण करेंगे यह बात केवल कल्पना से ही जानी जा सकती है। आपस में लड़कर शक्ति और इलाक़ा बढ़ाने का अवसर आने और सेना हाथ में होने पर हमारे गृहयुद्धों में सेना का उपयोग नहीं होगा, यह विश्वास करने का कोई कारण नहीं। विशेषकर जब, साम्प्रदायिक वैमनस्य की छाया प्रान्तीय वैमनस्य और इलाक़ों के बँटवारे का रूप लेने की भी तैयारी कर रही है और हमारे देशी रजवाड़े भी अपनी शक्ति बढ़ाने के लिए इस अखाड़े में कूदने का अरमान लिये हुए हैं ऐसी अवस्था में जनता के रक्त से भारत की रक्षा के लिए जिस दानव को पाला पोसा गया है, वह भारत की जनता को ही सबसे पहले खायेगा और फिर अपना भी नाश कर लेगा।

जिस समय ब्रिटिश सरकार ने चाहा सेना को साम्प्रदायिक झगड़ों से बचाये रखा। इस समय इनकी नीति दूसरी है। सेना में साम्प्रदायिक द्वेष के बीज पहुँच रहे हैं इस बात को आन्तरिक सरकार के सैनिक मन्त्री सरदार बलदेवसिंह और ब्रिटिश सैनिक अफ़सर दोनों ही स्वीकार कर रहे हैं।

जहाँ तक बाहरी आक्रमण से इस देश की रक्षा का प्रश्न है यद्यपि अभी हाल में कोई शक्ति इस देश पर आक्रमण करती नहीं दिखायी दे रही परन्तु स्वयं निर्बल बनकर दूसरे को आक्रमण का अवसर देना किसी तरह भी बुद्धिमानी नहीं समझी जा सकती जिन्ना साहब को तो पश्चिमोत्तर के मुस्लिम देशों से कोई भय नहीं दिखायी देता। उनका विश्वास है कि पाकिस्तान का इस्लामी भ्रातृ-भाव उन देशों से पाकिस्तान की रक्षा करता रहेगा। यह केवल मिथ्या विश्वास है। चंगेज और नादिरशाह की बातें पुरानी हो गयीं, परन्तु वे फिर से दोहराई भी जा सकती हैं। टर्की का मुस्लिम राज्य मध्य ऐशिया के निर्बल मुसलमानी राज्यों को सदा ही नोचता-खसोटता रहा है; सोवियत रूस के सबल संगठन में जाकर ही उन्हें रक्षा मिली। ईराक, ईरान और अज़रबैजान के झगड़ों की बातें तो अभी पुरानी भी नहीं पड़ी हैं। ऐसी अवस्था में इस देश की सीमाओं की रक्षा का प्रश्न उपेक्षा के योग्य नहीं हो सकता। बाहरी आक्रमण से रक्षा के लिए सेना की भी ज़रूरत सबसे अधिक सीमान्त के प्रान्तों को है और आर्थिक रूप से यही भाग सबसे निर्बल है। वर्तमान भारतीय सेना का बड़ा भाग जिन्ना साहब के पूर्वी पश्चिमी पाकिस्तान के क्षेत्र से भरती किया गया था। पश्चिमी पाकिस्तान से पूर्वी पंजाब को निकाल देने पर इस प्रान्त के लिए इतने सैनिकों को पालना और सशस्त्र रखना किसी प्रकार सम्भव नहीं हो सकेगा और

हिन्दुस्तानी प्रान्त पाकिस्तानी वीरों को किस विश्वास पर अपनी सेना में भरती करेंगे? सेनाओं का यह बँटवारा देश की रक्षा के लिए आवश्यक सेना को बरबाद करके बर्ख़ास्त सेना की बेगारी की भी एक समस्या खड़ी कर देगा जिसकी ओर सेना के बँटवारे के समर्थकों का ध्यान नहीं गया।

परन्तु सेना का बँटवारा तभी रोका जा सकता है जब सम्पूर्ण देश एक ही राजनैतिक शासन संगठन में बँधा रहे। साम्प्रदायिक उत्तेजना में बावली होकर अपने धार्मिक राज्य क़ायम करने का पुण्य कमाने के लिए बावली जनता इन उलझनों को नहीं समझती और न हमारे साम्प्रदायिक भावना के नेता इन बातों की चिन्ता करते हैं। परन्तु यह उपेक्षा हमें कहाँ ले जायगी? जान पड़ता है अपनी वीरता के अरमान पूरे कर लेने के बाद जनता देखेगी कि यह देश जैसे-का-तैसा ब्रिटिश साम्राज्यशाही के चंगुल में फँसा अपना दम तोड़ रहा है और अपने नेताओं की अनीतिज्ञता के कारण ब्रिटेन के स्वार्थों की सिद्धि का साधन बना हुआ है।

राष्ट्रीय ट्रेड यूनियन कांग्रेस

राष्ट्रीयता का नाम देकर यह प्रतिद्वन्द्वी मज़दूर संगठन बनाने की आयोजना स्वयं मज़दूर वर्ग से नहीं उठी है बल्कि मज़दूरों के आन्दोलन से आशंकित पूँजीपति वर्ग की ओर से और इसे सहायता मिल रही है कांग्रेस के प्रति जनता की प्रतिष्ठा की और राष्ट्रीय सरकारों की।

भारत के मज़दूर वर्ग को राष्ट्रीयता की भावना से शून्य समझना या उन्हें राष्ट्रीयता विरोधी समझना वास्तविकता से विरुद्ध है और मज़दूर श्रेणी के प्रति अन्याय है। हमारे सभी राष्ट्रीय आन्दोलनों में मज़दूर वर्ग ने पूँजीपति वर्ग की अपेक्षा अधिक बलिदान दिये हैं। यह बलिदान देते समय मज़दूर वर्ग की कल्पना में स्वराज की प्राप्ति से सर्वसाधारण जनता का और उनका अपना कल्याण होने की आशा थी। कांग्रेसी सरकारों को वे अपना संरक्षक समझकर उनसे अपनी अवस्था सुधारने में सहयोग और सहायता की आशा करते हैं। परन्तु कांग्रेसी सरकारें और कांग्रेसी सरकार के वास्तविक कर्णधार सरदार पटेल मज़दूरों की अपनी अवस्था सुधारने की माँग को अराष्ट्रीय भावना समझते हैं।

नये संगठन के बताये गये उद्देश्यों से भिन्न कोई उद्देश्य मौजूदा संगठन का भी नहीं है। वास्तविक भेद यह है कि देश की पूँजीपति श्रेणी और कांग्रेसी नेता यह अनुभव करते हैं कि ट्रेड यूनियन कांग्रेस-जाने या न जाने में-मार्क्सवाद के श्रेणी संघर्ष के सिद्धान्त और भावना पर चल रही है। मज़दूरों का कल्याण करनेवाले पूँजीपति दल और उसके नेता पटेल महात्मा गाँधी के सिद्धान्त के अनुसार मालिक श्रेणी को मज़दूरों का संरक्षक मानकर उनकी अवस्था में सुधार करना चाहते हैं।

मालिक श्रेणी की मज़दूरों का सुधार करने की भावना चाहे जितनी भी सच्ची क्यों न हो इसमें मज़दूरों के लिए आत्मनिर्णय के अधिकार का अवसर नहीं हो सकता। उस अवस्था में मज़दूर श्रेणी का और मालिक श्रेणी का वही सम्बन्ध होगा जो मेहरबान अंग्रेज़ सरकार का भारत को सभ्य और उन्नत बनाते समय था।

जुलाई
१९४७

बँटे हुए देश की रक्षा का उपाय

कांग्रेस और मुस्लिम लीग के मतभेद को आधार बनाकर भारत के शासन का अधिकार देश के नेताओं के हाथ में सौंपने के सम्बन्ध में वाइसराय लॉर्ड माउण्टबेटन ने जो निर्णय दिया है उससे भारतीय जनता को वास्तव में स्वराज्य या आत्मनिर्णय का अधिकार नहीं मिला। वाइसराय का यह निर्णय ब्रिटिश साम्राज्यवादी नीति की दोहरी चाल है। इस नीति से प्रकट में तो भारतीय जनता की स्वराज्य की राष्ट्रीय माँग को पूरा करने का नाटक कर दिया गया है दूसरी ओर इसी चाल से भारतीय राष्ट्र में फूट डाल देश की राष्ट्रीय शक्ति को निर्बल बना जनतन्त्र की शक्तियों को बिखेर दिया गया है और देश की एकता और उसके बल को नष्ट करने की आयोजना की गयी है।

◈

ब्रिटेन का साम्राज्यशाही उद्देश्य

भारतीय जनता में बढ़ती हुई जागृति की लहर, देशी रियासतों में प्रजातन्त्र अधिकारों के लिए आन्दोलन, मज़दूर श्रेणी और किसानों के अपने अधिकारों के लिए आन्दोलन, देश के साम्राज्यशाही के विरुद्ध देश के विद्यार्थियों के निर्भय संघर्ष और भारतीय सेना में भी विदेशी शासन के प्रति असन्तोष को देखकर अंग्रेज़ साम्राज्यशाही भारत में अपनी शक्ति क़ायम रख सकने के विषय में शंकित हो उठी है।

पिछले युद्ध के परिणाम में ब्रिटिश साम्राज्य अपनी राजनैतिक और आर्थिक शक्ति बहुत-कुछ खो चुका है। इंग्लैण्ड का प्रतिद्वन्द्वी अमेरिका उससे कहीं अधिक समर्थ होकर इंग्लैण्ड की साम्राज्यशाही शक्ति और अधिकारों को हथिया लेने का यत्न कर रहा है। स्वयं इंग्लैण्ड में, मज़दूर श्रेणी अपने हितों को अब अधिक अच्छी

तरह पहचान लेने के कारण भारत का शोषण और दमन जारी रखने के काम में इंग्लैण्ड की पूँजीपति श्रेणी को पहले की तरह सहयोग देने के लिए तैयार नहीं। फैसिज़्म और नाज़ीवाद के पराजय और असफलता से संसार के सभी देशों में प्रजातन्त्र भावना उत्साहित हुई है और यह राष्ट्र भारत के लिए स्वराज्य और आत्मनिर्णय के अधिकार का समर्थन कर रहे हैं।

ऐसी परिस्थिति से इंग्लैण्ड की सरकार विवश हो गयी कि भारत के नेताओं से समझौते की ऐसी बातचीत करें जिससे भारत में राष्ट्रीय आन्दोलन का असन्तोष तो दब जाय और उनके स्वार्थ को भी धक्का न लगे। इसी उद्देश्य से इंग्लैण्ड ने कैबिनेट मिशन की व्यवस्था गढ़ी और माउण्टबेटन का निर्णय, कुछ प्रकट अन्तर के बावजूद, इसी नीति का अंग है। इस नीति का एकमात्र उद्देश्य भारत की जनता को फोड़कर उन्हें प्रगति के मार्ग पर बढ़ने से रोकना है और भारत में प्रजातन्त्र विरोधी और प्रतिक्रियावादी शक्तियों को सहायता देकर उनके सहयोग से देश के शासन की वास्तविक शक्ति अपने हाथ में बनाये रखना है।

फूट द्वारा नियन्त्रण

हिन्दुओं और मुसलमानों में फूट डालकर दोनों पर शासन करने की ब्रिटिश नीति ने देश में विकट घरेलू झगड़ा फैला दिया है। इस फूट और विरोध के परिणाम में देश को दो परस्पर विरोधी राज्यों में बाँट दिया जा रहा है। ब्रिटिश साम्राज्यशाही जनतन्त्र विरोधी देशी रियासतों के सहयोग के आधार पर इन दोनों भागों पर अपना नियन्त्रण रखने की व्यवस्था कर रही है।

अंग्रेज़ साम्राज्यशाही की नीति है कि मुस्लिम लीग के राजनैतिक रूप से दकियानूसी नेताओं पर प्रभाव डालकर पाकिस्तान को अंग्रेज़ों की रक्षा में रखा जा सके। पाकिस्तानी इलाक़ों में अभी कल-कारख़ानों का विकास नहीं हुआ है। इस इलाके में ब्रिटिश पूँजी के व्यापारी राज का ठेका रहे और पश्चिमोत्तर प्रान्त में अंग्रेज़ अपना सैनिक अड्डा क़ायम रखकर शेष भारत पर अपना फ़ौजी अंकुश रख सकें।

दूसरी ओर ब्रिटिश पूँजीपति भारतीय पूँजीपति के साथ साझा करके भारत पर अपना आर्थिक अधिकार जमाये रखने का यत्न कर रहे हैं। भारतीय पूँजीपति को

अपने हितों और स्वार्थ में साझेदार बनाकर भारतीय पूँजीपति द्वारा वह देश के भीतरी और अन्तरराष्ट्रीय मामलों में, भारत की राजनीति को, अपने हितों के अनुकूल रखना चाहते हैं। ब्रिटिश पूँजीपति को इस बात से काफ़ी सन्तोष है कि भारतीय सरकार का रुख़ जनतान्त्रिक हो जाने पर भी, कांग्रेसी नेताओं की विचारधारा और इन नेताओं पर पूँजीपतियों का गहरा प्रभाव होने के कारण, पूँजीवादी हित इस देश में सुरक्षित हैं।

देश के कल्याण के लिए समाजवादी व्यवस्था में विश्वास रखनेवाले समाजवादियों और कम्युनिस्टों का कर्त्तव्य है कि भारत पर कसे जाते शोषण के इस नये शिकंजे से सतर्क होकर देश की रक्षा करें।

साम्राज्यशाही की कठपुतलियाँ

देशी रियासतें ब्रिटिश साम्राज्यशाही के हाथ में सदा कठपुतलियों की भाँति रही हैं। भविष्य में भारत पर नियन्त्रण रखने के लिए भी अंग्रेज़ इन कठपुतलियों पर विशेष भरोसा रखते हैं।

माउण्टबेटन की व्यवस्था देशी रियासतों को भारतीय संघ के साथ या अलग रहने की स्वतन्त्रता देने का मतलब इन रियासतों को भारतीय राष्ट्रीयता के विरोध में अपना सहायक बनाना है ताकि यह रियासतें अपने सामन्तशाही अधिकारों की रक्षा के लिए जनतन्त्र की समाजवादी प्रगति के विरुद्ध किले के रूप में बनी रहें। ब्रिटिश साम्राज्यशाही का प्रयत्न है कि भारतीय राष्ट्रीय, स्तरों पर उनका अंकुश बना रहें और देश की राष्ट्रीय प्रजातन्त्र, प्रगतिशील भावना विकास न पा सके। अंग्रेज़ अपने साम्राज्यशाही स्वार्थों की रक्षा के लिए भारत के भविष्य विधान में अपने दूतों को सभी जगह बनाये रखना चाहते हैं ताकि इस देश की नीति भीतरी और अन्तरराष्ट्रीय मामलों में पूरे तौर पर ब्रिटिश स्वार्थों के अनुकूल रहें।

साम्राज्यशाही नीति कुछ बड़ी-बड़ी रियासतों को उकसा रही है कि यदि कांग्रेसी और लीगी सरकारें इनकी माँगों को मानने के लिए तैयार नहीं होतीं तो वे पूर्ण रूप से स्वतन्त्र रहें और इन रियासतों से स्वतन्त्र सन्धियाँ करके ब्रिटिश साम्राज्यशाही अपनी सैनिक शक्ति भारत के नियन्त्रण के लिए वहाँ रख सके।

देश की स्वतन्त्रता को उद्देश्य समझनेवालों का पूरा विश्वास है कि रियासती नियन्त्रण के विरुद्ध प्रजातन्त्र अधिकारों की माँग, भारत को विदेशी शासन और शोषण में फँसाये रखने की चाल के विरुद्ध आन्दोलन का ही अंश है।

◈

औपनिवेशिक हितों की रक्षा

ब्रिटिश साम्राज्यशाही के सब वैधानिक दाँव-पेचों की आड़ में वास्तविक उद्देश्य औपनिवेशिक प्रणाली और अधिकारों की रक्षा ही है। इस प्रणाली के अन्तर्गत इंग्लैण्ड भारत में न केवल अपने आर्थिक परन्तु राजनैतिक स्वार्थों की भी रक्षा करना चाहता है। इसलिए वह भारत के पूँजीपतियों, जनप्रिय मन्त्रिमण्डलों और केन्द्रीय सरकार और जमी हुई नौकरशाही के सहयोग से प्रान्तीय तथा केन्द्रीय सरकारों की आर्थिक और शासन नीति पर अपना प्रभाव रखने की कोशिश कर रहा है कि देश में कोई भी गहरे परिवर्तन न होने पावें। इस नीति का परिणाम यह होगा कि देश में आर्थिक संकट विकट होकर जनता का जीवन संकटमय होता जायेगा।

साम्राज्यशाही के इस उद्देश्य को पूरा करने के लिए उनकी वफ़ादार नौकरशाही सरकार का उत्तरदायित्व सँभाले राष्ट्रीय नेताओं और अपने अधिकारों के लिए सतर्क होती किसान मज़दूर श्रेणी में संघर्ष पैदा करने की कोशिश कर रही है। इस प्रयोजन से दमन और शोषण के विरुद्ध मोर्चा लेकर नयी आर्थिक और सामाजिक व्यवस्था क़ायम कर सकनेवाली देश की प्रमुख शक्ति किसान और मज़दूरों पर निरंकुश दमन बढ़ता जा रहा है। ब्रिटिश साम्राज्यशाही अपनी कूटनीति से भारतीय समाज की भिन्न-भिन्न शक्तियों को संयुक्त राष्ट्रीय मोर्चे पर एक होकर विद्रोह के लिए उठ खड़े होने से रोके रहना चाहती है। इसके लिए वह भारतीय समाज की आर्थिक, राजनैतिक, सामाजिक और साम्प्रदायिक सभी कमज़ोरियों से लाभ उठा रही है।

◈

फूट का मार्ग

लॉर्ड माउण्टबेटन का विधान और इस विधान को चरितार्थ करने का क्रम दोनों ही फूट की नीति के आधार पर गढ़े गये हैं। इनकी पहली सफलता यह है कि यह

विधान ब्रिटेन के निर्णय से ही लागू होता है। जनता के अपने निर्णय से नहीं। बँटवारे की सीमाएँ अथवा दूसरे आर्थिक प्रश्नों के निर्णय करनेवाली पंचायतें हिन्दू, मुस्लिम और सिखों के मतभेदों को बढ़ाती ही जायेंगी ताकि अन्तिम निर्णय भी ब्रिटेन के ही हाथ में रहे और वैमनस्य तथा फूट का वातावरण बढ़ता ही जाय।

स्वराज्य के लिए भारत के आन्दोलन की दुर्दमनीय शक्ति का सबसे प्रबल प्रमाण तो यह है कि अंग्रेज़ साम्राज्यशाही अब इस देश का शासन सीधे प्रकट तरीक़ों से कर सकने में असमर्थ होकर इसके लिए दूसरे उपाय खोज रही है। ब्रिटिश साम्राज्यशाही के यह दाँव-पेंच और इस देश की जनता के भिन्न-भिन्न भागों को फुसलाने की कोशिशें, ब्रिटेन की शक्ति और सामर्थ्य को नहीं हमारे राष्ट्रीय आन्दोलन के मुक़ाबिले में उनकी कमज़ोरी को प्रकट करते हैं। ब्रिटिश सरकार को आज हमारे स्वातन्त्र्य आन्दोलन के सामने झुकना पड़ा है, इसके कुछ प्रमाण यह हैं—

(अ) औपनिवेशिक स्थिति के आधार पर कांग्रेसी और लीगी सरकारों को शासन के अधिकार १५ अगस्त तक सौंप देने का निश्चय।

(ब) देशी रियासतों के शासकों से स्वतन्त्र सन्धियाँ न करने के लिए मजबूर होना। यद्यपि अभी तक यह बात बिलकुल स्पष्ट नहीं कही गयी।

(स) अनेक प्रतिबन्धों के बावजूद कान्स्टीट्यूएण्ट असेम्बलियों को अपनी स्वतन्त्रता घोषित कर अपना विधान बना सकने का अवसर देना।

समाजवादी दृष्टिकोण से हम समझते हैं कि जनता ने संघर्ष करके राष्ट्रीय प्रगति के लिए नये अवसर प्राप्त किये हैं। जनता की प्रतिनिधि कांग्रेसी और लीगी सरकारें और कान्स्टीट्यूएण्ट असेम्बलियाँ हमारी राजनैतिक प्रगति के लिए हथियारों के रूप में काम आनी चाहिए। हमारी राष्ट्रीय जनता का यह कर्त्तव्य है कि वह सतर्क होकर देखे कि इन परिस्थितियों का उचित उपयोग हो।

उपर्युक्त सुविधाएँ ब्रिटिश साम्राज्यशाही ने अपनी इच्छा से ही हमें नहीं दी हैं। जनता की यह विजय शासन अधिकार के लिए कांग्रेस के निरन्तर प्रयत्नों, मज़दूरों, किसानों, विद्यार्थियों और रियासती प्रजा के निरन्तर आन्दोलन का परिणाम है। ब्रिटिश कूटनीति ने घरेलू युद्धों से जनता की शक्ति को बिखेर देने का और दमन से कुचल देने का यत्न किया परन्तु जनता ने विजय पायी। हमारी जनता के संयुक्त मोर्चों के सामने ब्रिटिश सरकार को झुकना पड़ा और अब वह देश के बँटवारे का अपना अन्तिम शस्त्र काम में ला रही है। हमारे मार्ग में इस समय भयंकर संकट आ रहे हैं और जनता के सामने दो स्पष्ट मार्ग हैं।

एक तो यह कि ब्रिटेन की कूटनीति सफल होकर यह देश टुकड़े-टुकड़े हो जाय और भारत को मिलनेवाली स्वतन्त्रता केवल नाममात्र के लिए हो। दूसरा मार्ग यह है कि राष्ट्रीय शक्तियाँ संगठित होकर कान्स्टीट्यूएण्ट असेम्बलियों द्वारा वास्तविक स्वतन्त्र विधान बनवायें और जनता की प्रतिनिधि सरकारें ब्रिटेन द्वारा देश के आर्थिक राजनैतिक शोषण का विरोध डटकर करें और ब्रिटेन के स्वार्थ के लिए इस देश का उपयोग किसी भी रूप में न हो सके।

या तो देशी रियासतों के शासकों की निरंकुशता को मान लिया जाय और यह लोग हमारे देश में ब्रिटेन के भेदिया बने रहें या सम्पूर्ण देश और जनप्रिय सरकारों के सहयोग से देशी रियासतों की प्रजा को प्रजातान्त्रिक अधिकार प्राप्त करने में सहायता देकर देश के एक-तिहाई रियासती भाग को स्वतन्त्र भारत का अंग बनाया जाय।

या तो राष्ट्र-विरोधी और प्रजातन्त्र-विरोधी पूँजीपति स्वार्थों का दमन कर जनप्रिय सरकारों के सहयोग से ऐसे राष्ट्र का निर्माण आरम्भ किया जाय जिसमें जनता का जीवन विकास की ओर बढ़ सके या देशी पूँजीपति दलालों द्वारा राष्ट्र का हित ब्रिटेन के हाथ बेचकर देश पराधीनता की संकटमय परिस्थितियों में ही सड़ता रहे।

या तो बँटे हुए भारत के दोनों भाग एक-दूसरे के लिए विरोध के किले बनाते जायें या दोनों भाग परस्पर सहयोग से अपनी समस्याओं को हल करने की चेष्टा करें और ब्रिटेन के स्वार्थों के लिए दोनों ही भागों में कोई स्थान न रहे और इस सहयोग के व्यवहार और भावना से देश फिर एक राष्ट्र बन सकने की सफलता प्राप्त करे। यदि जनता एकता क़ायम नहीं कर सकेगी तो ब्रिटिश स्वार्थों और नीति की निश्चय ही विजय होगी।

कम्युनिस्ट पार्टी देश के बँटवारे का सदा विरोध करती रही है। साम्प्रदायिक विद्वेष को रोकने के लिए कम्युनिस्ट पार्टी आरम्भ से जातिगत आधार पर देश के सभी भागों को आत्मनिर्णय का पूर्ण प्रजातान्त्रिक अधिकार देकर इन भागों की अपनी इच्छा से बनी राष्ट्रीय एकता का समर्थन करती रही है। यह पार्टी पूँजीपति श्रेणी और कांग्रेसी तथा लीगी सरकारों में जनविरोधी तिकड़म क़ायम होने के विरुद्ध आरम्भ से आवाज़ उठाती आ रही है और इस पार्टी की माँग रही है कि यह सरकारें जनता के सहयोग से पूँजीपतियों के जनहित विरोधी कामों का दमन कर जनता के मार्ग की कठिनाइयों को दूर करें। यह पार्टी देश के राजनैतिक दलों से अनुरोध करती आयी है कि ब्रिटिश विधान के साथ किसी प्रकार सहयोग न करके उनके फन्दे से बचे रहें।

पूर्ण स्वतन्त्रता की राष्ट्रीय माँग के लिए हमें राष्ट्रीय एकता द्वारा जनप्रिय सरकारों को सहयोग और सहायता देकर ब्रिटेन से शासन के वास्तविक अधिकार ले लेने के लिए आगे बढ़ना चाहिए। राष्ट्रीय नेताओं में जो लोग साम्राज्यवादी शक्ति से समझौते की नीति बरतें उनसे और जनहित विरोधी पूँजीपति स्वार्थों से जनता को विशेष सतर्क रहना चाहिए। इस परिवर्तन काल में देशी रियासतों में जनता का संयुक्त मोर्चा ही हमें ब्रिटेन के जाल में फँसने से बचा सकता है।

हमारा पूर्ण विश्वास है कि उपर्युक्त कार्यक्रम से हम साम्राज्यवादी कूटनीति को परास्त कर सकेंगे। साम्राज्यशाही के समर्थकों की संख्या और क्षेत्र बहुत छोटा है। जनता की शत्रु यह स्वार्थी श्रेणी देशभक्ति और जनता के हित को अपने स्वार्थ पर बलिदान कर रही है। वर्तमान आर्थिक संकट इसी श्रेणी की करतूत का फल है और अन्ततः जनता इस श्रेणी को समाप्त कर देगी। परिस्थितियों को जानकर जनता किसी भी समझौते को बरदाश्त करने के लिए तैयार न होगी।

संयुक्त भारत

भारत का भविष्य और उसकी नयी रूपरेखा कांग्रेसी और लीगी सरकारों की नीति और नेताओं के आदेश पर चलनेवाली कान्स्टीट्यूएण्ट असेम्बलियों के निश्चय पर निर्भर करेगी।

कांग्रेस हमारे राष्ट्र का मुख्य प्रजातन्त्र मोर्चा है। कांग्रेस के नेताओं की नीति न केवल नवीन संयुक्त भारत का निर्माण करेगी बल्कि पाकिस्तान की नीति पर भी इसका गहरा प्रभाव पड़ेगा। हम कांग्रेस से यह माँग करते हैं कि वह जिस साम्राज्य-विरोधी और प्रजातान्त्रिक कार्यक्रम का ऐलान करती आयी है उसे अब शीघ्रता से और पूर्ण रूप से अमली रूप दे। भारत के सभी वामपक्ष के लोग नवीन भारतीय प्रजातन्त्र के निर्माण में कांग्रेस का सहयोग देने के लिए सबसे आगे रहें। इस सम्बन्ध में भारतीय कम्युनिस्ट पार्टी का कार्यक्रम यह है—

पूर्ण स्वतन्त्रता की माँग—

—भारत में विदेशी सेना न रहे।

—साम्राज्यशाही ग़ुलामी के समर्थक ब्रिटेन से कोई सैनिक सन्धि न की जाय।

—भारत की विदेशी नीति स्वतन्त्र और प्रजातान्त्रिक हो। प्रजातन्त्रवादी देशों से हमारा मैत्री का सम्बन्ध हो। साम्राज्यवादी ग़ुलामी से स्वतन्त्रता चाहनेवाले पराधीन देशों की माँग का हम समर्थन करें और अन्तरराष्ट्रीय शान्ति के लिए संयुक्त राष्ट्रीय संगठन का समर्थन करें।

—भारत तथा इंग्लैण्ड का व्यापार और दूसरा सभी विदेशी व्यापार सरकार के हाथ में हो।

—इंग्लैण्ड भारत का स्टर्लिंग का क़र्ज़ा तुरन्त अदा करे ताकि देश के औद्योगिकीकरण में उसका उपयोग हो सके।

—भारत में मौजूद सभी ब्रिटिश व्यापार और कारोबार का राष्ट्रीयकरण किया जाय।

—इंग्लैण्ड से व्यापारिक सम्बन्ध समानता और पारस्परिक लाभ के आधार पर हो।

भारत पर आर्थिक और सैनिक नियन्त्रण रखने के लिए ब्रिटेन के षड्यन्त्र सफल न हो सकें। हमारे राष्ट्रीय आन्दोलन में जो नेता ब्रिटेन से समझौते द्वारा औपनिवेशिक शासन को पूर्ण स्वतन्त्रता के मार्ग की आधी मंजिल मानकर सन्तुष्ट हो जाना चाहते हैं, उन्हें नेतृत्व से हटाना आवश्यक है।

देशी रियासतों के राजा

देशी रियासतों की प्रजा को पूर्ण सहयोग देकर केन्द्रीय कान्स्टीट्यूएण्ट असेम्बलियों में उन्हें जनतान्त्रिक प्रतिनिधित्व देना आवश्यक है। इन रियासतों में बालिग़ मताधिकार द्वारा इनकी अपनी विधान सभाएँ क़ायम हों और वही इनका अपना विधान बनायें। आत्मनिर्णय की पूर्ण शक्ति रियासती जनता के हाथ में हो।

प्रजातान्त्रिक विधान

बालिग़ मताधिकार पर संयुक्त निर्वाचन हो और सभी हितों और श्रेणियों को जनसंख्या के अनुपात से प्रतिनिधित्व मिले। भाषा और प्रजातान्त्रिक आधार पर प्रान्तों

को आत्मनिर्णय का अधिकार हो और इसी नींव पर स्वतन्त्र संयुक्त भारत का निर्माण हो।

सरहद के इलाके, पहाड़ी देशों और दूसरे संगठित क़बीलों को अपनी स्थानीय समस्याओं के सम्बन्ध में पूर्ण स्वतन्त्रता हो।

प्रजातान्त्रिक आर्थिक आयोजना—देश में ज़मींदारी को समाप्त करके मुख्य उद्योग-धन्धे तथा कारोबार का राष्ट्रीयकरण किया जाय और आर्थिक व्यवस्था राष्ट्रीय आयोजना के आधार पर हो।

साम्प्रदायिकता की समस्या—साम्प्रदायिक परिस्थिति के सम्बन्ध में कांग्रेस को दृढ़ता से काम लेना चाहिए। साम्प्रदायिकता की भावना से मुक्त हो जनहित के लिए उन्हें यह काम करने चाहिए—

(क) सीमाओं का निर्णय—न्याय के आधार पर हो। किसी अन्यायपूर्ण माँग के दबाव से स्वीकार न किया जाय। केवल ऐसे इलाक़ों को, जहाँ ग़ैर मुस्लिमों की संख्या अधिक है और जो प्रदेश एक साथ मिले हुए हैं, हिन्दुस्तान में शामिल करने पर ज़ोर दिया जाय। इस विषय में ब्रिटेन की पंचायत पर भरोसा न कर देश की जनता स्वयं समझौता और निर्णय करे।

(ख) अल्पसंख्यक मुसलमानों के साम्प्रदायिक तथा सांस्कृतिक अधिकारों की रक्षा की जाय। मुसलमानों पर सरकारी नौकरी आदि के सम्बन्ध में रुकावटें न हों और मुसलमानों को विदेशी और शत्रु बतानेवाले प्रचार को रोका जाय।

पारस्परिक सम्बन्ध

हिन्दुस्तान और पाकिस्तान में पूर्ण व्यापारिक तथा औद्योगिक सहयोग होना आवश्यक है। परस्पर सहायता से पाकिस्तान का शीघ्र ही औद्योगिक विकास किया जाय। भारत की रक्षा के लिए पाकिस्तान को आवश्यक सैनिक सहायता दी जाय।

पाकिस्तान—मुस्लिम बहुसंख्या (पाकिस्तान) के पश्चिमोत्तर और उत्तर-पूर्वी प्रान्तों में मुस्लिम लीग ही प्रधान राजनैतिक दल होगा। स्वतन्त्रता चाहनेवाली साम्राज्यविरोधी जनता इन प्रान्तों में कठिनाई और संकट की अवस्था में रहेगी। यहाँ की शोषित मुस्लिम जनता विशेष सतर्कता से अपने प्रजातान्त्रिक अधिकारों की रक्षा करके ही स्वतन्त्रता, प्रजातन्त्र और शोषण से मुक्ति के लक्ष्य की ओर बढ़ सकेगी।

ब्रिटिश साम्राज्यशाही ने अपनी कूटनीति से मुस्लिम बहुसंख्यक प्रदेशों को आर्थिक, सामाजिक और सांस्कृतिक क्षेत्रों में पिछड़ा हुआ रखने की कोशिश की है। इन प्रदेशों में मुस्लिम ज़मींदारों, तुमान्दारों, खानों और नवाबों का सिक्का चल रहा है। यह लोग मुस्लिम जनसाधारण का शोषण करते हैं। मुस्लिम लीग में इन लोगों का प्रभाव है इसलिए यह लोग मुस्लिम जन साधारण की साम्राज्य-विरोधी भावना को साम्प्रदायिक विरोध का रूप देकर साम्प्रदायिक झगड़े कराते हैं। जनता के साम्राज्यवादी विरोध को साम्प्रदायिक संघर्ष में बदलकर यह लोग जनता के आन्दोलन को अपने स्वार्थों और साम्राज्यशाही स्वार्थों के विरुद्ध नहीं चलने देते। मुस्लिम जनता जब तक उनका शोषण करनेवाली इस श्रेणी के फन्दे से छुटकारा नहीं पायेगी वह निरन्तर ठाकुरशाही के पाशविक शोषण का शिकार बनी रहेगी और साम्राज्यशाही गुलामी से उसकी मुक्ति नहीं हो सकेगी।

यदि पाकिस्तानी इलाक़ों की मुस्लिम जनता शेष भारत की जागृत और क्रान्तिकारी प्रजातान्त्रिक भावना से अनुप्राणित जनता के प्रभाव में हो जायेगी तो इससे इन इलाक़ों के प्रजातन्त्र और प्रगतिविरोधी शोषकों को अपनी प्रजा का दमन करने में सुविधा हो जायेगी और यह शोषक लोग अपने अधिकारों पर आँच न आने देने के लिए जनता को ब्रिटिश गुलामी के फन्दे में फँसाये रखेंगे। मुस्लिम लीग के प्रजातन्त्र विरोधी नेता अभी से इस प्रकार का ज़हर फैला रहे हैं कि पाकिस्तान को ब्रिटिश साम्राज्य का अंग बनकर रहना चाहिए। मुस्लिम लीग अपने के प्रस्ताव में अपना उद्देश्य पूर्ण स्वतन्त्रता घोषित कर चुकी है। १९४० के लाहौर प्रस्ताव में मुस्लिम लीग ने पाकिस्तान को पूर्ण रूप से स्वतन्त्र राष्ट्र क़रार दिया है परन्तु यह स्वार्थी नेता पाकिस्तान को ब्रिटिश साम्राज्य के जुए से मुक्त नहीं होने देना चाहते। मुस्लिम जनता में अपने शोषक और शत्रु साम्राज्य के प्रति जो घृणा भरी हुई है उसे यह लोग मुसलमानों के शत्रु हिन्दुओं को बनाकर हिन्दुओं के प्रति भड़का देना चाहते हैं।

इसके अतिरिक्त जिस साम्राज्यवादी कूटनीति के परिणाम में पाकिस्तान के प्रदेश आर्थिक दृष्टि से कमज़ोर बने हैं यह क्रान्ति-विरोधी शोषक श्रेणी के नेता उसी साम्राज्यशाही के सहयोग से पाकिस्तान की आर्थिक उन्नति की जाने का प्रचार कर रहे हैं। पाकिस्तान की आर्थिक उन्नति करने और बाहरी आक्रमण से पाकिस्तान की रक्षा करने के नाम पर यह नेता इंग्लैण्ड और अमेरिका के साम्राज्यवादियों के फन्दे में अपनी जनता का गला फँसा देने का प्रपंच रच रहे हैं। अपने शोषण तथा साम्राज्यवादी शोषण की ओर जनता का ध्यान न जाने देने के लिए यह लोग मुस्लिम जनता के दिमाग़ों को हिन्दू जनता के भय से परेशान बनाये रखने की चाल चलेंगे।

मुस्लिम जनता ने पिछले दो सौ वर्ष तक ब्रिटेन की ग़ुलामी भोगी है और उससे मुक्ति के लिए संघर्ष किया है। वह जनता जानती है कि अंग्रेज़ केवल भारत के ही नहीं मध्य एशिया के मुसलमानों के भी जानी दुश्मन रहे हैं। इस मुस्लिम जनता ने साम्प्रदायिक भेद भुलाकर इस देश के मज़दूरों और किसानों के साथ साझी लड़ाइयाँ लड़ी हैं, आज़ाद फ़ौज सम्बन्धी और जहाज़ी सिपाहियों के बारे में होनेवाले प्रदर्शनों में और रियासती प्रजा के आन्दोलनों में भाग लिया है। वे अपने शोषक श्रेणी की नीति का विरोध अवश्य करेंगे।

देश की राष्ट्रवादी और शोषित मुस्लिम जनता की मुस्लिम लीग से यह माँग है कि जनता-विरोधी लीगी नेता लीग से बाहर किये जायँ। पाकिस्तान के प्रदेशों में मुस्लिम जनता प्रजातन्त्र अधिकार ग़ैर मुस्लिम जनता से सहयोग और एकता स्थापित किये बिना नहीं पा सकती। देश की वास्तविक आर्थिक उन्नति और निर्माण प्रजातन्त्र की पद्धति पर ही हो सकता है इसलिए आवश्यक है कि स्वार्थ से पैदावार के साधनों को अपने क़ब्ज़े में जिन लोगों ने कर लिया है उन्हें दूर किया जाय और देश के हिन्दुस्तानी भाग से समानता और पारस्परिक लाभ के आधार पर सहयोग किया जाय। ऐसी अवस्था में ही विदेशी सहयोग समानता के आधार पर मिल सकेगा।

यह युद्ध में भाई-भाई का ख़ून बहना और साम्राज्यशाही ग़ुलामी से भयंकर ग़रीबी इसी प्रकार दूर हो सकती है। इसी राह से देश में राष्ट्रीय एकता और प्रजातन्त्र अधिकार क़ायम हो सकेंगे।

इस उद्देश्य से पाकिस्तान में हमारा कार्यक्रम यह होना चाहिए—

पाकिस्तान प्रजातन्त्र—पाकिस्तान ब्रिटेन के अधीन उपनिवेश नहीं स्वतन्त्र प्रजातन्त्र बने। ब्रिटिश साम्राज्यशाही का आर्थिक, राजनैतिक और सैनिक कोई दबाव पाकिस्तान पर न रहना चाहिए। हिन्दुस्तानी प्रजातन्त्र से पाकिस्तान का सम्बन्ध प्रजातन्त्र आधार पर समानता और सहयोग का हो।

पाकिस्तानी रियासतों में प्रजातन्त्र अधिकार के लिए रियासती प्रजा के आन्दोलन को पूरा सहयोग देकर जनता का शासन आत्मनिर्णय के अधिकार से क़ायम हो।

रियासती शासकों का समर्थन करने की मुस्लिम लीग की नीति को बिलकुल रद्द किया जाय।

साम्प्रदायिक नहीं प्रजातन्त्रात्मक शासन पाकिस्तान में होना चाहिए—शासन विधान बालिग़ मताधिकार से किये गये, संयुक्त चुनाव से होना चाहिए जिसमें श्रेणी हितों के लिए उचित प्रतिनिधित्व हो।

अल्पमत लोगों के साम्प्रदायिक, सांस्कृतिक अधिकारों की पूरी रक्षा हो। सरकारी नौकरी इत्यादि में ग़ैर-मुस्लिमों पर कोई प्रतिबन्ध न हो।

—पाकिस्तान के भीतर जातिगत आत्मनिर्णय का अधिकार हो। सिन्धी, बलूची, पठान, पंजाबियों और बंगालियों के साथ समानता का व्यवहार हो। इसी मार्ग से कटे हुए पंजाब और बंगाल फिर से एक हो सकेंगे और भारत संयुक्त-राष्ट्र के रूप में खड़ा हो सकेगा।

—पहाड़ी, सरहदी और कबीले के लोगों को अपने स्थानीय मामलों में पूर्ण प्रजातन्त्रात्मक स्वतन्त्रता हो।

प्रजातन्त्रात्मक आर्थिक आयोजना—ज़मींदारी प्रथा समाप्त कर, मुख्य कारोबारों का राष्ट्रीयकरण करके पाकिस्तान की पिछड़ी हुई आर्थिक अवस्था में सुधार किया जाय और उत्पादन के प्राकृतिक साधनों खानों इत्यादि को सार्वजनिक हित के लिए व्यवहार में लाया जाय।

पारस्परिक सहयोग—परस्पर शान्ति रक्षा के लिए और बाहरी आक्रमण से देश की रक्षा के लिए एक संयुक्त रक्षा समिति बने जिस पर ब्रिटेन का कोई प्रभाव न हो।

—परस्पर उन्नति के लिए आयोजना के अनुसार हिन्दुस्तानी भाग से समानता के आधार पर सहयोग किया जाय।

◈

पूर्ण स्वतन्त्रता और प्रजातन्त्र के लिए संयुक्त मोर्चा

यदि हम साम्राज्यशाही कूटनीति को ठीक से समझकर उसका उपाय नहीं कर सकते और साम्राज्यशाही से समझौता करनेवाले भयंकर प्रभावों से जनता को नहीं बचा लेते तो देश का भविष्य बहुत अन्धकार और संकटमय होगा।

बँटवारे से हमारी समस्या हल नहीं हो सकती बल्कि और बढ़ेगी, सीमाओं के बारे में झगड़े होंगे, दोनों भागों में अल्पमत लोगों का दमन होगा, विद्वेष और वैमनस्य बढ़ेगा।

देशी नरेशों की अन्यायपूर्ण माँगें स्वीकार करने से उनकी निरंकुशता बढ़ेगी और ब्रिटेन को हमारे देश पर अपना राजनीतिक, आर्थिक और सैनिक नियन्त्रण जमाये रखने का अवसर मिलेगा।

पूँजीपति श्रेणी की नीति के आगे झुकते जाने से उनके साझीदार और स्वामी अंग्रेज़ साम्राज्यशाही का बन्धन तो हम पर बना ही रहेगा इसके अतिरिक्त हमारा देश संसारव्यापी होते हुए आर्थिक संकट का भी शिकार बनेगा।

देश में समाजवादी व्यवस्था के अनुसार प्रजातन्त्र शासन चाहनेवालों को इन परिस्थितियों में सतर्क होकर जनता का संयुक्त मोर्चा इन संकटों के विरोध में तुरन्त ही तैयार करना है और हमारी माँगें यह हैं—

(क) पूर्ण स्वाधीनता—का विधान बनाने के लिए कान्स्टीट्यूएण्ट असेम्बली को पूर्ण सहयोग और सहायता और समझौते की प्रवृत्ति के लिए सार्वजनिक विरोध।

(ख) प्रजातन्त्र आधार—पर विधान तैयार करने के लिए प्रगतिवादी प्रवृत्तियों को पूर्ण सहयोग और सहायता। कान्स्टीट्यूएण्ट असेम्बली में उन्नति विरोधी प्रवृत्तियों के लिए जनता का विरोध।

(ग) देश की एकता—के लिए बँटे हुए भागों में मैत्री के आधार पर सहयोग क़ायम करके पाकिस्तान और हिन्दुस्तान के मेल से संयुक्त भारत का निर्माण।

(घ) प्रजातन्त्र अधिकारों के लिए रियासती प्रजा के आन्दोलन में पूर्ण सहयोग और सहायता देना।

(ङ) बेईमान और अयोग्य लोगों को सरकारी नौकरी से बरखास्त किया जाय।

(च) सेना का भारतीयकरण शीघ्रता से किया जाय और उसका नियन्त्रण प्रजातन्त्र प्रणाली पर हो।

(छ) सार्वज़निक संस्थाओं के सहयोग से साम्प्रदायिक एकता स्थापित की जाय और साम्प्रदायिक उत्तेजना फैलानेवालों को सरकार दण्ड दे। अल्पसंख्यक लोगों के हितों की सावधानी से रक्षा की जाय।

(ज) आर्डिनेन्स राज समाप्त कर जनता को पूर्ण नागरिक अधिकार दिये जायँ। सब राजनैतिक और मज़दूर किसान आन्दोलन से सम्बन्ध रखनेवाले क़ैदी रिहा किये जायँ।

(झ) विशेष नियन्त्रण में रखे गये सब प्रदेशों में नागरिक स्वतन्त्रता के अधिकार दिये जायँ।

(ञ) अछूत प्रथा के सभी रूपों का अन्त किया जाय। अछूत श्रेणी को सामाजिक और सांस्कृतिक विकास के लिए सरकारी सहायता दी जाय। अछूतों के प्रति किसी भी प्रकार की असमानता अपराध समझी जाय।

(ट) राष्ट्रनिर्माण—के लिए तुरन्त ज़मींदारी प्रथा के खात्मे और उद्योग-धन्धों के राष्ट्रीयकरण के आधार पर पाँचवर्षीय आयोजना का कार्यक्रम जारी किया जाय। इस आयोजना में सरकारी विशेषज्ञों और सार्वजनिक संस्थाओं का सहयोग हो। देश के लिए वास्तविक स्वतन्त्र, सुखी जीवन का यही विश्वास योग्य आधार हो सकता है।

—मज़दूर श्रेणी के लिए निर्वाह लायक़ मज़दूरी का एक पैमाना मुक़र्रर किया जाय, नौकरी पक्की हो, मज़दूर संगठन का प्रतिनिधित्व सरकार स्वीकार करे, हड़ताल विरोधी शासन रद्द किये जायँ और मज़दूरों से सम्बन्ध रखनेवाले मामलों के लिए मुनासिब पंचायतें बनायी जायँ।

—किसानों की अवस्था सुधारने और पैदावार बढ़ाने के लिए तुरन्त सहायता दी जाय, ज़मीन पर किसान का अधिकार हो, परती ज़मीन ऐसे किसानों को दी जाय जिनके पास ज़मीन कम हो, लगान में कमी की जाय, किसानों का कर्जा कम किया जाय और ज़मींदारी प्रथा तुरन्त समाप्त की जाय।

—खेत मज़दूरों के लिए मुनासिब मज़दूरी, मकान, शिक्षा का प्रबन्ध हो और परती ज़मीन उन्हें खेती के लिए दी जाय।

—पिछड़े हुए क़बीलों को आर्थिक स्थिति सुधारने के लिए विशेष सहायता दी जाय और उनके लिए शिक्षा तथा चिकित्सा का विशेष प्रबन्ध हो।

—अन्न संकट का उपाय करने के लिए गल्ला वसूली किसानों की पैदावार के आधार पर और जनता के सहयोग से हो।

—आवश्यक वस्तुओं की क़ीमत पर नियन्त्रण लाकर उनके समान बँटवारे की व्यवस्था में जनता का सहयोग प्राप्तकर चोरबाज़ारी को समाप्त किया जाय।

—मज़दूरों और मध्यम श्रेणी के लोगों के लिए तुरन्त ही उचित किराये पर मकानों का प्रबन्ध किया जाय। इसके लिए नये मकान बनाने की आयोजना हो, मकानों के किराये पर नियन्त्रण रहे।

—आवश्यक और मुफ़्त आरम्भिक शिक्षा का प्रबन्ध हो और स्कूली तथा कॉलेज की शिक्षा के लिए अधिक सुविधाएँ हों। दस्तकारी की शिक्षा का उचित प्रबन्ध योग्य शिक्षकों और कम फ़ीस पर किया जाय।

ज़मीन और मज़दूरी सम्बन्धी सभी समस्याओं का हल यथासम्भव समझौते से करने का प्रयत्न होना चाहिए परन्तु कम्युनिस्ट पार्टी पूँजीवाद और जमींदारशाही से मज़दूरों और किसानों की न्यायपूर्ण प्रजातान्त्रिक माँगों के लिए किये गये आन्दोलनों और हड़तालों का पूर्ण समर्थन कर सहयोग देगी। इस उद्देश्य से पार्टी मज़दूर और

किसान श्रेणी के लिए सरकार तथा जनता की सहायता प्राप्त कर पूँजीपति और ज़मींदार श्रेणी को किसानों और मज़दूरों की माँगें पूरी करने के लिए बाधित करेगी।

हम यह बहुत अच्छी तरह समझते हैं कि इस आर्थिक संकट के समय और राष्ट्र के नव-निर्माण के समय पैदावार के काम में रुकावट नहीं पड़नी चाहिए। इस उद्देश्य के लिए वर्तमान मन्त्रिमण्डलों की नीति में बहुत परिवर्तन की आवश्यकता है। पूँजीपति श्रेणी को सन्तुष्ट करने के प्रयत्न के बजाय चुनाव के समय की गयी घोषणाओं को पूरा किया जाना चाहिए। नौकरशाही की नीति पर भरोसा करके मज़दूर और किसान संस्थाओं का दमन न कर जनप्रिय सरकार को जनता के सहयोग पर भरोसा करना चाहिए। अभी हाल में राष्ट्रीय नेताओं ने राष्ट्र-निर्माण के काम में जनता के सहयोग की अपील की है। पार्टी उस अपील का हृदय से समर्थन करती है। पार्टी अनुभव करती है कि वर्तमान स्थिति में राष्ट्रीय एकता के मोर्चे पर सार्वजनिक संस्थाओं को सभी क्षेत्रों और मामलों में जनप्रिय सरकारों को अधिक-से-अधिक सहयोग देना चाहिए। इस सहयोग से जनप्रिय सरकारों और जनता, दोनों की ही शक्ति बढ़ेगी।

हमारे देश की जनता की रक्षा केवल सार्वजनिक सहयोग और संयुक्त मोर्चे से ही हो सकती है परन्तु ऐसा सहयोग और संयुक्त मोर्चा देश की सब प्रजातन्त्रात्मक प्रगतिशील संस्थाओं—कम्युनिस्ट पार्टी, कांग्रेस और मुस्लिम लीग के वामपक्षी लोगों के सम्मिलित प्रयत्नों के बिना नहीं बन सकता। साम्प्रदायिक विद्वेष फैलानेवालों और प्रतिक्रियावादी समझौतापसन्दों को कांग्रेस और लीग में परास्त करना आवश्यक है तभी इन दोनों मुख्य प्रतिनिधि संस्थाओं में सहयोग सम्भव होगा। यदि हम यह कर्त्तव्य पूरा नहीं करते तो जनता-विरोधी और साम्राज्यशाही की पिट्ठू शक्तियाँ देश को फिर से ग़ुलामी के बन्धनों में जकड़ देंगी। इस परिस्थिति में कम्युनिस्ट पार्टी समाजवादी व्यवस्था में विश्वास रखनेवाले सभी दलों से अपील करती है कि पिछले भेदभाव और पार्टीबाज़ी को भुलाकर राष्ट्रीय संकट से रक्षा के लिए संयुक्त मोर्चा क़ायम करें।

इस महायुद्ध के बाद से संगठित मज़दूर और किसान श्रेणियाँ हमारे स्वतन्त्रता-संग्राम में सबसे आगे रही हैं। इन श्रेणियों ने आज़ाद हिन्द फ़ौज और जहाज़ी सिपाहियों की बग़ावत के प्रदर्शनों में साथ दे साम्राज्यशाही की चोटों को सहा है। हैदराबाद, ट्रावनकोर, कश्मीर आदि रियासतों में इन्होंने निरंकुश ठाकुरशाही-शासन के अत्याचार का मुक़ाबिला किया है।

पूँजीपति श्रेणी और उनके अख़बार, मज़दूर-जीवन के अधिकारों के लिए किसान मोर्चे को सब तरह से बदनाम करने की कोशिश करते हैं परन्तु जनता अपने अनुभव से इस मोर्चे का आदर और विश्वास करती है। किसान सभाओं और मज़दूर सभाओं की शक्ति और संख्या बढ़ रही है। भारतीय किसानों के सैकड़ों बच्चे पुलिस और फ़ौज की गोलियों का शिकार बन चुके हैं और बीस हज़ार से अधिक जेल काट रहे हैं। यह हमारे जनसाधारण की नवीन संघर्ष शक्ति का प्रतीक है और अंग्रेज़ों द्वारा क़ायम किये सामाजिक विधान को बदल देने का निश्चय है।

अंग्रेज़ों द्वारा भड़काये हिन्दू-मुस्लिम झगड़ों की उत्तेजना में यह लोग नहीं फँसे। लाल झण्डे के नीचे इकट्ठे होनेवाले हिन्दू-मुसलमानों में एकता क़ायम है। नवीन परिस्थितियों में मज़दूर और किसान सभाओं का उत्तरदायित्व और अधिक होगा और वे उसे निभायेंगी। सम्प्रदायवादी इस एकता को तोड़ने का यत्न करेंगे परन्तु वह संयुक्त मोर्चा हिन्दुस्तान और पाकिस्तान देश के दोनों ही भागों में प्रजातन्त्र के अधिकारों, दोनों भागों की आर्थिक उन्नति और आक्रमण से रक्षा के लिए सहयोग और सहायता और देश तथा राष्ट्र की एकता के लिए संघर्ष करेगा।

ज़मींदार, पूँजीपति और स्वार्थी श्रेणियाँ इस संयुक्त मोर्चे को बदनाम करने की कोशिश करेंगे परन्तु संकटत्रस्त जनता भोजन, कपड़ा, मुनासिब मज़दूरी और रोज़गार के लिए लाल झण्डे के नेतृत्व में साहस और विश्वास से आगे बढ़ेगी। हमारा रचनात्मक संघर्ष का कार्यक्रम संयुक्त मोर्चे बनाकर जनता का शोषण करनेवालों को उखाड़ फेंकेगा। राष्ट्र-निर्माण का नारा केवल कहने की बात न रहकर वास्तविकता का रूप लेगा।

नौकरशाही इस संघर्ष का दमन करेगी। जनता के राष्ट्रीय आन्दोलन और जनप्रिय सरकार में ग़लतफ़हमी पैदाकर उनमें झगड़ा पैदा करेगी। परन्तु राष्ट्र की स्वतन्त्रता और राष्ट्र के निर्माण के लिए इस दमन का हमें सामना करना पड़ेगा।

आनेवाले नाज़ुक और संकटमय परिवर्तन काल में भारत की मज़दूर और किसान श्रेणी का कर्त्तव्य होगा कि देश की वास्तविक स्वतन्त्रता, प्रजातन्त्र अधिकारों, राष्ट्र की एकता का आन्दोलन शिथिल न होकर पूर्ण सफलता तक पहुँचे। इस उद्देश्य के लिए राष्ट्रीय मोर्चे पर वे सभी प्रगतिवादी और वामपक्ष के लोगों की सुदृढ़ एकता क़ायम करें।

सितम्बर

१९४७

हिन्दुस्तान और पाकिस्तान का संघर्ष

सहृदयता और सद्भावना में ज़बरदस्ती विश्वास जमाने की चेष्टा करनेवाले लोगों ने प्रचार करने की कोशिश की कि भारत ने अंग्रेज़ साम्राज्यशाही की सहृदयता और न्याय की भावना के कारण उपनिवेशिक स्वराज्य पाया है। ऐसे लोग पूँजीवाद और साम्राज्यवाद के मूल प्रयोजनों पर परदा डालकर जनता को एक काल्पनिक रामराज्य के भ्रम में फँसाये रखना चाहते हैं।

ऐसे लोग यह स्वीकार करना नहीं चाहते कि अंग्रेज़ साम्राज्यशाही ने भारत में उपनिवेशिक स्वराज्य की व्यवस्था अन्तरराष्ट्रीय परिस्थितियों में स्वयं निर्बल हो जाने के कारण और यह अनुभव करके की है कि भारतीय जनता को अब अपने आर्थिक और राजनैतिक शोषण के बन्धन में जकड़ रखना सम्भव नहीं। भारत की जनता में दासता और शोषण के प्रति विद्रोह चरम सीमा तक पहुँच चुका है। अंग्रेज़ों की भारतीय सेना और पुलिस तक उनके हाथ से निकली जा रही है और स्वयं उनके अपने सैनिक बल और साधनों से इस देश को पराधीनता के बन्धन में रख सकना सम्भव नहीं।

ऐसी अवस्था में अपना स्वार्थ भारत से पूरा करते रह सकने के लिए ही उन्होंने नयी व्यवस्था आवश्यक समझी। परन्तु हमारे राजनैतिक नेता अंग्रेज़ साम्राज्यशाही की निर्बलता, मजबूरी और पराजय को सद्भावना का नाम देना चाहते हैं। यह झूठा प्रचार चाहे वह कितने ही बड़े साधनों द्वारा किया जाय वास्तविकता को मिटा नहीं सकता।

अंग्रेज़ साम्राज्यशाही के स्वार्थ की रक्षा के लिए यह आवश्यक है कि व्यवस्था में प्रकट परिवर्तन हो जाने पर भी यह देश आर्थिक, राजनैतिक और सैनिक रूप से आत्मनिर्भर न हो सके। यह उद्देश्य पूरा करने के लिए अंग्रेज़ों ने भारत को दो भागों में बाँटकर स्वतन्त्रता देने की कूटनीति चली ताकि दोनों बँटे हुए भाग आत्मनिर्भर न हो सकने के कारण वास्तव में उनके नियन्त्रण में ही बँधे रहें। भारत के टुकड़े किये जाकर उपनिवेशिक स्वराज्य पाकर स्वतन्त्र बने दोनों भाग यदि अलग-अलग

होकर भी आपस में सद्भावना और सहयोग से, एक-दूसरे की सहायता से अपनी-अपनी औद्योगिक तथा राजनैतिक उन्नति और विकास करते रहते तो भारत को...

यह है जर्मनी में नाज़ीवाद के उत्थान का इतिहास! जर्मनी में नाज़ावीद के राह को जन्म देनेवाली तीन प्रवृत्तियाँ थीं—

संसार पर एक मात्र जर्मन साम्राज्य स्थापित करने का स्वप्न।

पूँजीपति और ज़मींदार श्रेणी की प्रजातन्त्र और जनवादी प्रवृत्ति को कुचलकर अपने हितों की रक्षा करने की कूटनीति।

और मध्यम श्रेणी और आर्थिक स्थिति से निम्न अवस्था में रहनेवाली श्रेणी में अपनी राष्ट्रीयता और अपनी विशेषता के विषय में उत्पन्न कर दिया गया मिथ्या विश्वास।

ऐसी ही प्रवृत्तियाँ, थोड़े-बहुत रूपान्तर से हमें आज पाकिस्तान के इलाके में भी उठायी जाती दिखायी दे रही हैं। जर्मनी के विश्व साम्राज्य के स्थान पर भारत के भूखण्ड पर हुकूमते इलाहिया का स्वप्न देखनेवाले पागल वहाँ आज मौजूद हैं। जर्मन फूहरर (हिटलर) का क्षुद्र (mimiature) क़ैदे आज़म वहाँ मौजूद है। अपने स्वार्थों पर आते आतंक से काँपती जर्मन ज़मींदार और पूँजीपति श्रेणी के स्थान पर पश्चिमी पंजाब के ज़मींदार और हिन्दू पूँजीपतियों की होड़ से त्रस्त शोषण के महत्त्वाकांक्षी मुस्लिम पूँजीपति श्रेणी मौजूद हैं और सबसे प्रबल इन सबका अपना स्वार्थ सिद्ध करने के लिए उल्लू बनानेवाला अंग्रेज़ शोषक श्रेणी का प्रभाव मौजूद है। जैसे जर्मनी में यहूदियों के रक्त से जर्मन जनता को मदान्ध किया गया था आज पाकिस्तान की सर्वसाधारण मुस्लिम जनता को हिन्दू मात्र को जाति शत्रु और शोषक कहकर पागल बनाया जा रहा है। सर्वसाधारण मुस्लिम जनता की शोषण और दमन से स्वतन्त्रता की कामना को अपनी शोषण श्रेणी के विरोध में विद्रोह करने की वृत्ति को हिन्दू विरोध में बदला जा रहा है और उनके सुखमय जीवन के स्वप्न को भारत में मुस्लिम राज की पुनः स्थापना का रूप दिया जा रहा है।

इस मूर्ख और घातक प्रवृत्ति का विरोध साम्प्रदायिक आधार पर करना अंग्रेज़ी कूटनीति के विष को और अधिक सफल बनाना होगा। परन्तु इस मूर्खतापूर्ण प्रवृत्ति के सामने केवल दाँत निकालकर गिड़गिड़ाते रहना और सन्तोष प्रकट करनेवाले वक्तव्य देते रहना भी उसे उत्साहित करते ही जाना होगा। ऐसी अवस्था में जहाँ भारत की राष्ट्रीयता की रक्षा के लिए प्रजा का यह कर्त्तव्य है कि वह साम्प्रदायिक उत्तेजना से दूर रहे वहाँ भारतीय जनता की प्रतिनिधि सरकार का कर्त्तव्य है कि प्रजा के प्रति अपने कर्त्तव्य को पूरा करने के लिए अंग्रेज़ कूटनीति का हथियार बननेवाली

प्रवृत्तियों का सामना साहस से करे। और यदि हिन्दुस्तान की सरकार पाकिस्तान में जगायी जानेवाली इन मानवता विरोधी प्रवृत्तियों को चेम्बरलेन के अंग्रेज़ी मन्त्रिमण्डल की नीति से सुलझाने की नीति पर ही चलेगी तो हमारा विश्वास है कि एक दिन भारत में शान्ति स्थापना के लिए हमें उतना ही बड़ा मूल्य देना पड़ेगा जितना कि यूरोप और संसार को फासिज़्म और नाज़िज़्म के राहु के ग्रास से मुक्त होने के लिए देना पड़ा है।

अक्टूबर

१९४७

दंगे से युद्ध की ओर

पाकिस्तान में हिन्दुओं को और हिन्दुस्तान में मुसलमानों को समाप्त कर मुस्लिम और हिन्दू राज्य स्थापित करने के प्रयत्नों का फल हमारे सामने है। हज़ारों हिन्दू और मुसलमान विधवाएँ और अनाथ बच्चे, कई लाख बेघर-बार हिन्दू, कई लाख बेघर-बार मुसलमान, पाकिस्तान और हिन्दुस्तान में भयंकर अकाल और महामारियों की सम्भावना। और कभी इस महान् कार्य के शीघ्र पूरा हो सकने की सम्भावना नहीं। क्योंकि देश में पूर्ण रूप से हिन्दू राज्य क़ायम करने के लिए और 'ग़द्दार' मुसलमानों का बीजनाश करने के लिए नौ करोड़ मुसलमानों का ख़ून करना बाक़ी है और हिन्दुस्तान में पाक इस्लामी सल्तनत क़ायम करने के लिए इकतीस करोड़ क़ाफ़िर हिन्दुओं को ख़त्म करने की ज़रूरत है।

हिन्दू राज्य और इस्लामी सल्तनत क़ायम करने के स्वप्न की इतनी कुछ क़ीमत दे चुकने के बाद दोनों सम्प्रदायों के रक्षक मुसलमान नाज़ियों और हिन्दू शूरवीरों के उत्साह कम नहीं हुए बढ़े ही हुए हैं। नून और ग़जदर-जैसे इस्लाम के सेवक आज भी पाकिस्तान के मुसलमानों से अपीलें कर रहे हैं कि डेढ़ मास की आयु का बेचारा पाकिस्तान और इस्लाम ख़तरे में है उसकी रक्षा के लिए प्रत्येक मुसलमान का हथियारबन्द होना ज़रूरी है और पाकिस्तान की सरकार का कर्त्तव्य है कि १८ से ५० बरस तक की आयु के प्रत्येक मुसलमान को सशस्त्र सिपाही बनाये और पाकिस्तान की मुस्लिम स्त्रियों को भी सैनिक काम के लिए सैनिक रूप से संगठित करे। उन्हें भय है कि हिन्दुस्तान के हिन्दू पाकिस्तान को निगल जायेंगे। पाकिस्तान की भूमि में किसी भी विश्वासघाती हिन्दू का रह जाना पाकिस्तान की इस्लामी सरकार के लिए भय का कारण है।

दूसरी ओर हिन्दू राज्य का स्वप्न देखनेवालों की माँग है—वर्तमान नेहरू हिन्दुस्तानी सरकार बोदी और कायर है उसे हटाकर मज़बूत हिन्दू सरकार क़ायम की जाय। हिन्दुस्तान को हिन्दू राज्य क़रार दिया जाय और पाकिस्तान से युद्ध की तैयारी की जाय। प्रत्येक हिन्दू को सशस्त्र सिपाही बनाया जाय। प्रत्येक मुसलमान

विश्वासघाती है इस्लाम ग़ैरक़ानूनी क़रार दिया जाय (हिन्दू आउटलुक ९ सितम्बर, १९४७)

पाकिस्तान की मुस्लिम जनता हिन्दू आक्रमण के भय से और हिन्दुस्तान की हिन्दू जनता पाकिस्तान के मुस्लिम आक्रमण से काँप रही है। मुसलमान की नज़रों में हिन्दू और हिन्दू की नज़रों में मुसलमान आततायी और अत्याचारी है। अपनी-अपनी नजरों और विश्वास में दोनों निर्दोष और दूसरे के जुल्म के शिकार हैं। दोनों अपने सम्प्रदाय पर होनेवाले अत्याचार का बदला चाहते हैं। और इस भय और अत्याचार से सताये हिन्दू-मुस्लिम हृदयों से आवाज़ निकलती है—अभी तक तो साम्प्रदायिक दंगे कराने का उत्तरदायित्व अंग्रेज़ सरकार के माथे मढ़ा जाता था—आज इस जुल्म के लिए कौन उत्तरदायी है? अपनी-अपनी रक्षा के लिए सर्वसाधारण हिन्दू और मुसलमान जनता अपने-अपने सम्प्रदाय की असहिष्णु और फ़ौजी सरकार की माँग कर रही है। जनता की आर्थिक, राजनैतिक और नागरिक अधिकारों की माँगें आज व्यर्थ जान पड़ रही हैं। कल्पना में बढ़े चले आते विधर्मी विदेशी शत्रु से रक्षा का प्रश्न पहला है। उपमा नयी नहीं है परन्तु हिन्दुस्तान और पाकिस्तान दोनों के लिए ही बहुत ही लागू है—जर्मनी राष्ट्र का नाज़ी धर्म की दीक्षा लेकर विदेशियों द्वारा निगल लिये जाने के भय से आत्मरक्षा के लिए दूसरी जातियों और राष्ट्रों पर आक्रमण की तैयारी करना। फौज़ी धर्म और फ़ौजी शासन आज हिन्दू और मुस्लिम प्रजा को आदर्श जान पड़ रहा है और हिन्दुओं के लिए मुसलमान और मुसलमानों के लिए हिन्दू यहूदी बन रहे हैं।

इन साम्प्रदायिक दंगों के दो परिणाम सबसे अधिक स्पष्ट और प्रकट हैं—अंग्रेज़ी शासन की न्यायप्रियता और योग्यता के प्रति श्रद्धा, अंग्रेज़ से सहायता की आशा और जनतन्त्रवादी भावनाओं का लोप!

मनुष्य के विचार और भावनाएँ उसके ज्ञान से बनती हैं। इस संकटकाल में पाकिस्तान की जनता को समाचार मिलते हैं मुसलमानों पर हिन्दुओं के विकट और अमानुषिक अत्याचारों के जिसके परिणाम में पाकिस्तान की जनता बदले के लिए अपनी सरकार से हिन्दुस्तान पर चढ़ाई की माँग करती है, पाकिस्तान के प्रतिनिधि अन्तरराष्ट्रीय परिषद् में अपील करते हैं कि हिन्दुस्तान में होनेवाले मुसलमानों के क़त्लेआम से रक्षा के लिए सहायता दी जाय। और जिन्ना पूर्वी पंजाब में मुसलमानों के सर्वनाश से व्याकुल हैं। ठीक ऐसी ही भावनाएँ हिन्दुस्तान में पाकिस्तान के विरुद्ध हैं। मुसलमानों का आहाजारी और अत्याचार से रक्षा के लिए दुहाई हिन्दुओं को केवल मक्कारी और दग़ाबाज़ी जान पड़ती है ठीक वैसी ही राय पाकिस्तान के मुसलमानों की हिन्दुओं के प्रति है। कारण यह कि समाचार देने का काम जिन लोगों

के हाथ में है वे समाचारों को इस ढंग से पहुँचाते हैं कि हिन्दुस्तान और पाकिस्तान की प्रजा अपनी-अपनी रक्षा के लिए एक-दूसरे के विरुद्ध तैयार हों।

परन्तु जब पाकिस्तान की सरकार के प्रधानमन्त्री गवर्नर-जनरल ने अपनी आँखों से पश्चिम पंजाब की अवस्था देखी और पण्डित नेहरू ने पूर्वी पंजाब और देहली की और श्रीमती सरोजिनी ने मेवों की अवस्था देखी तो उनकी आँखें खुलीं। पाकिस्तान की सरकार को व्यक्तिगत हमलों के लिए फाँसी की सज़ा का ऐलान करना पड़ा और नेहरू सरकार को देहली में दंगाइयों पर केवल उन्हें तितर-बितर करने के लिए नहीं मारकर गिरा देने के लिए गोली चलाने देने का हुक्म देना पड़ा। परन्तु पाकिस्तान की और हिन्दुस्तान की सरकारों के कठोरता से अमन क़ायम के हुक्म 'कोमल हृदय' ब्रिटिश अफ़सरों के व्यवहार के कारण बेकार ही रहे। आख़िर दोनों सरकारों को मुँह-दर-मुँह बातचीत कर इन योग्य ब्रिटिश अफ़सरों को बरख़ास्त कर देने का निश्चय करना पड़ा। और अभी आज भी दोनों ही सरकारों में मौजूद, ब्रिटिश शासन-पद्धति की शिक्षा पायी नौकरशाही अपनी-अपनी सरकारों के अमन के प्रयत्नों को विफल करके अपना महत्त्व बढ़ाने और साम्राज्यवादी ब्रिटिश नौकरशाही के आदेशों का ही पालन करते जा रहे हैं। और साम्प्रदायिक राज्यों और सरकारों में विश्वास करनेवाले लोग पाकिस्तान से हिन्दुओं के और हिन्दुस्तान से मुसलमानों के पूर्ण बहिष्कार की माँग उठाकर इस आपसी कत्लेआम को जारी रखने का प्रयत्न जारी किये हैं। एक इलाक़े से दूसरे इलाक़े में जानेवाले शरणार्थी ब्रिटिश कूटनीति द्वारा आरम्भ की गयी नीति का स्वयं भोगे अत्याचार के प्रतिशोध में दूसरे प्रान्तों में फैला रहे हैं।

हिन्दुओं का यह विश्वास है कि उनके पक्ष ने अधिक अत्याचार भोगा है। हिन्दू महासभा के मुख्य पत्र 'हिन्दू आउटलुक' हिन्दुओं को यह नसीहत दे रहा है कि नेहरू सरकार और कांग्रेस के जनतन्त्रवादी रुख़ के कारण और कांग्रेस के समाजवादी रूप के प्रति झुकने की सम्भावना के कारण ही अंग्रेज़ लीग और पाकिस्तान के प्रति पक्षपात कर रहे हैं। सम्भवत: उनका विचार है कि अंग्रेज़ों की सहायता और पक्षपात पाने के लिए हिन्दुओं को स्वतन्त्रता और जनतन्त्रवादी भावना छोड़ देनी चाहिए। परन्तु इन दंगों में मुसलमानों की अपेक्षा हिन्दुओं ने कितना अधिक अत्याचार सहा है इसका अनुमान कुछेक बातों से लग सकता है। पूर्वी पंजाब के प्रधानमन्त्री का कहना है कि पूर्वी पंजाब की केवल दो बहुत छोटी-छोटी रियासतों कपूरथला और फरीदकोट से ही लगभग तीन लाख दस हज़ार मुसलमानों को घर छोड़कर भागना पड़ा है। इसमें पटियाला, नाभा, मालेरकोटला, जींद और पहाड़ी रियासतों का कोई ज़िक्र नहीं जहाँ सुना जाता है कि कोई मुसलमान शेष नहीं रह गया

और न ही इसमें पूर्वी पंजाब के उन ज़िलों की गिनती है जहाँ ब्रिटिश सत्ता का राज्य था। भरतपुर, अलवर, बीकानेर आदि का दावा है कि वे हिन्दू साम्राज्य के रक्षक हैं। देहली सरकार के शान्ति रक्षा के कठोर प्रयत्नों के बावजूद देहली में इस समय दो लाख पचास हज़ार मुसलमान शरणार्थी कैम्पों में पड़े हैं।

वास्तव में न हिन्दू और न मुसलमान ही अधिक रक्तपात करने का या अधिक अत्याचार सहने का दावा कर सकते हैं। इन दंगों में मारे जानेवाले और घर-बार खोनेवाले लाखों व्यक्ति वास्तव में न तो हिन्दुओं के शिकार हैं और न मुसलमानों के! वे ब्रिटिश कूटनीति के शिकार हैं। हिन्दुस्तानी और पाकिस्तानी सरकारें क़ायम होते समय किसी भी सरकार की नीति साम्प्रदायिक शासन क़ायम करके अपने इलाके से अल्पमतों को निकाल देने की नहीं थी परन्तु दोनों ही इलाक़ों में संयुक्त हिन्दू-मुस्लिम जनता की माँगों से परेशान होनेवाली श्रेणी मौजूद थी और इस श्रेणी को साधन बनाकर हिन्दुस्तान और पाकिस्तान का अपने नियन्त्रण में रखनेवाली ब्रिटिश कूटनीति मौजूद थी और इस नीति के हथियार सिविल और सैनिक अफ़सर मौजूद थे। प्रजा पंजाब के पूर्वी और पश्चिमी दोनों ही भागों में ब्रिटिश शासन के नियमों के कारण नि:शस्त्र थी परन्तु दोनों ही भागों में ब्रिटिश सैनिक अफ़सरों की संरक्षकता में सशस्त्र सेना मौजूद थी। पश्चिमी पंजाब में अंग्रेज़ों के पालतू शिकारी मनकी के पीर के सशस्त्र लुटेरे मौजूद थे। और पूर्वी पंजाब में जनतन्त्र की शक्तियों से भयभीत रियासतों के सशस्त्र सैनिक और शस्त्रों के भण्डार मौजूद थे और उस समय तक सैनिक हथियारों के ख़ज़ानों की चाबियाँ सभी जगह अंग्रेज़ों के हाथ में थीं।

अब तक अनेक ब्रिटिश अफ़सर सरकारी हथियारख़ानों से शस्त्र देते पकड़े जा चुके हैं और पकड़े जानेवाले हथियारों के रियासती सम्पत्ति होने के प्रमाण मिल चुके हैं।

साम्प्रदायिकता के आवरण में जनतन्त्र की प्रवृत्तियों को नष्ट करने का यत्न करनेवाले प्रचार कर रहे हैं कि अंग्रेज़ सरकार तो भारत को अपनी इच्छा से स्वराज्य दे चुकी थी हिन्दुस्तान और पाकिस्तान का संघर्ष कराने से उन्हें क्या लाभ! यह देखना आवश्यक है कि अंग्रेज़ साम्राज्यशाही ने किस परिस्थिति में भारत को स्वराज्य दिया है। जिस समय एटली का मन्त्रिमण्डल भारत को स्वराज्य देने की बात कर रहा था, चर्चिल के नेतृत्व में इंग्लैण्ड का पूँजीपति दल इस बात का घोर विरोध कर रहा था। भारत में फैले असन्तोष और भारतीय सेना में अंग्रेज़ों के प्रति फैल गये विरोध के कारण परिस्थिति ऐसी थी कि भारत को अब ब्रिटिश सेना की रखवाली में ही पराधीन रखा जा सकता था। पूँजीवाद और नाज़ीवाद के परिणामों से सचेत ब्रिटेन की सर्वसाधारण जनता यह बोझ उठाने के लिए तैयार नहीं और प्रजातन्त्रता

के नाम पर युद्ध लड़ने के बाद रूस और अन्तरराष्ट्रीय शक्तियों के सामने मुँह दिखाने लायक रह सकने के लिए अंग्रेज़ों के सामने केवल यही उपाय था कि भारत को वैधानिक रूप से स्वतन्त्र घोषित कर दें। परन्तु अंग्रेज़ पूँजीपति श्रेणी इंग्लैण्ड में जनमत से परास्त होकर भी अपना षड्यन्त्र छोड़ नहीं बैठी है। वे भारत में ऐसी परिस्थिति पैदा कर देने के यत्न में हैं कि भारतीय स्वयं उनकी रक्षा की माँग करें! या हिन्दुस्तान और पाकिस्तान के संघर्ष की स्थिति में वे शान्ति स्थापित करने और कमज़ोर राष्ट्र की सहायता के बहाने फिर से इस देश के शोषण और शासन का अधिकार पा सकें। इसी नीति और उद्देश्य से अंग्रेज़ नौकरशाही ने—जो कि इंग्लैण्ड की जनतन्त्रवादी शक्तियों की समर्थक नहीं बल्कि साम्राज्यवादी पूँजीपति श्रेणी की समर्थक और ग़ुलाम है—भारत में हिन्दू-मुस्लिम झगड़े के रूप में हिन्दुस्तान और पाकिस्तान का संघर्ष पैदा करने की कोशिश की है।

साम्राज्यवाद की इस भावना की सबसे भयंकर शत्रु है जनतन्त्रवादी भावना। जनतन्त्र की भावना के शत्रु इस देश की शोषक श्रेणी और राजे-रजवाड़े यहाँ मौजूद थे ही। बल्कि जाट राज्य, हिन्दू राज्य और निजाम के सम्राट् बनने के स्वप्न देखे जाने लगे, इस जनविरोधी कूट षड्यन्त्र का परिणाम हमारे सामने है। आज साम्प्रदायिकता के उन्माद और प्रतिहिंसा में अन्धे होकर हिन्दुस्तान और पाकिस्तान के युद्ध की बात सोचना देश के लिए आर्थिक और राजनैतिक आत्महत्या की बात सोचना है, ब्रिटिश कूटनीति द्वारा फैलाये जाल में अपनी इच्छा से जा फँसना है। हम जानते हैं कि पाकिस्तान आर्थिक और राजनैतिक रूप से निर्बल है। यदि हम असहयोग से वहाँ के राजनैतिक आर्थिक संगठन को तोड़कर उसे नकामयाब कर देते हैं तो इस देश की ज़मीन पर विदेशी साम्राज्यवादी शक्ति के लिए पैर जमाने का अवसर तैयार करते हैं।

एक बात और ध्यान में रखनी होगी। आज पाकिस्तानी और हिन्दुस्तानी सरकारों को क़ायर और कमज़ोर कहकर साम्प्रदायिक बदले की माँग करनेवाले लोग कौन हैं—इन लोगों का इतिहास क्या है? इन लोगों ने कभी इस देश की स्वतन्त्रता और जनतन्त्रवादी आन्दोलनों में भाग नहीं लिया। ब्रिटिश की शोषक अमलदारी में पलनेवाले जनता के यह शत्रु साम्प्रदायिकता का आवरण ओढ़कर जनता को अपनी निरंकुशता में फँसाये रखने का प्रयत्न कर रहे हैं।

जनवरी–फरवरी
१९४८

उग्रदली मोर्चे का क़दम

भारत में ब्रिटिश शासन को उखाड़ फेंकने के लिए संघर्ष देश की राष्ट्रवादी और जनतन्त्रवादी जनता ने किया था। पूँजीपति श्रेणी और साम्प्रदायिकतावादी लोग ब्रिटिश शासनकाल में सदा राजभक्ति की शपथ खाकर उस शासन के सहायक बने रहे। इतने समय तक भारत में राज्य कर सकने की सफलता ब्रिटेन को इन्हीं लोगों की सहायता से मिली। जनता ने ब्रिटेन का विदेशी शासन भारत में असम्भव कर दिया और अपने प्रतिनिधियों को शासन की बाग़डोर सँभालने का अवसर दिया। उस समय जनता में विदेशी ब्रिटेन के प्रति विरोध की भावना ही अधिक प्रबल थी, स्वतन्त्रता का उद्‌देश्य (जनता की आत्मरक्षा और आत्मनिर्णय के अवसर और अधिकार की भावना) उस समय इतना सजग न था। जनता ने विदेशी लुटेरे को हटाकर अपने राष्ट्रीय प्रतिनिधियों के हाथ देश के प्रबन्ध और व्यवस्था का काम सौंप दिया।

देश के प्रतिनिधियों ने जनता को उनके अधिकार की रक्षा के आश्वासन अवश्य दिये परन्तु प्रबन्ध और व्यवस्था को क्रियात्मक रूप देने का काम सौंपा पूँजीवादी दल के ही प्रतिनिधियों को। प्रजातन्त्र और समान अधिकार की दुहाई देनेवाले पण्डित नेहरू को जनता के विश्वास के लिए प्रधानमन्त्री के पद पर सुशोभित किया गया, परन्तु मन्त्रिमण्डल में जहाँ सभी निर्णय बहुमत से ही होने आवश्यक हैं, पूँजीवाद के प्रतिनिधि पटेल के चुनाव से ऐसे ही योग्य लोगों को रखा गया जो देश की व्यवस्था का गठन उसी श्रेणी की सहायता के भरोसे पर करें जिस श्रेणी की सहायता के भरोसे ब्रिटिश–साम्राज्यवादी शक्ति इस देश का शासन करने में सफल हुई थी। यह मन्त्रिमण्डल क्रमश: व्यवस्था सम्बन्धी नीति को प्रकट करता आ रहा है और उचित समय जानकर पटेल सरेबाज़ार ऐलान कर रहे हैं कि देश के पूँजीवादी उनका अविश्वास क्यों करें, शन्मुखम चेट्टी, भाभा, बलदेव सिंह और श्यामाप्रसाद मुखर्जी मन्त्रिमण्डल में उनके हितों की रक्षा के लिए मौजदू हैं और पूँजीवादी श्रेणी के सबसे प्रधान सैनिक पटेल उनका नेतृत्व करने के लिए मौजूद हैं।

जनता के हित और जनता के प्रतिनिधित्व की बातों और जनता के रूप में कांग्रेस की आवश्यकता उस समय तक थी जब तक कि विदेशी शासन से लोहा लेने का मौक़ा था। पटेल आज इन बातों की आवश्यकता नहीं समझते। इसलिए वे राष्ट्रनिर्माण की अपनी पूँजीवादी नीति को आज स्पष्ट शब्दों में ऐलान कर सकते हैं। कांग्रेस का भी विशेष उपयोग उनकी दृष्टि में नहीं रह गया। उसमें से जनतन्त्र भावना को तो वह बिलकुल ही समाप्त कर देना चाहते हैं। कांग्रेस अथवा किसी भी दल का अब यदि कोई उपयोग उनकी दृष्टि में है तो केवल उसी समय है जब जनमत का नाम लेकर शासन की बाग़डोर सँभालने का अधिकार जनता से माँगना हो। इस प्रयोजन से जनता तक पहुँचने अथवा जनता को वश में करने के साधन हैं—सार्वजनिक संगठन। देश की सजग और राजनैतिक दृष्टि से शिक्षित जनता के संगठन, कांग्रेस में जनतन्त्रवादी और शोषणविरोधी भावनाएँ अपेक्षाकृत गहरी पैठ चुकी हैं। उसे सीधे-सीधे पूँजीवादियों के हाथ सौंप देना आसान नहीं। इसलिए आज पटेल कांग्रेस को देश की एकमात्र राजनैतिक कर्णधार मानने के लिए तैयार नहीं; कम-से-कम वे कांग्रेस की पुरानी जनतन्त्रवादी और शोषणविरोधी भावना को वर्तमान अवस्था में अपने शासन अधिकारों की रक्षा के लिए भरोसे लायक निरापद नहीं समझते। उन्हें देश के लिए भय और आशंका साम्प्रदायिक संघर्ष में नहीं किसान मज़दूरों में बढ़ती शोषणविरोधी चेतना में दिखायी देता है। इसलिए वे कांग्रेस अथवा शासन-व्यवस्था पर प्रभाव डाल सकने में समर्थ क्षेत्रों में समाजवादी प्रवृत्तियों का प्रभाव कम करने के लिए निरन्तर कम्युनिस्टों पर तो लांछन लगा ही रहे हैं। इसके साथ ही वे कांग्रेस समाजवादियों को भी कांग्रेस से निकाल देने की धमकी दे रहे हैं।

दूसरी ओर वे साम्प्रदायिक अशान्ति के लिए जिम्मेदार दलों को अपनी साम्प्रदायिक विचारधारा बदलने के लिए न कहकर केवल उन्हें वोट देने के लिए कांग्रेस में आने का निमन्त्रण दे रहे हैं। साम्प्रदायिक भावना से उन्मत्त लोगों को सन्तुष्ट करने के लिए वे हिन्दुस्तान के मुसलमानों को धमकाने और पाकिस्तान को युद्ध की चुनौती देने की आत्मनाशक चालें चलने के लिए भी तैयार हैं।

उनकी दृष्टि में व्यवस्था का अर्थ पूँजीवादी श्रेणी के अधिकार और साम्राज्यवादी शासन-पद्धति ही हैं। इसके लिए भारत की पूँजीवादी श्रेणी को व्यापारिक साधनों से शोषण की पूर्ण स्वतन्त्रता देने और अन्तरराष्ट्रीय साम्राज्यवादी शक्तियों से गठबन्धन करने की कोशिश कर रहे हैं। भारत का औद्योगिकीकरण वे समाजवादी रूस के ढंग पर, औद्योगिक और कृषक जनता के सहयोग से नहीं, बल्कि भारतीय पूँजीपतियों और विदेशी पूँजीपतियों के सहयोग से करना चाहते हैं। पश्चिमी बंगाल की असेम्बली में उनकी इस योजना का परिचय बी. सी. राय ने अपनी दमन नीति की

सफ़ाई देते हुए दिया है कि अमेरिका हमसे इसी प्रकार की व्यवस्था की शर्त चाहता है। अमेरिका पाकिस्तान से भी इसी प्रकार की व्यवस्था की शर्त चाहता है। दोनों वामपक्षी, मज़दूर और किसान शक्तियों को दबाकर अपनी-अपनी व्यवस्था की रक्षा के लिए साम्प्रदायिक भावनाओं के गुबार में जनता की आत्मनिर्णय की चेतना को डुबो देना चाहते हैं। इस नीति का परिणाम क्या होगा? चीन में एक चांगकाई शेक जनता और देश का नाश करने के लिए काफ़ी है। भारत में उसके दो-दो अवतार पटेल और जिन्ना के रूप में हो रहे हैं जो अपने और अपनी श्रेणी के शासन-अधिकार की रक्षा के लिए जनता को निरन्तर परस्पर संहार में डुबो देना चाहते हैं।

ऐसी अवस्था में गत इतिहास से शिक्षा लेकर राजनीति का मार्ग निश्चय करनेवाले लोगों के लिए उपेक्षा का अवसर शेष नहीं रह जाता। ऐसी अवस्था में जनता के अन्धविश्वास का सहारा पाकर शोषण के अधिकार की रक्षा करनेवाले नेतृत्व की प्रशंसा और समर्थन करते रहकर जनता को सचेत कर सकने की आशा नहीं की जा सकती। इस समय सबसे प्रथम आवश्यक यही बात है कि साम्प्रदायिक एकता, दरिद्रों की सेवा की शब्दाडम्बरपूर्ण, भावनामय अपीलों का अनुमोदन मात्र न कर साम्प्रदायिक अन्धेपन का निर्मम पर्दाफ़ाश किया जाय और जनता को यह स्पष्ट बताया जाय कि राष्ट्र-निर्माण के नाम पर उनके शोषण के बन्धनों को दृढ़ करने की चेष्टा करनेवाला नेताशाही उनकी हितचिन्तक नहीं बल्कि शत्रु है।

ऐसी अवस्था में देश के जनतन्त्रवादी और शोषण-विरोधी सभी दलों का मिलकर साम्प्रदायिकता का सहारा लेकर शोषण के अधिकारों की रक्षा करनेवालों के मोर्चे से लोहा लेना आवश्यक है और पटना में एक संयुक्त उग्रदली मोर्चे का संगठन बहुत ही समयानुकूल और आवश्यक क़दम उठाया गया है। इस उग्रदली मोर्चे के कार्यक्रम की यहाँ देना अप्रासंगिक न होगा।

१. पूर्ण स्वतन्त्रता, ब्रिटिश साम्राज्य से सम्बन्ध त्याग और सभी ब्रिटिश फ़ौजों और अफ़सरों की यहाँ से विदाई।

२. सभी ब्रिटिश और विदेशी आर्थिक-हितों जिनमें बैंक, बीमा कम्पनियों, मिल-कारख़ाने, बाग़ान, खान आदि हैं, की ज़ब्ती।

३. अमेरिकन ब्रिटिश साम्राज्यवादी राष्ट्र समूह से कोई समझौता नहीं किया जाय।

४. शासन की व्यवस्था और सेना को पूर्ण जनवादी बनाया जाय। नौकर शाही का ख़ातमा किया जाय।

५. जनता को हथियार दिये जायँ और एक जनता की स्वयंसेवक सेना संगठित की जाय।

६. एक जनवादी विधान बनाया जाय जिसका आधार भाषा और संस्कृति की बुनियाद पर बनी इकाइयों, (यदि ऐसी इकाइयाँ हों;) को आत्मनिर्णय का अधिकार होगा। इन इकाइयों को अलग होने का अधिकार रहेगा। सबकी इच्छा के आधार पर बना एक भारतीय संघ, सभी बालिग़ों को वोट का अधिकार और समानुपातिक प्रतिनिधित्व।

७. सभी दमनकारी क़ानून रद्द किये जायँ। सभी राजबन्दी, जिनमें किसान, मज़दूरों और जनता के अन्य वर्गों के आन्दोलनों के सिलसिले में सज़ा पाये या नज़रबन्द लोग भी हैं, रिहा किये जायँ। देश में पूर्ण नागरिक आज़ादी जिसमें भाषण, मिलन और प्रेस की स्वतन्त्रता शामिल है, क़ायम हो।

८. देशी रियासतों में रजवाड़ों का ख़ातमा। एकतन्त्र शासन के ख़िलाफ़ रियासती जनता की लड़ाइयों की मदद।

९. अल्पसंख्यकों के अधिकारों की रक्षा की जाय, उनकी संस्कृति, भाषा और रोजी-रोटी के हक़ों की हिफ़ाजत के लिए क़दम उठाये जायँ, साम्प्रदायिक भेदभाव और दंगों के ख़िलाफ़ ज़िहाद बोल दिया जाय। भारतीय संघ और पाकिस्तान के बीच दोस्ताना सम्बन्ध क़ायम किया जाय। सरकारें साम्प्रदायिक दंगे रोकने के लिए जो भी सही क़दम उठायें, उनका समर्थन किया जाय; साथ-ही-साथ साम्प्रदायिक प्रतिक्रियावादियों को ख़ुश करने की नीति का डटकर पर्दाफ़ाश किया जाय।

१०. ज़मींदारों के हर रूप और इसी के समान दूसरी व्यवस्थाओं का बिना मुआवज़े के ख़त्म किया जाय। जोतनेवालों को ज़मीन दी जाय। किसानों के सभी कर्ज रद्द किये जायँ। खेती के लिए सरकार की ओर से बैंक खोले जायँ और किसानों को सस्ती दर पर क़र्ज़ दिया जाय।

११. सभी मुख्य और बुनियादी उद्योगों और प्रधान राष्ट्रीय साधनों का बिना मुआवज़ा दिये राष्ट्रीयकरण किया जाय।

१२. चोर-बाज़ारी और मुनाफ़ाख़ोरी को ख़त्म करने के लिए ज़ोरदार आन्दोलन किया जाय। पूरी और उचित ख़ुराकबन्दी और मूल्य नियन्त्रण की व्यवस्था जारी हो!

१३. काम के घण्टे हफ़्ते में ४० हों, जीवन-निर्वाह योग्य तनख़्वाह की एक कम-से-कम दर तय कर दी जाय, सबको रोज़गार पाने का हक़ हो, और सबकी नौकरी पक्की हो। हड़ताल, पिकेटिंग और यूनियन बनाने का हक़ मिले।

१४. हर नागरिक को मुफ़्त शिक्षा दी जाय और सबके लिए मुफ़्त इलाज और स्वास्थ्य रक्षा के आम साधनों का प्रबन्ध हो।

इस समय केवल यही कार्यक्रम देश को साम्प्रदायिक प्रतिस्पर्द्धा की बाढ़ में डूबकर हिन्दुस्तान और पाकिस्तान के युद्ध से बचा सकता है। इसके विरुद्ध शोषण के अधिकार पर जीनेवाली श्रेणियों का जनविरोधी संकीर्ण स्वार्थ इसी बात में है कि युद्ध के बहाने जनता की शक्तियों के दमन का और संकटकालीन लूट का अवसर, जैसा कि हम अभी युद्ध के समय देख चुके हैं, उन्हें फिर मिले। इस समय पूँजीवादी तानाशाही से जनतन्त्रात्मक शक्तियों की रक्षा के लिए जनता का सम्मिलित होकर क़दम न उठाना जनता की आत्महत्या होगी। वामपक्ष के समर्थन और समाजवाद के ध्येय में विश्वास रखनेवाले किसी भी दल का इस मोर्चे में सहयोग न देना आश्चर्य की बात है।

राहुल जी और कम्युनिस्ट पार्टी

कम्युनिस्ट पार्टी से राहुल जी के त्याग-पत्र अथवा पार्टी की सूची से राहुल जी का नाम काट दिये जाने के ऐलान ने कई प्रश्नों की ओर ध्यान आकर्षित किया है।

राहुल जी के व्यक्तित्व के प्रति आदर के कारण पार्टी के ऐलान से कुछ लोगों को आपत्ति है। उनका विश्वास है कि राहुल जी ने मतभेद के कारण स्वयं पार्टी को त्याग दिया है। किसी भी पार्टी से त्याग-पत्र देने अथवा उससे बहिष्कृत किये जाने का निर्णय उस पार्टी के विधान पर निर्भर करता है।

जाँच करने से मालूम हुआ है कि कम्युनिस्ट पार्टी में सदस्यता के लिए प्रार्थना इसी शर्त पर स्वीकृत होती है कि व्यक्ति पार्टी से त्याग-पत्र देने का अधिकार खो बैठता है। कम्युनिस्ट पार्टी के अनुशासन के अन्तर्गत कोई भी सदस्य सार्वजनिक महत्त्व के किसी विषय पर कोई ऐलान पार्टी की स्थानीय समिति से अनुमति लिये बिना नहीं कर सकता। सुना है कि राहुल जी को अखिल भारतीय हिन्दी साहित्य सम्मेलन में भाषण देने से पूर्व पार्टी ने मन्त्रणा के लिए आदेश दिया था जिसे उन्होंने नहीं माना। यह सही हो सकता है समय के विचार से राहुल जी ने त्याग-पत्र पहले दिया हो और पार्टी का निर्णय बाद में घोषित हुआ। ऐसी अवस्था में यही मानना

पड़ेगा कि राहुल जी ने पार्टी के विधान के विरुद्ध त्याग-पत्र दिया और पार्टी ने अनुशासन की अवहेलना करने के कारण उनका नाम पार्टी की लिस्ट से काट दिया। अर्थात् पार्टी से नाम काटे जाने के योग्य वे पहले हुए। त्याग-पत्र का मूल्य जनता के लिए हो सकता है। पार्टी के विधान की दृष्टि में नहीं।

इससे अधिक महत्त्व का प्रश्न है राहुल जी के दृष्टिकोण के औचित्य का। हिन्दी और देश की संस्कृति के भारतीयकरण की उनकी नीति कहाँ तक उचित है? कम्युनिस्ट पार्टी हिन्दी को राष्ट्रभाषा मानकर उर्दू के लिए कुछ अधिकारों की माँग करती है। इसी प्रकार मुस्लिम जनता के प्रजातन्त्रात्मक और नागरिक अधिकारों के लिए वह उनकी सांस्कृतिक पद्धति की रक्षा भी चाहती है। कम्युनिस्ट पार्टी के विचार में उर्दू मुस्लिम संस्कृति का एक अंग है। सिद्धान्त रूप से अल्पमतों की संस्कृति की रक्षा की बात ठीक है परन्तु इसका क्रियात्मक रूप क्या है?

धर्म या साम्प्रदायिक ग्रन्थों की भाषा के आधार पर उर्दू को मुस्लिम संस्कृति का अंग स्वीकार नहीं किया जा सकता। जिस देश से इस्लाम का प्रादुर्भाव हुआ या जिस देश से इस्लामी जनता इस देश में आयी। उन देशों की भाषा भी उर्दू नहीं। भारत के विभिन्न प्रान्तों के मुसलमानों की भाषा भी उर्दू नहीं। इस्लाम और उर्दू का सम्बन्ध किस नाते जोड़ा जा रहा है, यह हम नहीं समझ सकते और न यह समझ सकते हैं कि देश की स्वीकार की गयी और अत्यधिक बहुसंख्यक जनता की भाषा को उसका उचित स्थान देने से इस्लाम या अल्पमत की संस्कृति के प्रति अन्याय कैसे हो रहा है? कुरान उर्दू में पढ़ा जा सकता है तो हिन्दी में भी उसका अनुवाद मौजूद है।

शिकायत महसूस होने का कारण यह है कि हिन्दी का उचित स्थान अब तक उर्दू को दिया गया था! उर्दू अब तक सरकारी भाषा इसलिए थी कि उसे ज़बरदस्ती जनता पर लादा गया था। उस उत्पीड़न से यदि जनता स्वाभाविक स्वतन्त्रता अनुभव करना चाहती है तो इसमें अन्याय की गन्ध खोजना कुछ ज़्यादती ही है। भारत के उत्तरी प्रान्तों में उर्दू की जबरन जमायी गयी स्थिति को तो हम ऐतिहासिक विकास कहकर स्वीकार कर लें और हिन्दी को उसकी उचित स्थिति देने के प्रयत्न को अल्पसंख्यकों पर अत्याचार करने लगे, यह बात अधिक युक्तिसंगत नहीं जान पड़ती।

हिन्दू संस्कृति और मुस्लिम संस्कृति अपने मौलिक रूपों में आज कहीं दिखायी नहीं पड़ती। लेकिन दोनों संस्कृतियों को आपस में लड़ा देने लायक भेद ज़रूर मौजूद है। इन भेदों को आत्मनिर्णय, नागरिकता और प्रजातन्त्र के नाम देना 'तिल का ताड़

बनाना' मात्र है। देश के लिए एक सम्मिलित संस्कृति की आवश्यकता है उसे विकास पथ पर बढ़ा सके। हमारे सामने प्रश्न है इस देश के उत्तरी भाग के लिए यथासम्भव एक भाषा एक संस्कृति काम्य है या नहीं? यदि है तो वही अधिक काम्य होगा जो बहुसंख्यक के लिए सुगम और इस देश के लिए स्वाभाविक हो! हिन्दी के रूप में एक भाषा बनाने का उपाय उर्दू को नष्ट कर देना नहीं बल्कि उसे हिन्दी में सम्मिलित कर लेना है। और फिर उर्दू को अल्पसंख्यक मुसलमान की भाषा नहीं कहा जा सकता। इस अवस्था में उर्दू को हिन्दी में सम्मिलित कर लेना मुसलमानों की शुद्धि नहीं कहा जा सकता।

यह हम मान सकते हैं कि इस परिवर्तन के काल में हिन्दी को भी साम्प्रदायिक वैमनस्य पूर्ति का साधन बना लिया जाये। इस रोग का उपचार राष्ट्रीय विकास के सबसे प्रमुख साधन भाषा की उपेक्षा करना नहीं होगा बल्कि साम्प्रदायिकता की भावना का उन्मूलन करना होगा। जो निराधार साम्प्रदायिक और सांस्कृतिक भेदभाव केवल दुराग्रह के कारण चले आ रहे हैं, उन्हें दूर करना होगा या नहीं। सांस्कृतिक चुनाव के बारे में राहुल जी का दृष्टिकोण हिन्दू समाज के प्रति मुस्लिम समाज की अपेक्षा अधिक आलोचनात्मक रहा है। उनकी बात की उपेक्षा साम्प्रदायिक दुराग्रह भाव कहकर नहीं की जा सकती।

मार्च–अप्रैल
१९४८

भारत सरकार की अन्तरराष्ट्रीय नीति

आधुनिक युग में मनुष्य के जीवन के साधन और उसके ढंग बदल चुके हैं। मनुष्य आज प्राचीन समय की भौगोलिक सीमाओं में सीमित होकर ग्रामों, नगरों और देशों में शेष संसार की उपेक्षा कर नहीं रहता। भारत के देहात में रहकर भी हमारे जीवन पर लन्दन और न्यूयार्क में घटनेवाली घटनाओं का और उन देशों की जनता के विचारों और निर्णयों का प्रभाव पड़ता है। दिल्ली, लन्दन, न्यूयार्क, मास्को इस युग के विकसित साधनों के प्रभाव से एक ही शहर के अनेक मुहल्लों की भाँति हो गये हैं जो परस्पर एक–दूसरे की उपेक्षा नहीं कर सकते। ऐसी अवस्था में किसी भी देश का आत्मनिर्भर होकर और अन्तरराष्ट्रीय सम्बन्धों में निष्पक्ष होकर रहना सम्भव नहीं, यदि कोई ऐसा करता है तो वह केवल दम्भ मात्र है।

दो अन्तरराष्ट्रीय महायुद्ध हम वर्तमान पीढ़ी में भुगत चुके हैं। तीसरे महायुद्ध की काली घटाएँ आकाश में छा रही हैं। गत वर्षों में अन्तरराष्ट्रीय स्थिति में कुछ और परिवर्तन उभड़ आये हैं। यह परिवर्तन है, राष्ट्र की अपेक्षा श्रेणी की प्रमुखता। इस परिवर्तन को प्रकट किया है पूँजीपति श्रेणी ने। गत महायुद्ध में यूरोप के देशों पर फैसिस्ट शक्ति का आक्रमण होने पर उन देशों के पूँजीपतियों ने श्रेणी रूप में फैसिस्टों का साथ दिया और जर्मनी और इटली के पराजय के बाद अमेरिका के नेतृत्व में जब इन देशों के पुनर्निर्माण का प्रश्न आया, तब भी इन देशों की पूँजीपति श्रेणी ने अपने देशों की जनता के अत्यन्त प्रबल बहुमत के विरुद्ध अमेरिकन पूँजी और शस्त्रों की सहायता से अपना प्रभुत्व फिर से जमाने का यत्न किया है। यूरोप के पूर्वी देशों और चीन में चलनेवाला संघर्ष राष्ट्रीय सीमाओं के भीतर स्थानीय पूँजीपति श्रेणी और श्रमिक वर्ग का संघर्ष नहीं बल्कि अन्तरराष्ट्रीय रूप में दो श्रेणियों का संघर्ष है।

अमेरिका और इंग्लैण्ड के पूँजीपति किसी भी देशों में श्रमिक वर्ग की शक्ति बढ़ना या वहाँ समाजवाद क़ायम होना अपने अस्तित्व के लिए ख़तरा समझते हैं। अमेरिका के पूँजीपति अरबों रुपया चीन में समाजवाद और कम्युनिज्म की सफलता की रोकथाम के लिए खो चुके हैं, यूरोप के पूर्वीय देशों में भी वे अरबों रुपया क़र्ज़

के रूप में दे रहे हैं परन्तु अपने देश के मज़दूरों की मज़दूरी बढ़ाने की माँग को वे पूरा करने के लिए तैयार नहीं। अपने देश के श्रमिकों के श्रम से जो अपरिमित धन उन्होंने कमाया है, उसका भाग अपने देश के मज़दूरों के साथ बाँटकर भोगने की अपेक्षा वे उस धन को अन्तरराष्ट्रीय रूप में अपनी शक्ति क़ायम रखने में लगाना ही उचित समझते हैं।

अन्तरराष्ट्रीय शान्ति रक्षा के नाम पर अमेरिका और इंग्लैण्ड जो सामूहिक तैयारियाँ कर रहे हैं वे किस भय का उपाय करने के लिए हैं। एक समय इंग्लैण्ड और अमेरिका को फैसिज्म के रूप में इटली, जर्मनी और जापान का भय था परन्तु आज उन्हें किसका भय है? कौन देश आज इंग्लैण्ड और अमेरिका पर आक्रमण कर रहा है? आज इंग्लैण्ड और अमेरिका अपने अधिकृत जर्मनी के भागों में नाज़ीवादी प्रवृत्ति को समाप्त कर देना अपने अस्तित्व के लिए ख़तरनाक समझते है क्योंकि नाज़ीवाद की समाप्ति का अर्थ है कम्युनिज़्म का उदय। जर्मनी में कयुनिज़्म की स्थापना को रोकने के लिए ही नाज़ीवाद की स्थापना की गयी थी और आज अमेरिकन पूँजीवाद भी मानवता के दमन की इस प्रणाली को 'प्रजातन्त्र' का नाम देकर अपना रहा है। इसलिए अमेरिका आज अपनी सहायता के मूल्य में प्रत्येक देश के सामने स्थानीय रूप से समाजवादी प्रवृत्तियों और कम्युनिज़्म को दबाने की शर्त के रूप में रखता है।

भारत की पूँजीवादी नेताशाही राष्ट्र की जनता का समर्थन पाने के लिए और स्वयं साम्राज्यवादी बन्धन से मुक्ति पाने के लिए अब तक साम्राज्यवाद को कोसती रही परन्तु ज्यों ही उन्हें शोषण का अधिकार मिलने का अवसर आया, वे नितान्त निर्लज्जता से साम्राज्यवादी पाले में जाकर अमेरिका के पिछलग्गू बन गये। अमेरिका से औद्योगिक यन्त्रों की सहायता पाने के लिए भारत की सरकार ने हैवाना में जिस समझौते को स्वीकार किया है उससे इसने अपने-आपको स्पष्ट रूप में साम्राज्यवादी शोषण के पाले में सम्मिलित कर दिया है और अमेरिका के नेतृत्व में वे अपनी पूँजीपति श्रेणी को विश्वास दिला रहे हैं कि देश के उद्योग-धन्धों के राष्ट्रीयकरण किये जाने से भयभीत होने की आवश्यकता उन्हें नहीं है। देश में जो औद्योगिक विकास अमेरिका की सहायता से होगा, वह राष्ट्र की सम्पत्ति के रूप में नहीं बल्कि व्यक्तिगत पूँजीपतियों के मुनाफ़े के लिए और उनकी सम्पत्ति के रूप में होगा। इसके साथ ही प्रजातान्त्रिक और नागरिक स्वतन्त्रता के सब ऐलानों को आग लगाकर वे भारत तथा अमेरिका के पूँजीपतियों के सन्तोष के लिए कम्युनिस्टों का ग़ैरक़ानूनी दमन कर रहे हैं।

देश में उपयोगी पदार्थों की पैदावार बढ़ाने के नाम पर पूँजीपतियों के उद्योग धन्धों से पराये जो नाममात्र के प्रतिबन्ध और नियन्त्रण थे उन्हें भी हटाया जा रहा

है! देश की आवश्यकताएँ पूरी न हो सकने पर भी देश में बने कपड़े और चीनी को बाहर भेजने की अनुमति दी जा रही है। ताकि पूँजीपति यहाँ बाज़ार भाव को ऊँचा रख सकें।

पण्डित नेहरू से लेकर पण्डित पन्त तक सभी नेता अपने प्रत्येक ऐलान में देश को ख़तरे से बचाने के लिए अधिकारों की माँग की दुहाई दे रहे हैं। पाकिस्तान से भी सांझी रक्षा के समझौते अमेरिका और इंग्लैण्ड की सरपरस्ती में हो रहे हैं। हमारे राष्ट्र को ख़तरा है किससे? भारत पर किसके आक्रमण की आशंका है? जिसके विरुद्ध हिन्दुस्तान और पाकिस्तान एक होकर अमेरिका और इंग्लैण्ड की सरपरस्ती में लड़ेंगे?

यह ख़तरा अन्तरराष्ट्रीय क्षेत्र में है रूस की समाजवादी शक्ति से। भारत की जनता को चाहे यह ख़तरा न हो परन्तु अमेरिका और इंग्लैण्ड को तो है। अन्तरराष्ट्रीय शक्ति के नाम पर अमेरिका और इंग्लैण्ड के पूँजीपति रूस के नेतृत्व में अन्तरराष्ट्रीय रूप से बढ़ती समाजवाद और कम्युनिज़्म की शक्ति को श्रमिक वर्ग के सत्ता पाने की सम्भावना को कुचलने की तैयारी कर रहे हैं। इस अन्तरराष्ट्रीय साम्राज्यवादी संगठन में वे हिन्दुस्तान और पाकिस्तान को भी, रूस के विरुद्ध अपने साथ चाहते हैं और यह शर्त हिन्दुस्तान और पाकिस्तान को अमेरिका से सहायता मिलने का मूल्य है।

भारत की जनता इसे पसन्द करे या न करे परन्तु भारत और पाकिस्तान के पूँजीपतियों और सामन्तवादियों द्वारा नियन्त्रित सरकारों को यह पसन्द है। ऐसी अवस्था में जनता के प्रति विश्वासघात की सरकार की नीति का भण्डाफोड़ जो कोई राजनैतिक दल करेगा वह निश्चय ही सरकार के सामने अपराधी होगा—तो आश्चर्य क्या यदि भारत के कम्युनिस्टों को शान्तिभंग करने के अपराध में दोषी प्रमाणित किये बिना ही जेलों में भरा जा रहा है। भारत में समाजवादी प्रवृत्ति और कम्युनिस्टों का दमन अन्तरराष्ट्रीय पूँजीपति, साम्राज्यवादी नीति का अंग है जिसे कि भारतीय सरकार ने स्वीकार किया है।

अहिंसात्मक नादिरशाही

कांग्रेस सरकार की स्थापना के दिन से देश की जनता के लिए चैन से साँस लेने का कोई दिन नहीं आया। जनता की कुछ विपत्तियों के लिए गत महायुद्ध

जिम्मेदार था, कुछ के लिए हमारे राजनीतिज्ञों की ग़लत सूझ। यहाँ तक तो जनता अपने भाग्य को दोष देकर और भविष्य में अपने प्रयत्न से अपनी अवस्था सुधारने का भरोसा कर अपनी अवस्था को सहे जा रही थी परन्तु अब जब जनप्रियता का दावा करनेवाली सरकार जनता को अपने विचार प्रकट करने और अपनी जीवन समस्याओं का समाधान करने के अधिकारों से भी वंचित करने का क़दम उठा रही है तो जनता इसका सक्रिय विरोध किये बिना नहीं रह सकती।

हमारी सरकार ने अरनी गुरु गोरी नौकरशाही से जहाँ और संकीर्णताऐं सीखी हैं वहाँ एक शब्द 'स्टेट ऑफ एन इमरजेन्सी' (संकटापन्न स्थिति) भी सीख लिया है और इस शब्द का प्रयोग कांग्रेसी सरकार आज हैलेटशाही से भी कहीं अधिक निरंकुशता और अविचारपूर्ण ढंग से कर रही है। जिसका उत्कट उदाहरण यह है कि अभी हाल में क्रान्तिकारी समाजवादी पार्टी और उसके तुरन्त बाद कम्युनिस्ट पार्टी के सदस्यों की अन्धाधुन्ध गिरफ्तारियाँ।

सार्वजनिक शान्ति की रक्षा के बहाने का प्रयोग जितने अविचार और हिंसापूर्ण ढंग से आज कांग्रेस सरकार कर रही है, उससे कांग्रेस ने अब तक स्वतन्त्रता के लिए जो युद्ध किया है, उस सब पर कालिख पुती जा रही है। क्रान्तिकारी समाजवादी और कम्युनिस्ट पार्टी के गिरफ़्तार किये गये मेम्बरों और दूसरे फ़रार मेम्बरों के प्रति सरकार का आरोप है कि वे हिंसात्मक उपायों का प्रचार और तैयारी कर रहे हैं। यदि सरकार के पास इस आरोप के लिए कोई प्रमाण है तो क्या कारण कि सरकार उन प्रमाणों को जनता के सामने न रखे। देश की सर्वसाधारण जनता तो हिंसा नहीं चाहती और जिस जनता में वर्तमान सरकार को शासन का अवसर देने की समझदारी थी, उस जनता से इतनी समझदारी की भी आशा करनी चाहिए कि वह अन्य राजनैतिक दलों द्वारा रखे गये कार्यक्रमों की भी तुलनात्मक विवेचना कर सकेगी।

यदि सरकार के पास इस बात का प्रमाण है कि यह राजनैतिक दल सार्वजनिक शान्ति की रक्षा के लिए घातक प्रयत्न कर रहे हैं, इनके सिद्धान्त प्रजातन्त्र और सार्वजनिक शान्ति के लिए भय का कारण हैं तो सरकार को विधान-सभाओं में—जहाँ कि उनका अत्यधिक मत है, इस विषय पर विचारकर अपनी नीति की सफ़ाई जनता को देनी उचित थी। परन्तु इस प्रजातन्त्रात्मक वैधानिक उपाय से न चलकर, मिनिस्ट्री की गद्दी से कुछ व्यक्तियों की गिरफ़्तारी की आज्ञा दे देना, क्योंकि आप ऐसी आज्ञा दे सकते हैं और अंग्रेज़ सरकार द्वारा दमन के काम में सधी हुई पुलिस आपके पास है, किसी भी प्रकार प्रजातन्त्रात्मक और वैधानिक नहीं कहा जा सकता। क्या कांग्रेसी सरकार क़ायम हो जाने के दिन से इस देश में न्याय विभाग समाप्त

हो गया है? क्या न्यायालय यह निर्णय नहीं कर सकते कि किसी व्यक्ति का कार्य क़ानून द्वारा दण्डनीय है अथवा नहीं?

कम्युनिस्ट पार्टी ने फरवरी के अन्तिम सप्ताह में जो नया कार्यक्रम अपनाया है और देश में होनेवाली औद्योगिक हड़तालों से आप कम्युनिस्ट पार्टी के प्रभाव से आशंकित हैं। कम्युनिस्ट पार्टी का नया कार्यक्रम यदि हिंसात्मक षड्यन्त्र के रूप में है तो इसका निर्णय देश के न्यायालयों में होना चाहिए और यदि वह जनमत की प्रेरणा के आधार पर है तो उन्हें अपना कार्यक्रम जनता के सम्मुख रखने का उतना ही अधिकार है जितना कि कांग्रेस को! वह कार्यक्रम जनता के लिए कल्याणकारी है या नहीं, इस बात का निर्णय जनता स्वयं करेगी। पण्डित नेहरू का यह फतवा दे देना कि कम्युनिस्ट पार्टी ने कांग्रेस की वर्तमान सरकार को पलट देने का इरादा किया है, इसलिए उन्हें गिरफ़्तार कर जेल में डाल देना न्यायसंगत है, अपने मुँह मियाँ-मिट्ठू बन जाना है। अब तक—ब्रिटिश के दमनकारी शासन में भी देश-भर के हाईकोर्ट एक स्वर से निर्णय दे चुके हैं कि किसी व्यक्ति या संगठन को 'इरादे' के लिए दण्ड नहीं दिया जा सकता। यदि कम्युनिस्ट पार्टी सार्वजनिक मत द्वारा वर्तमान सरकार को पलटने का कार्यक्रम अपनाती है तो प्रजातन्त्र न्याय की किसी धारणा से इसे अपराध नहीं कहा जा सकता। औद्योगिक क्षेत्र में देश के लिए पैदावार बढ़ाने और मज़दूर तथा महाजन के झगड़ों को मिटाने का जैसे आपका एक कार्यक्रम है वैसे ही कम्युनिस्ट पार्टी का भी कार्यक्रम है। दोनों कार्यक्रमों में कौन अधिक युक्तिसंगत और देश के लिए लाभदायक है, इसका निर्णय जनता करेगी। यदि आप दूसरी राजनैतिक पार्टियों और व्यक्तियों को अपने कार्यक्रम और सिद्धान्त भी प्रकट नहीं करने देते तो फिर विचारों, भाव प्रकट करने और सम्मिलन की स्वतन्त्रता के शब्दों को दफना दीजिये। केन्द्रीय और प्रान्तीय सरकारों के तमाम सूचना और प्रचार विभागों को कांग्रेसी सरकारें अपने कार्यक्रमों का प्रचार करने में इस्तेमाल कर रही हैं परन्तु दूसरे दलों को वह दस आदमी इकट्ठे कर मुँह से बात कहने अथवा प्रेस में अक्षर छापकर अपनी बात समझाने का भी अधिकार देने के लिए तैयार नहीं। क्या यह नादिरशाही सहने के लिए ही देश के नौजवान फाँसी पर झूल गये थे और लोगों ने अपनी जवानियाँ काले पानी में गारत की हैं?

भारत की जनता सूर्य के उदय और अस्त की सीमाओं से मुक्त ब्रिटिश साम्राज्य के दमन का विरोध करने का साहस कर चुकी है। वह तुम्हारी नादिरशाही को भी नहीं सहेगी। अहिंसा का ढोल बजाकर सार्वजनिक हिंसा करनेवाली सरकार याद रखे कि गत महायुद्ध के समय और उसके बाद ब्रिटिश नौकरशाही ने दमन का वह चक्र चलाया था जिसमें 'वन्दे मातरम्' और 'भारत माता की जय' कहने का अधिकार

तक जनता से छीन लिया था। उस दमन का परिणाम हुआ था कि देश में जगह-जगह राजनैतिक हिंसाओं द्वारा राजनैतिक असन्तोष का प्रकट होना। आज यदि कांग्रेस सरकार जनता से विचार प्रकट करने का अधिकार छीनेगी तो कम्युनिस्ट पार्टी तो नहीं परन्तु यह सरकार स्वयं हिंसात्मक राजनैतिक विरोध का बीज बोयेगी। जनता अहिंसा के ढोंग से ढँकी नादिरशाही को सहन कर सकेगी।

◈

सोशलिस्ट पार्टी

कांग्रेस के भीतर जन्मी और पनपी कांग्रेस सोशलिस्ट पार्टी के कांग्रेस से अलग हो जाने पर कांग्रेस के अधिकार मत नेता केवल उपेक्षा और विडम्बना दिखा रहे हैं परन्तु यह तथ्य कांग्रेस की आज की वास्तविक स्थिति और उसके भविष्य का संकेत कर रही है।

कांग्रेसी सरकारों ने समाजवादी राष्ट्र का निर्माण करने का ऐलान किया है परन्तु समाजवादी उससे पृथक् हो रहे हैं। यह इस बात का प्रमाण है कि कांग्रेस के समाजवादी समझ चुके हैं कि कांग्रेसी सरकारों के यह ऐलान केवल जनता की आँखों में धूल झोंकने का प्रयत्न था और इन सरकारों की नीति और गति स्पष्ट रूप से पूँजीवादी व्यवस्था की रक्षा और उसे सबल बनाकर साम्राज्यवादी संगठन में सम्मिलित होना है।

समाजवादी पार्टी के कांग्रेस विच्छेद के कारण बताते हुए श्री जयप्रकाश ने कहा है कि अब तक कांग्रेस राष्ट्रवादी जनता का विदेशी ग़ुलामी से मुक्ति युद्ध का मोर्चा था परन्तु आज वह एक पार्टी के रूप में संकुचित संगठन बन रही है। और यह पार्टी ऐसी है जिसमें समाजवादी और प्रगतिवादी धारणाओं के लिए कोई स्थान या अवसर नहीं। यदि कांग्रेस की गति समाजवाद और जनवाद की ओर नहीं तो वह निश्चय ही पूँजीवादी व्यवस्था द्वारा पूँजीपति श्रेणी को तानाशाही स्थापित करने की ओर है।

यू.पी. सोशलिस्ट पार्टी के मन्त्री श्री बी.पी. सिन्हा ने समाजवादी पार्टी की स्थिति को और अधिक स्पष्ट करने के लिए अपने वक्तव्य में कहा है कि कांग्रेस की नीति से अलग एक प्रगतिशील समाजवादी मार्ग देश के सम्मुख रखने के लिए पार्टी, कांग्रेसी पूँजीवादी तानाशाही और भारतीय कम्युनिस्टों के दो मार्गों से बचकर अपने जनतन्त्रवादी समाजवादी मार्ग का प्रदर्शन करेगी।

श्री सिन्हा का यह वक्तव्य सिद्धान्तों की विवेचना का प्रश्न उठा देता है कि मानव समाज की आधुनिक सामाजिक, आर्थिक और राजनैतिक परिस्थितियों में समाज के लिए पूँजीवादी व्यवस्था के विरुद्ध वर्गहीन समाजवादी व्यवस्था के अतिरिक्त और कौन मध्य मार्ग हो सकता है। कम्युनिस्ट इसी वर्गहीन समाजवादी मार्ग के समर्थक हैं। सोशलिस्ट पार्टी ध्येय रूप से कम्युनिस्टों के सामाजिक, आर्थिक, राजनैतिक ध्येय को स्वीकार करती है परन्तु मध्यवर्ग की महत्ता में उसका विशेष मोह है, प्रश्न यह है कि वर्गहीन समाज में मध्यवर्ग ही कैसे रह जायगा।

आज की परिस्थिति में, जब सोशलिस्ट पार्टी का ध्येय कांग्रेस की पूँजीवादी तानाशाही का विरोध करना है तो क्या इसके लिए एक राष्ट्रव्यापी मोर्चा आवश्यक नहीं? सोशलिस्ट पार्टी जिस ध्येय से पूँजीवादी तानाशाही का विरोध करना चाहती है उसमें और कम्युनिस्टों के मार्ग में भेद क्या रह जाता है? सोशलिस्ट पार्टी अपने-आपको कम्युनिस्टों से अलग रखना चाहती है परन्तु विरोधी परिस्थितियाँ उसे कम्युनिस्टों के पाले में धकेल रहा है। कांग्रेस को राष्ट्रीय मोर्चा मानकर, सोशलिस्ट पार्टी के उसमें बने रहने की इच्छा के बावजूद कांग्रेस से उनका बाहर हो जाना इसका प्रत्यक्ष प्रमाण है। भविष्य में क्या होगा यह भी केवल सोशलिस्टों की इच्छा पर ही निर्भर नहीं करता। पूँजीवादी तानाशाही के प्रमुख वक्ता पं. पन्त ने इस बात का संकेत दे दिया है कि सोशलिस्टों की भी वही गति होगी जो कम्युनिस्टों की हुई है।

हम सोशलिस्ट पार्टी से तक़ाज़ा करते हैं कि पन्त जी के शब्दों में पूँजीवादी तानाशाही के इरादे को समझकर अपने भविष्य और मार्ग को पहचानें। पूँजीवादी तानाशाही को आज स्थानीय संघर्षों और सीमित सामूहिक प्रयत्नों द्वारा दूर नहीं किया जा सकता। उसके लिए जनव्यापी प्रयत्नों की आवश्यकता है और इस प्रयत्न में किसी भी जनवादी शक्ति की उपेक्षा करना आत्महत्या के मार्ग पर जाना है।

मई

१९४८

कांग्रेस का तानाशाही कायाकल्प

१५ अगस्त, १९४७ के दिन भारतीय राष्ट्रीय कांग्रेस ने अपनी विजय मनायी और वह लक्ष्य पूर्ति की अपनी सफलता के उल्लास में बिखरकर समाप्त हो गयी। यों इसमें असन्तोष और दुःख की बात भी नहीं—विदेशी शासन से मुक्ति प्राप्त करने का कांग्रेस का राष्ट्रीय लक्ष्य पूरा हो गया। बिना लक्ष्य और उद्देश्य के कोई संस्था जीवित कैसे रह सकती है?

परन्तु विकास-क्रम का सिद्धान्त यह है कि मनुष्य के विकास की कोई चरम सीमा नहीं। मनुष्य समाज अपने स्थिर किये लक्ष्य तक पहुँचता-पहुँचता पूर्व निश्चित लक्ष्य के आगे पथ को देख पाता है और यदि समाज पतनोन्मुख नहीं हुआ तो और आगे बढ़ने लगता है।

भारत की राष्ट्रीय स्वतन्त्रता के लिए संघर्ष करनेवाला जन-समूह मानव प्रकृति के इसी सिद्धान्त पर चल रहा था और अंग्रेज़ों से आत्मनिर्णय का अधिकार छीनने के दृढ़ निश्चय और सफलता के पूरे विश्वास के आधार पर यह चिन्ता भी करता था कि विदेशी साम्राज्य के शोषणों के बन्धनों से मुक्त उसकी राष्ट्रीय व्यवस्था या स्वराज्य कैसा होगा? इस व्यवस्था में जन-शोषण की व्यापक व्याधि से मुक्त होकर जीवन रक्षा और विकास के अवसर पा सकेगा या नहीं? उनकी माँग थी कि विदेशी शासन से मुक्त जनता के वास्तविक आत्मनिर्णय के अधिकार का रूप ले। जनता की सार्वजनिक भावना को कांग्रेस के लक्ष्य की प्राप्ति में उपयोगी बनाने के लिए १५ अगस्त, १९४७ से पूर्व कांग्रेस के ध्येय में एक शोषणरहित समाज के स्थापना की अस्पष्ट-सी प्रतिज्ञा भी सम्मिलित थी और कांग्रेस अन्तरराष्ट्रीय जनवादी शक्तियों के प्रति अपनी सहानुभूति और सम्पर्क प्रकट किया करती थी।

१५ अगस्त, १९४७ के पश्चात् जब देश की जनशक्ति विदेशी शासन के बन्धनों को तोड़ चुकी तो उसकी सम्पूर्ण शक्ति के लिए एक ही लक्ष्य रह गया—अपने

जीवन पर से शोषण के बन्धनों को तोड़कर वास्तविक जनवादी आर्थिक व्यवस्था क़ायम करना और शासन को जनहित की राह पर ढाल देना जिसे वर्तमान युग में समाजवाद की स्थापना कहा जाता है।

जीवन के जिन अधिकारों को पाने के लिए देश की जनता ने जान की बाज़ी लगाकर विदेशी शासन को इस देश से धकेलने का प्रयत्न किया है उसका स्वाभाविक दूसरा क़दम देश में जनराज्य या समाजवाद की स्थापना ही है। पहले लक्ष्य के लिए जनता ने अपने शोषक विदेशी व्यवस्था से मुक्ति का संघर्ष किया और दूसरे क़दम पर उसके लिए इस देश में मौजूद शोषक श्रेणी से अपनी मुक्ति के लिए संघर्ष करना आवश्यक और स्वाभाविक था। इस संघर्ष के बीज विदेशी शोषण से जनता के संघर्ष में ही मौजूद थे। उसी काल में यह संघर्ष फूटा पड़ रहा था। मुक्ति की इच्छा करनेवाली शोषित जनता उसी समय इस परिणाम पर पहुँच गयी थी कि शोषण की सम्पूर्ण व्यवस्था से लोहा लिये बिना उनका जीवन सम्भव नहीं। विदेशी और देशी शोषण अन्योन्याश्रय हैं। मूलत: संघर्ष शोषक और शोषित का, पूँजीवाद और उसके विकसित रूप साम्राज्यवाद तथा समाजवाद या जनवाद में है। इस चेतना के परिणाम में विदेशी शासन के नाश के साथ-ही-साथ जनता में पूँजीवाद के नाश, सामन्तवाद के नाश और ज़मींदारी के नाश के नारे लगने लगे थे।

भारतीय जनता के विदेशी शासन से संघर्ष के समय इस देश की पूँजीपति श्रेणी और शोषित श्रेणी का लक्ष्य कुछ अंशों में एक ही और कुछ अंशों में अलग-अलग था। शोषित श्रेणी एक ही बात चाहती थी—शोषण से मुक्ति! इसके लिए वह उस समय के प्रधान शोषक विदेशी शासन-व्यवस्था को गर्दनिया दे रही थी और उसके साथ ही विदेशी शासन की छाया में पनपी देशी पूँजीपति श्रेणी के बन्धनों को भी तोड़ डालने की पुकार कर रही थी। वह चाहती थी शोषित श्रेणी की मुक्ति।

पूँजीपति श्रेणी का दाँव दुतरफ़ा था। वह विदेशी शासक के प्रभुत्व को तो दूर करना चाहती थी ताकि इस देश की जनता के शोषण में उससे प्रबल उसका प्रतिद्वन्द्वी मिट जाय परन्तु इसके साथ ही शोषण की व्यवस्था को वह मिटने नहीं देना चाहती थी, इसी व्यवस्था के आधार पर इस श्रेणी का अस्तित्व क़ायम था। इसलिए जब शोषित श्रेणी अपनी मुक्ति के लिए शोषक श्रेणी (विदेशी और देशी शोषक श्रेणी) से मुक्ति की हुंकार करती थी, जनता की और देश की सेवा का बाना पहने, शोषक श्रेणियों के प्रतिनिधि जनता को गुमराह करने के लिए उपदेश देते थे—इसी देश की शोषक और शोषित श्रेणियों में संघर्ष की बात फूट की घातक राह है। हमें देश के शोषकों और शोषितों के संघर्ष में न फँसकर केवल विदेशों पर चोट करनी है।

साधारण तर्कसंगत बात यह थी कि शोषण की व्यवस्था का अन्त हो जाने पर विदेशी साम्राज्यवाद का अस्तित्व इस देश में रह ही नहीं सकता था। परन्तु इस देश में प्रतिक्रियावाद के सबसे बड़े पुरोहित महात्मा गाँधी ने श्रेणी संघर्ष को हिंसा और पाप बताकर विश्वासी और धर्मभीरु जनता को अपने शोषण के फन्दे का आदर करते रहने का उपदेश दिया।

पूँजीवाद के दूरदर्शी और चतुर पुरोहित महात्मा गाँधी ने मुक्ति के लिए संघर्ष की भावना में अन्ततः श्रेणी-संघर्ष के अवश्यम्भावी आधार को पहचान लेने में चूक नहीं की। इसलिए उन्होंने श्रेणी-संघर्ष के बिना ही, मालिक और दास श्रेणियों के बने रहते एक रामराजी 'साम्यवाद' की कल्पना की जिसमें शोषक श्रेणी शोषण के अधिकारों को हाथ में रखकर भी दया और धर्म के नाते शोषित जनता के साथ समान अवस्था में रहेगी। शोषित जनता की मुक्ति का मार्ग बताया गया—विदेशी शोषण से संघर्ष और देशी शोषण से सहयोग।

इन सब प्रयत्नों के बावजूद कांग्रेस आन्दोलन की जड़ जनता की भावना में होने के कारण कांग्रेस की पुकार में जनता के हृदय की माँग का प्रकट न होना असम्भव था। परिणाम में स्वयं कांग्रेस में ही कम्युनिस्ट पार्टी, समाजवादी दल, क्रान्तिकारी समाजवादी दल, समाजवाद की ओर प्रवृत्ति लिए फ़ारवर्ड ब्लाक इत्यादि उत्पन्न होने लगे। पूँजीवादी व्यवस्था में आस्था रखनेवाले कांग्रेसी नेताओं के लिए जनता की प्रबल भावना की उपेक्षा करना सम्भव नहीं था। जहाँ एक ओर जनता के मस्तिष्क को जड़ बनाये रखने के लिए रामराजी समाजवाद का धुआँ पैदा किया जा रहा था, वहाँ शोषित जनता की श्रेणी-संघर्ष की ओर क़दम बढ़ा देने से रोकने के लिए और पूँजीपति श्रेणी के प्रतिनिधियों द्वारा कांग्रेस के नाम पर स्थापित की गयी सरकारों के प्रति जनता का विश्वास जमाने के लिए प्रान्तीय तथा केन्द्रीय व्यवस्थापक सभाओं में समाजवादी शासन-पद्धति की स्थापना के प्रस्ताव पास करना भी ज़रूरी था। कांग्रेसी सरकारों के यह प्रस्ताव इतिहास में एक ख़ासे बड़े सार्वजनिक धोखे के प्रमाणस्वरूप याद रहेंगे।

परन्तु इन उपायों से पूँजीपति श्रेणी का अस्तित्व, शक्ति और हित सुरक्षित नहीं रह सकते थे। इस प्रयोजन के लिए जनता के सहयोग पर भरोसा नहीं किया जा सकता था क्योंकि यह सहयोग सम्भव न था इसके लिए जनता के नियन्त्रण और दमन पर ही भरोसा किया जा सकता है। पूँजीवादी के प्रजातान्त्रिक पाखण्ड में सरकार चुनाव के आधार पर आसन पाती है। इसलिए पूँजीपति श्रेणी के लिए आवश्यक है कि वह चुनाव की मशीन पर अपना क़ब्ज़ा जमाये। इसके लिए कांग्रेस

को पूर्णत: पूँजीपति श्रेणी के प्रतिनिधियों के नेतृत्व के क़ब्ज़े में रखना ज़रूरी है। कांग्रेस का नया विधान इसी नीति पर अमल है।

स्वाभाविक है कि कांग्रेस का विधान बदल दिया गया। इसमें जनता के जनवादी अंशों में निराशा और आतंक अनुभव हो रहा है। परन्तु कांग्रेस का कार्यक्रम जिस पद्धति और आस्था पर चला आ रहा था उसका यह तर्कसंगत परिणाम होना आवश्यक था। विदेशी सत्ता और दमनकारी सरकार से लोहा लेने के लिए कांग्रेस ने जन्म लिया और इसी के लिए उसका विकास हुआ—इसलिए उसका आधार जनवादी होना आवश्यक था। परन्तु उस जनवादी आधार पर जो इमारत खड़ी की गयी, उसे आरम्भ से ही, यथासम्भव तानाशाही और निरंकुश बनाने की पूँजीवादी प्रवृत्ति जारी रही। कांग्रेस अपनी तानाशाही शासन बल पर या शस्त्रशक्ति से क़ायम नहीं रख सकती थी। इसलिए यह निरंकुशता और तानाशाही आध्यात्मिकता का आवरण देकर स्थापित की गयी। और इस सत्ता की प्रतिष्ठा एक त्यागी महात्मा के व्यक्तित्व में की गयी। कांग्रेस के कार्यक्रम का नीति निर्णय होता था तानाशाही विधि से परन्तु आन्दोलन को सशक्त बनाने के लिए उसमें जनशक्ति और जनमत का बल लाना आवश्यक था—इसलिए कांग्रेस जहाँ एक ओर साम्राज्यवाद से सौदे समझौते की नीति बरतती थी दूसरी ओर उसके मंच से जनता और जनवाद के नारे गूँजते रहते थे।

आज वैसी स्थिति नहीं है इसलिए कांग्रेस का पुराना जनवादी लक्ष्य और विधान नवीन परिस्थितियों में नवीन उद्देश्यों से बदल देना आवश्यक ही है। इस काम की नींव प्रतिक्रिया धर्म के प्रतीक महात्मा गाँधी अपने जीवन के अवशिष्ट दिनों में ही रख गये।

१५ अगस्त, १९४७ से पहले कांग्रेस का लक्ष्य था—इस देश की जनता के लिए शान्तिपूर्ण और अहिंसात्मक उपायों से स्वराज्य या आत्मनिर्णय का अधिकार प्राप्त करना। अब यह लक्ष्य हो गया है—"शान्तिपूर्ण और क़ानूनी तरीक़ों से भारत में एक ऐसा सहयोगी कामनवेल्थ क़ायम करना जो अवसर तथा राजनैतिक, आर्थिक और सामाजिक अधिकारों की समानता पर आधारित हो और जिसका ध्येय विश्वशान्ति तथा सहयोग हो।" इस लक्ष्य क़ी अस्पष्ट शब्दावली से अधिक महत्त्वपूर्ण है कांग्रेस के प्रधानमन्त्री द्वारा इसकी व्याख्या। इस लक्ष्य को जनता के गले के नीचे उतारने के लिए श्री शंकर राय देव ने इसकी व्याख्या की थी—**कांग्रेस का उद्‌देश्य एक ऐसे जनवादी समाज की व्यवस्था क़ायम करना है जिसमें पैदावार के साधनों की स्वामी जनता हो। इसे प्राप्त करने के लिए उन्होंने**

उपाय बताया था—"शान्तिपूर्ण और क़ानूनी तरीक़े जिनमें अहिंसात्मक सत्याग्रह और हड़ताल की है।"

परन्तु अब कांग्रेसी सरकार पूँजीपतियों को पैदावार के साधनों पर उनका व्यक्तिगत अधिकार अक्षुण्ण रहने का ही आश्वासन नहीं, उनके मुनाफ़े और स्वार्थ पर किसी प्रकार भी आँच न आने देने का भी आश्वासन दे रही है। इसके साथ ही पैदावार के साधनों पर जनता के अधिकार की बात को ही वह बग़ावत करार नहीं दे रही बल्कि पूँजीपति की लूट में से जनता (किसान-मज़दूर) के निर्वाह योग्य अंश की माँग को भी बग़ावत करार दे रही है। सरकार के इस व्यवहार के समर्थन के लिए कांग्रेस के प्रधानमन्त्री ने कांग्रेस के लक्ष्य की अपनी व्याख्या में परिवर्तन कर दिया है। अब पैदावार के साधनों पर जनता या राष्ट्र के अधिकार का अर्थ केवल ऐसे बड़े-बड़े व्यवसाय रह गये हैं जिन्हें पूँजीपति पारस्परिक ईर्ष्या के कारण किसी एक व्यक्ति के हाथ में जाने देने के लिए तैयार नहीं और जिन्हें वे अपने स्वार्थ के लिए राष्ट्र के ख़र्च पर चलाते रहना चाहते हैं। अन्यथा अब उनका सिद्धान्त है—देश के आर्थिक जीवन में राष्ट्र को दखल देने का कोई अधिकार न होगा। पूरी व्यवस्था जनता के तमाम अंगों के स्वतन्त्र सहयोग पर आधारित होगी।

जनता के तमाम अंगों के स्वतन्त्र सहयोग, शोषक और शोषित के स्वतन्त्र सहयोग की तुलना किसी हद तक रिवाल्वर लिये गोडसे और शान्ति का उपदेश देने के लिए हाथ जोड़े गाँधी जी के लिए समान अवसर तथा स्वतन्त्रता से दी जा सकती है। इस स्वतन्त्रता सहयोग का अर्थ केवल पूँजीपति श्रेणी का उच्छृंखल अधिकार ही समझा जायेगा।

देश की स्थिति को समझनेवाले किसी भी व्यक्ति से आज यह छिपा नहीं रहा कि देश की जनता ने जो शासन-अधिकार या स्वराज्य कांग्रेस के आन्दोलन के रूप में विदेशी सत्ता से संघर्ष कर छीना था, वह कांग्रेस की लगाम थामे पूँजीपति श्रेणी के दूत नेताओं के, जनता के प्रति विश्वासघात के कारण, पूँजीपति वर्ग के हाथ में जा चुका है। अब कांग्रेस का प्रयोजन उत्पीड़न और शोषण से जनता की मुक्ति का आन्दोलन बनकर दमनकारी सरकार से संघर्ष नहीं रहा बल्कि पूँजीपति सरकार का समर्थन हो गया है।

कांग्रेस को दमनकारी सरकार और शोषक पूँजीपति श्रेणी का मूक समर्थक बनाने के लिए कांग्रेस के जनवादी आधार को मिटा देना आवश्यक है। आधुनिक सरकार की नीति और व्यवहार जनविरोधी है। उसे जनता का समर्थन मिल सकना अस्वाभाविक है। इसलिए कांग्रेस को जनता का आन्दोलन न रहने देकर उसे कांग्रेस

के पूँजीपति नेताओं की समर्थक पार्टी बना देना आवश्यक है, वर्ना इन नेताओं का नेतृत्व नहीं रह सकेगा और न जनता की राय से उनके हाथ में सरकार की बाग़डोर ही रह सकेगी। इसीलिए कांग्रेस में आमूल परिवर्तन की आवश्यकता थी।

कांग्रेस के विधान में सबसे मौलिक परिवर्तन किया गया है जनता से मत देने का अधिकार छीन लेना, दूसरा यह कि कोई भी सदस्य नेताओं की इच्छा के बिना अपने-आपको कांग्रेस का सदस्य नहीं कह सकता। अब तक जो व्यक्ति चार आने देकर कांग्रेस की सदस्यता के लिए दस्तख़त करता था, अथवा सूत कातकर या खद्दर पहनकर सदस्यता की शर्त पूरी कर देता था, अपना स्वतन्त्र मत जनता के सम्मुख रख सकता था। आज यदि नेता न चाहे तो कोई भी व्यक्ति कांग्रेस की सदस्यता का दावा नहीं कर सकता और जिन लोगों के वोट पर नेताओं को भरोसा है वे सभी कांग्रेस के मतदाता मेम्बर बनाये जा सकते हैं—वास्तविकता की कसौटी कहीं भी बरती नहीं जा सकती।

जनता अपने विश्वास और भरोसे के लोगों को अपना प्रतिनिधि चुनकर कांग्रेस पंचायत अथवा कांग्रेस-कमेटी में नहीं भेज सकती। वह केवल ऐसे व्यक्तियों को चुन सकती है जो कांग्रेस का नेतृत्व सँभालनेवाले नेताओं के मत और कार्यक्रम से भिन्न किसी दूसरे मत और कार्यक्रम में विश्वास न रखते हों और न उससे सहयोग देते हों। अर्थात् कोई भी ऐसा व्यक्ति जो किसी भी रूप में पूँजीवादी व्यवस्था का विरोध करता है—कम्युनिस्ट, सोशलिस्ट अथवा फारवर्ड ब्लाकी है, वह कांग्रेस-पंचायत अथवा कमेटी के लिए नहीं चुना जा सकता।

इसी प्रकार जिला तथा प्रान्तीय कमेटियों के लिए केवल वही लोग चुने जा सकेंगे जो कांग्रेस के शासक वर्ग द्वारा उनके अनेक संगठनों में विश्वासपात्र कार्यकर्त्ता के रूप में चुने जा चुके हैं। इनके चुनाव के सम्बन्ध में साधारण जनता को केवल नेताओं की आज्ञा का समर्थन मात्र करना होगा। राय देने का हक़ उसे नहीं। इनका चुनाव वे ही लोग करेंगे जो इनसे निचले क्षेत्र में विश्वासपात्र समझे जा चुके हैं! साधारणत: इस चुनाव विधान को यों समझा जा सकता है कि जनता का प्रत्येक व्यक्ति कांग्रेस का सदस्य है परन्तु उसे कोई अधिकार नहीं। यह वैधानिक दावा किया जा सकता है कि कांग्रेस सम्पूर्ण प्रजा की प्रतिनिधि है। परन्तु प्रजा जनता अपना प्रतिनिधि केवल नम्बरदारों, मालगुजारी और चौकीदारों को ही चुन सकती है। यह लोग अपना प्रतिनिधि केवल तहसीलदारों और डिप्टी कलेक्टरों को चुन सकते हैं, ताकि मिनिस्टरों और गवर्नरों की गद्दी के बारे में जनता कुछ कह न सके।

इस प्रकार के चुनाव को चुनाव नहीं केवल नियुक्ति कहा जा सकता है। यह कांग्रेस के जन आन्दोलन के रूप और आधार को मिटाकर उसे पूर्ण रूप से तानाशाही पार्टी के शिकंजे में जकड़ लेना है ताकि जन भावना की कोई भी गूँज कांग्रेस के शासन में न पहुँच सके। सरकार पूँजीवादी तानाशाही में विश्वास रखती है और सरकार कांग्रेसी है इसलिए कांग्रेस को भी तानाशाही बनाना आवश्यक है। अब कांग्रेस सरकार को नहीं चलायेगी, सरकार कांग्रेस को चलायेगी। इसके लिए कांग्रेस के प्रधान ने अपना फतवा दे दिया है कि प्रत्येक कांग्रेसी का कर्त्तव्य है सरकार का समर्थन कर उसे मज़बूत बनाना।

कांग्रेस के इस तानाशाही विधान की सबसे बड़ी प्रशंसा यह है कि गाँधी जी अपनी हत्या से पूर्व इस विधान की रूपरेखा निश्चित कर गये हैं। इसमें सन्देह की कोई गुंजाइश नहीं। पूँजीवाद व कांग्रेस तानाशाही के प्रति जनवाद की आशंका से गाँधी जी बेख़बर नहीं थे। अपने प्रति जनता की अगाध श्रद्धा और अन्धविश्वास के बावजूद ब्रिटिश साम्राज्यवाद के ख़िलाफ़ उग्र संघर्ष के प्रश्न पर एक बार वे जनमत की कसौटी पर सुभाष बोस के सम्मुख परास्त हो चुके हैं—उस जनमत को स्वतन्त्र रहने देने की भूल वे किस प्रकार कर सकते थे।

कांग्रेस को जनवाद और जनमत से हटाकर तानाशाही के शिकंजे में जकड़ देना कांग्रेस के विधान में परिवर्तन ही नहीं; यह केवल कांग्रेस के नाम और प्रतिष्ठा का अनुचित वंचनापूर्ण प्रयोग है। नाम कांग्रेस का है परन्तु उसके स्थान पर दूसरी पूँजीवादी पार्टी जनता पर लादी ही गयी या अपना लक्ष्य प्राप्त कर मृतप्राय हो गयी कांग्रेस का यह तानाशाही कायाकल्प है।

हैदराबाद और कम्युनिस्ट

अभी इधर कुछ समाचार-पत्रों में ख़बरें छपी हैं कि हैदराबाद में कम्युनिस्टों और रज़ाकारों का गठबन्धन (Red-Razakar Axis) हो रहा है और हैदराबाद तथा भारत के दूसरे कम्युनिस्ट निज़ाम हैदराबाद की रियासत के भारतीय संघ में सम्मिलित होने के विरोधी हैं। यह समाचार छापने का प्रयोजन भी बहुत-कुछ पूरा हुआ क्योंकि हमने देखा कि यह समाचार पढ़कर बहुत-से लोग कम्युनिस्टों को गाली दे रहे हैं।

इनके साथ ही समाचार-पत्रों के पाठक लगातार निज़ाम की रियासत की पुलिस और रज़ाकारों से कम्युनिस्टों के संघर्ष के समाचार भी पढ़ते रहे हैं। बहुत कम समाचार-पत्रों में यह तथ्य प्रकाशित हुआ है कि कम्युनिस्टों के नेतृत्व में निज़ाम रियासत के दो हज़ार गाँवों ने अपने इलाक़ों में सामन्ती शासन समाप्त कर स्वतन्त्र शोषणरहित व्यवस्था क़ायम कर ली है। ऐसी अवस्था में कम्युनिस्टों का और हैदराबाद रियासत में इस्लामी शासन स्थापित करने के लिए लड़नेवाले रज़ाकारों का और निज़ाम हैदराबाद का गठबन्धन किस तरह हो सकता है? यह पूँजीवादी पत्रकारों की ही समझ में आ सकता है। ज़मींदारों के मुख-पत्र 'पायोनियर' ने इस समाचार को बड़े महत्त्व रो प्रकाशित किया, परन्तु स्वयं 'पायोनियर' को ही विश्वास न था कि परिस्थिति को समझनेवाली जनता इतने बड़े झूठ को चुपचाप निगल जायगी। इसलिए 'पायोनियर' ने इस समाचार पर जनता को विश्वास दिलाने के लिए अपनी सूझ के अनुसार दलील भी पेश की कि—यद्यपि कम्युनिस्टों और निज़ाम में सन्धि के लिए कोई आधार होना कठिन है परन्तु कम्युनिस्टों की नीति और विचारधारा में नैतिकता का अभाव होने के कारण वे अपना प्रयोजन सिद्ध करने के लिए चाहे जो भी कर सकते हैं।

यह तो है 'पायोनियर' के सम्पादक की अपने अन्नदाताओं के प्रति कर्त्तव्यबुद्धि, उसे किसी-न-किसी प्रकार कम्युनिस्टों के विरुद्ध विष-वमन करना ही है। यदि हम इस दलील को भी स्वीकार कर लें कि कम्युनिस्ट अपना प्रयोजन पूरा करने के लिए सब-कुछ कर सकते हैं तो प्रश्न होता है कि हैदराबाद के सम्बन्ध में कम्युनिस्टों का प्रयोजन क्या है? उत्तर मिलेगा, सामन्तवादी शोषण की व्यवस्था से जनता को मुक्त करना। ज़मींदारी के मुख-पत्र को कम्युनिस्टों के इसी प्रयोजन से विरोध है। इस व्यवस्था में हैदराबाद को शोषण की अवस्था में रखने के लिए जान की बाज़ी लगानेवाले निज़ाम और रज़ाकरों की कम्युनिस्टों से सन्धि किस प्रकार हो सकती है? वह सन्धि हो सके या न हो सके 'पायोनियर' का प्रयोजन तो कम्युनिस्टों को गाली देना ही है।

शेष रहा हैदराबाद के कम्युनिस्टों अथवा भारतीय कम्युनिस्टों का हैदाराबाद रियासत के भारतीय संघ में सम्मिलित होने के विरुद्ध होना। कम्युनिस्ट पार्टी के मुख-पत्रों में इस विरोध की कोई सूचना नहीं है। हाँ, वे लोग भारतीय संघ में हैदराबाद के सम्मिलन से उत्साहित भी नहीं हैं। इसका कारण भारतीय कम्युनिस्टों का भारतीय संघ से द्रोह नहीं सामन्तवादी शोषण की व्यवस्था को जारी रखने के प्रयत्न का विरोध है। हम पूछना चाहते हैं कि हैदराबाद के भारतीय संघ में सम्मिलित होने का परिणाम क्या होगा?

फिलहाल स्थिति यह रही है कि हैदराबाद में कम्युनिस्टों और स्टेट की सेना तथा पुलिस के संघर्ष में भारतीय संघ की सरकार, हैदराबाद के संघ का सदस्य न होने के कारण दख़ल नहीं दे पायी। अब यदि हैदराबाद के भारतीय संघ का सदस्य हो जाने पर भारतीय संघ की सरकार हैदराबाद में कम्युनिस्टों के विरुद्ध जनता की मुक्ति के युद्ध में जाकर रियासत की सहायता करने लगे तो कम्युनिस्टों की अथवा संसार भर के शोषित वर्ग की भावना भारतीय सरकार के प्रति क्या होनी चाहिए? कम्युनिस्टों की नीति हैदराबाद के सम्बन्ध में स्पष्ट है कि हैदराबाद के भारतीय संघ में सम्मिलित हो जाने से ही हैदराबाद की शोषित जनता की मुक्ति न हो जायगी। यदि हैदराबाद के भारतीय संघ में सम्मिलित होने की परिणाम रियासत में जनता की मुक्ति के आन्दोलन का अन्त हो जाना है तो हैदराबाद का भारतीय संघ में सम्मिलित होना देश भर की शोषित जनता के लिए असगुन और अकल्याणकारी है। इसके विरुद्ध यदि हैदराबाद की जनता सामन्ती शोषण की व्यवस्था का अन्त कर भारतीय संघ में सम्मिलित होती है तो वह भारतीय शोषित जनता के लिए अत्यन्त शुभ दिन होगा। दूसरी ओर नेहरू-पटेल की सरकार अत्यन्त चिन्तित है कि हैदराबाद में जनमुक्ति का आन्दोलन अत्यन्त सबल हो जाने के पूर्व ही हैदराबाद उनकी सहायता माँगे। पटेल के नेतृत्व में भारतीय सरकार की नीति राज्य के अधिकार का सम्मान करने की है; सामन्तवाद को सहायता देने की है और शोषित किसान और मज़दूर आन्दोलनों को यथासम्भव दबाने की है। कम्युनिस्टों के प्रति उनका जो रवैया है वह किसी से छिपा नहीं। परन्तु कम्युनिस्ट इस समय देश के शोषक वर्ग के प्रतिनिधि के रूप में जनता का दमन करनेवाली शक्तियों से लड़ रहे हैं। पूँजीपति वर्ग की प्रतिनिधि सरकार उनका दमन कर रही है। ऐसी अवस्था में व्यापक जन-आन्दोलन को निर्बल करने के लिए पूँजीवादी नेताओं और पत्रों की यह चाल बहुत आसानी से समझ में आती है कि वह जनमुक्ति के आन्दोलन को चलानेवाली कम्युनिस्ट पार्टी के प्रति जनता में अविश्वास और घृणा फैलाने का यत्न करें।

परन्तु मौजूदा परिस्थिति में हैदराबाद रियासत में कम्युनिस्ट पार्टी पर से रोक हटा देना कम्युनिस्ट विरोधियों के मन में शंका उत्पन्न कर सकता है। यह बात तो कोई भी आदमी समझ सकता है कि निजाम सरकार हज़ारों कम्युनिस्टों और साधारण किसानों का ख़ून बहाने और उनकी माँ-बहनों की इज़्ज़त लूटने के बाद एकाएक कम्युनिस्टों की राय से समाजवादी शासन स्थापित करने के लिए तैयार नहीं हो गयी है। वास्तव में इस समय निज़ाम और हिन्द सरकार के बीच समझौते की बातचीत अपनी आख़िरी मंज़िल में डगमगा रही है। दोनों ओर से राजनीति दाँव-पेंच के एक-से-एक कुटिल हथियार प्रयोग किये जा रहे हैं। कम्युनिज़्म का हौवा

खड़ा करके अपने स्वार्थों को पूरा करना दोनों ने ही अपने सरपरस्त ब्रिटिश साम्राज्यवादियों से सीखा है। कम्युनिस्ट पार्टी को क़ानूनी करके, निज़ाम सरकार स्टेट कांग्रेस और नेहरू सरकार को यह भय दिखाकर कि यदि कम्युनिस्टों को कुचलने के लिए उन्होंने निज़ाम से झटपट समझौता नहीं किया तो यह लपट हिन्दुस्तान के अन्य भागों में भी फैलेगी, अपनी शर्तें मनवाना चाहता है। देश की जनता को निज़ाम की इस साज़िश में नहीं फँसना चाहिए।

शासक का सबसे प्रबल शस्त्र सदा यही रहा है कि उसने जनता को अपना हित पहचानने नहीं दिया। शासन जनबल को सदा अपनी रक्षा के लिए उपयोग में लाता रहा है। इसी सिद्धान्त के अनुसार अंग्रेज़ भारतीयों के बल से भारतीयों का शासन करता रहा है और किसान का बेटा ज़मींदार का गुण्डा बनकर किसान का उत्पीड़न करवाता है।

जून–जुलाई

१९४८

पण्डित नेहरू अब भी समाजवादी!

२५ जून के अंक में नेशनल हैराल्ड ने श्री जयप्रकाश नारायण का वक्तव्य प्रकाशित किया है। जयप्रकाश जी का कहना है कि भारत सरकार में यदि आज भी जनता को भरोसा है तो वह केवल एक व्यक्ति के कारण और वह व्यक्ति है पण्डित जवाहरलाल नेहरू।

जयप्रकाश जी ने यह बात शायद जनता का प्रतिनिधित्व स्वयं अपने कन्धों पर लेकर कही है। लेकिन यह प्रतिनिधित्व जयप्रकाश जी ने स्वयं ही ओढ़ लिया है, जनता ने उनके इस विचार का समर्थन नहीं किया।

जयप्रकाश जी ने यह वक्तव्य लखनऊ के पत्रकारों को २३ जून को पण्डित नेहरू के लखनऊ आने के एक दिन पूर्व दिया था। शायद यह एक राजनैतिक चाल थी। पण्डित नेहरू लखनऊ चुनाव के लिए सोशलिस्ट पार्टी के उम्मीदवार का विरोध करने और कांग्रेस के उम्मीदवार का समर्थन करने आये थे। जयप्रकाश जी का मानसिक आयोजन शायद इस वक्तव्य द्वारा पण्डित नेहरू के विरोध को कुछ नरम कर देना था। लेकिन भाग्य दोष! २४ जून को, २३ के दिन शबेबरात की छुट्टी रहने के कारण जयप्रकाश जी का वक्तव्य समय पर प्रकाशित नहीं हुआ। पण्डित नेहरू ने भरी सभा में समाजवादी पार्टी पर अज्ञान और अनीतिज्ञता का दोषारोपण कर दिया। परिणाम में, जयप्रकाश जी के वक्तव्य के अनुसार आज जनता के एकमात्र विश्वासपात्र पण्डित नेहरू का निर्णय है कि समाजवादी पार्टी परिस्थितियों और उत्तरदायित्व को न समझनेवाली और संकट के समय कांग्रेस को छोड़कर देश को संकट में डालनेवाली पार्टी है। अथवा पण्डित नेहरू के निर्णय से समाजवादी पार्टी के सम्बन्ध में जनता की यही राय है।

जयप्रकाश जी के वक्तव्य को यदि विचार किया जाय तो मानना होगा कि जनता की राय में वर्तमान भारत सरकार की नीति और पण्डित नेहरू की नीति में भेद है।

भारत सरकार जो कुछ कर रही है पण्डित नेहरू की नीति के अनुकूल नहीं कर रही है। यदि जयप्रकाश जी का निर्णय ठीक है तो पण्डित नेहरू के भारत सरकार के सचिव होने का लाभ क्या? प्रश्न यह भी है कि क्या पण्डित नेहरू जयप्रकाश जी के द्वारा अपनी प्रशंसा के इस विश्लेषण को स्वीकार करेंगे?

पण्डित नेहरू जयप्रकाश जी की प्रशंसा से सहमत नहीं। वे अपनी सरकार की नीति के पूर्ण समर्थक हैं और जोर देकर कहते हैं कि "हम समझते हैं कि जो कुछ हम कर रहे हैं वह ठीक है।"

पण्डित नेहरू अपने-आपको समाजवादी कहते हैं और उनका दावा है कि भारत सरकार समाजवादी राज्यव्यवस्था की स्थापना के मार्ग पर चल रही है। पण्डित नेहरू अपने विश्वास में समाजवादी हैं परन्तु उनका समाजवाद श्री जयप्रकाश की समाजवादी पार्टी या भारत के कम्युनिस्ट पार्टी की दृष्टि में समाजवाद नहीं। संसार भर में समाजवाद से सम्बन्ध रखनेवाले लोग नेहरू जी के समाजवाद को समाजवाद न कहकर व्यक्तिवाद या पूँजीवाद का उग्र रूप ही कहेंगे। जनता की भावना की प्रवंचना करने के लिए यदि नेहरू जी अपने कार्यक्रम को समाजवाद कहना चाहें तो उनके समर्थक भारत में पटेल, बिड़ला, टाटा, कुछ राज प्रमुख और विदेश में एटली, चर्चिल और ट्रूमैन ही मिलेंगे।

पण्डित नेहरू का दावा है कि १५ अगस्त, १९४७ को स्वतन्त्रता पाने के बाद से भारत सरकार समाजवादी कार्यक्रम से आर्थिक क्षेत्र में देश की जनता की कठिनाइयों को दूर करने और देश के औद्योगिक विकास का काम करने जा रही थी। परन्तु पाकिस्तान और हिन्दुस्तान के बँटवारे के रूप में और जनता के देश परिवर्तन के रूप में तथा अन्य अनेक कठिनाइयाँ आ खड़ी हुई और भारत सरकार का देश की अवस्था सुधारने का कार्यक्रम पूर्ण न हो सका क्योंकि उसके सामने दूसरे बड़े-बड़े सवाल पेश हो गये। नेहरू जी का कहना है कि स्वयं उनके और उनकी सरकार के अलावा न तो दूसरे राजनैतिक दल और न जनता ही इन समस्याओं और परिस्थितियों को जानती और समझती है। सरकार की जो आलोचना हो रही है वह अज्ञान के कारण है। इसके साथ ही पण्डित जी ने जनता को नसीहत की है कि राजनैतिक मामलों को निरा तर्क के आधार पर निश्चित नहीं किया जा सकता। क्या यह पूछा जा सकता है कि यदि जनता आज वास्तविक परिस्थिति से—हैदराबाद और काश्मीर के मामले में—परिचित नहीं तो वास्तविकता को छिपाने की जिम्मेदारी सरकार पर नहीं तो किस पर है?

पन्द्रह अगस्त के बाद से इस देश में अनेक संकट आये और सरकार को उनका सामना करना पड़ा। जो भी सरकार इस देश में होती उसे उन संकटों का सामना करना पड़ता और यदि उस सरकार की नीति ऐसी होती कि उससे देश की जनता साम्प्रदायिकता में न बह सकती तो देश इन परिणामों से बच भी सकता था। संकटकाल में देश और समाज को बरबाद होने से बचाकर विकास की ओर ले जाने की सफलता ही किसी सरकार के राजनैतिक कार्यक्रम और सिद्धान्त के ठीक होने की कसौटी समझी जायेगी।

पण्डित जी का दावा है १५ अगस्त के बाद भारत पर देश के बँटवारे तथा गृहयुद्ध की जो विपत्तियाँ आयीं, संसार के इतिहास में उसका उदाहरण नहीं मिलेगा। हमारे अपने देश पर जो दारुण संकट आये हैं उनकी हम उपेक्षा नहीं कर सकते परन्तु अन्तरराष्ट्रीय परिस्थिति की विशेषता का दावा करनेवाले नेहरू जी के इस ज्ञान पर हमें हँसी आये बिना नहीं रह सकती। जानकारी रखनेवाला कोई भी व्यक्ति इस बात से इनकार नहीं कर सकता कि गत महायुद्ध के परिणामस्वरूप पूर्वी यूरोप तथा सोवियत यूनियन पर जो संकट आया वह भारत पर आये संकट से कहीं भीषण और व्यापक था; वहाँ जो नरसंहार हुआ वह भारत से कहीं भीषण था। वहाँ की जनता को एक दफ़े देश छोड़कर दूसरी दफ़े वापस जाना पड़ा। तोपों और हवाई जहाज़ों से गिरे बमों से वहाँ की धरती उलट चुकी थी। रूस के उस सारे प्रदेश में जिसका क्षेत्रफल भारत से कहीं बड़ा है, पहले महायुद्ध के समाप्त होते ही चौदह राष्ट्रों ने अपनी सम्पूर्ण विध्वंसक शक्ति को लेकर नाश का ताण्डव रचा था। उस सम्पूर्ण क्षेत्र में एक भी गाँव बसा हुआ और एक भी खेत जोतने लायक नहीं रह गया था। इसके साथ ही इस बात से भी इनकार नहीं किया जा सकता कि युगोस्लाविया में टीटो की सरकार, चेकोस्लोवाकिया में गोटवाल्ड की सरकार, बुल्गारिया में डिमिट्रोफ़ की सरकार, पोलैण्ड में समाजवादी और कम्युनिस्ट संयुक्त मोर्चे की सरकार जिस सफलता से राष्ट्र के पुन:निर्माण का काम कर रही है उसे देख अन्तरराष्ट्रीय पूँजीवादी सत्ताओं को अपना काल अत्यन्त निकट दिखायी दे रहा है।

पण्डित नेहरू अपनी कठिनाइयों में अपनी योग्यता की प्रशंसा स्वयं कर बहादुरी की डींग मार सकते हैं परन्तु जानकार जनता वास्तविकताओं से अपरिचित नहीं है।

जनता भारत सरकार की असफलताओं की जो भी आलोचना करती है उसे अल्हड़पना बताकर रचनात्मक आलोचना की चुनौती दे दी जाती है। कौन आलोचना रचनात्मक समझी जायेगी इसका निर्णय पण्डित नेहरू ने अपने ही हाथों सुरक्षित रख लिया है। प्रत्येक आलोचना पर जनता को उत्तर मिलता है हम भयंकर कठिनाइयों

में निर्माण का काम कर रहे हैं, हमें समय दो! क्या जनता कांग्रेस सरकारों की एक वर्ष की करतूतें देखकर भी इस सरकार के कार्यक्रम के आधार और दिशा को नहीं समझ सकी? जब हम देखते हैं कि आप निर्माण की ओर न जाकर विनाश की ओर जा रहे हैं तो कैसे हम आप पर भरोसा करते चले जायें? क्या आप हमसे सोचने-विचारने का अधिकार भी छीन लेना चाहते हैं?

नेहरू जी निरा तर्क (डिबेटिंग सोसाइटी) के ढंग में नहीं पड़ना चाहते क्योंकि अपने कार्यक्रम के समर्थन के लिए सिद्धान्तों का आधार उनके पास नहीं है। तर्क न सही परन्तु तथ्यों से तो आप इनकार नहीं कर सकते? आपका घोषित आदर्श समाजवादी व्यवस्था के अनुसार जनतान्त्रिक राज की स्थापना है परन्तु व्यावहारिक शासन में उनकी सरकार में नीति निर्धारण और नीति को शासन में कार्यान्वित करने के क्षेत्र में कौन समाजवादी प्रवृत्ति और विचारधारा में विश्वास रखनेवाले लोग हैं? और नेहरू सरकार द्वारा अपनायी आर्थिक नीति के परिणाम क्या हैं?

जनता को विश्वास दिलाकर उनका वोट लेने के लिए आपने अवश्य राष्ट्रीयकरण की बातें की थीं परन्तु अमल में आयी दूसरी ही बात, अर्थात् पूँजीपति श्रेणी को आश्वासन इस बात का कि उनकी पूँजी और शोषण के अधिकारों पर किसी प्रकार की आँच न आयेगी। कर जो भी लगाये गये वे बढ़ते हुए मुनाफ़े और शोषण द्वारा पूँजीपतियों के बढ़ते धन पर नहीं बल्कि शोषित जनता के नित्य घटते जाते साधनों पर। मज़दूर जनता के जीवन के साधन प्राप्त कर सकने के अधिकार का समर्थन सरकार ने नहीं किया। बल्कि पूँजीपति श्रेणी के शोषण के अधिकार को ही अक्षुण्ण बनाने की चेष्टा की और उसके लिए सभी जगह जनता और मज़दूर वर्ग को पंगु बना देने के यत्न किये गये।

यह बात नहीं मानी जा सकती कि नेहरू या भारत सरकार के सिर आ पड़ी आकस्मिक कठिनाइयों के कारण अंग्रेज़ नौकरशाही से पायी व्यवस्था में कुछ रद्दोबदल का अवसर ही नहीं मिला और व्यवस्था जैसी-की-तैसी चल रही है। बात ऐसी नहीं है। जनता की बढ़ती कठिनाइयों से बग़ावत की आशंका कर अंग्रेज़ नौकरशाही ने पूँजीपतियों के शोषण पर व्यवसाय के कण्ट्रोल द्वारा पूँजीपतियों पर जो प्रतिबन्ध लगाये थे और राशनिंग द्वारा जनता को जो सुविधाएँ दी थीं उन्हें तो सार्वजनिक जीवन पर अस्वाभाविक प्रतिबन्ध कहकर नेहरू सरकार ने हटा दिया परन्तु जीवन के साधनों के लिए जनता की पुकार इस सरकार को स्वाभाविक नहीं जँची। कण्ट्रोल हटाने की इस नीति का परिणाम क्या हुआ? आज कण्ट्रोल से मुक्त हुए व्यवसायों में जनता को कपड़ा और गल्ला दोनों ही मिलना कठिन हो रहा है।

अंग्रेज़ सरकार जनता की बग़ावत की आशंका में पूँजीपति श्रेणी के शोषण पर एक हद पर आकर बन्धन लगाने के लिए मज़बूर हो जाती थी क्योंकि भारतीय पूँजीपति श्रेणी के स्वार्थों की अपेक्षा उनकी दृष्टि में अपने साम्राज्य की प्रतिष्ठा अधिक मूल्यवान् थी परन्तु समाजवाद का दम भरनेवाले नेहरू जी की सरकार की दृष्टि में भारत की पूँजीपति श्रेणी का सहयोग ही सब-कुछ है। जनता की अशान्त और भूख को वह देशभक्ति के उपदेश का शीतल जल छिड़ककर बुझा देने का विश्वास रखती है।

नेहरू जी की समाजवाद का दम भरनेवाली सरकार जनता की कठिनाइयों का उपाय देश में की गयी औद्योगिक तथा भौतिक पैदावार के समान वितरण करने में नहीं समझती बल्कि पूँजीपतियों के पैदावार बढ़ाने के झूठे वायदों में समझती है? अन्तरराष्ट्रीय परिस्थिति के विद्वान् नेहरू इतना नहीं समझते कि पूँजीवादी व्यवस्था में बढ़ी हुई पैदावार को जनता की आवश्यकताएँ पूरी करने के लिए नहीं सौंप दिया जाता।

पैदावार बढ़ाने के नारे नेहरू सरकार छह मास से दे रही है। देश की पूँजीपति श्रेणी को इस उद्देश्य की पूर्ति के लिए सन्तुष्ट किया गया है। परन्तु पैदावार बढ़ाने के उद्देश्य में सरकार को कितनी सफलता मिली? जनता के लिए तो आवश्यक वस्तुएँ अवश्य दुष्प्राप्य हो गयी हैं और पूँजीपति व्यवसायी पैदावार पर पहले से अधिक मुनाफ़ा-ले रहा है।

पण्डित नेहरू तो समझते हैं जैसी परिस्थिति में वे आ फँसे हैं वैसी परिस्थिति कभी किसी दूसरे समाज या राष्ट्र ने देखी नहीं। परन्तु अभी कल का इतिहास कहता है कि इससे कहीं अधिक विकट परिस्थिति में १९१७ में रूस था। लेकिन रूस में क्रान्ति के बाद स्थापित हुई किसानों और मज़दूरों की सरकार नेहरू सरकार की तरह समाजवाद का नाम केवल जनता को धोखा देने के लिए ही व्यवहार नहीं करती थी। पैदावार बढ़ाने और उद्योग-धन्धों को बहुत बड़े पैमाने पर चलाने और क़ायम करने का काम उस समाजवादी सरकार ने भी किया था लेकिन शासन-व्यवस्था का संचालन पूँजीपति श्रेणी के हाथ में सौंपकर नहीं बल्कि सर्वसाधारण जनता के सहयोग से। रूस ने पैदावार बढ़ाने का काम सर्वसाधारण के हित के लिए सर्वसाधारण के सहयोग से किया था।

भारत सरकार अमेरिका के साथ हैवाना के समझौते में देश के उद्योग-धन्धों के राष्ट्रीयकरण न करने, देश में मज़दूर आन्दोलन, समाजवादी प्रवृत्तियों और विशेषकर कम्युनिस्टों को दबाने की शर्तें स्वीकार करके भी यदि समाजवाद के

उद्देश्य का दम भर सकती है तो रात को दिन कहने के सिवा और क्या चारा रह जायेगा?

नेहरू जी काश्मीर और हैदराबाद की बहादुरी में अपनी सब कमज़ोरियाँ छिपा लेना चाहते हैं। परन्तु काश्मीर और हैदराबाद में ही नेहरू सरकार क्या कर रही है? शोषण के अधिकारों की प्रतिष्ठा और रक्षा की उनकी नीति यहाँ भी चल रही है और यही नीति काश्मीर और हैदराबाद में नेहरू सरकार की निर्बलता का मुख्य कारण है।

आज जब स्वयं नेहरू सरकार के निमन्त्रण पर साम्राज्यवादियों को काश्मीर में षड्यन्त्र करने का अवसर मिल गया, और विश्व राष्ट्र संघ के निर्णय से काश्मीर के इण्डियन यूनियन और पाकिस्तान से सम्मिलित होने का प्रश्न काश्मीर की जनता के जनमत से तय होने की स्थिति में आ गया है, तो नेहरू जी के विश्वासपात्र शेख अब्दुल्ला को जागीरदारी खत्म करने की भी बात याद आ गयी है। परन्तु जागीरदारी का अन्त काश्मीर में भारतसंघ की सेनाओं के प्रवेश करने के दिन ही हो जाना चाहिए था। यदि उसी दिन जनमत को महत्त्व देकर काश्मीर को जनमत के बल पर भारत संघ में सम्मिलित करने की चेष्टा की गयी होती तो काश्मीर में भारतीय सेना को धावामारों के विरुद्ध जनता की सहायता मिली होती। परन्तु नेहरू सरकार की आत्मा पटेल साहब तो काश्मीर को काश्मीरी जनता की सम्पत्ति न मानकर महाराज की ही सम्पत्ति मानते थे और काश्मीर को महाराज और उनके जागीरदारों के लिए ही धावामारों से वापस छीनने का यत्न कर रहे थे। इसीलिए हिन्दू जागीरदारों को समाप्त करने का वायदा करनेवाले सहधर्मियों के प्रति काश्मीरी जनता की सहानुभूति रही और भारतीय सेना के सम्मुख क़दम-क़दम पर अड़चने आयीं।

जनता और प्रजा के विरुद्ध सामन्तराज और मालिकराज को महत्त्व देने की नेहरू सरकार की नीति ने सम्पूर्ण रियासती प्रजा के साथ विश्वासघात कर रियासती प्रजा के आत्मनिर्णय के आन्दोलनों को कुचल नृशंस निरंकुश राजाओं को ही राज प्रमुख स्वीकार किया है। यही नीति हैदराबाद में भी उनकी निर्बलता का कारण है।

हैदराबाद की ९०□ जनता निजामशाही का अन्त करना चाहती है। तैलंगाना की प्रजा कम्युनिस्टों के नेतृत्व में निज़ाम की सशस्त्र सेना, पुलिस और रज़ाकार गुण्डों से लोहा ले रही है। नेहरू सरकार की दृष्टि में हैदराबाद की ९०□ प्रजा और वीरता से जनता के नेता बनकर लड़नेवाले कम्युनिस्टों का जिन्होंने ढाई हज़ार गाँवों से निज़ाम का निरंकुश शासन मिटा दिया है, कोई महत्त्व नहीं। नेहरू सरकार चाहती है निज़ाम का सहयोग। नेहरू साहब देहली में बैठकर कभी-कभी गिड़गिड़ाते हैं,

कभी धौंस देते हैं और लखनऊ में आकर समाजवाद का दम भरते हैं परन्तु समाजवाद और जनता के राज में विश्वास करनेवाले, हैदराबाद के ज़ुल्म को समाप्त करने के लिए हाथ में शस्त्र लेकर जो युद्ध कर रहे हैं, उन्हें नेहरू साहब सहायता तक देने के लिए तैयार नहीं।

नेहरू साहब अपने समाजवाद को परिस्थितियों के अनुसार कैसे लागू कर रहे हैं यह बताने के लिए वे तैयार नहीं। इसे तो वे कोरा तर्क या डिबेटिंग कहकर भौं चढ़ा लेते हैं। उनके पास प्रत्येक बात का एक ही जवाब है "कि परिस्थितियाँ बहुत संगीन हैं। लोग हालात को, फैक्ट्स को जानते नहीं और खामखाह नुक्ताचीनी करते हैं। लेकिन 'फैक्ट्स' को बताया भी नहीं जा सकता। हम जो कुछ कर रहे हैं ठीक कर रहे हैं।"

नेहरू जी यदि इस नीति को समाजवाद ही कहना चाहते हैं तो इस समाजवाद को हिटलर और मुसोलिनी के समाजवाद के अतिरिक्त और क्या कहा जा सकता है।

पन्त जी का आध्यात्मिक समाजवाद

चुनाव की बौखलाहट जो न कराये, ग़नीमत! इस चुनाव ने पण्डित पन्त को भी समाजवाद का पोषक बना दिया। आचार्य नरेन्द्रदेव को समाजवादी होने के कारण अधिक वोट मिल जाने की आशंका है इसलिए पण्डित पन्त स्वयं ही समाजवाद के आचार्य बन गये हैं। आजकल वे डैमोक्रेटिक सोशलिज्म और (प्रजातन्त्रवादी समाजवाद) आर्थोडाक्स सोशलिज़्म (कट्टर सोशलिज़्म) का भेद जनता को समझाते फिर रहे हैं। समाजवाद के प्रति सहानुभूति रखनेवालों को वे समझाना चाहते हैं कि प्रजातन्त्रात्मक समाजवाद तो कांग्रेस में है। पण्डित पन्त का अर्थ प्रजातन्त्रात्मक समाजवाद से प्रान्त में निरन्तर दफ़ा १४४ जारी रखना जनता के कार्यकर्त्ताओं को बिना मुक़दमा चलाये जेल में डाल देना, मज़दूरों और किसानों को अपनी मांगें पेश न करने देना, और अनुचित व्यवहार के विरोध में अनशन करनेवाले राजनैतिक क़ैदियों के अनशन की परवाह न करना है।

आर्थोडाक्स सोशलिज़्म का अर्थ वे बताते हैं मज़दूरों की तानाशाही। मज़दूरों की तानाशाही का इलाज पण्डित पन्त के पास है ज़मींदारों और पूँजीपतियों के प्रतिनिधियों

की तानाशाही के रूप में। सोशलिज़्म को वे भारत की आध्यात्मिकता के विरुद्ध समझते हैं। पन्त जी के विचार से भारत की शुद्ध आध्यात्मिकता का आज केवल एक मार्ग है और वह है—जनता ब्राह्मण पन्त को वोट का भोजन कराकर अपने स्वराज्य का श्राद्ध कर ले।

◈

जयप्रकाश नारायण और हैदराबाद के कम्युनिस्ट

चुनाव के कारण पैदा होनेवाली बौखलाहट के सबसे विकट उदाहरण हैं श्री जयप्रकाश नारायण के चुनाव सम्बन्धी भाषण और वक्तव्य! जनता को समाजवाद की ओर आकर्षित करने के लिए उन्हें पूँजीवादी व्यवस्था पर चलनेवाले कांग्रेस के कार्यक्रम की आलोचना करनी पड़ती है। इसके साथ ही उन्हें आशंका हो जाती है कि पूँजीवादी कांग्रेस के नेतृत्व से निकलकर जनता समाजवाद के कार्यक्रम की ओर खिंचेगी जिसका आवश्यक अंग है मज़दूर श्रेणी का नेतृत्व अथवा कम्युनिस्ट पार्टी का नेतृत्व।

इसलिए श्री जयप्रकाश नारायण को इस समय दो मोर्चे लेने पड़ रहे हैं। एक ओर पूँजीवादी नेतृत्व जनता को सचेत करने का दूसरी ओर उसे कम्युनिस्ट पार्टी की ओर न झुकने देने का।

अभी कुछ दिन पूर्व तक वे जनता को समझा रहे थे कि कम्युनिस्ट रज़ाकारों के साथ मिलकर निज़ाम की सत्ता की रक्षा के लिए लड़ रहे हैं। यह झूठ आँचल में आग को छिपाने के समान था। सभी ओर से ख़बरें मिल रही थीं कि निज़ाम और रज़ाकारों से सशस्त्र मोर्चा लेकर सोशलिस्ट नहीं कम्युनिस्ट ही मैदान में खेत हो रहे हैं।

अब श्री जयप्रकाश नारायण ने कम्युनिस्टों के प्रति सहानुभूति न होने के लिए एक नया विश्लेषण किया है कि कम्युनिस्टों को रज़ाकारों और निज़ाम से तो कोई मतलब नहीं, परन्तु वे हैदराबाद रियासत के भारत संघ में मिलाये जाने के इसलिए विरुद्ध है कि भारत संघ निर्बल रहे। सबल भारत से सोवियत रूस को भयंकर भय है।

इस बौखलाहट का क्या उत्तर हो! उस सोवियत रूस को जो यूरोप के १४ राष्ट्रों की सेना का सामना कर सकता था, जिसने हिटलर, मुसोलिनी और जापान की

सम्मिलित शक्ति के दाँत खट्टे कर दिये, आज उसे निशस्त्रप्राय: और औद्योगिक क्षेत्र में पिछड़े हुए भारत से भय लग रहा है। ऐसे भारत से जो काश्मीर में धावामारों की छुटपुट टुकड़ियों को भी वश में करने में ज़िच हो रहा है। और ऐसे भारत को निर्बल बनाये रखने के लिए रूस ने भारत के कम्युनिस्टों को आज्ञा दी है।

भारत के कम्युनिस्टों को तो जयप्रकाश जी के विचार में भारत की कुछ चिन्ता है ही नहीं क्योंकि देशभक्ति का तो सब ठेका जयप्रकाश जी का ही है। यदि उच्छृंखलता न हो तो हम उन्हें बताना चाहते हैं कि १९४२ में उन्होंने जो कुछ देशभक्ति और वीरता दिखायी थी, उस प्रकार की देशभक्ति और वीरता का प्रमाण जयप्रकाश जी से बहुत ही बड़ी मात्रा में देनेवाले लोगों से कम्युनिस्ट पार्टी आज भरी हुई है। यदि समाजवाद में जयप्रकाश जी की सचमुच आस्था है तो समाजवाद पूँजीवादी नेतृत्व की चापलूसी से नहीं, कम्युनिस्टों के साथ सहयोग से ही देश में प्राप्त हो सकेगा।

अगस्त

१९४८

१५ अगस्त, १९४८ के दिन

पन्द्रह अगस्त के दिन राष्ट्र का तिरंगा झण्डा उन सरकारी इमारतों पर फहरायेगा जिनसे जनता के दमन के और सार्वजनिक अधिकारों को कुचलने के हुक्मनामे निकलते हैं। पन्द्रह अगस्त के दिन राष्ट्र का तिरंगा झण्डा उन थानों और कोतवालियों पर फहरायेगा जहाँ से रोटी की पुकार करनेवाले निहत्थे किसानों और मज़दूरों पर आक्रमण किया जाता है। पन्द्रह अगस्त के दिन राष्ट्र का तिरंगा झण्डा उन जेलों पर फहरायेगा जिनमें निरपराध राजनैतिक बन्दी सिसक रहे हैं। यह राजनैतिक बन्दी भूखी जनता के वही प्रतिनिधि हैं जिन्होंने ब्रिटिश दमन की चोट को सबसे आगे बढ़कर सहा था। पन्द्रह अगस्त के दिन इस झण्डे के नीचे ज़मींदारशाही सैकड़ों वर्षों तक निरीह जनता को लूटते रहने की वीरता के परिणाम में अपनी आय से अधिक मुआवज़े का आश्वासन पायेगी। पन्द्रह अगस्त के दिन राष्ट्रीय झण्डे की छत्रच्छाया में पूँजीपतिशाही अपनी मुनाफ़े की लूट पर राष्ट्रीय अधिकार को आँच न आने का आश्वासन पायेगी!

स्वराज प्राप्ति की प्रथम वर्षगाँठ मनाते समय बार-बार मन को यह विचार व्याकुल कर देता है कि इस एक वर्ष में हमने स्वराज्य के नाम से पाया क्या?

देश की जनता ने लम्बे संघर्ष, आत्मबलिदान के मूल्य में विदेशी साम्राज्यशाही से अपने देश में आत्मनिर्णय का अधिकार पाया। स्वराज्य और आत्मनिर्णय के अपने उद्देश्यों को क्रियात्मक रूप देने के लिए उसने देश के शासन का अधिकार अपने प्रमुख जनवादी संगठन कांग्रेस के नेताओं के हाथ सौंप दिया।

कांग्रेस के नेताओं के प्रति जनता के इस विश्वास और भरोसे का आधार था—ब्रिटेन द्वारा देश और जनता के विरोध में कांग्रेस द्वारा पोषित जनता के अधिकारों और स्वतन्त्रता की माँग।

जनता द्वारा सौंपा शासन का अधिकार पाकर कांग्रेस के नेताओं की नीति और व्यवहार में एक मौलिक परिवर्तन आ गया है। कांग्रेस के नेता आज अपने-आपको जनता की भावना के प्रति उत्तरदायी नहीं बल्कि अंग्रेज़ों से उत्तराधिकार में पाये शासन

को अंग्रेज़ों की साम्राज्यवादी, पूँजीवादी, शोष नीति के अनुसार चलाने के लिए ज़िम्मेदार समझते हैं। आज आत्मनिर्णय और स्वतन्त्रता की माँग करनेवाली जनता सरकारी, कांग्रेसी नेताओं की दृष्टि में उसी प्रकार बाग़ी है जैसे कि अंग्रेज़ सरकार की नीति के सम्मुख थी।

अपनी जिन घोषणाओं और प्रस्तावों के आधार पर कांग्रेस के नेताओं ने जनता का विश्वास प्राप्त कर सरकार की बाग़डोर थामी है, उन जनता के अधिकारों की और जनता के दमन के विरोध के प्रस्तावों को आज दोहराना कांग्रेसी सरकार के राज में बग़ावत का अपराध हो चुका है।

आज कांग्रेसी सरकार के प्रधानमन्त्री पण्डित नेहरू के कांग्रेस के सबसे उत्कट जनवादी अध्यक्ष बनने के समय कांग्रेस ने जो प्रस्ताव पास किये थे वे पण्डित नेहरू के मस्तिष्क से मिट चुके हैं। परन्तु कांग्रेस के छपे हुए विवरणों में वे प्रस्ताव अभी सुरक्षित हैं और पन्द्रह अगस्त के दिन कांग्रेसी सरकार की करतूत का लेखा-जोखा करते समय वही प्रस्ताव हम पण्डित नेहरू, पण्डित पन्त और कांग्रेस के सरकारी नेताओं को सुना देना चाहते हैं—

"(कांग्रेस) भारत में नागरिक अधिकारों के दमन की ओर फिर संकेत करती है और इसकी निन्दा करती है। देश भर में यह दमन उत्कट रूप में जारी है। इस दमन के कारण स्वतन्त्र सार्वजनिक जीवन सम्भव नहीं और व्यक्तिगत जीवन के मार्ग में भी बाधा पड़ती है। यह दमन देश की वर्तमान पीढ़ी को कुचले दे रहा है। सैकड़ों कांग्रेस कमेटियों पर, मज़दूर और किसान संगठनों पर आज भी क़ानूनी रोक लगी हुई है। दण्ड विधान के व्यापक प्रतिहिंसात्मक उपयोग के साथ-साथ विशेष दमनकारी कानूनों (आर्डिनेन्स) का भी उपयोग सार्वजनिक दमन के लिए किया जा रहा है। जनता अपने विचारों और भावनाओं को प्रकट नहीं कर सकती, सरकारी छान-बीन और छापा- खानों पर लगे प्रतिबन्धों के कारण समाचार-पत्रों का मुँह बन्द है। विदेश से आनेवाले पत्र-पत्रिकाएँ और साहित्य समुद्री यातायात के प्रतिबन्धों में रोक लिये जाते हैं। जनता के लिए स्वतन्त्र रूप से आना-जाना सम्भव नहीं। जगह-जगह व्यक्तियों पर निर्वासन अथवा नज़रबन्दी लगायी जा रही है। लोगों को बिना अपराध बताये और अपराध प्रमाणित किये जेलों में डाल दिया गया है। नागरिकों को विदेश जाने के लिए पास- पोर्ट नहीं दिये जाते और विदेश गये हुए भारतीयों के देश में लौटने पर प्रतिबन्ध लगाये जा रहे हैं।

"कांग्रेस इस बात पर खेद और घृणा प्रकट करती है कि यह सभी प्रतिबन्ध और कई जगह इनके अतिरिक्त दूसरे प्रतिबन्ध भी देशी रियासतों में जनता पर लगाये गये हैं।

"कांग्रेस देश और रियासतों में पूर्ण व्यक्तिगत नागरिक और प्रजातान्त्रिक स्वतन्त्रता की माँग और समर्थन करती है और इन अधिकारों की प्राप्ति के लिए वह सदा संघर्ष करती रहेगी। कांग्रेस अनुभव करती है कि इस पूर्ण स्वतन्त्रता का मूल आधार राजनैतिक स्वतन्त्रता है और जनता की सम्पूर्ण शक्ति स्वतन्त्रता प्राप्ति के ध्येय के पूर्ति में लगनी चाहिए।" (सन् १९३६ में कांग्रेस अधिवेशन का एक प्रस्ताव)

यह प्रस्ताव कांग्रेस ने ब्रिटिश दमन के प्रति असन्तोष और घृणा प्रकट करने के लिए देश की जनता की ओर से रखा था। इस प्रस्ताव का—'अ' से लेकर 'ज्ञ' तकनकौ शब्द ऐसा है जो कांग्रेसी सरकार के विरुद्ध जनता की शिकायत के रूप में सही नहीं है? जहाँ तक सार्वजनिक सभाओं और जुलूस के रूप में विचार प्रकट करने का सम्बन्ध है, हम भूल चुके हैं कि दफ़ा १४४ किस दिन नगर पर नहीं लगी हुई थी। जहाँ तक पत्रों की स्वतन्त्रता का प्रश्न है कितने पत्रों से ज़मानतें माँगी जा चुकी हैं और कितनों पर प्रतिबन्ध लगाये जा चुके हैं? जहाँ तक पत्र-पत्रिकाओं और साहित्य के समुद्री यातायात पर रोक लगाने का प्रश्न है, आज यह प्रतिबन्ध अधिक निर्ममता और निर्लज्जता से साहित्य पर लगाया जा रहा है। अकेले बम्बई के पीपुल्स बुक हाउस का सात हज़ार रुपये से अधिक के मूल्य का साहित्य बम्बई के बन्दरगाह पर रुका हुआ है। आज यह प्रतिबन्ध केवल विदेश से आनेवाले साहित्य पर ही नहीं बल्कि देश में ही एक प्रान्त से दूसरे प्रान्त में और एक नगर से दूसरे नगर में जानेवाले साहित्य पर भी लगा हुआ है। अन्तर इतना है कि अंग्रेज़ नौकर- शाह में इतना साहस और भद्रता थी कि वह साहित्य पर रोक लगाकर साहित्य भेजने और भेजे जानेवाले को उसका माल रोके जाने की सूचना दे देता था; सत्य-अहिंसा का ढोल गले में लटकानेवाली कांग्रेसी सरकार में वह नैतिक साहस भी नहीं है। कांग्रेसी सरकार के गले में लटके इस ढोल से अब सत्य और अहिंसा की गूँज नहीं, दमन और प्रतिहिंसा की ही गूँज निकलती है।

उपरोक्त प्रस्ताव में कांग्रेस ने व्यक्तियों पर राजनैतिक कारणों से प्रतिबन्ध लगाने और नागरिको को अपराध बिना बताये जेल में डाल देने के अमानुषिक अत्याचार की निन्दा कर असन्तोष प्रकट किया था। आज यही अत्याचार कांग्रेसी सरकार के राज में सार्वजनिक शान्ति रक्षा के नाम पर हो रहा है। नागरिकों का अपराध प्रमाणित किये बिना उन्हें बेमियाद कैदी बना देना सार्वजनिक शान्ति की रक्षा नहीं सार्वजनिक शान्ति की समाप्ति है! यह अत्याचार जनता के हृदय में वही असन्तोष और घृणा उत्पन्न करेगा जो हमारे दिलों में अंग्रेज़ी सरकार के प्रति थी। आज अंग्रेज़ों के बादशाह के जन्म दिन पर भारत के राष्ट्रीय झण्डे के साथ ब्रिटेन

का झण्डा फहाकर कांग्रेस अत्याचारी शोषक ब्रिटिश सरकार से बहनापा जोड़ने का उनकी नीति को अपनाने का अभिमान कर सकती है, परन्तु देश की जनता उस नीति का विरोध प्राण-प्रण से करेगी और कांग्रेस के नेताओं के नाम लिखे अपनी आज़ादी के वकालतनामे पर घृणा से थूक देने के अतिरिक्त उसके पास कोई मार्ग शेष नहीं।

१५ अगस्त, सन् १९४७ के दिन कांग्रेस के जिस शासन का आरम्भ हुआ था वह श्रेणी स्वार्थ के कुचक्र में जनता का स्वराज्य, कांग्रेस का राज्य न रहकर केवल प्रतिक्रियावादी कांग्रेस नेताओं का निरंकुश शासन बन गया है।

प्रजातन्त्रवादी शासन पद्धति का मूल है जनता द्वारा शासन की नीति का नियन्त्रण। कांग्रेस के प्रजातान्त्रिक शासन का तरीक़ा होना चाहिए था कांग्रेस द्वारा सरकार के लिए माँर्ग निर्धारण, परन्तु आज कांग्रेस के वे नेता सरकारी पदों पर पाँव जमाँ चुके हैं, कांग्रेस के नियन्त्रण और नीति निर्धारण का अधिकार अपने हाथ में ले बैठे हैं। यह लोग कांग्रेस की जनता को अपने आलोचक के रूप में नहीं केवल समर्थक के रूप में देखना चाहते हैं। कांग्रेस के विधान में आज उन्होंने निरंकुश हो ऐसे परिवर्तन कर दिये हैं कि कोई व्यक्ति उद्देश्य और कार्यक्रम के आधार पर कांग्रेस का सदस्य अथवा मतदाता नहीं बन सकता। मत देने का अधिकार केवल उनके समर्थकों तक ही सीमित रहेगा जिससे उनके नेतृत्व की गद्दी चिरकाल तक अक्षुण्ण रहे। कांग्रेस आज जनता की भावना और जनता की पुकार नहीं रह गयी, वह केवल कांग्रेस के सरकारी नेताओं की आज्ञापूर्ति मात्र रह गयी है। कांग्रेस स्वतन्त्रता के अधिकारों की माँग और संघर्ष की नहीं, देशी पूँजीवादी ग़ुलामी का समर्थक हो गयी है। आज कांग्रेस नागरिक अधिकारों के लिए माँग उठाकर, बिना अपराध बिना अवधि जेल का विरोध नहीं कर सकती तो वह आज जीवित भी नहीं है।

१५ अगस्त के दिन नेताओं के स्वराज्य की वर्षगाँठ स्वयं कांग्रेस की बरसी का भी दिन है।

सितम्बर

१९४८

स्वतन्त्रता का दूसरा वर्ष

स्वतन्त्रता के पहले वर्ष को कांग्रेसी मन्त्रिमण्डलों ने जिस नीति और योग्यता से निभाया, उसका परिणाम क्या है? आज हम सर्वसाधारण नागरिक और ग्रामीण जनता को हाटों और बाज़ारों में निराशा से यह कहते सुनते हैं—इससे तो अंग्रेज़ का राज अच्छा था।

कारण स्पष्ट है! राष्ट्रीय स्वतन्त्रता से जनता ने जीवन की जिन सम्भावनाओं की आशा की थी, शासन और शासन की नीति के सम्बन्ध में आत्मनिर्माण के जिस अवसर और अपनी समस्याओं को स्वयं हल करने के जैसे अवसर की आशा की थी, वह उसे कहीं नहीं मिला। इसके बजाय उसे मिली—आर्थिक उलझनें, अन्न और वस्त्र का घोर संकट, ज़मीन के मालिकों और व्यापार पर नियन्त्रण रखनेवालों का कठोर आतंक! और इस आतंक के विरुद्ध पुकार न सकने के लिए कांग्रेसी सरकार के आर्डिनेन्स और इन आर्डिनेन्सों के व्यवहार के लिए ब्रिटिश शासन से कहीं अधिक उच्छृंखल और निर्मम बन गया पुलिस का जन-विरोधी व्यवहार।

कांग्रेसी सरकारों ने शासन का अधिकार और अवसर पाते ही जिस नीति को अपनाया और जिस अन्तरराष्ट्रीय साम्राज्यवादी शक्ति का आश्रय लेने में अपना कल्याण और सफलता समझी उसका परिणाम इसके अतिरिक्त दूसरा हो ही नहीं सकता था। स्वतन्त्रता के प्रथम वर्ष का आरम्भ हुआ था जनतन्त्र द्वारा जनता के जीवन को विकास और सन्तोष के मार्ग पर लाने की प्रतीज्ञाओं से। उसका परिणाम हमने अनुभव कर लिया। दूसरे वर्ष का आरम्भ जिस नीति और कार्यक्रम की घोषणा से हुआ है—वह स्वतन्त्रता और जीवन का अवसर चाहनेवाली जनता के लिए एक भीषण आशंका का कारण है।

स्वतन्त्रता के इस दूसरे वर्ष के प्रथम मास में कांग्रेसी सरकारों ने सभी प्रान्तों में सार्वजनिक दमन को कठोर बनाने का कार्यक्रम आरम्भ किया है। बंगाल में सर्वसाधारण के आन्दोलन की अग्रणी कम्युनिस्ट पार्टी और उसके पत्रों को पहले ही समाप्त कर दिया गया था। बिहार में भी जनता की पुकार 'जनशक्ति' को बन्द

कर दिया गया। मध्यप्रान्त में बम्बई में मज़दूर वर्ग के आन्दोलन को कुचल डालने के प्रयत्न पहले से कठोर हो गये हैं और मद्रास, आन्ध्र इत्यादि में तो कम्युनिस्टों के प्रति जिहाद के रूप में किसान और मज़दूर वर्ग के आन्दोलन को समाप्त कर देने के लिए केवल पुलिस का ही नहीं सैनिक-शक्ति का भी उपयोग हो रहा है। वही बात युक्तप्रान्त में हो रही है। प्रान्त भर से किसान और मज़ूदर कार्यकर्त्ताओं को चुनकर जेलों में बन्द कर दिया गया है। इस तरह के एक सौ प्रमुख नेता इस समय युक्तप्रान्त की जेलों में बन्द हैं। इसके अतिरिक्त मज़दूरों के ट्रेड यूनियन और किसान सभाओं के चार सौ से अधिक व्यक्ति जेलों में हैं लगभग २५०० ऐसे कार्यकर्त्ताओं पर मुकदमे चल रहे हैं। इसके अतिरिक्त क्रान्तिकारी समाजवादी पार्टी और समाजवादी दल के जेल में बन्द कार्यकर्त्ताओं की भी काफ़ी बड़ी तादाद है। राजनैतिक मतभेद के कारण जेलों में बन्द इन कार्यकर्त्ताओं के प्रति अहिंसा और प्रेम के बल पर शासन का दावा करनेवाली सरकार का व्यवहार ऐसा है कि आये दिन इन राजनैतिक कैदियों के जान की बाज़ी लगाकर भूख हड़ताल करते रहने के समाचार, समाचार-पत्रों में प्रकाशित होते रहते हैं। आज भी आगरा के जिला जेल और केन्द्रीय जेलों में राजनैतिक क़ैदी दुर्व्यवहार के विरोध में तथा यह माँग करके कि या तो हम पर मुकदमा चलाकर हमारा अपराध प्रमाणित करो या हमें छोड़ो— भूख हड़ताल कर रहे हैं।

स्वतन्त्रता का दूसरा वर्ष आरम्भ होने के दिन युक्तप्रान्त के प्रधान मन्त्री पण्डित पन्त और कांग्रेसी सरकार की नीति के विशेषज्ञ सम्पूर्णानन्द जी ने कांग्रेसी सरकारों की नीति की पुष्टि करते हुए अपने भविष्य के कार्यक्रम की ओर संकेत किया है कि इस देश में आन्तरिक शान्ति के लिए कम्युनिस्टों का दमन और नाश ज़रूरी है और अन्तरराष्ट्रीय शान्ति के लिए अन्तरराष्ट्रीय रूप से कम्युनिस्टों का दमन चीन, बर्मा, मलाया, इण्डोनेशिया और मुख्यत: रूस में आवश्यक है। सम्पूर्णानन्द जी और पंत जी को अन्तरराष्ट्रीय शान्ति का मार्ग दिखायी देता है समाज तथा राष्ट्रों में नयी व्यवस्था लाने का प्रयत्न करनेवाली प्रवृत्तियों के अन्त के लिए कम्युनिस्ट प्रवृत्ति तथा उसके गढ़ रूस का विरोध करना और अमेरिका तथा ब्रिटेन का समर्थन।

कांग्रेस की जनतन्त्रवादी राजनैतिक परम्परा और देश की जनता के लिए साम्राज्यवाद का आश्रय लेकर मुक्ति और विकास की आशा करने का पाठ नयी चीज़ है। परन्तु कांग्रेस के नेता जो सदा साम्राज्यवादी शोषण की निन्दा ऊँचे स्वर में करते आये हैं, आज अन्तरराष्ट्रीय जगत् में साम्राज्यवादी शक्तियों के समर्थक बन रहे हैं और साम्राज्यवाद का विरोध करनेवाली अन्तरराष्ट्रीय शक्ति समाजवादी रूस को तथा अन्तरराष्ट्रीय और व्यापक रूप से साम्राज्यवाद तथा पूँजीवाद का विरोध करनेवाली

भावना और शक्ति कम्युनिस्ट विचारधारा और संगठन को अन्तरराष्ट्रीय शान्ति और स्वयं भारत की आर्थिक और राजनैतिक शान्ति के लिए घातक समझने लगे हैं। इस सैद्धान्तिक कलाबाज़ी का कारण या आधार क्या है?

साम्राज्यवादी व्यवस्था का अर्थ है अन्तरराष्ट्रीय क्षेत्र में शोषण का अधिकार और अवसर। व्यक्तिगत, नागरिक और एक ही देश की सीमाओं के भीतर जिस व्यवस्था को हम पूँजीवादी व्यवस्था के रूप में देखते हैं वही व्यवस्था अन्तरराष्ट्रीय क्षेत्र में जाकर साम्राज्य के विस्तार का रूप ले लेती है। पूँजीवाद ने दूसरे देशों पर आर्थिक आधिपत्य स्थापित करके शोषण का अवसर पाने के लिए साम्राज्य का विस्तार किया था। आज की अवस्थाओं में जब संसार का शोषित समाज अपने जीवन की रक्षा के लिए पूँजीवादी व्यवस्था को और शोषित देश साम्राज्यवादी व्यवस्था को समाप्त कर देना चाहते हैं, संसार भर के पूँजीवादी अपने स्वार्थों की रक्षा के लिए मिलकर साम्राज्यवाद की और साम्राज्यवाद की छत्रछाया में पूँजीवादी तथा भूमि की मिल्कियत की व्यवस्था की रक्षा करना चाहते हैं। यही कारण है कि आज हमारी कांग्रेसी सरकारें इस देश का कल्याण और संसार में शान्ति की स्थापना का नाम लेकर साम्राज्यवादी अमेरिका और ब्रिटेन के आँचल में जा छिपना चाहती है।

इस देश का शोषित वर्ग मज़दूर, किसान, नौकरी पेशा लोग और मेहनत करके पेट भरनेवाली जनता यह भूली नहीं है कि अभी एक ही वर्ष पूर्व तक हमारी कांग्रेसी नेताशाही साम्राज्यवाद को गाली देते अघाती नहीं थी क्योंकि उस समय ब्रिटेन और उसकी साथी विदेशी शक्तियों के शोषण के कारण इस देश की पूँजीपति श्रेणी को स्वतन्त्र शोषण का अवसर न था। आज जब ब्रिटेन और अमेरिका ने इस देश के शोषण के लिए इस देश की पूँजीपति श्रेणी को साझी बनाकर समान अवसर दे दिया है—वे साम्राज्यवादी शक्तियों को अपना रक्षक तथा मित्र मानकर साम्राज्यवाद विरोधी रूस तथा कम्युनिस्ट को अपना शत्रु मान रही हैं।

कांग्रेस का नेतृत्व सदा रहा है इस देश की मध्यम श्रेणी और उच्च मध्यम वर्ग के हाथ में। यह वह श्रेणी है जो अन्त तक अपने जीवन का आधार पूँजीवादी व्यवस्था में जैसे-तैसे अपनी जगह बनाये रखना चाहती है। अपने-आपको मज़दूर तथा किसान जनता का अग्रज मानने में इस श्रेणी को अपना अपमान और पतन जान पड़ता है। इन संस्कारों को लेकर जो समाज और व्यक्ति देश के शासन की नीति का निश्चय करेंगे उनसे हम जन-शोषण के विधान को जैसे-तैसे बनाये रखने के सिवा और क्या आशा रख सकते हैं?

इस समाज के लोगों का पुरुषार्थ सदा मेहनत करनेवाली श्रेणी को शोषण करने का रहा है। जीवन के संघर्ष में इन लोगों ने सदा पूँजीवादी व्यवस्था का पल्ला

पकड़ा है और उसमें स्थान पाने के लिए गिड़गिड़ाते रहे हैं। किसानों और मज़दूरों को भाई कहकर पुकारना और अपने-आपको जनता का सेवक कहना इनकी मक्कारी ही है। आज यदि यह लोग शोषितों की मुक्ति के राष्ट्रीय और अन्तरराष्ट्रीय आन्दोलन—कम्युनिज़्म को गालियाँ देते हैं तो समझिये कि पूँजीवादी हिंसक जन्तुओं द्वारा मारी गयी जनता की हड्डियाँ चूसनेवाले मध्यमवर्ग के नेताओं ने भेड़ की खाल उतारकर अपने 'गीदड़' रूप को प्रकट कर दिया है। कम्युनिज़्म को उनकी गालियाँ शोषित वर्ग को खुले श्रेणी संघर्ष की चुनौती है।

◈

अक्टूबर–नवम्बर

१९४८

लेखक और राष्ट्रीयता

इस युग के भारतीय लेखक की परम्परा जनवादी और राष्ट्रीय रही है। समय के हिसाब से हमारे लेखक की परम्परा अधिक पुरानी नहीं है। हरिश्चन्द्र, बंकिम और अकबर से लेकर हम उसे अधिक-से-अधिक तीसरी पीढ़ी में गिन सकते हैं। भारतीय लेखक का उद्‌भव और विकास व्यवसायिक लाभ और दरबारी सम्मान की महत्त्वाकांक्षा की आशा में नहीं हुआ। उसकी अनुभूति को 'हसरत' ने संक्षेप में कहा है—"तनहाइये ग़ुरबत से मायूस न हो हसरत, कब तक न ख़बर लेंगे याराने वतन तेरी।"

भारतीय लेखक के उद्‌भव काल में जनवादी और राष्ट्रीय भावना की परिभाषा बहुत स्पष्ट और सीधी थी। अंग्रेज़ी राज में सरकार उत्पीड़न, दमन और शोषण का प्रतीक और समुच्चय थी। उस विदेशी सरकार के प्रति असन्तोष और विरोध की भावना दबे या खुले स्वर में प्रकट करना जनता का प्रतिनिधित्व और राष्ट्रीयता की अभिव्यक्ति थी। अंग्रेज़ी सरकार द्वारा भारत रक्षा के लिए—या भारत को अपने वश में रखने के लिए—बनाये कानूनों ने लेखक का दमन किया। लेखक ने उस दमन का सामना साहस से किया क्योंकि अपनी अभिव्यक्ति के परिणाम में वह केवल इसी बात की आशा करता था। दमन का पात्र बनने में वह गौरव और आत्मतोष अनुभव करता था। तनहाई और ग़ुरबत में अपने देश की जनता की भावना प्रकट कर सकना ही उसकी सबसे बड़ी महत्त्वाकांक्षा थी। उस काल में विदेशी शासन ने केवल दो भारतीय लेखकों सर टैगोर और सर इक़बाल की ही महत्ता स्वीकार करके उन्हें सम्मान से अपना बना लेने का यत्न किया। विदेशी सरकार केवल भारतीय क्लर्क की कलम ही किराये पर ले सकी थी, लेखक नहीं।

विदेशी शासन के केवल अन्तिम चरण में ही हमारे लेखक को आर्थिक प्रलोभन से चकाचौंध करनेवाली किरणें सिनेमा व्यवसाय के प्रचण्ड प्रकाश से निकलीं। और हमारे लेखक समुदाय का एक सफल भाग विदेशी सरकार के सेंसर द्वारा अनुशासित राष्ट्रीयता और देशी पूँजीपति द्वारा निर्धारित सौन्दर्य और नैतिकता की कला की सृष्टि करने लगा। हमारे लेखक के सामने अंग्रेज़ी सरकार के दमन से अधिक विचलित करनेवाली समस्या आ उपस्थित हुईः—लेखक लालटेन ले चटाई पर बैठकर जनभावना को व्यक्त करने के यत्न में निर्वाह के अपर्याप्त साधन पाकर भी केवल 'याराने वतन'

का उद्‌बोधन कर सन्तुष्ट हो जाय या सिनेमा की कला के व्यापारी पूँजीपति के दस लाख कमानेवाले अध्यवसाय में अपना श्रम और श्रम बेचकर, चार छह हज़ार पा सुख का जीवन बिता सके! इस स्थिति का प्रभाव हमारे लेखक पर खूब गहरा पड़ा। उसे चिन्ता करनी पड़ी, वह क्या चुने? राष्ट्रीयता और जनवाद का पक्ष समर्थकर विदेशी सरकार का दमन? या आत्म-निर्णय और आत्मतोष लिये कला की आराधना या कला के व्यापारी के निर्देश से व्यवसायिक कला की सृष्टि?

परन्तु इससे विकट उलझन और स्थिति भारतीय लेखक के सन्मुख हमारी नवप्राप्त राष्ट्रीय स्वतन्त्रता ने पैदा कर दी है। 15 अगस्त, 1947 से विदेशी सरकार समाप्त हो चुकी है और भारत में शासन और शक्ति के प्रतीक यूनियन जैक के स्थान पर हमारा वह तिरंगा आ गया है जिसकी स्तुति के गीत भारतीय लेखक ने दमन का विरोध कर लिखे और गाये थे। इस रूप में भारतीय लेखक की राष्ट्रीयता और जनता के हाथ में शक्ति तथा आत्मनिर्णय का अधिकार पाने का स्वप्न चरितार्थ हो चुका है। आज भारतीय लेखक जनता की जिह्वा बनकर, जनता की भावना की क्या अभिव्यक्ति करे? वह अपनी नवप्राप्त राष्ट्रीयता की महत्ता का गुणगान करे? जनता को राष्ट्रनिर्माण के लिए सन्तोष का उपदेश दे?

जन की अनुभूति की जिह्वा बनने की महत्त्वाकांक्षा रखनेवाला लेखक इन सब प्रश्नों के उत्तर के लिए क्यों न जन की ओर ही देखे और राष्ट्र की वास्तविक स्थिति और अनुभूति पर विचार करे? हमारे लेखक ने जनता की अनुभूति को ग्रहण कर जनता की जिन असमर्थताओं, दीनताओं और कंगाली को मिटाने के लिए दमन के बावजूद राष्ट्रीयता और जनता के लिए अधिकार की पुकार उठायी थी, वह पुकार आज कहाँ तक फलवती और चरितार्थ हुई है? राष्ट्रीयता और स्वराज्य के बाह्यरूप राष्ट्रीय झण्डे ने तो यूनियन जैक का स्थान ले लिया, जनता को उसकी माँग की पूर्ति का, उसके संघर्ष की सफलता का आश्वासन तो मिल गया परन्तु वह आश्वासन कहां तक सत्य और सफल है?

राष्ट्रीय स्वतन्त्रता प्राप्त कर जनता के जीवन की स्थिति आज पहले की अपेक्षा कहीं अधिक दारुण और असह्य है। भूख, नंगापन और कंगाली पहले की अपेक्षा कहीं अधिक उग्र है और जनता पर दमन का चक्र पहले की अपेक्षा कहीं अधिक कठोर, निर्मम और निरंकुश! परन्तु जनता के सिर पर लहरा रहा है वह तिरंगा जिसे जनता संकट से मुक्ति का और अपने हाथ में अधिकार का संकेत और प्रतीक समझती थी और इस अपरमित रूप से बढ़े हुए दुःख, दारिद्र्य और दमन को सन्तोष से सहते जाने के लिए जनता को उपदेश दिया जा रहा है राष्ट्र निर्माण के लिए त्याग और सहनशीलता का। इस परिस्थिति में हमारा लेखक आज एक उलझन में है। विदेशी नियन्त्रण से मुक्त हो जाने के बाद एक सशक्त, सन्तुष्ट राष्ट्र के निर्माण का सुनहला स्वप्न उसकी कल्पना में है परन्तु इस कल्पना की पूर्ति के मार्ग के विषय में वह सन्दिग्ध है।

सन्देह की इस अवस्था में यह प्रश्न प्रासंगिक है कि समर्थ, सशक्ति और सन्तुष्ट राष्ट्र के रूप की कैसी कल्पना हमारे लेखक के मन में है। 'राष्ट्र' और 'राष्ट्रीयता' इन शब्दों से वह किस और कैसी अव्यवस्था को अपनी कल्पना की दृष्टि के सन्मुख जागा हुआ और खड़ा देखता है? ब्रिटिश शासन के उत्तराधिकारी, शासन का अधिकार सँभाले हुए हमारे देश का परिमित सम्पन्न समाज जो अपनी नवप्राप्त शासन सत्ता की रक्षा के लिए, असह्य जीवन से बिलबिलाते देश की मानवता को निरंकुश दमन में बाँधकर राष्ट्र निर्माण का उपदेश दे रहा है और इस राष्ट्र निर्माण के लिए शोषण के अधिकार में विश्वास करनेवाली साम्राज्यवादी अन्तरराष्ट्रीय शक्तियों से सहायता का तिकड़म कर रहा है, को हमारा लेखक राष्ट्र समझता है अथवा उस जन समाज को जो शक्ति के प्रतीक अपने झण्डे को ऊँचा उठाने के बाद हाथ में केवल खोखला बाँस पाकर वंचित रह गये हैं?

प्रश्न उठता है—हमारे सम्पन्न समाज के शोषक वर्ग द्वारा प्रस्तावित राष्ट्र निर्माण की नीति और योजना का आधार और लक्ष्य क्या है? हमारे राष्ट्र निर्माण में राष्ट्रीयता का तत्त्व क्या है? जनता को जिस व्यवस्था में बाँधा जा रहा है उसके अवश्यम्भावी परिणाम क्यों होंगे?

विदेशी शासन से मुक्त आत्मनिर्माण का अधिकार पायी अपनी राष्ट्रीयता को हम अपने देश की सीमाओं में और अन्तरराष्ट्रीय क्षेत्र में किस प्रकार फलवती और चरितार्थ होता देख रहे हैं?

अपने शासक वर्ग की राष्ट्र निर्माण की नीति के कुछ स्पष्ट परिणाम हम देख रहे हैं—शासन का अधिकार पाये सम्पन्न समाज आज पहले की अपेक्षा अधिक सम्पन्न हो रहा है। हमारे जन समाज के भाग्य निर्णय का अधिकार पाकर वह निरंकुश रूप से अपने अधिकारों की और शोषण की शक्ति को बढ़ा रहा है। शासक और शासितों के हितों और विचारों का विरोध पहले की अपेक्षा अधिक उग्र हो रहा है। शासन का यन्त्र आज जनसमाज पर पहले की अपेक्षा कहीं अधिक कठोरता से कसा जा रहा है। सर्वसाधारण किसानों और मज़दूरों के जीवन के अवसर की मांग के आन्दोलन जो पहले राष्ट्रीयता के उत्पादक थे, आज राष्ट्रघातक प्रवृत्तियाँ बतायी जा रही हैं और अन्तरराष्ट्रीय क्षेत्र में हमारी शासन सत्ता उसी दल की सहयोगी बन रही है जिसे वह कल तक स्वार्थों, शोषक और दमन करनेवाली सत्ता कहकर गाली दिया करती थी।

हमारी राष्ट्रीयता के उद्भव और विकास के काल में देश के जनसमाज की भावना का आधार और राष्ट्रीयता के अधिकार की कल्पना अधिकारहीन जनसमाज के अधिकार सम्पन्न होने में थी। हमारी राष्ट्रीयता की कल्पना थी देश में जीवन के साधनों और जीवन के अवसरों को अत्याचारी के अधिकार से छीनकर जनहित के लिए उनका राष्ट्रीयकरण किया जाना। आज हमारे शासक वर्ग और शासक समाज की राष्ट्रीयता जिस मार्ग पर चल रही है उसकी सबसे बड़ी प्रवंचना यह है कि राष्ट्रीयकरण का मार्ग

आज राष्ट्र विरोधी नीति समझाया जा रहा है। यह है वह कदम जहाँ पहुँच कर जनसमाज की सतर्कता और चेतना का प्रतिनिधि लेखक चौंके बिना नहीं रह सकता। तथ्य के इस सूत्र को पकड़कर, हमारे शासक वर्ग के राष्ट्रीयकरण से जन समाज के स्वामित्व और निर्णय को सर्वोपरि समझने की व्यवस्था से आशंकित होने के तथ्य को लेकर, हम अपने शासक वर्ग की प्रवृत्ति और उनके लक्ष्यों को स्पष्ट समझ पा सकते हैं।

राष्ट्रीयकरण से आशंकित होने की हमारी शासकवर्ग की प्रवृत्ति और जनता के हित की रक्षा के नाम पर जनता को अधिकार से हीन रखने की हमारे शासक वर्ग की नीति इस बात का प्रमाण है कि क्यों शासन सत्ता हाथ में लेते ही, देश में समाजवादी व्यवस्था की प्रतिज्ञा करनेवाली सरकारें आज व्यापारिक लूट पर लगाये गये प्रतिबन्धों को दूर कर चुकी हैं? क्यों अतिरिक्त मुनाफ़े पर से कर हटाकर दैनिक उपयोग की वस्तुओं पर कर बढ़ रहे हैं। क्योंकर देश के नैतिक विकास के नाम पर भोजन और वस्त्र के मूल्य नियन्त्रण को हटाना पड़ा। ज़मींदारी के नाम पर उत्पादक को लूटने की प्रथा का अन्त करने के लिए डाकू को मुआवज़ा (या रैंसम-मुक्तिधन) देने की नैतिकता कहाँ से पैदा हो गयी? किसानों और मज़दूरों की जीवन के अधिकार की माँग के आन्दोलन राष्ट्रघातक क्यों हो गये? और हमारे शासक वर्ग को संसार की शान्ति के लिए कम्युनिज़्म से, श्रमिकों की सत्ता से, श्रेणीहीन समाज से और किसान मज़दूर के राज रूस से क्यों भय लगने लगा? क्यों आज हमारा शासक वर्ग पूर्वी यूरोप और एशिया भर में साम्राज्यवाद विरोधी शक्तियों के सबल होने से घबरा रहा है, क्यों आज वह इस देश के विकास के लिए इस देश के मांस पर पली साम्राज्यवादी शक्तियों का ही सहारा लेना चाहता है? हमारा शासक वर्ग संसार में शान्ति की चिन्ता से उतना व्यथित नहीं जितना अपने श्रेणी स्वार्थ की चिन्ता से। उसे संसार में फैलती शोषक व्यवस्था को भस्म करनेवाली लाल आग से इतना भय इसलिए लग रहा है कि इस आग की चिनगारियाँ स्वयं उसके देश में सुलग रही हैं। राष्ट्र के जन की राष्ट्रीयकरण की माँग उसका हृदय दहला रही है। वह राष्ट्रीयकरण से घबराता है और राष्ट्रीयता के नाम पर अपनी सत्ता को निरंकुश बनाकर स्थापित करना चाहता है।

अपने इस उद्देश्य की पूर्ति के लिए यह शासक वर्ग किसी भी साधन को अछूता नहीं छोड़ना चाहता। वह अपने हाथ आ गयी शासन शक्ति का और शस्त्र शक्ति का उपयोग राष्ट्रीयकरण के विरुद्ध कर रहा है और अपने हाथ में मौजूद जन के संचित श्रम-धन का उपयोग अपने स्वार्थों की रक्षा के लिए निर्लज्जतापूर्वक कर रहा है और रक्षा के नाम पर राष्ट्रीयकरण का, जनता के स्वामित्व और अधिकार का विरोध।

उसका सबसे विश्वस्त और जनता के लिए सबसे घातक शस्त्र है जनता की चेतना के केन्द्र को अचेत करना, जनता की मुक्ति की इच्छा को जड़ कर देना, उसे भ्रम में फंसाकर पथ भ्रष्ट कर देना। इस उद्देश्य से पूँजी के बल पर शासन का अधिकार अपने हाथ में रखनेवाला समाज जनता की अनुभूति और भावना के पुरोहितों,

लेखकों, पत्रकारों और कलाकारों को ख़रीदता है। अतीत काल से वह धर्म की व्यवस्था और न्याय की व्यवस्था देनेवालों को ख़रीदता आया है। आज प्रजातन्त्र के युग में वह प्रजा की जिह्वा, समाचार-पत्रों को अपने वश में किये हैं। वह जन भावना का निर्माण करनेवाले कलाकारों और लेखकों को ख़रीदता है, वह उन्हें भूख और कंगाली की यातना दिखाकर, स्वादु भोजन का थाल और सुखमय सेजं दिखाकर यह कहने के लिए बाध्य करता है कि राष्ट्रीयकरण जन का स्वामित्व और जन का अधिकार राष्ट्र की हत्या है। वह जनता को यह विश्वास दिलाना चाहता है कि जनता का राज जनता का शत्रु है, लूट की व्यवस्था का अन्त करनेवाले आन्दोलन शान्ति के शत्रु हैं, जनता की मुक्ति कामना अराजकता और अशान्ति है। शक्ति, सामर्थ्य, सन्तोष और शान्ति का मार्ग है वो राष्ट्रीयता जो उसकी पूँजी के शासक के जुए को दृढ़ बनाये रहे। ऐसी राष्ट्रीयता जो उसे राष्ट्रीयकरण से बचाकर उसके स्वार्थों की रक्षा करे, जो राष्ट्र की उत्पादक सम्पत्ति का स्वामी शोषक व्यक्तियों को बना रहने दे।

आज हमारे लेखक के सम्मुख सबसे बड़ा प्रश्न यही है कि राष्ट्रीयता क्या है? राष्ट्रीयता के एक रूप का प्रतिनिधित्व जर्मनी और इटली ने किया था। इस राष्ट्रीयता की महत्त्वाकांक्षा थी—जर्मनी और इटली की पूँजीपति श्रेणी अपने देशों की श्रमिक श्रेणियों को अपना गूंगा हथियार बनाकर संसार का शासन करे! इसका परिणाम जर्मनी और इटली की जनता और शेष संसार भुगत और देख चुका है। गत महायुद्ध से पूर्व अनेक युद्धों में संसार राष्ट्रीय साम्राज्यवाद के रूप में इसका परिणाम भुगतता आया है। इस राष्ट्रीय साम्राज्यवाद का शिकार भारत स्वयं रह चुका है।

राष्ट्रीयता का दूसरा रूप है—आर्थिक साम्राज्यवाद की राष्ट्रीयता। इस राष्ट्रीयता का प्रतिनिधि और नेता है अमेरिका का पूँजीवादी वर्ग। इस अन्तरराष्ट्रीय आर्थिक साम्राज्यवादी राष्ट्रीयता का लक्ष्य है अमेरिका के अधिनायकत्व में संसार के सभी राष्ट्रों में उत्पादन के साधनों की स्वामी श्रेणी के स्वामित्व की रक्षा राष्ट्रीयकरण के भय से करना। यह अन्तरराष्ट्रीय पूँजीवादी संगठन राष्ट्रीयता की दुहाई देकर राष्ट्रीयकरण की अन्तरराष्ट्रीय रूप से व्यापक प्रवृत्ति को मज़दूर वर्ग को लाल साम्राज्यवाद का नाम देकर उसका विरोध शस्त्र शक्ति और मिथ्या प्रचार के साधनों द्वारा कर रहा है। हमारे देश में पूँजीपति वर्ग तथा इस वर्ग की पोषित श्रेणियों के हाथ में आ गयी शासन की नीति ने राष्ट्रीयकरण के विरोधी अन्तरराष्ट्रीय संगठन से अपनी रक्षा के लिए पल्ला बाँध लिया है। आज हमारे शासक वर्ग के लिए इस देश की साधन हीन जनता और संसार भर की साधनहीन जनता शत्रु है और अन्तरराष्ट्रीय पूँजीवादी व्यवस्था मित्र है। इसीलिए हमारा शासकवर्ग आज पूर्वी यूरोप, चीन, बर्मा, मलाया और इण्डोनेशिया में एक वर्ग द्वारा राष्ट्रभर के उत्पादन के साधनों को अपना कर शोषण का अधिकार अपने हाथ में रखने की व्यवस्था पर चोट पड़ती देखकर तिलमिला रहा है। आज हमारा शासकवर्ग लूट और शोषण की परम्परा के रक्षक ब्रिटिश और अमेरिकन पूँजीवादी वर्ग की संरक्षता

में इस देश का या अपने स्वार्थों की कल्याण और रक्षा देख रहा है और देश में उठती जनवादी और राष्ट्रीयकरण की भावनाओं को राष्ट्र-निर्माण के लिए अनुशासन की आवश्यकता और राष्ट्र पर घिरे संकट के नाम पर कुचल डालने की चेष्टा कर रहा है। इस अवस्था में निरन्तर दमन के अतिरिक्त और कोई मार्ग और उपाय हमारे शासकवर्ग के हाथ में नहीं है।

राष्ट्र निर्माण की दुहाई हमारा शासकवर्ग देता है परन्तु राष्ट्र का निर्माण वह राष्ट्रीयता के आधार और सिद्धान्त पर नहीं करना चाहता। राष्ट्र का निर्माण वह जनता की आवश्यकता को पूर्ण करने के माँर्ग से जनता के निर्णय से और जनता के स्वामित्व में नहीं करना चाहता। हमारा शासक वर्ग राष्ट्र का निर्माण पूँजीपति वर्ग के अपने मुनाफे के लिए, विदेशी पूँजीपति वर्ग के सहयोग से, अपने पूँजीपति वर्ग के स्वामित्व में करना चाहता है। इस नीति का परिणाम हमारे देश में वही होगा जो संसार भर के दूसरे देशों में हुआ है। यह व्यवस्था श्रेणी संघर्ष को अनिवार्य बना देगी। विदेशी शासन से मुक्ति के संघर्ष के समय हमारे पूँजीपति वर्ग ने उपदेश दिया था विदेशी शासन से मुक्ति के लिए एकता और अनुशासन की आवश्यकता है, राष्ट्रीयकरण का नाम न लो इससे श्रेणी संघर्ष पैदा होता है; मुक्ति श्रेणी संघर्ष से नहीं, राष्ट्रीयता से मिलेगी। आज उसका उपदेश है—राष्ट्र निर्माण के लिए एकता और अनुशासन की आवश्यकता है, राष्ट्र का निर्माण राष्ट्रीयता से होगा, श्रेणी संघर्ष से देश भूखा मर जायगा। वह चीन, बर्मा, मलाया और इण्डोनेशिया की राह पर चला जायगा।

आज हमारे लेखक के सामने प्रश्न है कि वह किस राष्ट्रीयता का समर्थन करे? आज लेखक को चकाचौंध करनेवाले प्रलोभन पहले की अपेक्षा अधिक हैं। आज पूँजीपति वर्ग उसे ख़रीद रहा है और शासक वर्ग उसके जीवन को डर और दमन के रूप दिखा रहा है आज जनता को ठगने और भ्रम में फँसाने को राष्ट्रीयता का परम्परागत गौरव ओढ़ाया जा रहा है? परन्तु लेखक का विवेक क्या कहता है? वह शोषक श्रेणी के अधिकार का समर्थन कर राष्ट्रीयता का प्रतिपादन करे अथवा राष्ट्रीयकरण के आधार पर क़ायम होनेवाली वास्तविक राष्ट्रीयता का। वह दमन का प्रतिपादन करेगा या मानवता के जीवन के लिए मुक्त श्वास का।

दिसम्बर

१९४८

राष्ट्रघातक राष्ट्रीयता

शब्दों का भाव और तात्पर्य प्राय: परिस्थितियों के अनुसार बदल जाता है। अंग्रेज़ों के शासनकाल में अमनसभा या शान्तिसभा का अर्थ था देश के सम्मान और हित के विरोधी अंग्रेज़ों के तलुए चाटनेवाले लोगों की सभा या संगठन। आज इन शब्दों का अर्थ कुछ दूसरा हो सकता है।

अंग्रेज़ों के शासनकाल में राष्ट्रीयता का अर्थ था गद्दारी। उस समय प्राय: ही अपने-आपको सम्मानित समझनेवाले अच्छी आर्थिक अवस्था के लोग इस शब्द की परिधि में आने से बचे रहते थे।

आज राष्ट्रीयता शब्द सुविधाजनक हो गया है। अंग्रेज़ी राज के अमन पसन्द लोग आज राष्ट्रीयता की परिधि में आ गये हैं। पहले इस देश में जीवन के साधनों और अवसर के लिए तड़पते लोग राष्ट्रीयता के अपराध में सज़ा पाते थे। आज इस देश में जीवन के साधनों और अवसरों पर सरकार के बल से अपना एकमात्र ठेका क़ायम रखनेवाले लोग राष्ट्रीयतावादी बन गये हैं और जीवन के साधनों और अवसर की माँग करनेवाली साधनहीन जनता फिर गद्दारों की श्रेणी में है।

आज राष्ट्रीयता का अर्थ शासन की पिट्ठू शोषक श्रेणी के अधिकार की रक्षा करनेवाली व्यवस्था को दृढ़ बनाना हो गया है और जीवन के साधनों और अवसर की माँग करनेवाली श्रेणी का दमन राष्ट्रीयता और राष्ट्र निर्माण का कार्यक्रम बन गया है। इसका स्पष्ट प्रमाण है कि आज भारत में जीवन के साधनों को जनता की सम्पत्ति बनाना और उनका राष्ट्रीयकरण देश की राष्ट्रीय कही जानेवाली सरकार की दृष्टि में राष्ट्रीयता और राष्ट्र निर्माण का कार्यक्रम नहीं रहा।

अपने नित्य के अनुभव में हम राष्ट्रीयता के इस बदले हुए रूप और भावना को देखते हैं। अब तक हमारी राष्ट्रीयता को व्यक्त करने और उसका विकास करने का साधन समझे जाते थे बोलने, सम्मिलित होने की और पत्रों की स्वतन्त्रता और दमनकारी कानूनों का विरोध! आज हमारी राष्ट्रीय सरकार का रूप ही हो गया है

नित्य की दफ़ा १४, ४ सम्मिलित होने पर बन्धन, पत्रों पर रोक और एक-से-एक अधिक दमनकारी कानून बनाकर व्यक्तिगत और नागरिक स्वतन्त्रता का अन्त करते जाना। जनता की जिस भावना को अंग्रेज़ शासन अपने लिये सबसे अधिक भयंकर समझता था आज भी जनता की वही भावना आज कांग्रेस सरकार को अपने निरंकुश शासन के लिए भयानक जान पड़ रही है। पुलिस के निर्लज्ज व्यवहार पर प्रकाश डालना आज फिर शासन पर चोट करना समझा जा रहा है। आज कांग्रेसी राष्ट्रीयता शोषित वर्ग को शोषक श्रेणी का बेजुबान ग़ुलाम बनाये रखने के निरंकुश साधन का रूप लेकर जर्मनी की नाज़ीवादी राष्ट्रीयता का रूप ले चुकी है।

आज शोषित जनता राष्ट्रीयता का झूठा आडम्बर ओढ़नेवाली शोषक श्रेणी की प्रतिनिधि अपनी सरकार को चुनौती देती है कि तुम्हारे इस शासन में जन सुरक्षा के नाम पर बनाये कानूनों में या दूसरे और कानूनों में जनता को भूखा मारकर, जनता को नंगा रखकर, जनता को दूसरे उपाय से छलकर उसका शोषण करने के अपराध में कितने लोग सजा पा रहे हैं? और शोषण का विरोध करनेवाले कितने लोग आज तुम्हारे अन्यायी न्याय का शिकार बने हुए हैं? तुम राष्ट्रीयकरण में अपने फ़ायदों को भूल करके राष्ट्रीयता के पर्दे में केवल राष्ट्र का शोषण मात्र कर रहे हो। तुम्हारी राष्ट्रीयता में उतना ही सत्य है जितना की अंग्रेज़ों के भारत की रक्षा करने में था।

राष्ट्रीयता के नाम का यह झूठा और दुरूपयोग आज अन्तरराष्ट्रीय रूप से शोषक श्रेणी के स्वार्थों की रक्षा का परदा बन रहा है।

आज ब्रिटेन और अमेरिका की पूँजीवादी-साम्राज्यशाही के नेतृत्व में संसार भर की शोषक श्रेणी अन्तरराष्ट्रीय रूप से शोषित वर्ग की मुक्ति के प्रयत्न को राष्ट्रीयता के नाम पर कुचलने की चेष्टा कर रही है। इण्डोनेशिया और मलाया में आज राष्ट्रीयता का आडम्बर ओढ़ाया जा रहा है डच और अंग्रेज़ साम्राज्यशाही हितों के साथ स्थानीय पूँजीपतियों के शोषण के अधिकार को और जनमुक्ति के आन्दोलन को नाम दिया जा रहा है कम्युनिस्टों की गद्दारी। चीन में आज राष्ट्रीय सरकार का नाम दिया जा रहा है च्यांग काई शेक की सरकार को जो अमेरिकन डालर और गोला बारूद की सहायता से चीन की प्रजा पर चीनी भूमिपतियों और पूँजीपतियों के शोषण के अधिकार को अमेरिकन पूँजीशाही लुटेरों के साझे में चीन की भूमि और चीन की प्रजा पर जमाये रखना चाहती है। और चीन की प्रजा के आत्मनिर्णय का अधिकार प्राप्त करके अपनी भूमि और पैदावार के दूसरे साधनों पर देश की जनता के अधिकार करने को, उनके राष्ट्रीयकरण करने को कहा जा रहा है कम्युनिस्टों की बग़ावत।

अभी कल तक संसार के शोषितों से सहानुभूति और सहयोग के प्रस्ताव करनेवाली हमारी राष्ट्रीयता आज पूँजीपतियों के नेतृत्व में शासन का अधिकार पाकर, अन्तरराष्ट्रीय पूँजीशाही और साम्राज्यशाही के सहयोग में ही अपना कल्याण देखकर इस शोषक अन्तरराष्ट्रीय-राष्ट्रीयता के ही पक्ष में जा खड़ी हुई है।

जनवाद और समाजवाद की कसमें खानेवाले पण्डित नेहरू कामनवेल्थ के शोषण सम्राटों में से गुरु मन्त्र पाकर ऐलान कर रहे हैं कि एशिया के कम्युनिस्ट आन्दोलनों ने जल्दीबाजी करके अपने-आप को राष्ट्र विरोधी बना लिया है। अपनी श्रेणी के स्वार्थों की रक्षा के लिए पण्डित नेहरू के मुख से निकले इस प्रचार से आत्मनिर्णय का अधिकार चाहनेवाली जनता अब भ्रम में नहीं पड़ सकती। आज जनता अपने अनुभव से देख रही कि अपने स्वार्थ की रक्षा के लिए देश की विराट् जनता का नाश करनेवाली पूँजीवादी राष्ट्रीयता का अभिप्राय क्या है?

राष्ट्रीयता की नकाब में अपना चेहरा छिपाकर जनता को धोखा देनेवाले हमारे शासक विधान और कानून की शक्ति हाथ में पाकर जनता की आत्मनिर्णय का अधिकार पाने की भावना को कुचल देना चाहते हैं। वे हमारे मुँह पर दफ़ा १४४ का ताला लगाकर, बिना अपराध प्रमाणित किये हमें जेलों में बन्दकर, हमारे सभी वैधानिक अधिकारों को छीन लेना चाहते हैं। वे राष्ट्र की जीवन के अवसर की माँग को ही अवैधानिक बना देना चाहते हैं। उन्हें अंग्रेज़ों से उत्तराधिकार में पाये अपने दमन के साधनों पर बहुत अहंकार है।

वे निर्लज्जता पूर्ण अहंकार से दावा करते हैं कि हम जनता को जीवन का अवसर पाने का आन्दोलन और संग्राम नहीं करने देंगे—हम भारत को चीन नहीं बनने देंगे। परन्तु वे विश्वास रखें जनता के प्राकृतिक अधिकारों को नित्य अवैधानिक बनाते जाकर वे अपनी झूठी वैधानिकता को स्वयं समाप्त कर देंगे। वे हमारे जीवन को ही अवैधानिक बना देंगे। उस दिन जीवित रहने के लिए हमें इस शोषक दमनकारी विधान को समाप्त कर देना होगा। जीवन का अवसर चाहनेवाली भारत की प्रजा को वे स्वयं ही बता रहे हैं कि तुम्हारे लिये हम चीन की प्रजा की भाँति जीवन के लिए लड़ने के अतिरिक्त जिसका कोई उपाय नहीं छोड़ेंगे। वे अन्तरराष्ट्रीय शोषक संगठन का सहारा और सहयोग ले रहे हैं और प्रजा को अन्तरराष्ट्रीय जन क्रान्ति के आन्दोलन का अंग बनाने के सिवा उपाय नहीं।

राष्ट्र का अर्थ देश की जनता है। राष्ट्रीयकरण द्वारा जनता के अधिकार और स्वामित्व को स्वीकार न करनेवालों को, राष्ट्र का घात करनेवालों को राष्ट्रीयता का नाम लेने का कोई अधिकार नहीं है।

जनवरी
१९४९

चीन में लाल सबेरा

लेखिका और पत्रकार अन्ना लुई स्ट्रांग की पुस्तक का शीर्षक है। चीन में लाल सबेरा रोमांचक कहानी, कल्पना का चमत्कार नहीं, ४५ करोड़ जनता की सजीव कहानी है। चीन में लाल सबेरा हो रहा है असहाय दारिद्र की काली रात को मेटती हुई उषा की किरनों-सी जन सेना नानकिंग की ओर फैल रही है। गोलों, तोपों की गर्जन, शोषण और ग़ुलामी से मुक्ति का हुंकार निश्चय ही लाल सबेरे की सूचना दे रहे हैं। पूर्वी दिशाएँ लाल हो रही हैं; जन-जन उत्साह से भर रहे हैं। एशिया का विराट् जन समूह सदियों की दासता के बन्धन तोड़ने के लिए अगड़ाई ले रहा है। पूरब में लाल किरण फूट रही है।

मानव इतिहास में रूस की अक्टूबर क्रान्ति के बाद यह दूसरी महान् घटना है। हज़ारों वर्षों की सामन्ती ग़ुलामी की ज़ंजीरें तड़ातड़ टूट रही हैं। सदियों पुरानी साम्राज्यशाही के रथ के पहिये चरमराकर चकनाचूर हो रहे हैं। च्यांग और चीन के करोड़पति राजघरानों के फासिस्टी शासन का अन्त हो रहा है। अमरीकी डालर और विश्व प्रतिक्रियावाद के तीसरे महासमर के मंसूबे धूल चाट रहे हैं...चीन में यह नव प्रभात! एशिया की धरती पर लाल सबेरा नहीं तो क्या है!!!

महासमर के बाद चीनी कम्युनिस्टों ने मिलीजुली सरकार बनाये जाने के लिए च्यांग काई शेक के सामने प्रस्ताव किया था। च्यांग ने उस समय उस प्रस्ताव को ठुकरा दिया और उन पर और चीनी जनता के कम्युनिस्टों द्वारा आज़ाद किये इलाक़ों (Liberated areas) पर १९४६ में भयानक हमले शुरू कर दिये। उस समय कम्युनिस्टों ने घोषणा की थी कि यह संघर्ष भयानक होगा परन्तु अन्त में च्यांग की हार होगी। जनता को लाखों मुसीबतें झेलनी पड़ेंगी लेकिन अन्त में वह विजयी होगी और कोमिन्ताँग के जन-विरोधी शासन का अन्त होगा। माओ च्यांग की सामन्तशाही शक्ति के आडम्बर के भीतरी खोखलेपन के रहस्य को ठीक वैसे ही समझ गया था जैसे आज वह अमेरिकन एटमबम के क़ाग़ज़ी पटाखे की वास्तविकता को जानता है।

माओ 'एटमबम' को एक "क़ागज़ी बाघ की तस्वीर" कहता है। माओ का कहना है—हिटलर, मुसोलिनी और तोजो जैसे क्रूर फासिस्ट केवल क़ागज़ी बाघ थे, जो पानी पड़ने पर घुल गये, मिट गये। यदि च्यांग जनता के साथ होता तो वह काग़ज़ नहीं असली फौलादी बाघ होता लेकिन वह जन-विरोधी है, वह घुल जायेगा। समय की गति ने माओ की भविष्यवाणी को सत्य प्रमाणित कर दिया!

च्यांग की ४० लाख फ़ौज सब ओर सब मोर्चे पर तितर-बितर कर दी गयी है। जन सेनाएँ बाढ़ की तरह पैदा हो रही हैं और बढ़ रही हैं। हर मर्द, हर औरत, हर नौजवान आज़ादी का सैनिक है, च्यांग के, जापान के, जन भक्षकों के पाँसे उलटे पड़ रहे हैं—जो हथियार च्यांग के दरिन्दों के लिए भेजे जाते हैं, वे जन सेनाओं, उनके स्वयंसेवकों और उनके लड़ाकू नौजवानों के हाथों में पड़ जाते हैं। जनता के रोष को न अमेरिकी डालरों की थैली, और न च्यांग सरकार द्वारा छापे गये क़ाग़जी नोटों की दीवार रोक सकती है। कोमिन्ताँग के हाई कमाण्डर का आसन डोल रहा है, उसका दम फूल रहा है। कोमिन्ताँग क्षेत्रों में जनता तबाह है, बेचैन है—वहाँ आग सुलग रही है, जन विद्रोह हो रहे हैं! वाशिंगटन में, वाल-स्ट्रीट में, मुहर्रमी—निराशा, मौत का- सा सन्नाटा है! केवल आज़ाद इलाक़ों में स्वतन्त्र चीन के जनगण के मन प्रसन्न हैं और दुगुने प्रवाह से, दुगुने उत्साह से च्यांग के चरमराते हुए सिंहासन में आख़िरी धक्का लगा रहे हैं। पूरे एशिया, पूरे यूरोप, पूरी दुनिया के लोगों की आँखें चीन की ओर लगी हुई हैं!!

चीन के शोषितों की मुक्ति के नायक कम्युनिस्टों के इस विश्वास, इस विजय का रहस्य क्या है?

यह रहस्य शोषित सर्वहारा वर्ग के हाथों में सर्वहारा क्रान्ति के लिए मार्क्सवादी लेनिनवादी विचार है। साम्राज्यवाद-सामन्तवाद के ख़िलाफ़ संघर्ष के लिए है जो विश्वास पूँजीवादी वर्ग के नेतृत्व में नहीं बल्कि इस संघर्ष के लिए उनका विश्वास सर्वहारा वर्ग में है। मज़दूर-किसान-बुद्धिजीवी और शोषित मध्यम वर्ग की सुदृढ़ एकता में और उनके नेतृत्व में हैं। इस जन शक्ति के पीछे चीनी जनता के पुत्र और पुत्रियों की वह पार्टी है जिसने जनता की आज़ादी के संग्राम के लिए उनको सुशिक्षित और सुसंगठित किया है, इस जन शक्ति के पीछे संघर्षों की आग में तपे इस पार्टी के अनुभव हैं, इस पार्टी की क्रान्तिकारी नीति है।

२२ वर्षों के संघर्ष में चीनी जनता की आँखें खुल चुकी हैं। च्यांग उसके सामने अपने नंगे रूप में है, उसकी राष्ट्रीयता का और उसके राष्ट्रीय नेतृत्व का भण्डाफोड़ हो चुका है। जनता उसकी वास्तविकता को जान चुकी है और जनहित की नेता कम्युनिस्ट पार्टी के झण्डे के नीचे जमा हो गयी है। इस पार्टी के नेतृत्व में, उसके

कार्यक्रम में जनता का विश्वास है। जनता सदा धोखे में नहीं रह सकती! जनता अब धोखे में न आयेगी, वह चीन के इस विनाशकारी गृहयुद्ध के इतिहास को कभी भुला नहीं सकती। वह पहले सोवियत की स्थापना में केण्टन-कम्यून को भुला नहीं सकती, चीन के दस करोड़ खेतिहर मज़दूर, ग़रीब किसान जिन्होंने आततायियों के हाथों से अपनी ज़मीनें छीनी, मज़दूर जिन्होंने अपनी छीनी हुई रोटी रोज़ी हासिल कर ली है, महिलाएँ जिन्होंने अपने खोये हुए अधिकार पा लिये हैं और हज़ारों लाखों जन जो आज़ाद होकर पढ़ना-लिखना सीख गये हैं वे आज अपना भाग्य-निर्माण कर रहे हैं—उन्हें अपने भविष्य पर विश्वास है, उन्होंने हमेशा के लिए सामन्ती ग़ुलामी को दफ़ना देने की प्रतिज्ञा कर ली है। मार्क्सवादी-लेनिनवादी विचारधारा की गहरी समझ व उसमें अडिग विश्वास के सहारे चीनी जनता और उसकी क्रान्तिकारी परम्पराओं को लिये कम्युनिस्ट पार्टी—भले ही अमेरिका अपने हथियारों और डालरों से च्यांग को पूर दे—चीन की जनवादी क्रान्ति के रथ को अपने लक्ष्य तक पहुँचायेगी।

आज चीन की जनता भ्रम में नहीं है। वह पहचान चुकी है च्यांग क्या है, च्यांग की फ़ौजें क्या हैं। जनता यह भी देख चुकी है कि कम्युनिस्ट पार्टी और उसकी जन-सेनाएँ क्या हैं। जब च्यांग अपनी फ़ौजें लेकर आता है तो किसान सोचते हैं, च्यांग आ रहा है, हमारी ज़मीनें छीनने आ रहा है, हमारे ऊपर बदनाम और घूसखोर अफ़सरों को थोपने आ रहा है, कागज़ी नोटों की बाढ़-अशिक्षा-महामारी-अत्याचार-विध्वंस-मौत लेकर आ रहा है, जनता आत्मरक्षा के लिए हाथों में हथियार उठा लेती है। जब जन-सेनाएँ आती हैं, तो वे देखते हैं, अत्याचारियों का सफ़ाया होता है, शान्ति क़ायम होती है, ज़मीनों का बँटवारा होता है, कर्ज़ माफ होते हैं। वे आती हैं, अशिक्षा बीमारियों और अत्याचारों के ख़िलाफ़ लड़ती हुई और ऐसा पंचायती राज बनती हैं, जिसमें ग़रीब, सबसे दलित भी सम्मिलित हो सकें। चीनी जनता के सामने यह चित्र है। गृहयुद्ध ऐसे दो व्यवस्थाओं के बीच का युद्ध है।

चीनी जनता के इन संघर्षों में उनकी विजय से कुछ परिणाम स्पष्ट हमारे सामने आते हैं। यह परिणाम हमारे संघर्षों में पथ-प्रदर्शक हो सकते हैं और हम पर वह कुछ जिम्मेदारियाँ भी सौंपते हैं।

पश्चिम में सोवियत रूस की शक्ति नये जनवादी राष्ट्रों के साथ और पूरब में जनवादी चीन के उदय ने नये विश्वव्यापी युद्ध को उभारनेवालों, उपनिवेशों में जनता के ऊपर अत्याचार और शोषण करनेवाले, अंग्रेज़-अमेरिकी साम्राज्यवादियों के दुर्ग में दरारें बना दी हैं। इन घटनाओं ने साम्राज्यवादियों और उनके समर्थकों का पलड़ा हलका और जनवादी मेहनतकशों का पलड़ा भारी बना दिया है। दूसरे कोमिन्ताँग और उसके गुट्ट के खात्मे से, चीन की उस पूँजीवादी-सामन्ती व्यवस्था का अन्त

होता है जो स्थानीय पूँजीपतियों और सामन्तों के हित में विदेशी साम्राज्यवाद को सुरक्षित रखकर चीन में जनवादी क्रान्ति को रोकती रही है। यही नहीं कोमिन्ताँग और उसके गुट्ट के अन्त से शेष पूर्वी देशों में भी पूँजीवादी-सामन्ती शासकों की कतार टूट जाती है और जनवादी शक्तियों को उन समझौतापरस्तों (Collaborators) के ख़िलाफ़ संघर्ष चलाने में मदद मिलती है जो क्रान्तिकारी जन-आन्दोलनों की पीठ में छुरा भोंक कर दुश्मनों से जा मिले हैं। तीसरे इस परिस्थिति से उपनिवेशों की जनता को प्रेरणा मिलती है, मार्ग दिखायी देता है, उनको साफ़-साफ़ दिखायी देता है कि उनकी स्वतन्त्रता-प्राप्ति और उन्नति, पूँजीवादी नेताओं और उन्ही के भाईबन्धु सोशलिस्ट नेताओं के बताये हुए रास्ते से नहीं, सर्वहारा वर्ग और उसकी पार्टी कम्युनिस्ट पार्टी के रास्ते से हो सकती है। चौथे चीन के गृहयुद्ध और उसमें जनता की विजय से—उसके इतिहास से—यही बात प्रकट होता है कि रोटी, रोजी और आराम की ज़िन्दगी बसर करने का रास्ता केवल संघर्ष है। संघर्षों के जरिये पूँजीवादी सामन्ती गुटों के हाथों से सत्ता छीने बिना तथा सर्वहारा वर्ग और किसान तथा बुद्धजीवी और शोषित मध्यम वर्ग के हाथों में सत्ता सौंपे बिना यह समस्या हल नहीं हो सकती। पाँचवें, चीन का इतिहास हमें बताता है कि नये जनवाद की स्थापना सम्भव है तथा उपनिवेशों और अर्द्ध उपनिवेशों के लोगों के लिए यही एक रास्ता है। छठे, यह हमें बताता है कि सोवियत यूनियन, पूर्वी यूरोप के नये जनवादी देशों और संसार के क्रान्तिकारी आन्दोलनों के साथ तथा सर्वहारा वर्ग और उसकी कम्युनिस्ट पार्टी के नेतृत्व में ही नया जनवादी चीन, समाजवाद और उसमें नये आर्थिक, राजनैतिक और सामाजिक विकास की ओर बढ़ेगा जो सारी दुनिया के दलित, शोषित, पिछड़े हुए लोगों को क्रान्तिकारी संघर्ष में मदद देगा।

लेकिन इस महान् घटना से क्या हिन्दुस्तानी 'राष्ट्रीय नेताओं' और शासकों की भी आँखें खुलेंगी? क्या हमारे सोशलिस्ट साथी भी इन परिवर्तनों की ओर आँख खोलकर देखेंगे? इन पर विचार करेंगे? गत वर्षों में, हमें याद है, चीन के राष्ट्रीय आन्दोलन से हमारे राष्ट्रीय-आन्दोलन का गहरा सम्बन्ध रहा है। एक ने दूसरे को, साम्राज्यवाद के ख़िलाफ़, स्वाधीनता के संग्रामों में सहानुभूति दी है, प्रेरणा दी है; लेकिन इधर कुछ सालों से हमारे देश की राष्ट्रीय नेताशाही ने इस सम्बन्ध को च्यांग और उसके कोमिन्ताँग तक ही सीमित कर दिया है। हमारी राष्ट्रीय नेताशाही ने वहाँ के लोगों को च्यांग के जनविरोधी शासन को ही पहचानने, उसे मदद देने की प्रेरणा दी है। इसी च्यांग और उसके निज़ाम के लिए हमारी 'राष्ट्रीय' सरकार ने बधाइयों के सन्देश भेजे हैं—उसको कोयला भेजा है—वहाँ की जनता के लिए कुछ नहीं!! आज जब च्यांग की सत्ता चकनाचूर हो रही है तब श्रीसम्पूर्णानन्द और उन जैसे लोग घबराकर, सोशलिस्ट पार्टी के भीतर अपने छुटभइयों को आगाह कर रहे हैं—

'संघर्ष का रास्ता छोड़ो, कम्युनिस्टों के हाथों मत खेलो। चीन से सबक लो।''

पटेल और पन्त तो अपने इन संगी साथियों का परिणाम देखकर भी अनदेखी करते हैं और ब्रिटेन तथा अमेरिका को ढाढ़स बँधाते हैं, ''च्यांग के चले जाने की चिन्ता मत करो—हम पर विश्वास रखो—देश हमारे साथ है। कम्युनिस्टों और जन-संघर्षों के ख़िलाफ़ लड़ने के लिए यहीं गढ़ बनाओ। यहाँ से लड़ो। हमें मदद दो।''

हमारी 'राष्ट्रीय नेताशाही' भी, जिसके पीछे रजवाड़े और पूँजीपति वर्ग है, च्यांग के रास्ते जा रही है। वह जन-विरोधी होकर साम्राज्यवादियों और उनके गुर्गों से जा मिली है। राष्ट्रीय नेता चीन के लम्बे इतिहास से कुछ सीखना नहीं चाहते—सीखने से इन्कार करते हैं। निश्चय ही, वे भी पानी पड़ने पर 'काग़ज़ी बाघ' की तरह घुल जायेंगे मिट जायेंगे। हमारे सोशलिस्ट भी इतिहास से कुछ सबक नहीं ले रहे हैं, वे भी उन सोशल डेमोक्रेट्स की राह जा रहे हैं जिन्होंने हमेशा जनता के साथ विश्वासघात किया है।

हमारे नेताओं का कहना है कि हिन्दुस्तान एक 'तीसरी शक्ति' बनेगा। हाँ यदि इनके स्वार्थी स्वप्न पूरे हुए और जनता समय पर न जाग सकी तो दूसरे शब्दों में यह 'तीसरी शक्ति' हिन्दुस्तान, सोवियत के ख़िलाफ़, यूरोप के नये जनवादी देशों के ख़िलाफ़, नये जनवादी चीन के ख़िलाफ़, पूर्वी एशिया के क्रान्तिकारी जन-आन्दोलनों के ख़िलाफ़ एक नया गढ़ बनेगा। इस संघर्ष में सबसे अधिक ह्रास होगा यहाँ की जनता का। उनमें तथा पटेल और नेहरू में दो शब्दों का हेर-फेर है, भाव एक ही हैं। इनको परखने की कसौटी एक है, क्या वे जनता के हित के पक्ष में हैं? यदि वे कोमिन्ताँग के ख़िलाफ़ चीनी जनता के साथ नहीं हैं, ब्रिटेन के ख़िलाफ़, मलायावालों के साथ नहीं हैं, डचों और उनके सहयोगियों के ख़िलाफ़, इण्डोनेशियन जनता के साथ नहीं हैं; फ्रांसीसियों के ख़िलाफ़ वियतनाम की जनता के साथ नहीं हैं तो क्या वे हिन्दुस्तान के शोषक वर्गों के ख़िलाफ़ संघर्ष में यहाँ की जनता के साथ हो सकते हैं? क्या वे तैलंगाना के किसानों के साथ हो सकते हैं? क्या वे सर्वहारा वर्ग, पीड़ित जनता की रोजी-रोटी के प्रश्न को हल करने के लिए उनके संघर्षों' के नेता हो सकते हैं? यदि नहीं, तो इतिहास साक्षी है, समय बतायेगा, वे 'काग़ज़ी बाघों' की ही श्रेणी में हैं, जनता के पोषक नहीं शोषक हैं!

चीन में लाल सबेरा हो रहा है—लाल सबेरा जो जन-गण के मन में प्रेरणा और उमंगें भर रहा है और जन-विरोधियों को, उनके भाग्य सूर्य के अस्त होने की सूचना दे रहा है। यह प्रत्येक जनवादी की ईमानदारी की परीक्षा घड़ी है।

फरवरी

१९४९

पण्डित नेहरू के बोल

ब्रिटिश साम्राज्यशाही के नियन्त्रण में होता चला आया भारत की जनता का शोषणगत महायुद्ध के समय और भी गहरा होकर असह्य हो गया। भारत की जनता में बढ़ती जानेवाली राजनैतिक चेतना अधिक उग्र हो गयी। ब्रिटिश साम्राज्यवादियों ने यह अनुभव कर लिया कि अब भारत की जनता को अपने शासन के नियन्त्रण में बनाये रखना अधिक देर तक सम्भव नहीं। ब्रिटिश शासक श्रेणी ने यह भी अनुभव किया कि राष्ट्रीय मुक्ति की भावना के आधार पर चलनेवाला, शोषण से मुक्ति के लिए जनता का यह आन्दोलन विदेश प्रभुत्व के साथ ही अपने देश में उस व्यवस्था के मूल आधार पूँजीवादी व्यवस्था को भी समाप्त कर सकता है। पूँजीवादी-साम्राज्यशाही व्यवस्था से भारतीय जनता की मुक्ति अन्तरराष्ट्रीय क्षेत्र में साम्राज्यशाही व्यवस्था की जड़ों पर भयंकर आघात होगी। भारत-जैसे विस्तृत देश का उनके प्रभुत्व के क्षेत्र से बाहर निकल जाना, ब्रिटिश और अमेरिकन पूँजीपति श्रेणी के नेतृत्व में संगठित साम्राज्यशाही शक्ति को बहुत निर्बल कर देगा।

साम्राज्यशाही ने अपनी रक्षा के लिए गहरी कूटनीति का प्रयोग किया। भारत की पूँजीपति श्रेणी को हिन्द और पाकिस्तान में बाँटकर एक-दूसरे का प्रतिद्वन्द्वी बना दिया गया और दोनों देशों की पूँजीपति श्रेणी को अपने-अपने क्षेत्र में शासन-व्यवस्था और शोषण का अवसर देकर साम्राज्यशाही ने अन्तरराष्ट्रीय क्षेत्र में उन्हें अपना सहायक व समर्थक बना लिया। ब्रिटिश साम्राज्यशाही और हिन्द तथा पाकिस्तान की पूँजीपति श्रेणियों में हो जानेवाले इस समझौते ने देश की जनता को शोषण से मुक्ति नहीं दी।

हिन्द और पाकिस्तान की शोषक श्रेणियों के ऊपर से विदेशी शासन का अंकुश हट जाने पर और उन्हें शासन का अवसर मिल जाने पर उन्होंने ब्रिटिश साम्राज्यशाही से पायी शोषण की शासन-व्यवस्था को अपने हित में चालू रखा। इस पूँजीवादी शासन-व्यवस्था का उद्देश्य आज भी शोषक श्रेणी के हितों को सुरक्षित रखना ही है। अंग्रेज़ों के राजकाल में भारत की पूँजीपति श्रेणी राष्ट्रीयता के आवरण में जनता

का नेतृत्व अपने हाथ में लिये रही। शासन का अधिकार मिल जाने पर राष्ट्रीयता के आवरण को वह अपने शोषण के अधिकारों की रक्षा के लिए काम में ला रही है। परन्तु राष्ट्रीयता का आवरण शोषक और शोषित श्रेणियों के हितों के संघर्ष को छिपा नहीं सकता। शोषण के बढ़ने से यह संघर्ष प्रतिदिन उग्र हो रहा है। इस देश की राजनैतिक भाषा में आज पूँजीपति शोषक श्रेणी के हितों की रक्षा को राष्ट्र-निर्माण, अनुशासन और शान्ति रक्षा का नाम और जीवन के लिए अवसर और अधिकार के लिए जनता की माँग को अराष्ट्रीयता, बग़ावत और विद्रोह का नाम दे दिया गया है। शोषण के उद्देश्य से शोषण की नीति पर चलनेवाली शासन-व्यवस्था को बदले बिना ही चलाना है तो यह व्यवस्था जनता के सन्तोष और सहयोग से नहीं, केवल जनता में भ्रम फैलाकर और दमन से ही चल सकती है। स्वभावतः ही कांग्रेस—जो अंग्रेज़ी शासनकाल में जनता की प्रतिनिधि थी—शोषक व्यवस्था की रक्षा की जिम्मेदारी लेकर जनविरोधी दमन की समर्थक बन गयी है। कांग्रेसी सरकार की जनविरोधी और दमन पर निर्भर करनेवाली नीति आज इतनी उग्र हो चुकी है कि लखनऊ की सभाओं में पण्डित नेहरू उसे छिपा नहीं सके।

लखनऊ में पण्डित नेहरू के बोल और जिन परिस्थितियों में उन्होंने अपने दृष्टिकोण को प्रकट किया, शासक वर्ग के दृष्टिकोण और जनता के दृष्टिकोण के भेद को बहुत स्पष्ट कर देते हैं। लखनऊ विश्वविद्यालय द्वारा प्रदान किया गया सम्मान स्वीकार करते समय पण्डित नेहरू ने गर्व से कहा कि जनता से जितना सम्मान और प्रेम उन्होंने पाया है सम्भवतः देश के किसी दूसरे व्यक्ति ने नहीं पाया। पण्डित नेहरू के प्रति जनता का सम्मान और प्रेम उनके ब्रिटिश काल के दमन के विरोध की कमायी है। जनता के प्रेम और सम्मान से पाये शासन के अधिकार को पाकर आज नेहरू जनता के विश्वास और सहयोग पर निर्भर न करके पुलिस की शक्ति और शासन का गर्व कर रहे हैं। जनता की भावना में उन्हें अनुशासन की कमी, विद्रोह और राष्ट्रद्रोह दिखायी देने लगा है। आज नेहरू की कल्पना का राष्ट्र जनता की भावना से पृथक् है। आज नेहरू सार्वजनिक आन्दोलन के उन सभी कामों की निन्दा कर उन्हें अपराध बता रहे हैं जो एक समय उनके केवल गुण मात्र थे। आज नेहरू अपना कर्त्तव्य जनता के लिए जीवन का उचित अवसर और अधिकार प्रस्तुत करना नहीं बल्कि क़ायम शासन-व्यवस्था की रक्षा मात्र समझते हैं। भूखी जनता की रोटी के लिए माँग नेहरू को आज अनुशासन की कमी ही दिखायी देती है। शोषित और भूखी जनता का निर्भय होकर अपनी माँगें पेश करना नेहरू को आज शासन-व्यवस्था का अपमान जान पड़ता है और जनता की ऐसी अनुशासनहीनता को दबा देना वह आवश्यक समझते हैं। अपने-भाग्य और भविष्य की बाबत जनता का कुछ कहना

आज नेहरू को असत्य लगता है। जनता के भाग्य का मालिक वे अपने-आपको समझ चुके हैं। आज नेहरू इस बात की कल्पना ही नहीं कर सकते कि शासक की ओर से भी अनुत्तरदायी व्यवहार सम्भव है।

आज नेहरू इस बात पर बौखला उठते हैं कि रेलों के मज़दूर, कपड़ों की मिल के मज़दूर, डाक-तार विभाग के मज़दूर और अध्यापक भी निर्वाह योग्य मज़दूरी माँगते हैं। आज सब लोग माँग रहे हैं। वे जनता को पूँजीवादी अर्थशास्त्र पढ़ाते हैं कि मज़दूर को यदि अधिक मज़दूरी दी जायगी वह जनता की ही जेब से निकालनी पड़ेगी—जब एक को दिया जायगा तो किसी-न-किसी के भाग से काटना पड़ेगा। आज नेहरू को यह नहीं सूझता कि पूँजीपति का बढ़ा हुआ मुनाफ़ा भी किसी-न-किसी को जेब से, पैदावार करनेवाले की जेब से ही निकाला गया है। नेहरू आज केवल मज़दूर से अधिक मेहनत कर पैदावार बढ़ाने की माँग करते हैं। नेहरू यह नहीं सोचना चाहते कि यदि पैदावार का उचित बँटवरा न हो तो पैदावार बढ़ने का कोई जनता के लिए उपयोग नहीं हो सकता। आज नेहरू जनता को यह नहीं कहना चाहते कि पैदावार मेहनत करनेवालों के मुनाफ़े के लिए होनी चाहिए, कुछ पूँजीपतियों के उपयोग के लिए नहीं। पैदावार को बढ़ाने का उपाय आज नेहरू की दृष्टि में पूँजीपति को मुनाफ़ा कमाने का पूरा अवसर देना है। पैदावार के साधनों का सार्वजनिक हित में राष्ट्रीयकरण और सार्वजनिक नियन्त्रण नहीं। आज नेहरू समस्याओं को शोषित जनता की नज़र से नहीं बल्कि अपने अधिकारों की रक्षा करने के लिए शासन की व्यवस्था को दृढ़ बनानेवाली श्रेणी की नज़र से देखते हैं।

आज शासन-व्यवस्था और जनता में मतभेद होने पर, सरकार और जनता में संघर्ष होने पर नेहरू जनता को धमकाते हैं कि पुलिस ने तुम्हारे साथ अनुचित नरमी दिखायी है। १९४९ के नेहरू और १९४२ के हेलट की भाषा में आज कोई अन्तर नहीं रहा १९४२ में हेलट का कहना था कि बग़ावत दूर करने और शान्ति रक्षा करने में सरकारी नौकरों और पुलिस को जो कुछ भी करना पड़ेगा उस व्यवहार के लिए किसी प्रकार की जाँच-पड़ताल अथवा उन कामों के लिए किसी प्रकार की सजा पुलिस या सरकारी नौकरों को न दी जायेगी। लखनऊ में अध्यापकों और विद्यार्थियों के जुलूस पर होनेवाले लाठी चार्ज के सम्बन्ध में किसी प्रकार की जाँच-पड़ताल न कर नेहरू की धमकी है कि जिस शासन में पुलिस पर हाथ उठाया जा सकता है, उस शासन की जिम्मेदारी लेने के लिए वह किसी प्रकार तैयार नहीं। आज नेहरू देश के शिक्षक वर्ग को, देश के मेहनत करनेवालों को सन्तुष्ट करना आवश्यक नहीं समझते बल्कि दमन के साधन पुलिस की पीठ ठोकना ही उचित समझते हैं। वे अपना सहायक जनता को नहीं पुलिस को ही समझते हैं।

पण्डित नेहरू ने ब्रिटिश साम्राज्यशाही की व्यवस्था उत्तराधिकार में पाकर ब्रिटिश नौकरशाही की बोली को तोते की तरह कण्ठस्थ कर लिया है। अपनी व्यक्तिगत और कांग्रेस की परम्परा को भुलाकर वे आज ब्रिटिश नौकरशाही की बोली बोल रहे हैं। जनता में प्रकट होनेवाले असन्तोष का कारण नेहरू को आज जनता की असह्य दुरवस्था नहीं बल्कि कुछ उत्तेजक और भड़का देनेवाले लोगों की शरारत ही जान पड़ती है। ब्रिटिश नौकरशाही एक समय ऐसे लांछन नेहरू पर लगाती थी। आज नेहरू वे लांछन असन्तोष प्रकट करनेवालों पर लगाते है। सार्वजनिक आन्दोलन में स्त्रियों का भाग लेना आज नेहरू की दृष्टि में आन्दोलन की व्यापकता और गहराई का प्रमाण नहीं रहा। वह इसे चन्द लड़कियों को आगे करके शरारत करना कहते हैं। एक समय अंग्रेज़ नौकरशाही कमला नेहरू और कांग्रेस की दूसरी नेताओं के प्रति भी ऐसी उपेक्षा दिखाया करती थी। आज नेहरू उसी बोली को तोते की तरह बोल रहे हैं। नेहरू किस राजनैतिक और अर्द्धनैतिक ज्ञान से देश के भाग्य का फ़ैसला करना चाहते हैं वह इसी बात से स्पष्ट है कि वे महँगाई (Inflation) से उतने परेशान कभी नहीं हुए थे जितने परेशान आज वे दाम गिरने (Depression) की आशंका से हो रहे हैं। दाम गिरने की समस्या केवल मुनाफ़ाख़ोर व्यवस्था का लक्षण है और आज नेहरू इसी व्यवस्था के चौकीदार के रूप में देश की जनता के विश्वास का दम भर रहे हैं।

जनता की भावना और उसकी माँगों को समझने का यत्न करने की अपेक्षा प्रत्येक क्षेत्र में नेहरू दमन और शक्ति प्रदर्शन पर विश्वास करते हैं और जनता की भावना में उन्हें कोई तथ्य नहीं दिखायी देता। पुलिस सिपाही को चपत लग जाने की ग़लत या सही बात सुनकर उनका कलेजा काँप जाता है परन्तु जनता को एक रुपये का केवल एक सेर छह छटाँक गेहूँ मिलने की बात से उन्हें कँपकँपी नहीं आती।

कांग्रेस और लीग की ब्रिटिश साम्राज्यशाही से समझौता कर शासन का अधिकार पाने की नीति के परिणामस्वरूप देश का बँटवारा होकर जनता के एक बड़े अंग को बेघर बार का हो जाना पड़ा। अपनी नीति के शिकार इन लोगों पर नेहरू अत्यन्त क्रुद्ध हैं क्योंकि वे लोग सरकार से सहायता चाहते हैं। नेहरू आज प्रजापालक सम्राट् की भाषा बोलकर जनता को देश से निर्वासन की धमकी देते हैं। आज उनकी भाषा लॉर्ड लारेन्स की भाषा हो गयी है जो भारतवासियों को धमकी देता था—"तुम क़लम की हुकूमत चाहते हो या तलवार की?"

नेहरू गाँधी जी के आदर्शों पर संसार-भर की समस्याओं को सुलझाने का बोझ अपने कन्धे पर समझते हैं परन्तु देश की किस समस्या को उन्होंने हल किया है? हर बात में वह विकट अन्तरराष्ट्रीय परिस्थितियों की दुहाई देते हैं। परन्तु जनता की

समस्याओं के हल होने के अन्तरराष्ट्रीय उदाहरण जो हमें पूर्वी यूरोप और चीन में मिलते हैं। नेहरू को कँपकँपी ला देते हैं। महात्मा गाँधी को बापू पुकारकर बार-बार वे जनता को गाँधी जी के अहिंसा के उपदेशों का पालन करने के लिए कहते हैं परन्तु स्वयं अपने लिये और अपनी सरकार के लिए उनका कहना है—चाहे स्त्री हो या पुरुष, बालक हो या वृद्ध जो भी शासन के सामने सिर उठायेगा, कुचल दिया जायगा! गाँधी जी शायद अपने सिद्धान्तों का यही उत्तराधिकार नेहरू को दे गये हैं।

आज नेहरू के मुख से जनवादी भाषा के स्थान पर ब्रिटिश नौकरशाही की भाषा सुनायी देने का कारण समझ लेना कठिन नहीं है। नेहरू जिस श्रेणी के प्रतिनिधि हैं वह श्रेणी आज ब्रिटिश नौकरशाही की व्यवस्था की उत्तराधिकारी है और उसी व्यवस्था की रक्षा करना, ब्रिटिश साम्राज्यशाही के अधिकारों का उपयोग करना इस व्यवस्था का उद्देश्य है। ऐसी अवस्था में नेहरू दमन के सिवा दूसरे मार्ग पर कैसे चल सकते हैं। वह कोई दूसरी बोली कैसे बोल सकते हैं? परन्तु जब नेहरू की सरकार और जनता के दृष्टिकोण में यह अन्तर स्पष्ट हो रहा है, जनता क्या पण्डित नेहरू की धमकियों से डरकर, शोषण से मुक्ति पाये बिना जीवित रहने का अवसर पा सकेगी? जनता को यह सत्य स्वीकार करना पड़ेगा कि उसके सम्मानित और प्रेमपात्र नेताओं के हित और स्वार्थ जनता के हितों और माँगों के विरोध में है। ब्रिटिश से राष्ट्रीय संघर्ष के काल के नेता आज जनता के विरोधी बने जा रहे हैं। आज वे जनता के नेता नहीं केवल जनता के शासक हैं और ब्रिटिश शोषक श्रेणी से पाये अधिकारों की रक्षा के लिए कटिबद्ध हैं।

मार्च–अप्रैल
१९४९

पाठकों से

९ मार्च शुरू होनेवाली रेल मज़दूरों की हड़ताल का बहाना पा कांग्रेसी सरकार ने एक सिरे से सभी जनवादी शक्तियों पर फासिस्टी हमला आरम्भ कर दिया। सारे देश में मज़दूर–किसान कार्यकर्त्ता गिरफ़्तार कर लिये गये। विद्यार्थी नेताओं को नज़रबन्द कर दिया गया। इनमें छात्राएँ भी शामिल हैं। महिला आन्दोलन की कार्यकर्त्रियों को भी नहीं छोड़ा गया। सांस्कृतिक संस्थाओं, जननाट्य संघ आदि के सदस्य भी जेलों में ठूँस दिये गये। नागरिक स्वतन्त्रता संघ के नेतागण भी इस दमन से न बच सके। यहाँ तक कि प्रगतिशील पत्रों के सम्पादक—'विप्लव', 'जनमत' आदि भी अछूते न रहे।

इन सबका एक ही दोष था—इन्होंने पिछले तीन साल के 'राष्ट्रीय आज़ादी' और पिछले डेढ़ साल की 'पूर्ण आज़ादी' का असली रूप जनता के सामने रखा। इन सभी ने निर्भीकता के साथ सामन्तों और पूँजीपतियों के स्वार्थ रक्षा में प्रयत्नशील कांग्रेसी सरकार की नीतियों की तीव्र आलोचना की और रोटी, रोज़ी और नागरिक अधिकारों के लिए लड़े जानेवाले सभी आन्दोलनों को अपना समर्थन और सक्रिय सहयोग प्रदान किया।

श्री यशपाल का भी यही दोष है। उन्हें भी कांग्रेस की 'राष्ट्रीय' सरकार ने नागरिक स्वतन्त्रता संघ का नेतृत्व करने और अपने मासिक पत्र 'विप्लव' द्वारा 'राष्ट्रीय' और 'पूर्ण आज़ादी' का असली रूप प्रकट करने के कारण नज़रबन्द कर जेल में ठूँस दिया है। इतना ही नहीं उनसे ज़मानत आदि के बन्धनों को स्वीकार कर अपनी रिहाई करवाने के लिए भी कहने की हिम्मतें की गयीं। शायद कांग्रेसी सरकार को अपनी बंधनों की आज़ादी जो उसने साम्राज्यवादियों के सामने घुटना टेकू नीति बरतकर ही प्राप्त की है याद आयी।

श्री यशपाल लखनऊ नागरिक स्वतन्त्रता संघ के संयोजक हैं। उनके नेतृत्व में इस संघ ने सरकार की जनविरोधी सामन्ती पूँजीपति पक्षीय नीतियों और उनके स्वार्थ

रक्षा में जनवादी आन्दोलनों के दमन की नीति की तीव्र आलोचना ही नहीं की वरन्, सभा, जुलूसों और बयानों द्वारा जनता को नागरिक अधिकारों के प्रति जागृत किया और कई बार सरकार को अपनी दमन नीति वापस लेने के लिए बाध्य कर दिया। (राजनैतिक बन्दियों की भूख हड़ताल, लखनऊ में १४४ दफ़ा का वापस लेना आदि) जनता के नागरिक अधिकारों के प्रति चेतना सरकार को सह्य नहीं। नागरिक अधिकारों के प्रति सचेत जनता जनविरोधी दमन नीति की कभी भी समर्थक नहीं होती। यह इस सरकार के कर्णधारों का अपना पुराना अनुभव है। इसलिए आज इन्हें दमन के पीछे असली ध्येयों को जनता तक जाने से रोकने के लिए उन सभी साधनों को कुचलने की आवश्यकता हुई जिन्होंने पिछले दिनों इनके जनविरोधी काले कारनामों को निडर होकर जनता तक पहुँचाया और उसे अपने अधिकारों के प्रति सचेत किया। यही नागरिक स्वतन्त्रता संघ पर हमले का असली उद्देश्य है।

श्री यशपाल और नागरिक स्वतन्त्रता संघ के कार्यकर्त्ताओं की गिरफ्तारी इस बात का सबूत है कि प्रजातन्त्र की दुहाई देनेवाली इस कांग्रेसी सरकार को नागरिक अधिकारों के लिए चलनेवाले आन्दोलन भी असह्य हो उठे हैं। इनका प्रजातन्त्र इतना खोखला हो गया है कि अब वह केवल दमन के ही बूते पर ज़िन्दा रह सकता है।

श्री यशपाल को गिरफ्तार करने का इनका एक उद्देश्य और भी है।

श्री यशपाल 'विप्लव' के सम्पादक हैं। 'विप्लव' जन्म से ही 'थोथी राष्ट्रीयता' और कांग्रेस की पूँजीवादी नेताशाही का तीव्र आलोचक और विरोधी रहा है। उसने हमेशा वामपक्षी जामा पहने पूँजीपतियों के दलाल सोशलिस्ट आदि दलों का भी असली रूप जनता के सामने निडरता से रखा और कांग्रेस में घुसी हुई संकीर्ण साम्प्रदायिकता का भी उसने खुलकर भण्डाफोड़ किया है। साथ ही उसने हमेशा प्रगतिशील वामपक्षीय आन्दोलनों, किसान, मज़दूर आदि का समर्थन किया है। 'विप्लव' ने साम्राज्यवादियों के आगे घुटना टेकू नीति पर चलने से ही प्राप्त '१५ अगस्त माउण्टबेटन मार्का आज़ादी' का कच्चा चिट्ठा जनता के सामने रखा। इस आज़ादी के बाद अपनी जनविरोधी नीति के समर्थन में नेताओं द्वारा सत्य, अहिंसा आदि के बारे में उठाये जानेवाले सैद्धान्तिक प्रश्नों और 'राष्ट्रीयता' आदि की दुहाइयों की विश्लेषणात्मक आलोचना की ओर उन नारों के पीछे छिपे अपने वर्ग स्वरूप को छिपाने के प्रयत्नों का 'विप्लव' ने निडर होकर भण्डाफोड़ किया।

हमारे देश के पूँजीपतियों के अखबारों ने अपने राष्ट्रीय नेताओं से प्रेरणा पा चीन, मलाया, वियतनाम, इण्डोनेशिया, बर्मा, अफ्रीका आदि देशों में चलनेवाले आज़ादी के आन्दोलनों को अराजकता, सर्वनाश, अराष्ट्रीय, भुखमरी और कंगाली का कारण

आदि कहा। वास्तव में ये सब साम्राज्यवादियों के सुर-में-सुर मिला इन आज़ादी के आन्दोलनों को बदनाम ही नहीं करते। ये वहाँ मौत से जूझनेवाली आज़ादी के दीवानों का अपमान करते हैं।

'विप्लव' ने हमेशा इन आन्दोलनों के वास्तविक उद्देश्यों को भारतीय जनता तक पहुँचाया और जो लोग अपने इन कारनामों के कारण अन्तरराष्ट्रीय क्षेत्र में इन आन्दोलनों के दुश्मन साम्राज्यवादियों की क़तार में खड़े हो गये हैं उनके असली रूप को जनता को बतलाया और उनके इस प्रकार के अपवित्र मेल-मिलाप का परदा फाश किया।

इतना ही नहीं, 'विप्लव' एक विचारधारा का प्रतिपादन करता है। वह किसान मज़दूर राज का हामी है। मनुष्य द्वारा मनुष्य का शोषण उसको गवारा नहीं। वह ऐसे समाज की स्थापना के लिए प्रचार करता है जिसमें वर्गभेद न रहे। शोषण का अन्त हो। लेकिन वर्ग स्वार्थों की रक्षा के लिए बनी यह सरकार उनके इस प्रचार को बर्दाश्त नहीं कर सकती, ये सरकार फ़ौजी हमला बरदाश्त कर सकती है, लेकिन विचारधाराओं की भार के सामने इसका टिकना मुमकिन नहीं। उसे तो इस विचारधारा के प्रचार में अपना अस्तित्व ही ख़त्म होता दिखायी देता है। इसलिए प्रगतिशील पत्रों का दमन, प्रगतिशील विचारों पर रोक उसको अपना अस्तित्व क़ायम रखने के लिए आवश्यक हो जाता है। 'विप्लव' के सम्पादक श्री यशपाल की गिरफ़्तारी का रहस्य यही है।

श्री यशपाल ने अपने सम्पदायित्व में 'विप्लव' की एक परम्परा क़ायम की है—निडरता और दृढ़ता के साथ सचाई का प्रतिपादन।

अपनी इस परम्परा को क़ायम रखने में श्री यशपाल को कई कठिनाइयों का सामना करना पड़ा। आर्थिक और क़ानूनी जेल यात्रा और पत्र पर रोक इत्यादि—कठिनाई पूँजीवादी समाज में प्रगतिशील पत्रों और लेखकों के पीछे छाया की तरह लगी रहती है। और श्री यशपाल ने इन बाधाओं का दृढ़ता से सामना किया और विप्लव की परम्परा कामय की। यह विप्लव की पूँजी है।

हम इसे क़ायम रखेंगे। इसका हम अपने पाठकों को यक़ीन दिलाना चाहते हैं। विप्लव अपनी परम्पराओं पर अडिग जनता को मार्ग प्रदर्शित करता हुआ निर्भीकता पूर्वक निकलता रहेगा। सरकार को हम उसके दमन का यही जवाब दे सकते हैं कि विप्लव निकलता रहे।